建築計画
改訂版

長澤　泰　編著
・
在塚礼子　著
西出和彦

市ヶ谷出版社

「建築計画(改訂版)」まえがき

　2005年（平成17年）10月に初版を上梓したこの「建築計画」は，さまざまな読者を得，また各方面で教科書として使われております。2010年3月には早くも初版第7刷を出すに至ったことを，まず，厚く御礼申し上げます。

　初版の「まえがき」にも述べた通り，建築計画を取り巻く状況はさまざまな変化を見せていますが，本書では，できる限り時代を経ても変わることのない底流となる考え方とテーマを選定しました。したがって，本日に至るまで基本的な構成・著述の内容を変更する必要は見当たらないと考えております。

　しかしながら，統計数値・指標・図表・写真など，現時点に合わせた方がよりよい部分もあり，また図表の位置を変えたり，説明を加えた方がさらにわかりやすくなる箇所もわずかながら存在するので，今回の改定で全体的な修正を実施した次第です。

　初版の発刊と同じく今回の改訂版刊行に当たっても，地道な作業をしていただいた市ヶ谷出版社のスタッフには，あらためて感謝申し上げる次第です。

　　2011年9月

執筆者代表　　長澤　泰

まえがき（初版発行時）

　本書は建築計画の教科書である。読者層としては大学または工業高等専門学校で初めて建築計画を学ぶ学生を中心にしているが，広く建築計画に興味を持つ読者も想定している。

　現在の建築計画の基本的な考え方は，およそ半世紀前に誕生したが，その後各方面の研究や実践を通して，世の中の建築水準の向上に確実な貢献をしてきた。また学問としても各分野で専門性を享受し，多くの蓄積を得るに至っている。しかし一方でこのような状態は，細分化された専門分野間の意志の疎通を欠き，建築計画全体を把握しづらくしていることも事実である。さらに，現実の設計からの乖離を招いている状況も見られる。このような現状認識が本書の執筆を開始した動機である。

まえがき

　従来，建築の良し悪しは，建築設計に関わる人々の経験，センス，そして勘に頼っていたが，このことに対して，可能な限り客観的な根拠（エビデンス）に基づいて計画することを目標にして，建築計画の研究が開始された。住居ならびに病院・学校・図書館といった各種建物の機能を明確にするいわゆる縦糸の研究が進み，ある段階からこれらに共通した問題を横断的に扱ういわば横糸の研究に拡がりを見せている。規模計画・建築人間工学・構法計画・設計方法論・安全計画・地域施設計画，そして人間－環境行動研究がこれに相当する。

　本書では以上の広範な分野のなかから，「使われ方」研究を基盤とした住まいの計画と施設の計画，そして人間－環境行動研究を基盤とした空間の計画を主に扱っている。したがって，建築計画全体の把握にはいまだ十分でない面もあるが，本書で採り上げた専門分野を読者が理解することにより建築計画に対する全体像を各自が構築することを期待している。

　このような意図から本書の執筆に当たっては，内容と記述が平易になるように努めた。したがって，文章量の制約から専門用語を用いざるを得ない場合には注を付けることで補完した。

　本書の全体の半分ほどは図表や写真で構成し，それぞれに説明をつけることを原則とした。これは建築にそれほど興味がない人であっても，手にとって本を開けば，建築の面白さが何となく感じられることを期待したからである。

　また，本書の構成に当たっては，大学生を教える教員が講義内容に合わせて，1～2節のテーマについて，独自の資料を加えて利用できることを想定している。

　全体の構成は，第1章では建築計画が扱う基本的事項について，第2章では住まいについて，第3章では世の中のさまざまな建物について，そして第4章では空間の計画について，記述している。

　住まいについては在塚礼子，各種の建物については長澤泰，空間の計画については西出和彦が執筆担当となったが，各章の構成や内容については終始，執筆者3名の討議を通して共通の理解のもとに進められた。第1章については各章の中から基本的な項目を供出し，討議を通して構成を決め，最終の執筆は西出和彦が担当した。

　最初の編修会議から既に数年を経ているが，建築計画を取り巻く状況はさまざまな変化を見せており，その時代時代で関心を引く話題にも相違がある。本書では，できる限り時代を経ても変わることのない建築計画の底流となる考え方とテーマを選定した。これらは多くの先人が研究と実践を経て獲得した人類の知恵とも言うべきものである。

　このように本書には，多くの方々の調査研究の成果や文献，図版や写真などを引用・転載させていただいた。そのことに対してまず厚く御礼申し上げたい。また，初校の段階で，東京工芸大学の大野隆司教授，東洋大学の長澤悟教授，実践女子大学の橘弘志助教授の丁寧なご校閲に基づき，率直かつ貴重なご意見をいただいた。ここに改めて深く感謝の意を表する次第である

　　　2005年9月　　　　　　　　　　　　　　　執筆者代表　長澤　泰

目　次

第1章　人間と環境を考える

1・1　建築と生活の意味————2
　・1　建築とは(2)
　・2　芸術としての建築(4)
　・3　技術としての建築(4)
　・4　環境を制御する建築(6)
　・5　社会の中での建築(6)
　・6　人々の視点(6)

1・2　建築を計画すること————8
　・1　建築計画の発生(8)
　・2　専門化する建築計画(8)
　・3　建築計画の拡がり(12)

1・3　建築計画の調査・研究————14
　・1　使われ方調査(14)
　・2　建築計画の分化(14)

1・4　設計へのつながり————18
　・1　計画・設計・デザインという行為(18)
　・2　設計を支援する知見(18)

1・5　住まい・施設・そして人間————22
　・1　人々の生活と建築(22)
　・2　住宅とは，施設とは(22)
　・3　人間と環境(24)

第2章　住まいを計画する

2・1　住まいをとらえる————28
　・1　生活と空間の関係をとらえる(28)
　・2　行為でとらえる(30)
　・3　モノでとらえる(32)
　・4　心でとらえる(34)

2・2　家族・地域と住まい————36
　・1　個人・家族・地域・社会の空間構成(36)
　・2　オモテとウチ(38)
　・3　男女の軸・親子の軸(40)
　・4　個人と家族(42)

2・3　住まいの拡がり————44
　・1　まちの構成と住まい(44)
　・2　集落の構成と住まい(46)
　・3　秩序・規範と住まい(48)
　・4　人間観・世界観と住まい(50)

2・4　日本住宅の近代化————52
　・1　和洋折衷の模索(52)
　・2　中廊下型住宅の成立と変容(54)
　・3　田園都市に学ぶ(56)
　・4　同潤会と住宅営団(58)

2・5　住まいの計画————60
　・1　食寝分離理論と型計画(60)
　・2　51C型の誕生(62)

- 3 モダンリビング(64)
- 4 nLDK型住宅の成立と居住水準(66)

2・6 集合の計画――――68
- 1 集合の密度と形式(68)
- 2 領域の形成(70)
- 3 接地性の獲得(72)
- 4 コミュニティの形成(74)

2・7 個別性に対応する――――76
- 1 住みこなせる住まい(76)
- 2 多様性の計画(78)
- 3 地域性への対応(80)
- 4 参加の計画(82)

2・8 時間的変化に対応する――84
- 1 エイジングとライフコース(84)
- 2 住み方変化に対応する計画(86)
- 3 高齢期の家族と住まいの計画(88)
- 4 住まいの記憶、まちの記憶(90)

2・9 住むことを支える――――92
- 1 見守り、見守られる住まい(92)
- 2 サービスを受ける場としての住まい(94)
- 3 サービスを複合した住まい(96)
- 4 支えあう住まいとまち(98)

2・10 共生する住まい――――100
- 1 小さく住む豊かさ(100)
- 2 人とともに住む―コ・ハウジング(102)
- 3 自然とともに住む―環境共生(104)
- 4 持続する住まいとまち(106)

第3章 施設を計画する

3・1 病院 ― 診断し治療する―110
- 1 包括医療の概念(110)
- 2 診療所の計画(112)
- 3 病院計画の基礎(114)
- 4 成長と変化に耐えるマスタープランをつくる(114)
- 5 適切な規模と寸法を計画する(118)
- 6 人・物・情報の流れを計画する(120)
- 7 部門を計画する(122)
- 8 設備の計画とランニングコスト(126)
- 9 安全と安心を計画する(128)

3・2 病院 ― 治癒を促す――130
- 1 療養環境の移り変わり(130)
- 2 病棟平面の変遷(134)
- 3 病棟の規模とNSの位置(136)
- 4 療養環境を改善する(138)
- 5 今後の病院を計画する(142)

3・3 福祉施設 ― 自立を支援する――――――144
- 1 救済から福祉へ(144)

- 2 知的障害者のための施設を計画する(146)
- 3 高齢者のための福祉施設を計画する(148)
- 4 デイケアセンター・デイサービスセンターを計画する(150)
- 5 特別養護老人ホームを計画する(152)
- 6 老人保健施設を計画する(154)
- 7 グループホームを計画する(156)

3・4 学校 ― 知識を教える―158
- 1 義務教育と学校建築の誕生(158)
- 2 教育の民主化と学校建築の需要(160)
- 3 学級の発生とその空間「教室」(162)
- 4 履き替えを計画する(164)
- 5 校舎と運動場の配置を計画する(166)
- 6 教室型を運営方式から計画する(166)
- 7 教育環境の変化と計画の試み(168)

3・5 学校 ― 体験し学ぶ―170
- 1 英国と米国の学校建築を見る(170)
- 2 日本の学校がオープン化する(174)
- 3 「教育」から「学習」へ(178)

3・6 図書館 ― 情報を探索する―182
- 1 図書館の起源(182)
- 2 日本の図書館の変遷(182)
- 3 図書館サービスのネットワーク(186)
- 4 図書館を計画する(188)
- 5 図書館建築の役割は変化する(190)

3・7 博物館 ― 展示品を鑑賞する―194
- 1 博物館の起源(194)
- 2 博物館の展示品(196)
- 3 保管と展示の違い(196)
- 4 美術館を計画する(198)
- 5 博物館の変貌(200)

3・8 劇場 ― 演技を観る―206
- 1 劇場の起源(206)
- 2 プロセニアム舞台の出現(208)
- 3 市民のための劇場の登場(210)
- 4 舞台・客席を計画する(212)
- 5 劇場・ホール施設を再考する(214)

3・9 オフィスビル ― 執務をする―216
- 1 オフィスビルの出現(216)
- 2 利用の形態(218)
- 3 レンタブル比と規模を計画する(220)
- 4 執務空間とコアを計画する(220)

- ・5 オフィスレイアウトを計画する(222)
- ・6 これからのオフィスビル(226)

3・10 コミュニティ施設 — 地域の交流を促す————228
- ・1 近隣住区とは(228)
- ・2 コミュニティ施設は多様(230)
- ・3 運営の仕方から平面計画を考える(232)
- ・4 複合化の計画(232)
- ・5 これからのコミュニティ施設(234)

第4章 空間を計画する

4・1 形や大きさのもつ意味 — 寸法・形はどのように決められるか————240
- ・1 自然界のものの形・大きさ, 環境がつくる形(240)
- ・2 表面(240)
- ・3 図形の性質からつくられる形(242)
- ・4 自然界の中にある規則性(242)
- ・5 スケールの特性(242)
- ・6 建築空間のスケール(244)
- ・7 形や寸法のシステム性(244)

4・2 人体から決まる空間————246
- ・1 人体寸法(246)
- ・2 姿勢・人体寸法(248)
- ・3 動作に必要な空間(248)
- ・4 動作のくせ(250)
- ・5 人の出す力(250)

4・3 ユーザーとしての人間をどのようにとらえるか————252
- ・1 平均とパーセンタイル(252)
- ・2 人間のバラエティ(254)
- ・3 人間が持ちうる変化(254)
- ・4 ユニバーサルデザイン(256)

4・4 人間のまわりの空間————258
- ・1 人と人の間の空間(258)
- ・2 パーソナルスペース(260)
- ・3 人間どうしのフォーメーション(262)
- ・4 テリトリー(264)
- ・5 プライバシー, パーソナルスペース, テリトリー, 混み合い(264)

4・5 感覚によってとらえられる空間————266
- ・1 人間は視知覚によって空間をどのようにとらえているか(266)
- ・2 視覚による空間(268)
- ・3 3次元空間の知覚(270)
- ・4 容積の知覚(270)
- ・5 外部空間の知覚(272)
- ・6 シークエンシャルな外部空間(272)

4・6 認知の中の空間————274
- ・1 環境の空間的イメージ(274)
- ・2 スケッチマップから読みとれること(278)

・3　親しみ，自分のものと考えられる領域(278)
・4　ストラクチャーの認知(280)
・5　イメージの多義性(280)

4・7　人々の動きがつくる空間―――282
・1　わかりやすく歩ける空間(282)
・2　サインシステム(284)
・3　歩くための空間(284)
・4　群衆行動と群集流の処理方法(286)

4・8　人間がつくる空間 ― 誰が何をデザインするか――288
・1　デザインの対象の拡がり：ハードからソフトへ(288)

・2　デザインの時間的拡がり(292)
・3　デザインの主体，ユーザー参加(294)
・4　「建築計画」から「人間－環境系のデザイン」へ(294)

4・9　デザインの方法・システム―――296
・1　建築デザインプロセス(296)
・2　砂漠の思考・森林の思考(298)
・3　デザインのシステム(298)

引用・参考文献――――302

索　　引――――313

第1章

人間と環境を考える

1・1 建築と生活の意味……2

1・2 建築を計画すること……8

1・3 建築計画の調査・研究……14

1・4 設計へのつながり……18

1・5 住まい・施設・そして人間……22

この章では，建築，そして建築計画について概観する。

　建築とは何か，それはさまざまな観点からとらえることができることだが，ここで求められるのは，人間および人間の生活，そしてそれを支える環境という観点から考えることである。

　その上で，建築計画とは何か，人間社会において建築が必要とされつくられるプロセスの中で，建築計画がどのように必要とされ，どのような役割を果たしているのかを考える。

　その役割を果たすべく，建築計画の調査・研究はどのような方法によって行われるか，建築計画の成果は設計にどのように関わるかについて概観する。

　建築計画について詳しく考えるに当たり，主要なテーマは大きく，「住まい」，「施設」，そして「人間」という3つの観点から見ることができる。その3つはそれぞれ2章，3章，4章へつながっていく。

執筆担当　西出和彦

1・1　建築と生活の意味

1・1・1　建築とは

　一般に建築とは，どのようにとらえられているだろうか？　一般の人々が真っ先に思い浮かべるのは外観ではないだろうか。たとえば，美術史でゴシック[*1]様式[*2]などが紹介されるとき，尖塔をもった教会堂の外観の写真が紹介されるであろう（図1・1(a)）。そして建築を設計するということは外観の美しい建物をデザインすることととらえられ，いわゆる「建築家」とはそのような建物のデザインをする人ととらえられるであろう。

　名建築といわれるものの外観は魅力的である。しかし建築にとって外観はすべてではなく，むしろあまり重要ではない部分かもしれない。そのことはひとたび建築の内部に入ってみればわかる。そこには素晴らしい空間がある（図1・1(b)）。

　建築の本質は外観ではない。内部に**空間**があることである。その空間が日常の人間生活の場になっているのである。それが肝心なことである。

　われわれは木，石，鉄，コンクリートなどの材料を用い建築物をつくっている。しかし人間にとって本当に重要なのは，そのような建築材料によってつくられる柱・梁・床・壁などの構造躯体ではなく，材料で充填されなかった空間なのである（図1・2, 1・3）。

　建築と人間の関わりは，絵画を見るなどという単に見るものと見る対象という関係ではない。空間は五感すべてを用い，体全体で感じるいわば「**体験**」する対象である。建築空間のデザインは体験の可能性をデザインすることであるといえる。建築のデザインは美しさをデザインするだけではない。空間をデザインすることによって，人々の生活・行動をより拡げる可能性をひらくのである（図1・4, 1・5）。

　人々が安心して快適で豊かな生活ができる空間をつくり，しかもそれが美しく，文化を築く社会的資産となるためにはどのようにつくればよいであろうか。

1・1 建築と生活の意味 3

(a) 外観

(b) 内部

図1・1 ゴシック様式の大聖堂(ドイツ・ケルン，1248年建設開始，1880年完成)

図1・2 構造体をつくり空間をつくる
(南イタリア・アルベロベロの石造り民家トルーリ型住居)

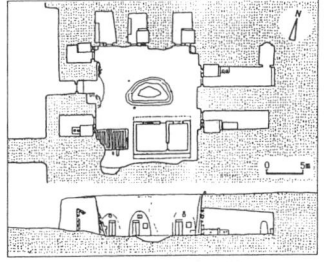

図1・3 地下を掘って空間をつくる
(中国の地下住居ヤオトン)
建築構造はなくても空間はつくることができる。

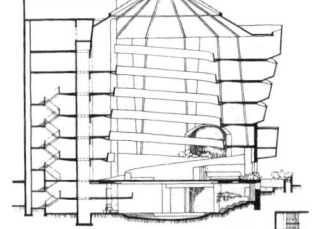

デザインされているのは目に見える空間だけでなく，らせん状のスロープを歩きながら体験する空間である(3・7参照)。

図1・4 空間体験をデザインする
(グッケンハイム美術館，ニューヨーク，1959，フランク・ロイド・ライト)

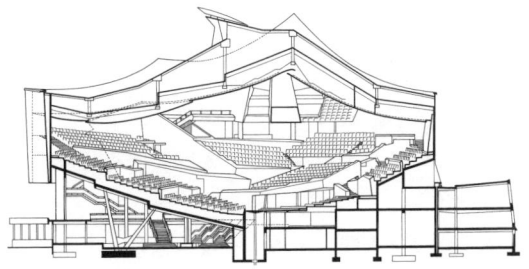

演奏者のまわりを取り囲むようにデザインされた客席は，演奏者と客，客どうしなどさまざまな人々どうしの視覚的つながりを可能とする (3・8，図3・105参照)。

図1・5 人々の集まり方をデザインする(ベルリンコンサートホール，1963，ハンス・シャーロン)

＊1 12～15世紀，ヨーロッパの主に宗教建築の様式。
＊2 芸術作品，建築などに共通な形式的特徴，特定の時代などの表現上の特性を示すもの。

1・1・2　芸術としての建築

　建築は芸術作品の一つととらえられることは間違いない。そして建築は長く残るものである。歴史の積み重ねを経て，美しく確かなものが残り，**様式**が築き上げられる（図1・6）。それは芸術でもあり文化でもあり，それらを具現したものであり，人々に受け継がれてきたものなのである。

　現代では様式に束縛されることはない。その現代ではまた，いわゆる建築家の設計したものとして，見てくれ，奇をてらった建築が注目されがちでもある。様式を気ままに用いたり，装飾することがデザインととらえられることもある。

　しかし建築は，古典的〜様式というような建築や建築家の設計した建物だけではない。建築家といわれる人たちがいなくても美しい建物や街並みは建てられてきた。平凡な日常生活を支える普通の住宅から始まり，われわれの生活ではさまざまな多くの建築と接する。

　仮に前衛的建築家が外観の変わった建物をデザインしたとしても，内部は普通の使いやすい空間である建物も多い。また内部の個々の部分の機能の集積がそのまま建築の形態の特徴，そして新たな美の価値観ともなりうるのである（図1・7）。

1・1・3　技術としての建築

　建築のイメージとして技術の粋であるハイテクの高層ビルが取り上げられることもある。技術の最先端は超高層や大スパン建築などさまざまな未開の分野を開拓してきた。

　しかし高層ビルだけが建築ではない。もとより人々は原始的に木を組み，あるいは石を積み上げて人間の住める空間を築きあげてきた（図1・8，1・9，1・10）。

　建築は人間生活の場を覆い包むことができる程度以上の大きさが必要である。また風雨に耐える必要もある。それは必ずしも簡単にできることではない。技術と工夫が必要である。生活に必要な建築空間を，その時使える材料や技術を最大限に生かしていかにつくるか，それもしっかりしたつくりで美しく，そのような建築をつくる構法の開発とともに建築はあるのである（図1・11）。

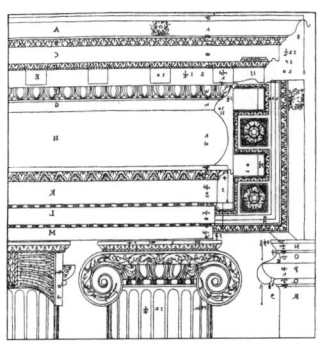

イオニア式オーダーの柱頭，アーキトレーブ，フリーズ，コーニス

様式では部分と全体との間の関係が厳格に規定されている。

図1・6　厳格な規範による様式[1]

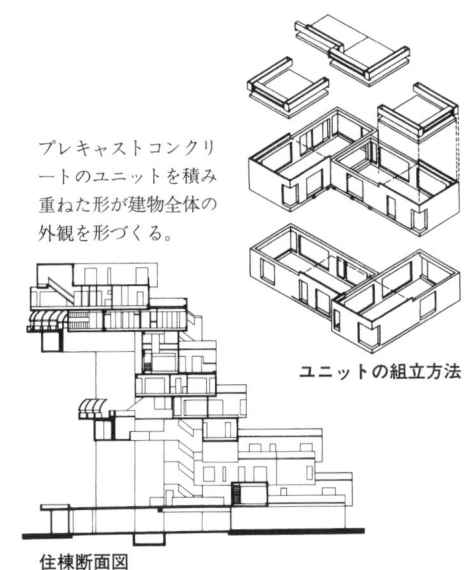

プレキャストコンクリートのユニットを積み重ねた形が建物全体の外観を形づくる。

住棟断面図

ユニットの組立方法

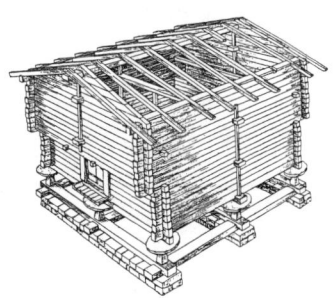

図1・8　校倉（あぜくら）構法
　　　木を横に組んで壁をつくる[2]

外観

図1・7　単位の集合が形となる（ハビタ67，モントリオール万国博覧会，モシェ・サフディ）

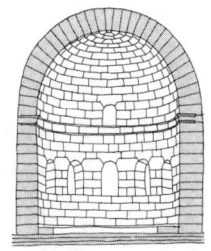

図1・9　石造ドーム
　　　石を積んで壁・屋根をつくる[3]

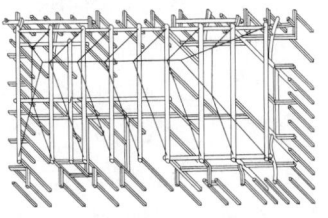

図1・10　軸組構法
　　　柱・梁で構造をつくる[4]

1・1・4　環境を制御する建築

人間にとって厳しい環境のところ，例えば寒い地域では建築は人間にとって生きることのできる環境を与えてくれる。このように建築には環境制御装置としての役割がある（図1・12，1・13）。

建築は安全と安心の容器であるといえる。建築はある意味で第二の衣服のようなものでもある。しかし衣服とは異なり，体にぴったりとつくものではなく空間があることが肝要である。人間は自分を取り巻く環境としての空間の中で生きている動物である。建築はその空間という人間を取り巻く最も身近な環境をつくるものである。

1・1・5　社会の中での建築

テレビのニュースなどで，役所や企業などが建物の写真で紹介されることがしばしばある。建物にはシンボルとしての役割がある。このように建築は人々の考え方，あるいは社会の制度も反映する。所有などの制度と関連して，資産・不動産としての価値が与えられることもある（図1・14）。集合住宅のように人々が一つの建物を共有することもある。

建築は手間暇かけてつくられ，長期間にわたって土地に定着するものであり，地域・地方の生活・文化の影響から離れられない。

1・1・6　人々の視点

われわれ人間はこのような建築がどうあって欲しいと考えるであろうか。建築に求められるものは多くある。ヴィトルヴィウス[*3]は，強（firmitas），用（utilitas），美（venustas）の理が保たれるように建築されるべきであるとした（建築十書）（文1）。この3点は現代にも通じる。すなわち計画理論（機能性），造形理論（芸術性），構造理論（耐久性）である。

近代以降，建物は人々のためにある。神のためでも特権階級のためでもない。また様式や因習にとらわれることもない。建築の重要な役割は，われわれ人間にとって，日常的で最も基本的な生活の場であるということである（図1・15）。その生活の場としての建築空間を人々の視点から考え，そのために人間を理解し，建築のあるべき姿を考えることが求められる。それが建築計画なのである。

1・1 建築と生活の意味　7

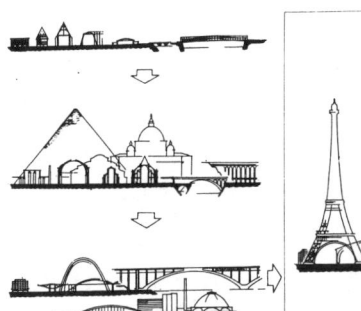

図1・11　構法・技術の発展とともに建物のスケールの可能性が拡がる（ブドンによる[5]）

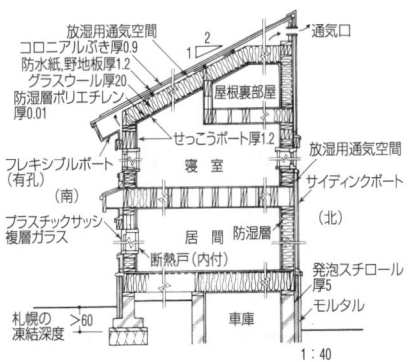

図1・12　厳しい環境を制御する建築[6]
　　　　（寒地実験住居）

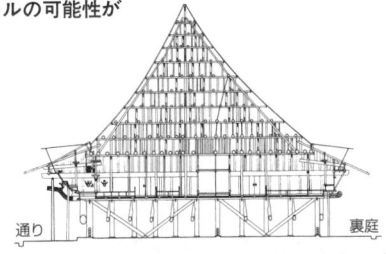

図1・13　高温多湿な環境とともに生きる建築[7]
　　　　（ニアス島の住居，インドネシア）

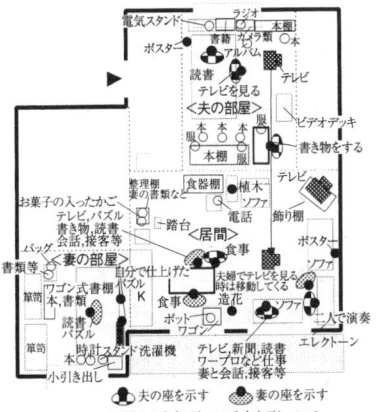

高齢者夫婦のそれぞれの個室と居間における2人あるいは1人のときの過ごし方とその場。
　人々の生活はさまざまな行為によって成り立つ．建築空間はそれらが行われる場を提供する．（2・1・3，図2・11参照）

図1・14　資産の象徴としての建築（入母屋御殿）
　　　　　　　　　　　　　　（写真：菊地成朋）

図1・15　人々の生活を支える環境としての建築空間[8]

＊3　Marcus Vitruvius：紀元前後，ローマの建築家．

1・2　建築を計画すること

1・2・1　建築計画の発生

　原始の時代には，ヒトは環境の中から自分が生活できる場を見出し，そこを使うことで生活してきたのであろう。それからより生活しやすいように環境を整えるように進歩し，さらに手を加えるという形で自然環境を自分たちの生活できる環境となるように切りひらいてきた。そして環境をつくる技術の発展により，自分の使いたい形の建築を築くようになった。例えば，でこぼこの地面は，より平らに固くして，歩きやすく居やすくするなど。

　このような原始的建築においても，計画やデザインがなかったわけではないであろう（図1・16）。無意識のうちにも使いやすく，美しいデザインがなされていたであろう。それは長い歴史の蓄積の中で，意識されたデザインというよりも使えるものが残り，それが継承されてきたというべきであろう。

　そこから意図をもったデザインという行為が出現する。人々は工夫をすればよりよい環境を得られることを覚えた。あるいは何かの機会で体験した環境のよさを覚え，それを取り入れてデザインすることを覚えた。よりアクティブにデザインすること，その考え方としての計画が生まれてきた。そこには新しい行動スタイル，ライフスタイルの可能性に応えるという要求があったと考えられる。

　長い歴史の中で蓄積されてきた建築・建築群の中には，計画しなくても，というよりは計画が意識されなくても，よい環境として創出されてきたものもある。しかし計画することによって，人々にとってよりよい環境が得られ，そのことが人々に理解されることになれば，計画の役割は人々に認識され，継承されていくことになるであろう（図1・17，1・18）。

1・2・2　専門化する建築計画

　建築は瞬間に生まれるものではない。長い時間をかけてつくられる。建築がつくられることとは，その過程でも，またつくられた後も，多くの関わりをつくるものでもある。すなわち多くの人がつくることに関わるし，利用する人々，管理する人々，影響を受ける人々など多くの人々が関わる。

ロージェが18世紀に著した「建築論」の口絵。この原初の小屋は，様式建築に反し，柱と梁による合理的な建築の原型として示されている。

図1・16 建築のはじまり(ロージェの原初の小屋)[9]

浅野川畔(金沢市)

住宅地(横浜市)

図1・17 自然発生的な建築・建築群

八潮パークタウン(品川区)

茨城県営神原団地(水戸市)

図1・18 計画された建築・建築群

また一つの建築をつくることはそれだけにとどまらず，多くのいろいろな関係――周辺の環境，居住者や関わる人々，物品，家具やインテリアとの関係など――をつくり出している。
　そして必要とされるスケールの空間を実現するためには建築を支える技術的問題を無視できない。
　一人の「動物としてのヒト」が「自らの巣を作る」という状況から進化し，多くの人により手分けしてつくられる建築となる。それが高度化・複雑化とともに分業化・専門化が進む。分業化したそれぞれはお互いに関係を持ちながら建築をつくるという行為をなしていく。高度に専門・分業化した中で，設計者，生産者，**利用者**というとらえ方が生まれた。そして仕事はさらに専門化・高度化する。
　つくられる建築は，一人の人間と1対1に対応する一品生産に限られず，多数の人々に対応する建築がつくられる。人々も特定の利用者から**不特定多数**の利用者となる。建築空間も専門化する。各種それぞれの専門の用途を持った施設がつくられるようになる。
　このように建築を取り巻く状況は専門分化が進み，つくる人，使う人の分離，さまざまな専門家が出現している状況にある。
　これにより，使う人が，デザインしつくるプロセスに参加しないことが通常のこととなっている。そのためつくる側の人々が必ずしも使う人のことを理解しないまま建築をつくるという事態が多くなってきた。しかしよりよい建築環境を目指す以上，つくる側が使う人々および使われ方を理解する必要がある。これが**建築計画**である。
　建築計画では，人々の需要の把握が基本である。それも経験や勘によるのではなく，客観的，実証的，合理的根拠に基づいて把握し，計画に生かせる形とすること，それをデザイン理論として専門化すること，それが建築計画である。基本的には住み方，使われ方を調査し，人々の潜在的なニーズを把握し，問題点を把握し，次の計画に生かしていくものである。また人間，生活，社会などを建築の観点から理解するというものである。
　通常，建築が企画され，つくられ，廃棄されるまでには表1・1のような手順がふまれる。一般にはこのプロセスの中で，狭義には「企画・計画」に建築計画は位置づけられる。

表1・1 建築がつくられ，使われるプロセス

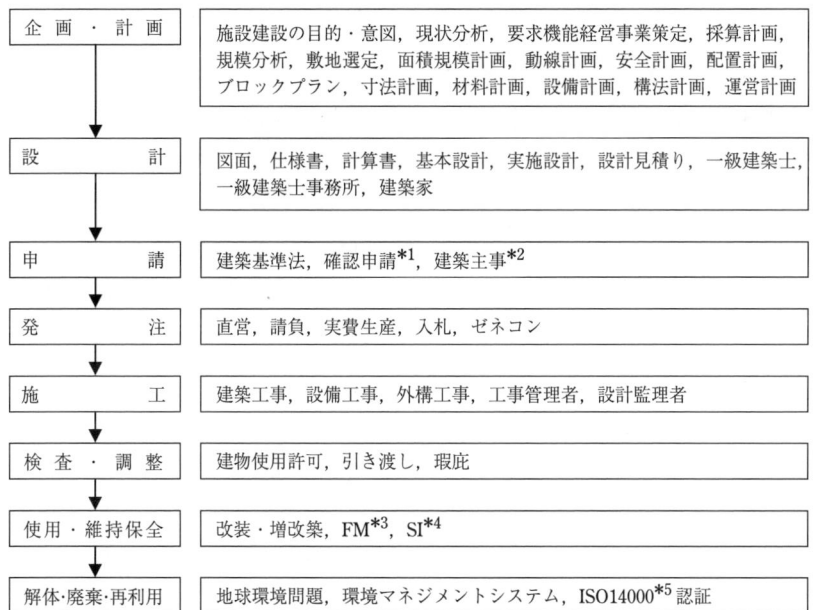

* 1　計画の内容が法令の規定に適合することについて建築主事の確認を得るために行う申請。
* 2　建築物等の建築計画が建築基準法の規定に適合するかどうかの確認業務を行う者。
* 3　ファシリティマネジメント（Facility Management）。環境・施設・機器などを最適化するための管理。(3・9，＊12参照)
* 4　スケルトン・インフィル。長期耐久性が求められる建物のスケルトン（柱・梁・床などの構造躯体）と多様なニーズにこたえられる可変性が求められるインフィル（内装・設備など）に分けた工法。(2・7・4，4・8・2参照)
* 5　企業が地球環境に配慮した事業活動を行うために国際標準化機構（ＩＳＯ）が作成した国際規格。

1・2・3 建築計画の拡がり

このようなプロセスの中で，建築計画の範囲は，必ずしもこの枠の中にとどまるものではなくなりつつある。

建築は竣工時にすべてが完成するわけではない。竣工後も人々にとっての環境は形成されていく。つくられてから活かされる建築もある。すなわち使用開始後の使い込み，つくり込みによってより生き生きした環境が形成される例もある（図1・19，1・20）。さらにより使いやすいように改築されることもある。また人々の生活も時代とともに変わる。そうすると使いつくられ続ける過程，そのような長い時間を経た使われ方を理解することが必要となってくる。

人々の住み方や使い方を理解し，問題点を抽出し，それを改善して次の計画に活かしていく。それが建築計画の基本的な考え方である。しかしそれを設計者が次の計画に活かすだけでなく，使い手が今の使い方に活かすことも重要となる。

前述の企画・計画・設計というプロセスの中で，建築計画の対象とする範囲が拡がりつつある（4・8参照）。

建築はハードウェアとしての建物（モノ）をつくるだけでない。ソフトウェアとしての使い方（コト）の提案もありうる。

建築計画は，前述のような流れの中の一部を担うだけでなく，計画前のプログラミングあるいは使用開始後のマネジメントにも関わるようになる。

つくり手がつくり，使い手が使うという構図ではなく，ユーザーもデザインに参加したり，ユーザーのつくり込みもデザインであるとすると，もはやデザイナーとユーザーは区別できなくなることもありうる。そうなると「建築計画」は時代のニーズに応え，より広範囲に拡がっていくべきものだといえる。

1・2 建築を計画すること　13

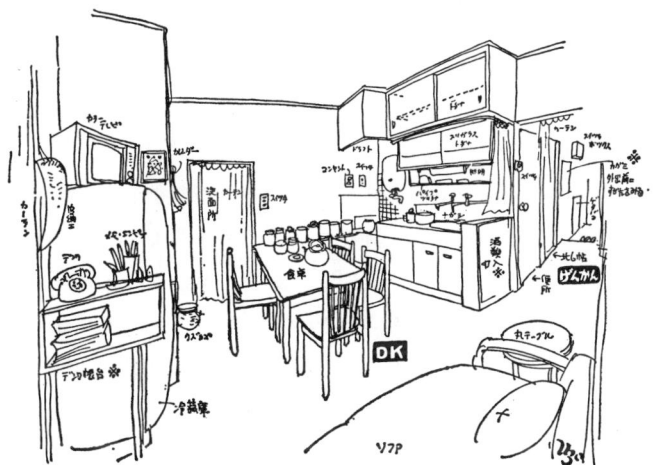

ダイニング・キッチンから玄関の方をみる。玄関わきのカガミは居住者の工夫，いよいよ外に出るとき，ちょっと身だしなみの点検のため。そのほか電話ボックスなど，小さな空間を利用する工作はすべて居住者による。

図 1・19　マンションにおける住まい（西山夘三による[10]）

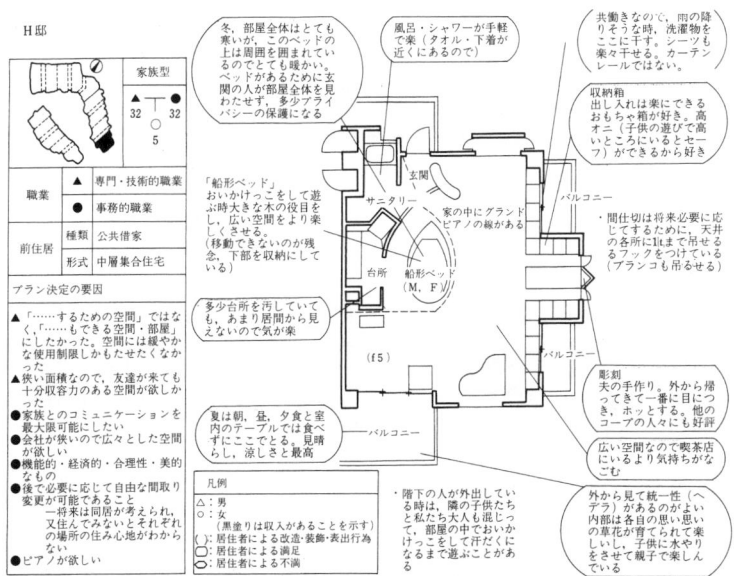

住み手が建築家と対話しながらデザインを進め，居住後もつくられた空間を住み手が楽しみながら生活している。（2・7・4，図 2・96 参照）

図 1・20　人々と共存する建築（コーポラティブ住宅・ユーコート[3]）

1・3 建築計画の調査・研究

1・3・1 使われ方調査

現代の複雑化した人間の生活を支える建築をつくるための建築設計は，思いつきや気まぐれだけではできない。設計プロセスのさまざまな段階で建築と人々の関係についての多くの知識が必要になる。その第一歩は人間の建築空間における実態の理解である。すなわち人々が建築空間を使っている，あるいはそこに居る状態，すなわち「使われ方」，「住み方」を見ることが肝要である。

そのようなことから建築計画では**「使われ方調査」**あるいは**「住み方（住まい方）調査」**がしばしば行われる（図1・21，1・22）。

使われ方調査は，建築空間を利用する人々が不都合に感じていることや，できるならば別の住み方をしたいと思っていることなどの潜在的要求を把握するために，利用者の行動そのものや，家具の置き方など意識の反映・軌跡としての建物の使われ方を調査し，さまざまな角度から使用されている状況での現状を客観的にとらえ，そこから他の事例に使うことができる法則のようなものを発見し，それを後の建築計画に適用するものである。これは**POE**（Post-Occupancy Evaluation：使用後評価，入居後評価）[*1)]と呼ばれる方法と同じような方法，価値観を持つものである。

ここでは**使い手，住み手**が主役である。それは近代の価値観に合うものである。建築計画の扱う範囲は，第二次世界大戦後の公営・公団住宅建設による住宅の供給，学校や病院などの建設，民主化による公共施設建設の拡大などの時代背景に支えられ発展し，さらに高度成長期以降は，文化施設などへ拡がっていく。

1・3・2 建築計画の分化

使われ方調査はいくつかの事例について多くのことがわかるが，それから一般的な法則性のようなものが見出せるとは限らない。使われ方研究より科学的客観性，一般性を重視し，普遍的な計画の決定方法の基礎を目指すものとして，**定量化**による評価尺度，評価基準の設定や，**規模算定**の研究がある。

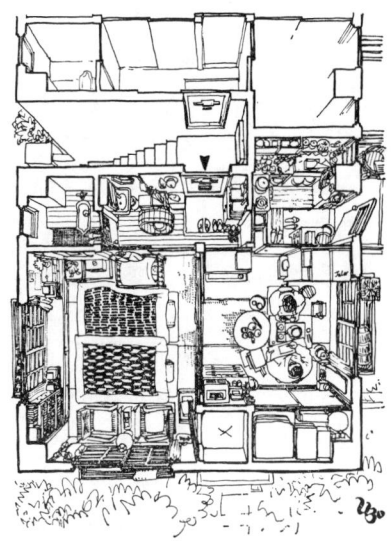

図 1・21　住み方の図(代官山同潤会渋谷アパート,西山夘三による[11])

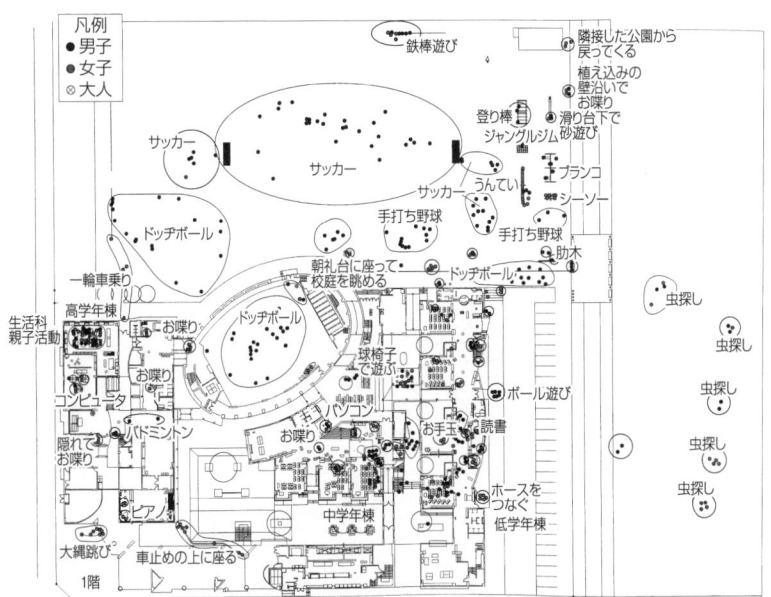

図 1・22　小学校における児童の行動調査（打瀬小学校[12]）（図 3・64 参照）

＊1　実際の建物が完成し，人々により使われ始めた後に環境を評価する方法．

利用が規模という形で定量的にとらえられると(図1・23),それを数理的に分析,数理モデルへのあてはめ,**シミュレーション**などが可能になる。

　心理的手法の導入による空間・環境を対象にする研究もある。使われ方研究では根本的に建物を利用するものとしてとらえていることから,計画・設計への適用が平面構成や基本計画に対応するものといえるが,設計する際には3次元空間の持つ雰囲気や情緒など,心理的な面を考える必要があるのである。ここでは,実態調査だけでなく,条件を統制しやすい実験を用いることがある(図1・24)。

　これらは建築計画の基礎的研究と位置づけられる。基礎的研究では計画プロセスの中で価値決定にはあまり関わらず,客観的認識・記述を重視し,科学的研究スタイルをとる。

　建築計画が利用者の立場の要求を実現するために設計者への知見を提供することが大きい目的であるが,専門家の設計によるお仕着せではなく,利用者自身の計画への**参加,コーポラティブハウス**[*2)]建設などの実践を通じてこそ利用者の立場の要求の実現が可能であるという考え方もある(図1・25)。ここでは建築計画の知見は使い手の人々にも活かされるものとなる。

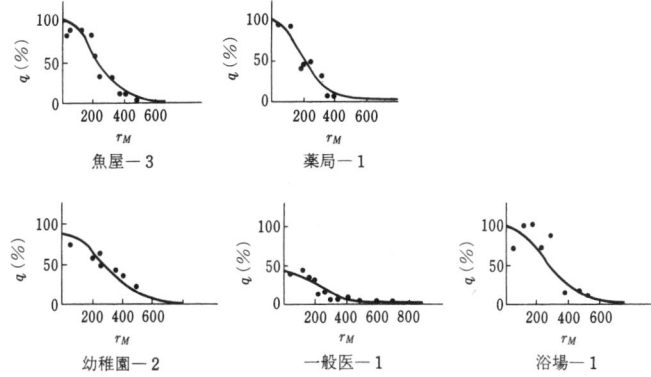

吉武泰水は地域住民の日常利用施設の利用実態を調べ、これを

$$f(r) = a \cdot e^{-br^2}$$

$f(r)$ ：距離 r における利用率
a, b ：定数

にモデル化できることを導いた。

$r=0$, すなわち，施設近傍における利用率は公衆浴場や日常購買施設では100%に近く，医院などでは近さ以外の要因が働き低くなる。

図1・23 住宅地施設の距離と利用率[13]

オフィス空間を模擬したもの
図1・24 模擬空間をつくり，体験して評価する実験

車いすでも使える電話ボックスのデザインに車いす使用者が参加する。
図1・25 デザインへの住民参加[14]

＊2　共同で居住しようとする者が組合をつくり，企画・設計から入居・管理を運営，協力して建築する集合住宅。

1・4　設計へのつながり

1・4・1　計画・設計・デザインという行為

　建築空間をデザインするということは、どのような意図があるにせよ、それにより形ある構築環境がつくられ、それにより人々の行動の可能性が創出される。

　デザインのプロセスにおいては、さまざまな知見が参照される。そこでは見たことのある空間はしばしば参照される。しかしそれだけでなく、今まで体験したことがないまったく新しいものも創造できる。それがデザインの特色の一つである。

　デザインという過程では、知識を積み重ねて最終成果としての形を得るのではなく、まず先に形あるものをつくることがありうる。知識の総合とデザインは異なる。さまざまな知見を集めただけでは建築を創造することはできない。

　個々の研究成果をどのように設計に活かしていくか。建築設計は総合的なものであり、要素の単なる寄せ集めではない。要素だけの研究成果をいくら並べたところで建築という総合体にはならない。そのようなデザイン行為に対して何が役に立つであろうか。

1・4・2　設計を支援する知見

　建築のデザインは、計画・設計という独立した行為の一筋の連続では必ずしもない。さまざまな思考がネットワークのように密接に関係しあっているものである（図1・26, 1・27）。

　建築デザインの思考の中では、建築計画の知見として大まかに分けて2種類の考え方や知見が働いている。一つはどのような建築をつくろうかという方針・理念・規範のようなものである。もう一つはそれを実現させるために参照される知見であり、実証的な調査や研究に基づく理論で設計のための基本的な知識、指標、データとなるものである。これらはともに建築計画の根幹をなす理論である。

　またデザインに特有の知見として事例の意義がある。そもそも似たような

1・4 設計へのつながり　19

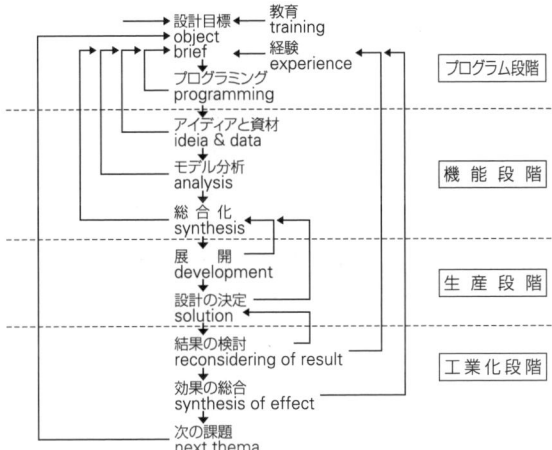

図 1・26　デザインのプロセス[15)]

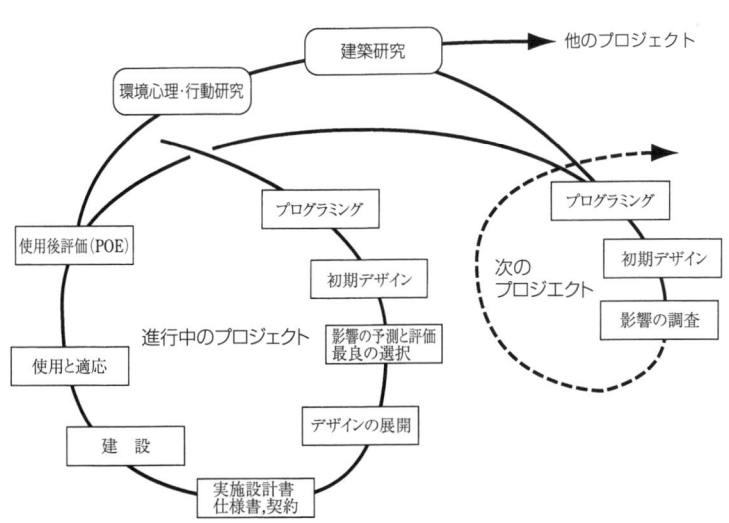

　一つのプロジェクトが終わると，その使用後評価（POE，1・3・1 参照）が行われ，その結果は直接，あるいは研究的にまとめられ，次のプロジェクトに生かされる。
図 1・27　環境デザインのサイクルと研究がもたらす情報の関係（ツアイゼルを基に作成[16)]**）**

事例を検討すること，その使われ方を理解することに建築計画の基本的な考え方がある。また事例は，実際に使用され相応の評価を受けたものである。

『日本建築学会編：**建築設計資料集成**』は，設計の参考となりうるような，一定の評価を受けた事例が集められた書籍で，計画・設計しようとする建物と類似の機能や規模を持つ事例を参考にすることができる。

援用されるコンセプトとして新しい考え方を吹き込む役割を持つものもある。E.T.ホールが示した人間の生態のさまざまな様態（4・4参照）は，デザインの上での発想を促すものとして多くのデザイナーに影響を与えた。人々の生態・行動に興味を持ち，それを観察することは重要なことである（図1・28）。しかし，ただ単に趣味的に観察し記録するだけでは建築計画にとって意味ある知見は得られない（図1・29）。これらも建築計画にどのように関与するか位置づけが明らかにされる必要がある。

1・4 設計へのつながり　21

人々が集まって会話するとき，相手の人とどのような間隔をあけるか（4・4参照）。

大階段が客席となる。人々がどのような場所を好むのか。空間は均質でなく，好まれる場所ができる。

図1・28　人間の生態・行動を観察する

街に現れた女の人の着物の種類の分類・記録。
風俗文化の一断面を表すものとなるが，建築計画との関係はあるであろうか。
図1・29　考現学（女の着物についての例，今和次郎による[17]）

1・5　住まい・施設・そして人間

1・5・1　人々の生活と建築

　建築は人々の生活の場となる。建築によってつくられる環境と人間との関わりは切っても切れない。

　人々は多くの人々とともに社会生活をしている。現在，文化が成熟し，さまざまな技術が発達している中で生活している。人々は多くのことを欲求する。交通手段の発達により移動も簡単になった。情報も多く伝達されるようになった。人々は一つの建築だけでない，多くの建築空間に支えられている。一日だけをとってみても，人々はさまざまなつくられた環境を履歴することになる（図1・30）。

1・5・2　住宅とは，施設とは

　その中でも住宅はもっとも重要な環境である。かつて人々は住宅で生まれ，学び，働き，死んだ。婚礼などの儀礼も住宅で行われたのである（図1・31）。住宅を考えることは，人間，生活，社会，文化を考えることとなる（第2章，2・3・3参照）。

　近代化，工業社会の到来は労働者を生み出し，住宅は人生を完結させる場ではなくなった。

　今では多くのことは住宅以外で行われている。人は，病院で生まれ，学校で学び，オフィスや工場で働き，病院で死ぬなど，多くの行為はそれぞれに対応したさまざまな施設で行われる。

　生活の活動の一部を補完する場としての施設がつくられてきた（表1・2）。近代化の進展により施設は細分化されることになる。施設は社会の制度の具現化されたものでもあり，それが支えられる背景がある。学校，病院，さまざまな施設はそれぞれの枠組みの中で，独自の展開をすることになる。そもそも施設とは何なのか，どのような経緯で施設が誕生し，社会の変化に応じて変化してきたのかを理解する必要がある（第3章参照）。

1・5 住まい・施設・そして人間　23

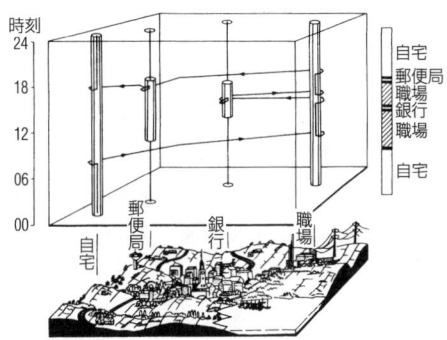

人は，都市の中のさまざまな施設，商店等を利用しながら生活している。

図 1・30　個人の一日の行動[18]

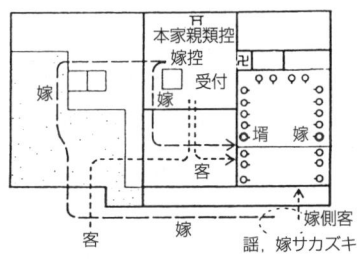

かつては婚礼の儀式は住居で行われていた。
(2・3・3参照)

図 1・31　婚礼時の住居の使い方[19]

表 1・2　住宅地の生活施設

段階構成 施設系統	近隣グループ G 50～200戸	近隣分区 A=nG 5,000人	近隣住区 N=2A 10,000人	中学校区 D=2～3N 20,000～ 30,000人	地区 D=3～5N 30,000～ 50,000	全地区 Z=3D 150,000人
学校教育		低学年小学校 +幼稚園	高学年小学校	中学校		高等学校
社会教育		集会所		図書館分室 クラブ	コミュニティセンター	
医療・保険			地区診療所	診療所 保健所出張所	地区病院 保健所支所	中央病院 保健所
社会福祉				託児所		
公園, レクリエーション	プレイロット 幼児公園	児童公園	近隣公園	スポーツクラブ	地区公園	周辺緑地
購買			マーケット 店舗群 公衆浴場		マーケットまたはデパート 商店街	
娯楽					映画館 興業場	
業務					銀行 一般事務所	
行政・管理		警官派出所			市役所出張所 警察署, 消防署	
公益サービス施設		住宅管理事務所・郵便局			住宅サービスセンター 郵便局,電話局 電力・ガス・水道サービスステーション	
交通	バスストップ (駐車場)				バスセンター 鉄道駅	バス車庫
サービス・工業					ホームインダストリー 建設業,その他	

　住戸が集まって近隣グループが形成され，それがいくつか集まって近隣分区がつくられ，近隣分区が2つ集まり近隣住区がつくられる。都市全地区はそのように段階的につくられている。都市を構成する単位にはそれぞれの段階ごとに必要とされる施設がある。

1・5・3　人間と環境

　さまざまな建築の中で，共通するのはそこで生活する人間である。建築を取り巻くさまざまな状況について，人間という視点から，広角的に引いて見るとどのようになるであろうか。

　そもそも人間にとっての環境とは何か。動かずに空気と光と水を待つ植物と比較すると，動物は環境の中を動いて生きるためのさまざまな資源を得なければならない。

　人間と環境は切っても切れない関係にある。人間は環境がなければ生きていけない。そのことは環境との関係がなくなってみて初めて気づかされる。それは魚にとって水がなければならないのと同じようなものである。心理学の分野で**感覚遮断実験**という実験がある（図1・32）。それは人間を視覚，聴覚，触覚，嗅覚，温度感覚など主なすべての感覚に対して刺激がまったくないように（一定に）して，温度一定の部屋の柔らかいベッドに寝かせ，目隠しをつけ，肘から先に触覚を遮るための覆いをつけた状態にして何時間も置くとどうなるかを調べるものである。その実験で感覚を奪われた人間は，落ち着かなくなる，幻覚を訴えるなど脳が正常に働かなくなるという。

　そのような外界からの感覚を遮断された状況では，人間は正常には生きていけない。環境は人間に相対し，取り囲み，いろいろな刺激・情報を与え，人間はそれらを感じ，環境と相互に作用し合ってこそ正常に生きていけるのである。人間は裸の肉体だけで生きているのではなく，取り巻く環境とともに生きているのである。

　私たちは，環境の中で生きる「環境人」なのである。

　人間行動とそれを可能にする建築空間，人間－環境というとらえ方で建築空間を考えてみる必要がある（図1・33），（第4章参照）。

1・5 住まい・施設・そして人間　25

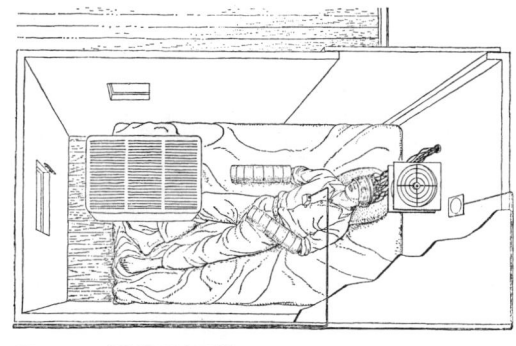

図1・32　感覚遮断実験[20]

感覚に対する刺激がない(一定)の実験室の中で、被験者は目隠しをし、触覚をさえぎる覆いを手につけ、数時間居る。

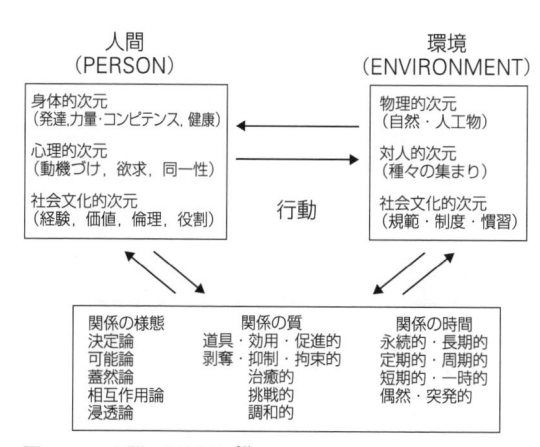

```
         人間                    環境
       (PERSON)              (ENVIRONMENT)
   ┌─────────────┐          ┌─────────────┐
   │ 身体的次元   │          │ 物理的次元   │
   │(発達,力量・コンピテンス,健康)│←──→│(自然・人工物)│
   │ 心理的次元   │          │ 対人的次元   │
   │(動機づけ,欲求,同一性)│←──→│(種々の集まり)│
   │ 社会文化的次元│   行動   │ 社会文化的次元│
   │(経験,価値,倫理,役割)│    │(規範・制度・慣習)│
   └─────────────┘          └─────────────┘
           ↘                      ↙
   ┌──────────────────────────────────┐
   │ 関係の様態   関係の質    関係の時間 │
   │ 決定論     道具・効用・促進的  永続的・長期的│
   │ 可能論     剥奪・抑制・拘束的  定期的・周期的│
   │ 蓋然論     治癒的          短期的・一時的│
   │ 相互作用論  挑戦的          偶然・突発的 │
   │ 浸透論     調和的                      │
   └──────────────────────────────────┘
```

図1・33　人間-環境関係[21]

人間には身体的・心理的・社会文化的次元がある。環境には物理的・対人的・社会文化的次元がある。人間と環境は相互に関係し合うが、環境における人間の行動は、人間と環境の関係の様態(一方的な影響か相互的かなど)、質(内容、目的など)、時間の三つの点からしてもさまざまで、複雑な拡がりを持っている。

第2章
住まいを計画する

2・1　住まいをとらえる……28

2・2　家族・地域と住まい……36

2・3　住まいの拡がり……44

2・4　日本住宅の近代化……52

2・5　住まいの計画……60

2・6　集合の計画……68

2・7　個別性に対応する……76

2・8　時間的変化に対応する……84

2・9　住むことを支える……92

2・10　共生する住まい……100

「住まいを計画する」とはどのようなことだろうか。人は空間に住む存在である。住まいは人が空間に住むことによってつくられていく。住まいの計画は，この住まいをつくるプロセスの基礎を構成する重要な一部である。

　住まいを計画する視点を伝えるため，この章を大きく3つの内容から構成する。1～3節では住まいをとらえる方法を取り上げ，そこから住まいの構成原理を探る。4～6節では建築計画として住まいを計画するための基本的視点を取り上げ，4節はその前史，5節は単体としての住まい，6節は集合体としての住まいを対象とする。最後に7～10節では，現在とこれからの住まいの計画課題を取り上げる。

　人に人生があるように，住まいにも一生がある。ここで取り上げる事例は限られているが，できるだけ，その一生について計画者や居住者によって報告されているものを選んでいる。ひとつひとつの住まいの事例に潜んでいる計画という行為の複合性や魅力を，想像力を働かせながら感じ取り，解釈することによって，計画の視点を深めていこう。

　　　　　　　　　　　　　執筆担当　在塚礼子

2・1　住まいをとらえる

　住まいの計画は住まいをとらえることから始まる。住まいとは生活することを含む概念であり，住空間とそこでの生活とは深い関わりを持っている。住空間と生活との関わりをどのようにとらえるか。そのとらえ方には，その時代の価値観が反映し，建築計画の視点，計画の課題が結びついている。ここではまず，計画につながる生活と空間の関係をいくつかの側面からとらえることにしよう。

2・1・1　生活と空間の関係をとらえる

　住まいは古くから絵画や文学に描かれてきた。それらから生活と空間の関係を見て取ることができる。
　5世紀のものといわれる**家屋文鏡**には4種の建物が浮き彫りで描かれている（図2・1）。一つの豪族が所有していた4種の建物であるとの説が有力であるが，そのうちの一つが**高床住居**とされるのは，階段の手すりや縁台の日傘が，この建物が生活の場であることを示しているからである。住居とともに日本美術史上初めて描かれた樹木や鳥の姿も見られる。この鳥は宗教的意味を持つとの説もある。豪族という社会集団や宗教世界がとらえられ表現されているということになる。
　『源氏物語』は，当時の男女や家族の関係，政治や生活文化などが多彩に描き出された文学であるが，それを絵画にした『源氏物語絵巻』では，吹抜屋台と呼ばれる屋根を取り払った図法が用いられ，生活の様子が住まいや家具の設えとともに表現されている（図2・2）。人の行為，しぐさや衣服を含め，絵画は生活と空間の関係を読み取るための宝庫である（図2・3）。
　文学や絵画に何が描かれるかは，時代の価値観や美意識の反映といえよう。生活を重視し，生活を科学的にとらえようとした大正から昭和初期にかけては，社会科学の諸分野で家計や生活時間など生活の各面からの調査が行われる一方，建築分野では計画の合理性や機能性の追求も始まる。これらの動向を背景として，建築計画の原理を見出すために生活と空間の関係をとらえるという建築計画学の視点と方法が生み出されていくことになる。

高床の建物のうち，階段に手すりのある方（上）は住居，ない方（左）は倉とされる。

図 2・1　家屋文鏡に描かれた原始住居

病重く脇息にもたれる紫の上を源氏と明石中宮が見舞っている。美しく描かれた風にそよぐ萩は紫の上の命のはかなさを象徴している。

図 2・2　「源氏物語絵巻」の一場面[1]

中流層に富の蓄積した17世紀のオランダに，日常の生活風景を描く絵画が登場する。同時代の画家，フェルメールの作品はその典型ではないが，この作品には住まいの内外をつなぐ戸口のベンチ辺りの生活風景が描かれている。後のオランダの建築家，H.ヘルツベルハーは高齢者住宅の戸口に同じようなベンチを設けている。

図 2・3　「デルフトの小径」フェルメール[2]

2・1・2　行為でとらえる

　生活と住まいやまちの関係は，どのように住んでいるか，という行為のしかたによってとらえられる。合理性や効率など，機能的側面を課題とした時代には，「どこをどう使っているか」をとらえることが中心であった。その後，機能から居心地や多様な文化，異文化へと関心や課題が拡大し，姿勢やしぐさから「どのようにしてその場に居るか」をとらえるようになる。近年は，コミュニケーションや人間の関係性をとらえるために，会話の記録や笑うといった行為の観察もされる。

　とらえる方法は，ヒヤリング，アンケート調査，観察，撮影，資料（絵画，文学，写真）を読み取るなど，さまざまに試みられている。住まいと人の行為や行動との関係をとらえ，表現するには，空間を上から見た平面図を用いることが多い。

　今和次郎（1888〜1973）は農家における行為の拡がりや重なり，季節による行為の場所と時間の変化をとらえ，それを図に表現している（図2・4）。とらえる方法と共に表現する方法は重要で，これにもさまざまな試みがある。

　合理的な平面計画のために住み方を科学的にとらえる視点として日本に最初に紹介されたのは，A．クラインの**動線**である（図2・5）。動線が交錯せず，距離は短くなるよう各室を配置計画することが意図された。池辺陽は生活動線が持つ公私の性格や速度や荷重（モノを運ぶ動線かどうか）に，今和次郎は動線の主体に着目した分析を行っている。

　西山夘三（1911〜1994）はインタビューによって就寝と食事を基本とした部屋ごとの行為をとらえる住み方調査から住要求を把握する方法を確立した。これによって導き出されたのが食寝分離論（2・5・1参照）である。また，『住み方の記』には自らの居住体験がさまざまな表現方法で描かれている（図2・6）。住まいの内部の調査には限界があるので自らの体験の記述は貴重な資料となる（図2・7）。

　近隣関係や地域コミュニティに関心が拡がり，それを育む住宅地計画を課題にするようになると，とらえる行為は付き合い関係や行為の空間的拡がりへと変化する。また，生業，年中行事など，ともにする行為の重層性が地域の共同性を強めていることなど，伝統の残る地域を対象とした研究が新しい住宅地計画のための示唆を与えてくれる。

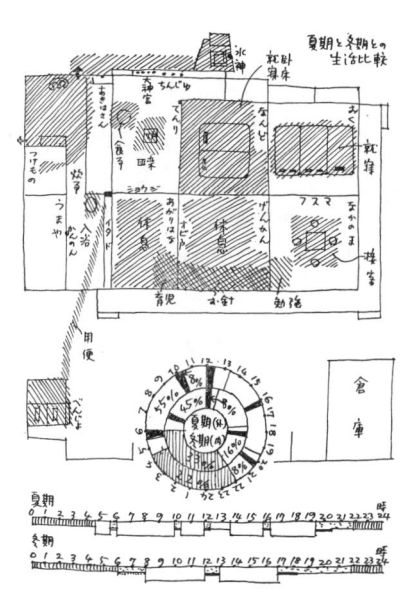

図 2・4　今和次郎の農家住生活図[3]

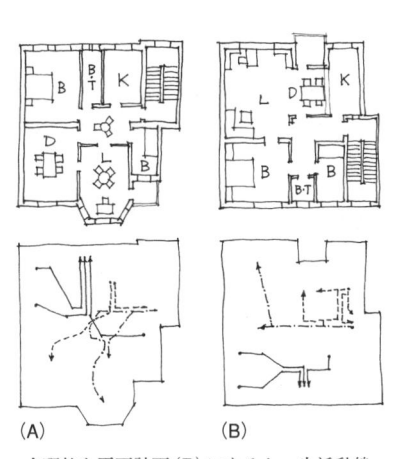

図 2・5　アレクサンダー・クラインの動線図[4]

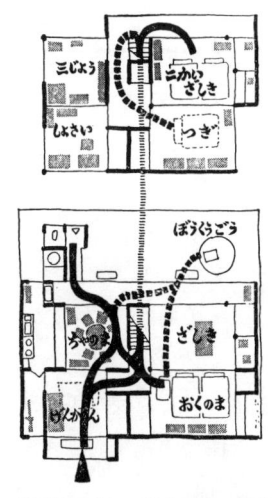

合理的な平面計画（B）になると、生活動線が短く、かつ交錯しないよう整理される。

平面図の上に、室名呼称、就寝時のフトンの敷き方、家具配置とともに2種類の動線が描かれている。

図 2・6　西山夘三の住み方図の例[5]

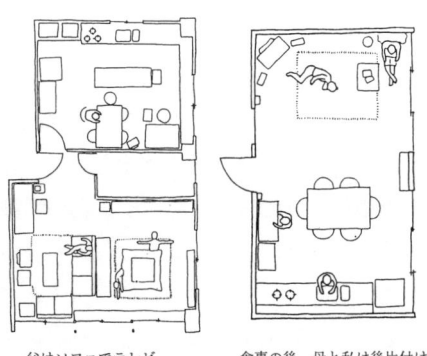

父はソファでテレビ
姉と母は炬燵で寝ている
弟は別の部屋でテレビ

食事の後、母と私は後片付け
兄はテレビを見ていて、父は本を読んでいる

学生が自分の住まいを記録するという方法によって、寝転がるなど、居間でのくつろいだ姿がとらえられている。

図 2・7　行為の姿勢を描いた図[6]

2・1・3　モノでとらえる

　住まいの空間には道具や家具などのモノが置かれている。モノをとらえることによって，生活と空間のさまざまな関係をとらえることができる。

　私たちの行為にはモノの使用をともなうものが少なくない。モノの種類や置かれ方から，行為の種類や場所をとらえることができる。これらは行為の痕跡としてのモノである。しかし，モノをとらえる場合，対象は特定の行為に直接関わるモノの枠を超えて広がるので，生活の全体像に近づきやすい面を持っている。考古学や考現学がモノをとらえるのは，モノのこのような特性と関わっている（図2・8）。

　『地球家族』は家族と住居とモノを1枚の写真に収めることにより，国による，民族による生活の違いを浮き彫りにしている（図2・9）。モノはすべて住まいの外に出されて，使われている状態はとらえられないが，それでも，住まいの内部まで想像させてくれる。日本の事例では，住まいにおける様式の混在や，電化製品をはじめ多くの新しいモノに取り巻かれた生活ぶりが顕著である。

　高度経済成長期以降のモノの増大を背景として，モノの量から，住まいに必要な面積や容量をとらえることもなされている。

　モノとその置き方は生活の様式やスタイルを表している。場所と，そこに置かれるモノとの関係には型があり，それは時代的に変化する。少し前の時代には，ピアノの上にはフランス人形，テレビの上には日本人形，玄関の下駄箱の上には床の間の代用のような飾りつけが見られた（図2・10）。また，置かれているモノの出自からその空間の出自をとらえることもされる。

　モノから心をとらえることも試みられている。自分に必要なモノを置き，好みのモノを飾って，そこが自己の**領域**となったとき，その場はその人にとっての住まいになる。老人ホームの居室に置かれているモノの様子は，そこが居住者にとって施設から住まいへと変貌したことを確かめる重要な手掛かりとなる（図2・11）。また，住戸外へのモノの**表出**は，居住者の領域の拡大と近隣関係の形成を促すものと見ることができる（2・6・2参照）。

　建築によって構成されるまちの空間をとらえ，表現する方法にデザインサーベイがある（図2・12）。モノとしての住まいの表層から，地域における生活やデザインのルールをとらえることができる。

2・1 住まいをとらえる　33

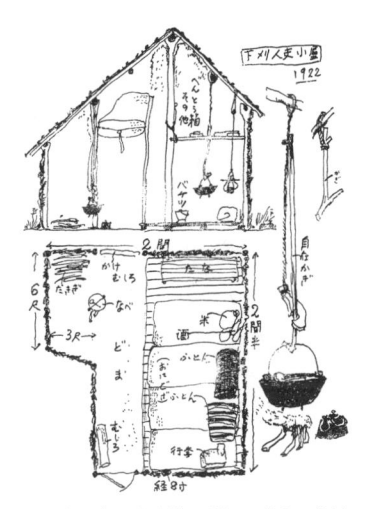

今和次郎は考古学に対して現在の生活を対象とする考現学を提唱した。そこではモノを描くことによって生活をとらえる方法が活用された。

図2・8　山人足の小屋[7]

写真家P.メンツェルは，世界各地で家の中のモノをすべて家の前に出して，その家族とともに撮影した。マリ（アフリカ）のある一家の写真はモノにあふれた日本の住まいとの違いが際立つ。

図2・9　地球家族[8]

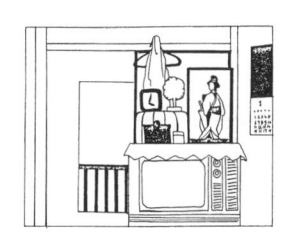

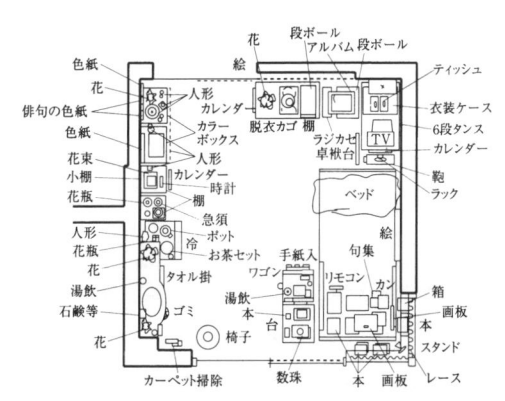

図2・10　モノの置き方スタイル[9]　　図2・11　老人ホームの個室[10]

図2・12　町並み（近江八幡市新町）[11]

2・1・4　心でとらえる

　生活と空間の関係を，心でとらえることによって把握することができる。心でとらえるのは，個人が重視される時代の反映ともいえる。住まいは一人一人の心に深く定着する。そのため住まいは，機能を持つ空間としてよりもその人にとって意味のある**場所**として立ち表れる。

　そもそも「住む」の語源は「澄む」であるという。濁っていた水も，時とともに澄んでくる，そのように安定した状況が住むことの本質であることを示している。ラテン語やドイツ語の「住む」も，安定や，人と場所の深い結びつきを意味する語である。

　ドイツの教育哲学者であるF.ボルノウ（1903～1991）は空間の庇護性に住まいの本質を見出し，哲学者多木浩二は住む経験によって身体化する住まいを「生きられた家」ととらえる。こうして住まいの記憶は，こころに深く刻まれる。その**原風景**は，文化人類学者岩田慶二によって「子ども時代にひとの心に深く残り，時とともに変化しながら繰り返し表れる一枚の絵」と定義されている。原風景には，自然・人・建築空間がさまざまに表現される（図2・13）。建築計画学者のひとり吉武泰水（1916～2003）は自らの夢を記録することから心の中の住まいをとらえている。

　心は言葉で表現される。**室名呼称**は居住者がそこをどのように認識しているかの表れであるとともに，どのように使っているかの表れでもある。一般的には家族は同時に同じ呼称を用いるが，同一の部屋が違う呼び方をされることもある（図2・14）。呼称は，その人にとっての意味の表れだからである。また，伝統的な室名の名残りは，その部屋の出自とともに，今もその性格を継承していることを示している。

　言葉では表現されない心を，絵を描いてもらう，写真を撮影してもらうといった方法で把握する試みもある。K.リンチの「イメージマップ」の方法（4・6・1参照）を集合住宅地を対象として用いた鈴木成文（1927～2010）らは，道路形態，住棟配置，公共施設の配置，林や起伏などの自然条件，掲示板やポストなどの物的環境条件が居住者個人の領域形成に影響する様を明らかにし，行動と認知によって居住者の心の中に形成される「みずからの空間の範囲」を**生活領域**と名づけ，住宅地計画におけるこの視点の重要性を指摘した（図2・15）。

2・1 住まいをとらえる 35

「私は，生まれ育った家を思い浮かべます。私の父もその家で育ちました。一部屋が大きくて，ふすまの仕切りをなくせば，姉妹3人で鬼ごっこもできたし，家の中でかくれんぼもできました。畳をかえた日のにおいが好きでした。縁側もありました。天気の良い日に布団をそこに干して，よくその上に寝転がって，母親にしかられたのを覚えています。大黒柱がとても太く，毎年誕生日に，父親が子ども達の身長の印をつけていました。あたたかくて，包まれていたなという思いを抱く。」

「僕が幼い頃，家の中にこいのぼりを立てていて，それを見上げる自分の姿が原風景として浮かび上がってくる。父親は居間でテレビをみながら横になってくつろいでいる。母親は，朝のご飯の片付けをしているのか，台所にいる。祖父母は何をしているのか，僕の心のイメージには出てこない。そういう生活のサウンドが聞こえる中で，中庭に面した部屋の大きな窓から座ってこいのぼりをみている自分がいるのである。そこには，平和な空気があり，それを感じ取っている自分がいるし，僕は一人っこであったためか，寂しい感じもする。」

「稲刈りをした後の田圃。そこは僕達にとって，最高のあそび場だった。サッカー，ゴルフ，ラグビー，相撲というように色々な遊びをした。そして，夕方，田圃に寝ころんで空を見上げて，一番星を探す。遊び終わって火照った体を涼しい風が冷ましていく。ぼくはこの時間が最も好きだった。そこに僕は安らぎを感じる。僕という個人の何分の一かは，確実にそこで形づくられたと思うから。そして，あの場所にいたことを誇りに思う。」

図2・13　原風景の表現（埼玉大学生による）

夏目漱石著『吾輩は猫である』の舞台となった千駄木の家については，漱石後期3部作のひとつ『道草』と，漱石の死後に妻が語った『漱石の思い出』にも記述されている。同一の部屋の呼称の違いは，創作の意図や夫と妻による認識の違いによるものと思われる。森鴎外も一時住んだこの家は，現在，明治村に保存されている。

図2・14　千駄木の家の平面図と室名呼称[12]

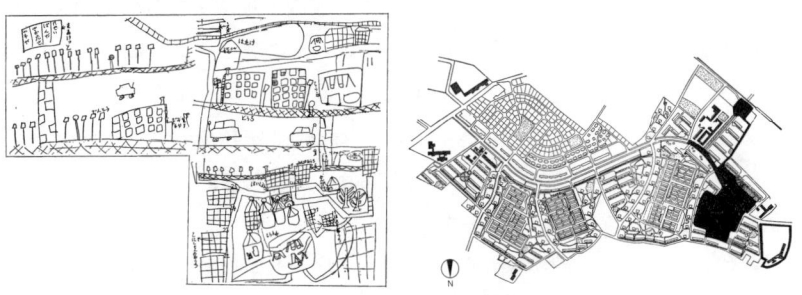

図2・15　高根台団地のイメージマップ（2年女子）と配置図[13]

2・2　家族・地域と住まい

　建築は人間関係を空間化したものとして見ることができる。家族生活の器とも言われる住まいは，その社会，その時代の家族制度，家族機能，家族形態，家族観，家族関係を反映すると同時に，必ず地域社会と結びついている。ここでは個人と家族と地域社会の関係を軸として，多様な住まいを読み解き，住まいの計画のための視点としよう。

2・2・1　個人・家族・地域・社会の空間構成

　社会人類学者中根千枝は，社会によって個人と家族と地域の関係が異なることを模式化し，対比的に描き出した(図2·16)。イギリスでは閉じられた個人の空間が基本となって家族の空間を囲み，家族の空間は地域に対して閉じ気味であり，イタリアでは個人の空間よりも家族の空間に中心があり，それが地域に開いているのに対して，日本の場合は個人と家族の空間が一体で，それは地域に対して閉鎖的であるととらえられている。ただし，このように模式化された日本の住まいは武家住宅の流れを汲む伝統型住宅であり，実際は，時代により，地域により，階層により，より多様な関係が見出せる。

　1950年代，生活を科学的に分析することを基にして合理的な住宅計画を目指した池辺陽は，住まいを社会圏，個人圏，労働圏に分離して計画することを提唱した(図2·17)。個人は個人圏と名づけられた領域に集合し，社会圏と名づけられた家族の空間を経由して地域とつながる構成である。これが今日まで日本における住宅計画の基本的な構成とされてきた。

　1960年代，C.アレクサンダーらは，個人・家族・地域・社会の空間を，それぞれの集団の段階ごとに**プライバシー**と**コミュニティ**を交互に構成するヒエラルキーとしてとらえた上で，親世代と子世代の分離を基本とし，それぞれが直接地域社会と結びつくべきであるとした (図2·18)。C.アレクサンダーはその後に，開放的な居間を道路側に向けるなどして，よりコミュニティを重視した住まいと近隣の計画を提案している。

　90年代以降の日本の建築家たちも，個人が社会と直接結びつくモデルを提示して，それを個人住宅や集合住宅の設計に結びつけている (図2·19)。

2・2 家族・地域と住まい 37

日本式
家族成員は別々の部屋にいるより群をなしていることが多い。部屋は人によってではなく、家族全体の生活に必要な機能によって分けられ、仕切りは弱く、家全体が共通の場を形成する。ソトに対しては閉鎖的。

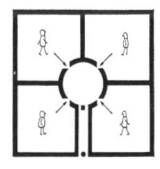

イギリス式
家の中に、個室がはっきりあって、一人一人が自分だけの場（城）を持つ。他の家族成員との接触は、居間・食堂などの場で行なわれる。個人の生活のほうが重要。

インド・イタリア式
家族成員に個室はあるが、共通の場が重要な機能を持ち一日の大半をそこで過す。個室の孤立性は低く、個室が共通の場に一時的に開放されたりする。共通の場はソトに大きく開かれている。

図 2・16 家族成員の配置と動き方[14]

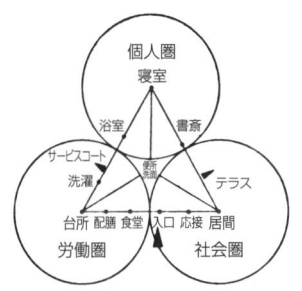

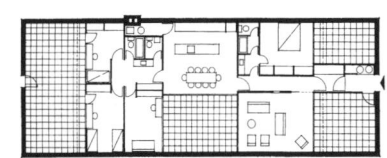

「居間、寝室、台所が三角形の頂点となり。各々から連絡の必要な排泄が、中央に置かれる。他の生活は三角の線の上に、その性質に応じて配置されている。」池辺はこの基本組織図に基づく実験住宅を数多く実現したが、No.20 は基本組織図に最も近い。

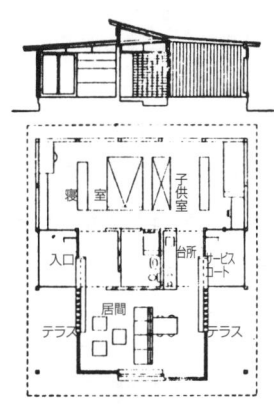

図 2・17 住居の基本組織図と実験住宅No.20[15]

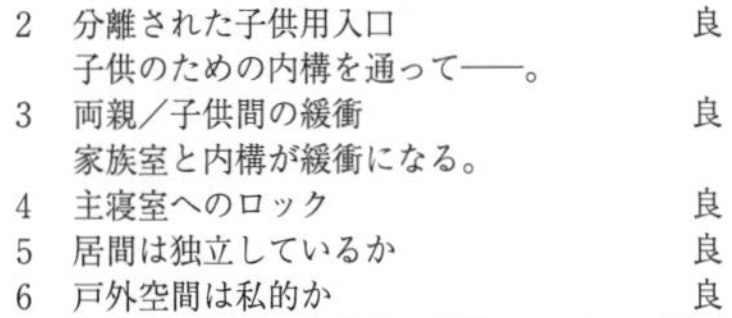

批 判
1 ロックを構成する住戸入口　　　　　　良
2 分離された子供用入口　　　　　　　　良
　子供のための内構を通って──。
3 両親／子供間の緩衝　　　　　　　　　良
　家族室と内構が緩衝になる。
4 主寝室へのロック　　　　　　　　　　良
5 居間は独立しているか　　　　　　　　良
6 戸外空間は私的か　　　　　　　　　　良
　主寝室、居間、家族室、子供室の四つの区画はそれぞれの戸外の空間をもつ。

結 論
中央に位置する家族室によって三つに分けられた区画計画が可能となっている。寝室および書斎が内構に面しているのは具合が悪い。

図 2・18 「コミュニティとプライバシー」で求められた住宅の条件[16]

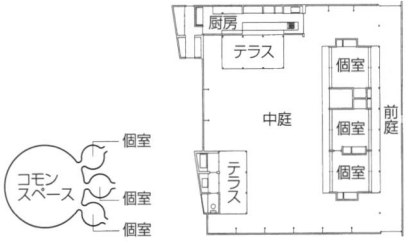

図 2・19 岡山の住宅と住宅の図式[17]

2・2・2 オモテとウチ

　日本の伝統的住まいは，オモテとウチという基本的な空間分離の構成原理を持っていた。オモテは地域に開かれた空間であり，ウチはウラとも表現される私的な内部空間である（図2・20）。その区分は，ハレ（晴れ）とケ（褻）と呼ばれる，冠婚葬祭や年中行事などの非日常生活と日常生活との区分や，男女の役割区分にも対応する堅固なものであった。

　徳川幕府の大棟梁であった平内家の家伝書であり，書院造りの手本とされる『匠明』では，家全体を，「接客の部，家之子郎党（家来）の部，家族の部，の3つに区分せよ。」とされ，オモテにあたる接客部分が極めて重視されている（図2・21）。これは封建社会の身分に対応した構成原理であり，根強く継承された（図2・22）。それは，家長と客，家族（女子ども），使用人とによって使い分けられる3つの出入り口，3つの食事の場，3つの便所，を見出すことができるほど徹底していた。

　書院造りにおける座敷の格式は，座敷飾り（トコ，タナ，ショイン）を備えるとともに，いくつもの部屋を通りぬけた奥に位置することで成立していた。それは，やがて格式を最も簡単に実現する形式として，座敷と次の間の2室のみからなる**続き間座敷**を成立させていく。

　オモテの続き間座敷と粗末なウチのダイドコロの組み合わせに見られるオモテの重視は，第二次世界大戦前，ハレの日のご馳走ふるまいや豪華な晴れ着など，衣食住にわたってみられ，戦後の日本住宅の近代化にとって最も否定すべきありようの一つとされた。しかし，続き間座敷は必ずしもめったに使われない非日常空間ではなく，地域の人々の定期的な寄り合いなど，日常的な交流の場でもあった。封建的なるものとしてオモテを排除したことが，やがて住まいの閉鎖化をもたらすことにもなった。

　日本の伝統的都市型住宅である**町家**は，間口が狭く，奥行きの深い独特の平面型を持っている（図2・23）。オモテは道に面した生業の場であり，まちと密接なつながりを持つ。そのオモテとウチをつなぎ裏にいたる通り庭は，通路であると同時に厨房であり，吹抜けであることによって住まいに光や風を取り入れ，また，オモテから裏に至る何層もの格子戸は，訪れる人に応じて開く段階を変化させることによって人間関係に対応している。

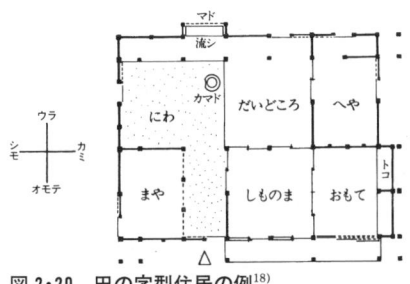

図 2・20　田の字型住居の例[18]

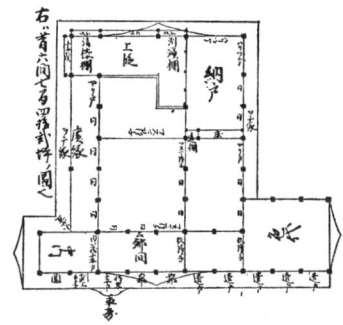

図 2・21　主殿の図[19]

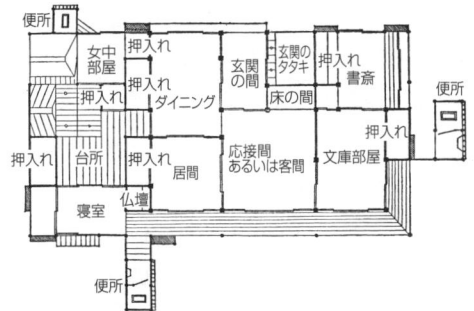

書院造の接客部の原型。中門から公卿の間を経て上段へと進むほど部屋の格式が上がる。寝殿造りでは丸柱だったものが角柱になって畳が敷き詰められ、襖障子などの引き違いの建具が発達した。平面構成とともに屋根のかけ方も表現されている。

大森貝塚の発見で知られるE.モースは、産業革命以降欧米で失われた手仕事の文化が日本に残っていること、それが日本においてもやがて失われることを予見して、絵や文章や写真にその姿を記録した。この住居には、身分によって使い分けられた3つの便所が明白。

図 2・22　東京のある住居の平面図[20]

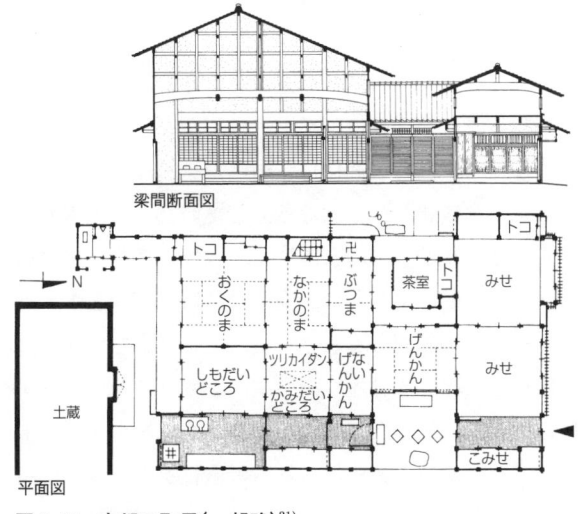

図 2・23　京都の町屋（一部略）[21]

当家が骨董商を営んでいた明治35年頃建設。京都の大型町家の典型。8畳2間の表屋と奥の座敷棟からなり、座敷棟は主人家族の生活空間と、通り庭側の使用人の家事空間に仕切られている。

2・2・3　男女の軸・親子の軸

　オモテにあたる座敷は家長の場，ウチの茶の間は主婦の場ととらえることができる。このように，オモテとウチを男性と女性に対応させる住まいの秩序は世界の多くの住宅に見出すことができる。タイの山岳民族の高床住居では，階段と縁台からなる出入り口から内部まで男女別で，男性の縁台は接客の場，女性の縁台は調理の場である（図2・24）。儒教思想を最も遵守した李朝朝鮮の両班（ヤンバン＝上流階層）の住まいも，まず，男女の領域に分けられていた（図2・25）。大門に近い舎廊房（サランバン）は家長の部屋であり，もっとも内なる部屋は主婦の部屋といわれる内房（アンバン）である。それは個人としての男性，女性ではなく，封建家族の身分あるいは役割に対応していた。

　住まいにおける男女の軸は，都市のありようにも反映される。第二次産業化の中で生まれた勤労者階層の家族には，第二次世界大戦後，使用人の雇用は困難となり，家事専業の主婦が誕生する。同時に，増大する勤労者世帯の居住地として成立した郊外住宅地は，都心を男性の勤労の場，郊外を女性の居住の場とする，性別役割分業に対応した都市計画の産物ともみられる。高度経済成長期には，夫は都心のアパートに住み，週末だけ妻と子どもの住む郊外住宅で生活するという住み方（マルチハビテーション）まで提唱された。現在の都心住居への回帰の傾向は，この男女の軸の見直しを含んでいるといえよう。

　住まいの社会性もしくは住まいとまちの関係を意識し，そこに親世代と子世代の関係を組み合わせて提案された2公室プランでは，子をウチ側の家族室，親を地域社会と結びつくオモテ側の居間に位置づけた（図2・26）。

　親子の関係は子の成長とともに変化し，子供は独立していく。直系家族においては世代交代の時期を迎える。かつての日本には，各地に多様な**隠居慣行**が見られた。隠居の時期も，年齢によるもの，長子の結婚を契機とするものなどあり，委譲する財産や権利の範囲もさまざまで，それに応じた住居の型が見られた。母屋内に隠居と呼ばれる部屋を持つ型，小さな別棟の一室，続き間座敷を持つ母屋に匹敵する隠居屋などである。また，隠居のさらに上の世代が別棟に"閑居"していた地方もある。これらの慣行から，現在の高齢者居住のありように示唆を得ることもできる。

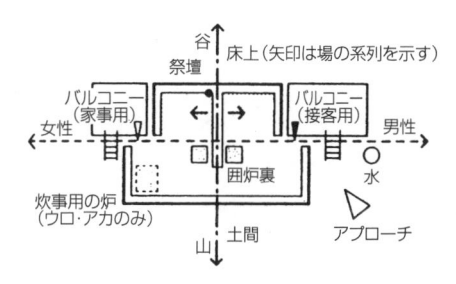

住居構成概念図

　集落は1200mを超える尾根に築かれる。住居の向きは地形に規定され，棟を等高線上に配置し，土間を山側，床を谷側とする。通路からアクセスしやすい方が接客空間となる男性の領域。

図 2・24　タイの山岳民族アカ族の高床住居[22]

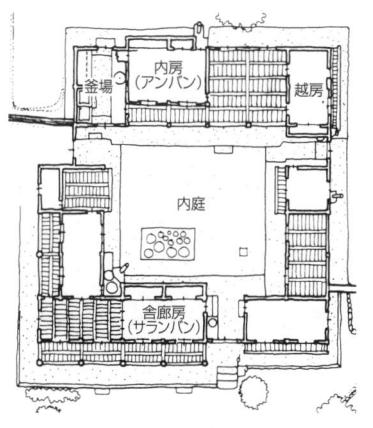

図 2・25　両班の住まい[23]

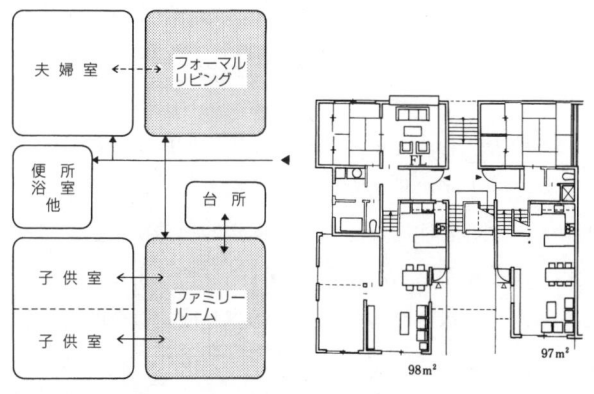

　釜屋（プオク＝台所）の床は一段低く，その上部は大切な収納空間となっている。そこには内房からのみ出入ができ，主婦が鍵を管理する。内庭を向く内房は住まいと家族を管理する部屋でもある。

　公私の軸とクロスするフォーマルとインフォーマルの軸は，大人と子どもの軸でもある。

図 2・26　2公室プランのダイアグラムとモデルプラン[24]

2・2・4　個人と家族

日本人には個が確立していない，といわれてきた。そのことと，壁のない伝統的な住空間とが関連していると考えられ，第二次世界大戦後の住宅の近代化においては，個人空間を確立することがテーマの一つとなった。確かに，封建時代の主婦の部屋や家長の部屋は近代的な意味での個人ではなく，その役割に与えられた部屋であった。しかし，明治期に日本を訪れ，当時の生活や住まいについて記録を残したE.モース（図2・22参照）は，日本人は壁によってではなく礼節によってプライバシーを守っている，と評価している。

住空間が一体でも，日本人の食卓の風景をみると，箸，茶碗，お椀，湯のみ，これらの多くが個人用だった。茶の間が成立して家族でちゃぶ台を囲むまで，食卓も個人用だった（図2・27）。現在の食卓や居間のいすはどうだろう。個室よりも家族共用の場で過ごすことを期待するなら，そこに個人のモノを置くことや個人の居場所をつくることは有効である。

日本の住まいに個人の場が現れたのは大正デモクラシーの時代である（2・4参照）。さらに第二次世界大戦後，個人の確立をめざした住宅の近代化は，「○○ちゃんのへや」と呼ばれる個室を生んだ。そして，個人化はさらに進行している（図2・28，29）。

近代化や都市化，家族制度の変革により急増した核家族は，高度経済成長期を経て，家族機能の縮小と社会化が進行し多様化している。そこに，高齢化と少子化による人口減少傾向が加わって，家族と住居の1対1の安定的な対応関係は大きく変化している。単身赴任者，子どもの大学進学による独立などによって世帯は分離し，標準的な核家族は減り，すでに単身世帯が最も多い世帯の形態となっている。住まいの中の個人化とともに，個人世帯化が進んでいるのである。

その一方，家族以外の仲間と住む，といった新たな居住形態が現れている（図2・30，2・10参照）。また，親と子の世帯が同一の沿線上に住む，週末は仲間と自然の中で過ごすなど，家族と住居の1対1の固定的な結びつきが薄れ，時間的・空間的に分散して住みながらも，ゆるやかに結びつくネットワーク居住が見られるようになった。血縁・地縁や選択縁の織り成す複合的な住居のネットワークの形成が家族を支えている。

2・2 家族・地域と住まい　43

地域によっては昭和初期まで使われていた庶民の個人用の食卓。個人用の食器類一式が納められている。抽出しがなく，箱のふたを裏返してお膳にするのが一般的。
図 2・27　箱膳[25]

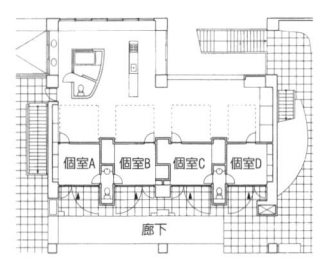

実験住宅NEXT21のインフィルとして計画された。各個室ごとに外部通路との出入りができる。
図 2・29　自立家族の家
　　　　　（大阪市，シーラカンス）

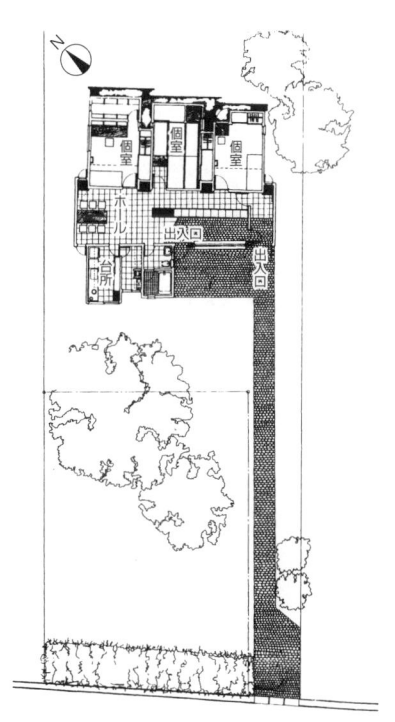

個人化の傾向にいち早く着目し，評価した黒澤は，個室群住居を提案した。
図 2・28　武田先生の個室群住居
　　　　　（神奈川県平塚市，1971，黒澤隆）

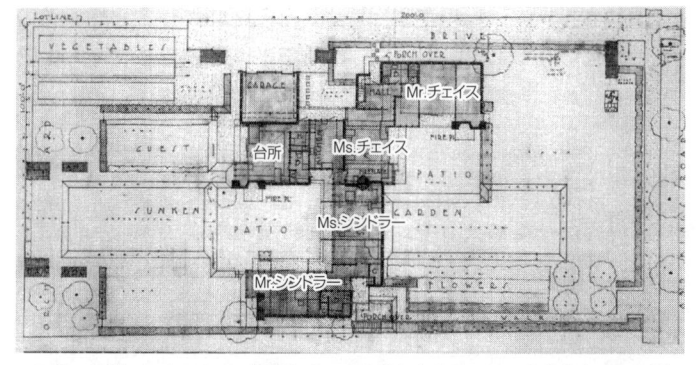

2組の夫婦のための4つの個室と1つの台所からなるユニークな住まい。夫婦ごとに2つの個室で囲まれた暖炉のあるパティオを持つ。台所は女性の部屋とのみつながっている。
図 2・30　シンドラー夫妻とチェイス夫妻の協同住宅（ハリウッド，アメリカ，
　　　　　1921〜22，R.シンドラー）

2・3 住まいの拡がり

　住まいは個人生活の拠点であり，家族生活や地域生活の器であるだけでなく，さらに広い世界とつながっている。住まいや集落やまちの姿は，生業と生活の共同性や地形や風土と結びつき，また，人々の心の中の世界観と分かちがたく結びついている。ここではそのような空間的・時間的な住まいの拡がりとその意味をとらえよう。

2・3・1　まちの構成と住まい

　京都の町家（図2・23）の間口（まぐち）が狭く奥行きの深い平面型は，中国の都市づくりに学んだ碁盤目状の道路計画と，まちとのつながりが密接な生業との関わりの中で生み出された形である。平安期には道で囲まれた1区画が一つのまちの単位であったが，室町期になると家と道のつながりが重視されて，まちは道をはさむ形で構成されるようになり，これが今日まで継承されている（図2・31）。各地の城下町や街道沿いの宿場町においてもまた，道に表を向けた町屋がそれぞれの町並を構成している。

　北京の紫禁城周辺は四合院という中庭型の伝統住宅が連続する住宅地である（図2・32）。閉じられた住宅が胡同（フートン）と呼ばれる独得の路地空間を構成している。急速な近代化で消失が危惧されたが，近年，その魅力を生かした新しい利用形態が見られる。

　イギリスにおける伝統的な都市型住宅はテラスハウスと呼ばれる（図2・33）。開口部は狭いが4～5層の独立性の高い形式で，裏側に私的な庭を持つ。古典的な装飾のある表が広場を囲んで一つの街区を構成する住まいである。

　かつて生活のすべてが住まいで行われていた。生業の場である住まいは，生業を通して地域，社会と結びついていた。生活と生業の一体化はまちに賑わいを与え，また，まちに住まいを開くことにつながる。近年，都心に人が住むことの意義や魅力が問い直されるとともに，情報化や女性の就業率向上を背景として，ＳＯＨＯと呼ばれる仕事場を持つ住まいが供給されるようになった。東雲の公団住宅は公共住宅での最初の事例である（図2・94，図3・121）。

2・3 住まいの拡がり　45

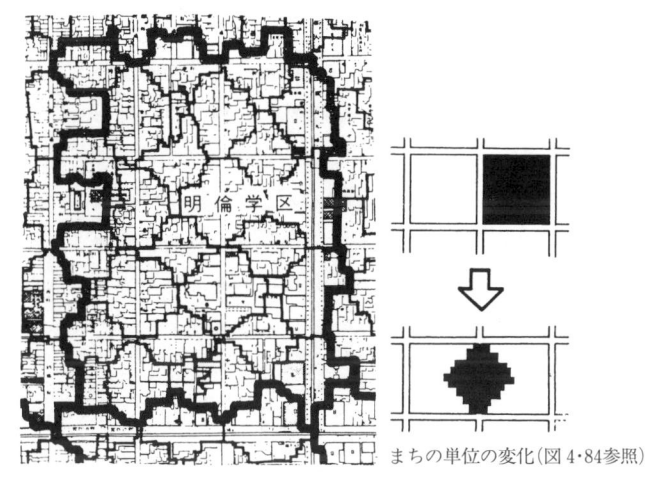

図 2・31　京都の町割[26]

まちの単位の変化(図4・84参照)

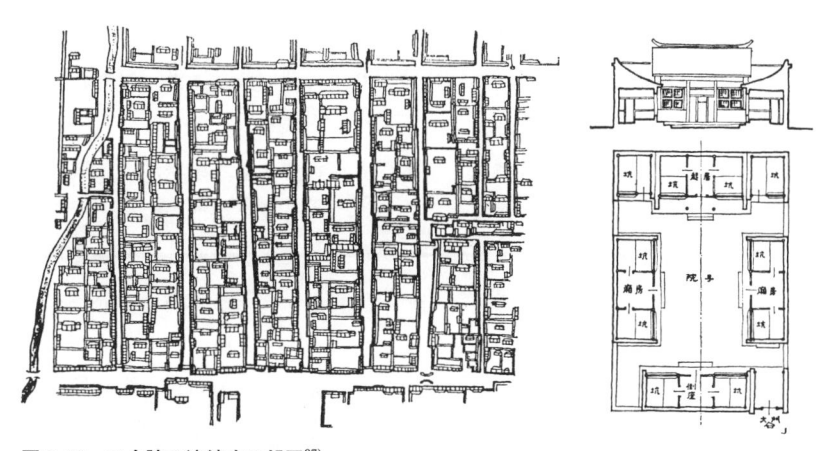

図 2・32　四合院の連続する胡同[27]

図 2・33　ロンドンのテラスハウス

　日本の町屋と同様に間口は狭いが，半地階に台所や倉庫，1階は玄関，食堂，応接室，2階に居間，3階に寝室，最上階は使用人室と，郊外の一戸建て住宅を積み重ねた形式を持つ。

2・3・2　集落の構成と住まい

　伝統的な農村集落では，住まいと集落の構成が密接に結びついている。集落は，住まいとともに，神社，墓，田，家，屋敷林，井戸の組み合わせによって構成される（図2・34）。地理や気候の条件による農業生産の種類や，地形や水環境などによって，その形態はさまざまである。道に沿って住居が並ぶ列村あるいは路村では，住居とその家の所有する耕地とが短冊状に並ぶ。住居が1か所に集まっている集村あるいは塊村では集落の共同性が強く，耕地や墓地は住居から離れてひとまとまりとなる。住居が分散している散村あるいは散居村では，住居と耕地と墓地が家ごとにまとまって散在する。

　典型的な路村の形態を持つ仙台平野のある新田村落では，方位にかかわらず，集落の中心の道に向いた屋敷構えがとられ，道側に宅地，その背後に屋敷林や畑が配される（図2・35）。住まいである母屋は南向き，これと直交に作業場や便所などの付属屋がシモの側に一列に並ぶ。集落におけるもう一つの方向性の規範であるカミとシモの秩序により，付属屋はシモに，屋敷林は屋敷神を伴ってカミに植えられる。

　埼玉県の江南町は荒川が台地から平地へと流れを変える扇状地に位置している。そこでは，台地の谷あいをせき止めてつくられた溜池，台地と平坦地の境界を流れる小河川，平坦地に荒川からひかれた水路という地形による水環境の相違が，それぞれ，散居村，列村，塊村という集落の構成の違いとともに，生活と生業の共同性の違いを生んでいる（図2・36）。

　このような日本の住まいを**外庭型**として，世界に広く分布する**中庭型**と対比して特徴をとらえることができる。外庭型は庭を介して生活が外へと広がる開放性をもち，遠心的平面と近傍依存の生活に特徴を持つ融和的な森の文化として位置づけられる。これに対して，乾燥地域の砂漠の文化においては，住まいは防衛的・閉鎖的となり，住居は外周を固く閉じた，中庭に生活を向ける構成をとる。しかし住居は孤立するのではなく，緊密に結びついた集落の形態をとる。

　集落の構成と景観には気候風土が深く関わっている。雨の多い日本では屋根が景観の主要な要素である。B．ルドフスキーの『建築家なしの建築』は，多彩な気候風土と，それに培われた独自の文化によって生み出された住まいの魅力を最初に伝えた本である。

2・3 住まいの拡がり 47

図2・34 集落の構成[7]

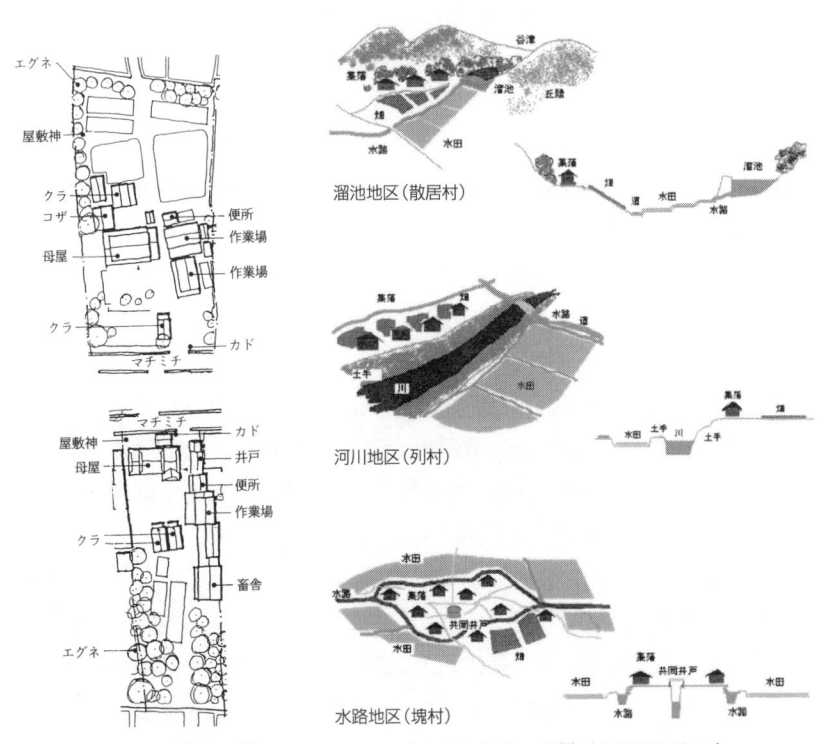

図2・35 路村の屋敷構え[28]

図2・36 水系と集落の型[29]（埼玉県江南町）

2・3・3　秩序・規範と住まい

　日本の伝統住宅にはオモテとウチに加えてテマエとオクの秩序がある。連続した部屋を通り抜けて到達したオクほど格の高い部屋であるとされた。それはまた，オクほど身分の高い人の場であるという形で封建的身分秩序と対応していた。畳，板の間，土間という床仕上げの相違や，天井やふすまなどの意匠の格も，格付けを強化していた。現在でも，オクほど格式が高いという意識は継承されている。

　続き間座敷は，コンパクトに格式ある座敷をつくり出すものであった。次の間を経由して座敷に入ると，そこには床の間が用意されている。1室の中でもオクが上座であり，座敷では床の間の前にあたる。

　韓国の伝統住宅では，オンドルという床暖房の焚口近くの暖かな位置が上座となり，年長者の場所である。

　そのような住まいの秩序をふまえた身の処し方は作法と呼ばれる。とくに茶室には，茶道の所作や建具の開けたて，畳の部屋の歩き方など，作法の洗練とともに空間の型が生み出されてきた。茶室は封建社会においても身分秩序を廃する別世界であり，そこでの作法には建具をいためないなどの合理性を見出すこともできる。

　住まいにはまた，清潔か不潔かの感覚に関わる秩序が見出せる。日本の住まいに極めて根強い上下足の規範もこの感覚と関わりが強いが，便所の位置やスリッパ使用についての規範は処理方式の近代化によって変化している。また，ともに水を使う調理の場と洗濯の場も清潔感の異同によって住まいでの位置づけが変化する（図2・39）。

　まちの構成にも規範が見出せる。地形や道路との関係に基づく集合の仕方の規範である。また，方角は宗教観や清潔・不潔の感覚と関わる優劣を持ち，「老いたら西に下がる」（徳島県祖谷地方では，隠居屋は必ず母屋の西側に造られた）といった表現で規範が伝えられた。

　封建的な身分秩序は，住まいの規模や意匠を規定し，藩によっては武士の身分に応じた規範的住宅図が示されていたが，まちの構成も規定していた。城下町においては職業により居住地が規定され，身分の上の武家の屋敷ほど城に近く，かつ水源の上流に位置するよう配置されている例が多い。

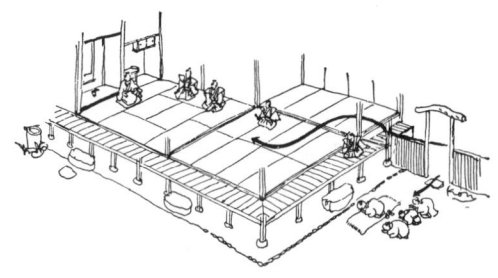

図 2・37　武家時代（江戸）の座敷の機能[7]

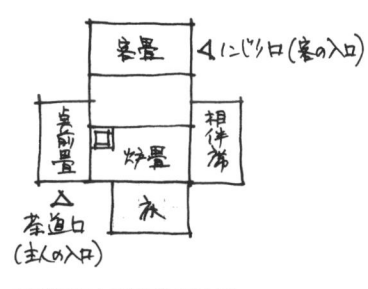

吉田織部による燕庵(三畳大目)
図 2・38　茶室と作法[30]

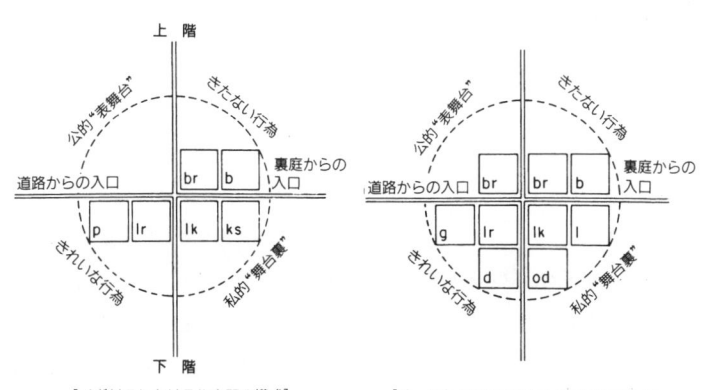

[イギリスにおける住空間の構成]　　[オーストラリアにおける住空間の構成]

br：寝室，lr：居間，d：食事室，lk：食事室/台所，b：浴室，l：洗濯室，
od：外部の食事空間，g：庭，p：パーラー，ks：台所/流し場

　本国イギリスでは調理と洗濯の場は重なっていたが，オーストラリアでは洗濯の場が分離している。

図 2・39　公－私，きれい－きたない，表－裏の指標に基づくイギリスとオーストラリアの住空間の構成[31]

2・3・4　人間観・世界観と住まい

　まちも住まいも，人間観，宇宙観，世界観を反映したものとして読み取ることができる。

　東南アジアの各地の少数民族の高床住居はさまざまな個性的な意匠を持っているが，共通して床下を動物世界，床上を人間世界，屋根裏をモノの世界とする世界観を持つ例が多い。このような垂直軸の世界観は西欧キリスト教文化にも見られるものである。

　これに対して日本においては仏教が伝えられた方角を「西方浄土(さいほうじょうど)」と認識するなど，むしろ水平方向の世界観が見られる。

　バリ島に見られる屋敷地と村が一体となったコスモロジーも方位が軸となっている（図2・40）。山と海の方位を基本とし，山側が聖，海側が邪とされる。この方位は地形に基づくため，島の南北でその軸は逆転する。

　中国では，古代に成立した陰陽五行，**風水思想**による都市づくりが知られる。風水思想は朝鮮，日本にも渡り，都市をつくるときも，住まいを構えるときも，その基本とされてきた。平安京や江戸の都市計画にもその思想は生かされた。金鶏抱卵と称される，まちも住まいも，前に水，山を後ろにした傾斜地に構えるのが吉相とされた。韓国では現代でも風水師が役割を果たし，日本でも家相をよりどころとした家つくりは存続している。

　儒教もまた，都市や住まいの構成に基本的役割を果たした。儒教を強く信奉した韓国李朝時代の両班住居では，長幼の序と男女の別とともに，毎月の先祖祀りに対応する屋敷構えを重視した。敷地内に祖堂を建てて4代前までの先祖を祀り，その後，高台の，屋敷を見下ろす位置にある墓に葬ることのできる構成がとられた。

　韓国の伝統的住居が風水，儒教や仏教などを反映しているように，住まいには時代時代の精神文化が蓄積されている。日本の広間型住居における神仏の居場所からその空間がそれぞれの神仏の生まれた時代の空間を継承していると解釈する研究がある（図2・42）。これは，住まいの重層性，すなわち，ある時代のひとつの住まいには過去の住まいが蓄積されていること，そしてそれを読み取ることが可能であることを示したものであり，これはまた，まちの空間を読み解く視点ともなる。

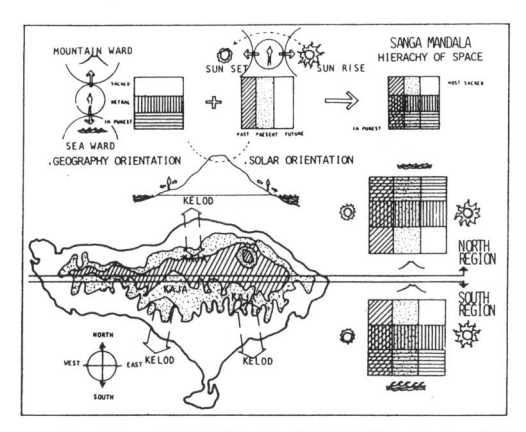

2・3 住まいの拡がり 51

バリでは日の昇る東が聖，日の沈む西が邪とされる。また山の方が聖，海の方が邪である。各屋敷地においてはバリ南部では北東の角が最も神聖，南西の角が最も邪悪となる。それに従って各棟の配置が決定される。

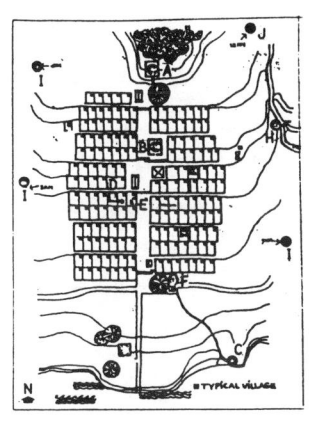

図 2・40 空間のヒエラルキー[32)]

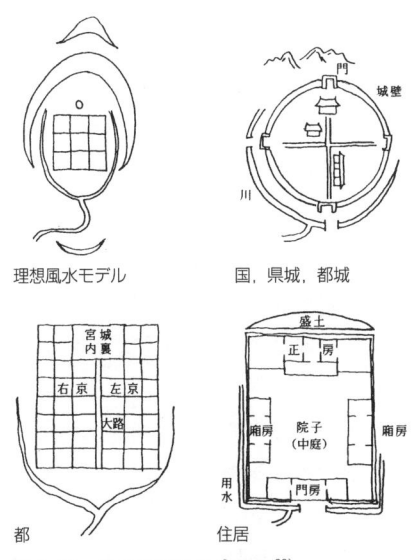

バリの集落は世界が天・人・地という三層から成るという世界観に基づいて大きく図中の上・中・下の三つの部分から構成される。

図 2・41 風水モデルと応用例[33)]

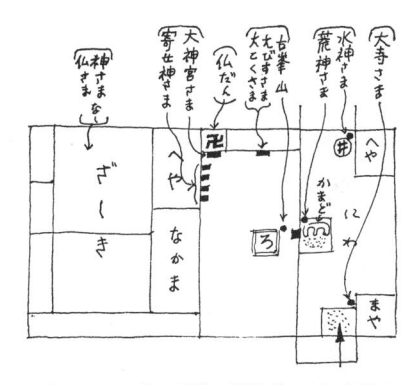

住まいにおける神様の居場所：今和次郎は神様の祀られている場所を民俗学者柳田国男の示唆によって調査したといわれる。この広間型と呼ばれる農家の型は田の字型よりも古い型とされる。水の神，火の神などアニミズム時代の神が祀られるニワ（土間）は竪穴住居の土間を，えびす・だいこくなどの古代の神が祀られるヒロマ（板の間）は高床住居の床を継承し，そこに身分の上の客が上位を占める（神は祀られない）続き間が加わった形式として広間型が読み解かれた。

図 2・42 住まいにおける神様の居場所[7)]

2・4　日本住宅の近代化

　明治以降の日本住宅の近代化は西欧化と重なっている。いかに近代化するか，いかに西欧風の**住様式**を取り入れるかは建築家の主要なテーマであった。官民による住宅近代化運動の影響を受けながら，中流層の住まいに一つの型が成立する。また，西欧に学んで実現した住宅地や集合住宅は，その後の日本の都市住宅の原点となった。ここではそれらを通して建築計画の萌芽を見ることにしよう。

2・4・1　和洋折衷の模索

　日本住宅の洋風化は，明治の初期，日常生活のための和風住宅のほかに，敷地内に接客用の別棟の洋館を建てるという形で始まった。当時の皇族や財閥などによって建てられた洋館が現在も各地に残存し，近年では地域の文化遺産としてさまざまな用途に活用されている。洋館とはいえ早くから床上で履き替える様式がとられ，ほどなく和館と洋館は連結される。さらには玄関脇に西洋室を付加した簡易な形式が生み出され（図2・43），和室と洋室の合体した形式はより広い階層に普及していくこととなる。

　和洋折衷については建築家による多様な模索がなされてきた。武田五一は留学の後，アールヌーボーを取り入れた西洋館の内部に座敷を内包させた（図2・44）。西洋館は接客の場から生活の場へと変容したのである。また，アメリカから帰国した橋口信助は，バンガロー式の組み立て住宅を販売する「あめりか屋」を設立し，住宅改良会の設立による啓蒙とともに，日本住宅の洋風化に大きな貢献をした（図2・45）。

　藤井厚二は，高温多湿の日本の環境や日本の住様式に考慮した住まいを，5棟の実験住宅を次々に建てて追求した。聴竹居はその5番目の住宅である（図2・46）。床下の冷気を屋内に取り入れる工夫や2mモデュールのゆとりある空間の流動的な構成を基礎に，ユカ座とイス座の住様式の調和のため，畳の部屋をいすの高さに合わせる独特の居間のほか，イス座の茶室をデザインしている。この環境への配慮と流動性を持つ空間機構は，環境共生や高齢化への配慮といった現代的課題に示唆を与えてくれる。

2・4 日本住宅の近代化 53

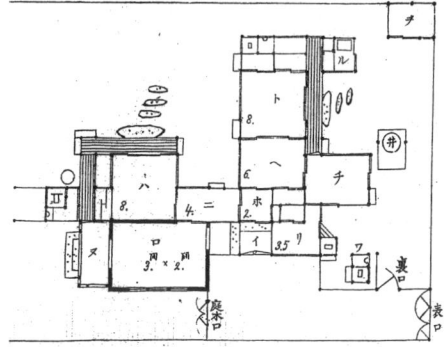

イ.玄関土間，ロ.応接間，ハ.客間，ニ.畳廊下，ホ.玄関の間，ヘ.居間，ト.寝間，チ.台所，リ.下女部屋，ヌ.縁側，ル.湯殿，ヲ.物置，ワ.下雪隠

図2・43 西洋室を付加した和洋折衷住宅
（北田九一設計，明治31年）

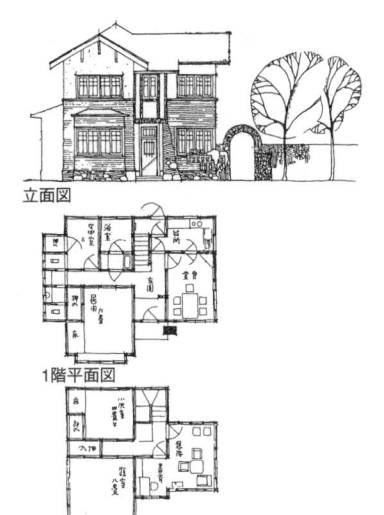

山本拙郎は，あめりか屋の主任技師。

図2・45 あめりか屋住宅の例
（山本拙郎設計，大正11年）

図2・44 座敷を内包させた西洋館
（武田五一設計，明治40年）

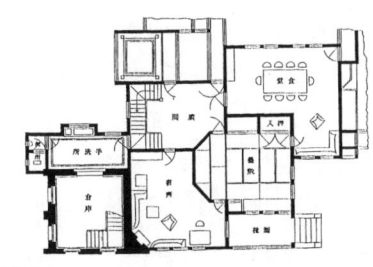

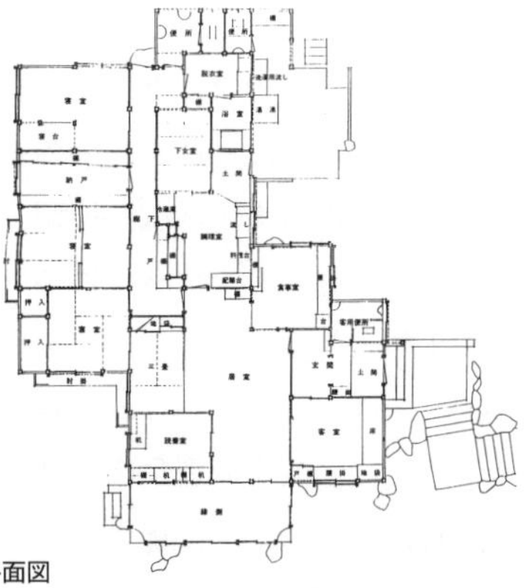

図2・46 実験住宅「聴竹居」
（藤井厚二設計，昭和3年）

2・4・2　中廊下型住宅の成立と変容

　中廊下型住宅は，明治になって新たに生まれた俸給生活者のための住まいとして，伝統的な続き間座敷を残しながら，新たに中廊下や**茶の間**を形成して成立した。中廊下は各室の独立性を高め，茶の間は家族の団欒と食事の場を作り出した。一緒に食事するために銘々膳に代わって卓袱台が使われるようになると，料理も家族関係も変化した（図2・47）。

　その形成の途中段階にあるのが，夏目漱石が『我輩は猫である』を執筆したときに住んでいた家である（図2・14）。北側に茶の間があり中廊下の萌芽が見られるが，オモテとウチやテマエとオクの秩序は存続している。

　やがて中廊下が貫通し，茶の間は南に移動していく。また，座敷と次の間が逆転して玄関と座敷が直接結びつくことにより，次の間は居間，もしくは茶の間となって家族の日常の場となっていった（図2・48）。そこには掘りコタツをつくることも流行し，広縁も家族の多様な生活の場として活用された。また，玄関脇に洋風応接間を持つ例も多く，勉強部屋などにも**イス座**は徐々に取り入れられた。

　勉強部屋や子ども室といった室名が表れるのも中廊下型住宅の特徴である。家族生活の中に個人の場が形成される端緒であった。老人室という室名もこのころから使われはじめたものであり，伝統的な拡大家族の家族関係とは異なる新たな都市住民の家族像を反映している（図2・49）。しかし，中廊下は第一に家族と使用人を明確に分離する役割を果たし，接客空間が重視されるなど前の時代を残してもおり，近代化の途上にあるとみることができる。

　中廊下型住宅の成立と普及の背景には，大正期に始まる住宅近代化のための運動が関わっていた。民間の組織である住宅改良会（大正6年），続いて結成された国による生活改善同盟会（大正9年）のいずれもが「家族本位」と「イス座の導入」をテーマに掲げた。住宅改良会の機関誌『住宅』の設計競技で1位となった住宅には，広めの茶の間などに家族生活の重視が認められる（図2・50）。しかし，これでは不十分として推奨されたのは2つのテーマを盛り込んだ**居間中心型住宅**と呼ばれる住宅である（図2・51）。大正11年，啓蒙のために上野公園で開催された平和博覧会に出品された住宅の多くは，このタイプの住宅であったが，実際には極めて限られた層に受け入れられたのみだった。

2・4 日本住宅の近代化 55

『吾輩は猫である』の挿絵(津田青楓)。
図 2・47 茶の間の風景

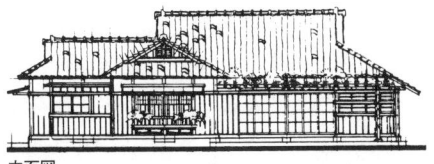

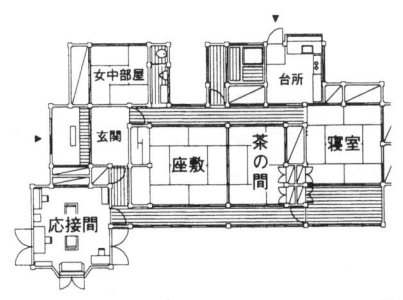

図 2・48 茶の間が南にある中廊下型住宅[34]

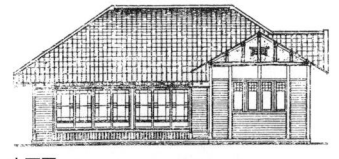

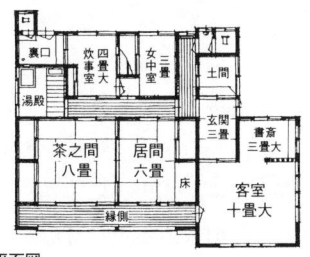

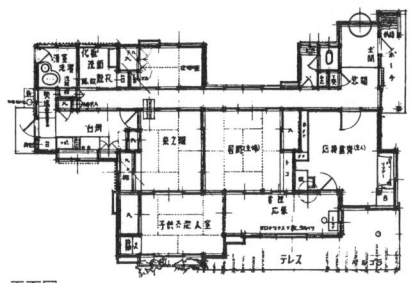

応接書斎（主人），居間（主婦），子供または老人室の室名があり，広縁にはミシンが置かれている。
図 2・49 個人の場のある中廊下型住宅

図 2・50 住居改良会の主催した設計競技で一等となった中廊下型住宅

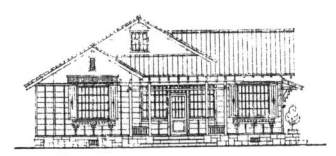

図 2・51 生活改善同盟会が博覧会に出品した居間中心型住居（大正11年）

2・4・3　田園都市に学ぶ

　イギリスではじまった産業革命は，都市への工場の立地と人口集中によって，環境衛生や住宅問題など，居住環境の大きな問題を引き起こした。これに対して，ヨーロッパにおける理想郷論の伝統を受け継ぎ，都市と自然を結合し，職と住をはじめ，市場や余暇施設が配置された自足的な都市の実現を提唱したのが，E.ハワード（1850～1928）による**田園都市論**である。そこには都市と住宅を結びつけた空間的ダイアグラム（図2・52）とともに，土地を共有し，子どもや高齢者，女性への配慮ある協同社会像，都市開発による地価上昇を住民に還元する地域運営の事業方式，自然環境の循環性への配慮などが含まれている。田園都市は賛同者を得て実現し，各国に大きな影響を与えたが，これには最初の田園都市レッチワースの設計者アンウィン（1863～1940）による中世の都市に学んだ美しい景観の力も大きかった。アンウィンの代表作，ハムステッドガーデンサバーブ（1907年に建設開始）はイギリス人の原風景となっている（図2・53）。

　やがて田園都市は，イギリスにおいては年齢構成のバランスの取れた，職と住を含む自足する都市としてのニュータウンのあり方に受け継がれていく。

　日本では，田園都市論に学んだ住宅地計画の事例として，私鉄沿線に開発された東京の田園調布や成城学園前の朝日住宅地，常盤台住宅地などが知られる（図2・54）。300坪程度の宅地規模を確保し，宅地境界から住宅までに一定の距離を保つことや低い生垣などをルールとしたこと，また，住宅についても，当時の住宅近代化運動の提唱した居間中心型住宅の洋風の外観などが，街路樹とともに独特の景観をつくりあげた。しかし，これらは独立性を持つ都市ではなく，郊外住宅地であり，田園都市論の多面的な提案のごく一部が取り入れられたに過ぎなかった。

　田園都市論に続いて，良好なコミュニティの形成に向けて提案され，その後，イギリスをはじめ各国でニュータウンや住宅地計画の基本とされたのが，アメリカのC.A.ペリーによる**近隣住区論**である（図2・55）。①小学校を成立させる人口規模，②幹線道路による住区境界，③小公園，④中央に小学校を含むコミュニティセンターを設ける，という計画の原則は，歩車を分離するラドバーンシステムや袋小路状の道路で車の通りぬけを防ぐクルドザックなどの計画手法を交えて，さまざまに応用され，活用された。

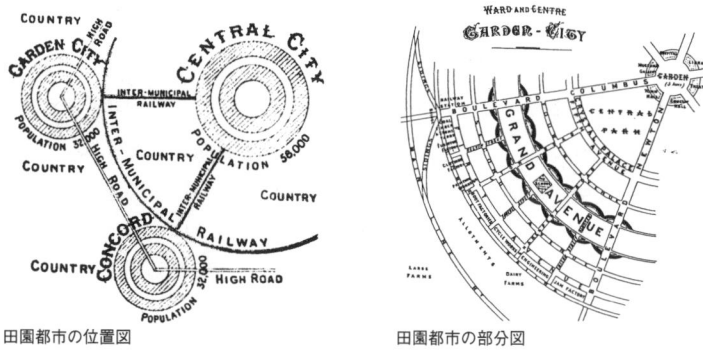

2・4 日本住宅の近代化 57

田園都市の位置図　　　　　田園都市の部分図
図2・52　田園都市のダイアグラム（E.ハワード）[37]

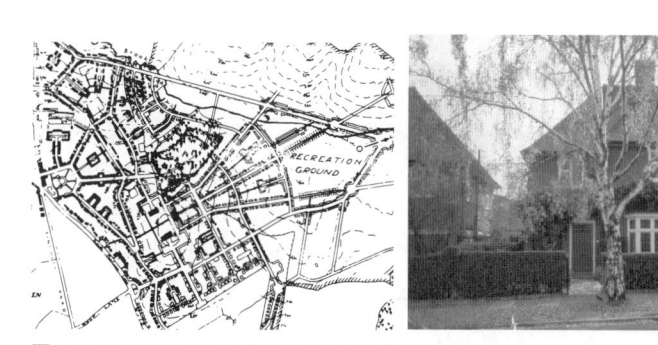

図2・53　ハムステッドガーデンサバーブ

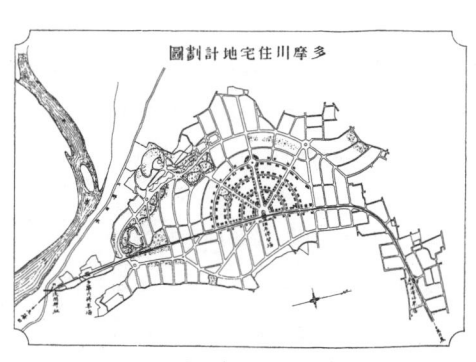

図2・54　多摩川住宅地（田園調布）[38]

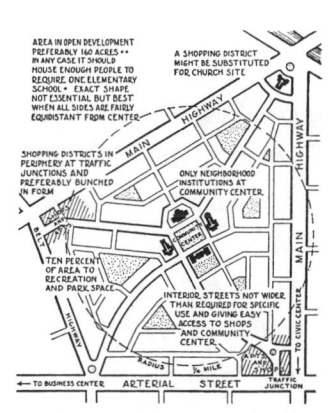

図2・55　近隣住区のモデル図[39]
（C.A.ペリー）

2・4・4　同潤会と住宅営団

　大正12年，関東大震災後に義捐金をもとに設立された同潤会は，日本で初めての公的な住宅供給組織となった。建設された住宅の多くは戸建の小規模な中廊下型住宅であったが，一方で，欧米の住宅，住宅地研究をふまえて，共用施設を持つ中庭型の鉄筋コンクリートアパートという新しい都市居住のあり方を実現した。地域特性に応じた診療所，共同浴場，社交室などの共同施設が，中庭を囲む配置とともにコミュニティ形成に貢献した。

　ただし，住戸計画については日本の住様式をいかに鉄筋コンクリート建築に組み込むかが主題であり，結果として各室の独立性を獲得した中廊下型から後退した田の字型プランも採用されている。

　多様な住戸と単身者向け住宅の配置によって時間的変化に応じた**住み方変化**を可能にし，長期居住を支えた江戸川アパート（図2・56），当時の新たな住宅需要者であった職業婦人のための共用の食事室などを持つ大塚女子アパート，新たな都市活動を受け入れつつ居住を継続させて都心の景観に歴史性を与えてきた青山アパートなど，新たな課題に対応する計画の理念や手法とともに，その後の長期居住と建て替え問題への対応をめぐる住民による活動からは，持続して住むことへの示唆を得ることができる。それにもかかわらず，2003年までにそのほとんどが取り壊された。

　同潤会を受け継ぎ，第二次世界大戦中の昭和17年に初の全国的住宅供給組織として出発した住宅営団は，**近隣住区論**を取り入れた戸建住宅地の計画基準を持っていた。戦後すぐに組織が解散となったこともあり，小学校区の規模を持つ住宅地は実現されなかったが，小住区ごとの公園配置や通過交通に配慮した道路計画など，地域コミュニティ計画の一端が現在も生きている。

　住戸計画については，狭小ながら，研究部における西山夘三らの研究を基にして，各室が独立した動線を持つことを原則とした規模別**型計画**の理論が実践に移され，第二次世界大戦後の公共住宅の標準設計による供給の先駆けとなった。

　埼玉県蕨市旧三和町住宅地は初年度に計画された大規模な事例の一つである（図2・57）。戦後払い下げられた後，住戸規模に対してゆとりある敷地規模が居住者による住居の増改築を可能にし，住み続けることを支えてきた。小公園の存在もあいまって，緑豊かな住宅地を実現している。

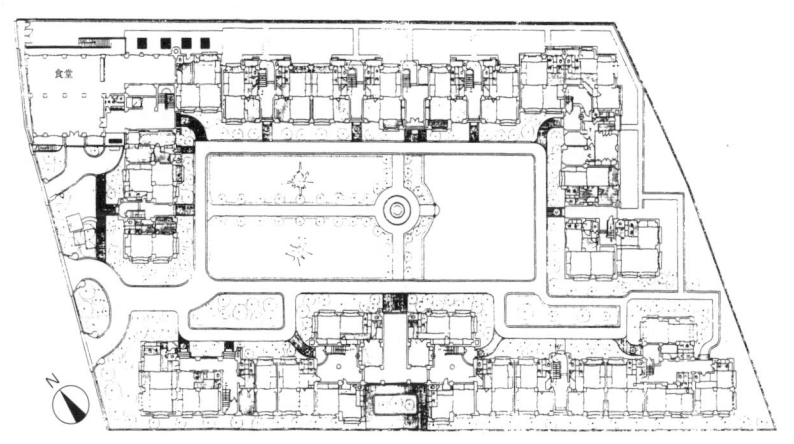

2・4 日本住宅の近代化 59

図 2・56 同潤会江戸川アパート（東京都新宿区，1934，同潤会）

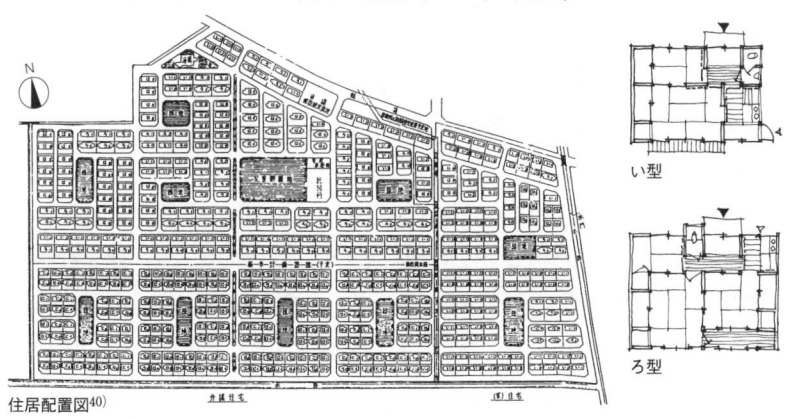

住居配置図(40)

い型

ろ型

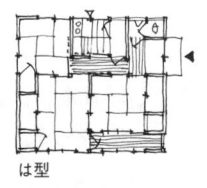

は型

型別住戸平面図の例

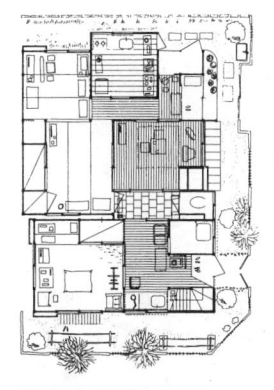

は型住宅の増築例と居住歴

は型住宅の居住歴—昭和27年頃，ろ型住宅（18年より居住）より転居。夫婦＋娘4人。北4.5畳を茶の間，南4.5畳を座敷，6畳を寝室とした。昭和42年頃，定年を控えた夫の一存で大増改築。よく縁側から眺めていた自作の池のある庭を潰して実現した応接間（座敷を板の間とし応接セットを購入），その南のDK，床の間付きの座敷，新しい浴室と玄関，2階の6畳2間。しかし，DKも新玄関も使われることのないまま，大きすぎる応接セットも夫の死去後廃棄された。娘たちは独立。一人暮らしの妻も80代を迎え，孫が2階に同居するようになった。

図 2・57 住宅営団三和町住宅地

2・5 住まいの計画

　第二次世界大戦後の日本住宅の近代化に建築計画研究が果たした役割は大きかった。その端緒は戦中に提案された**食寝分離論**であり，そこで生み出された方法論と理念は戦後の住宅計画と政策の基本となった。ここから生まれた戦後の日本住宅の原型は，その後の経済成長期に，生活の変化や住宅産業の成長を背景として，**ｎＬＤＫ型**と呼ばれる住宅へと変容していく。ここではその経緯を，計画行為に焦点をあてて見ていこう。

2・5・1　食寝分離論と型計画

　住む人が自分の住む住宅を自らつくっていた時代を経て，建築を専門とする職業が生まれ，住む人とつくる人が分離するようになっても，つくる人は住む人との直接的なやりとりを基に住宅を計画していた。しかし，公共住宅の大量供給に当たっては，入居が想定される不特定多数の居住者ための住宅計画が必要となる。これが，居住者の**生活像**を想定し，かつ，新たな計画理念を盛り込んだ計画を目指した住宅計画研究成立の背景であり，建築計画学成立の原点ともなった。

　住宅営団研究部での住み方調査を用いた研究を基に，住宅計画論と型計画による住宅供給論を生んだのが西山夘三である。西山は大量の庶民住宅の住み方を分析し，住居内での生活を，就寝，全体生活（食事・団欒），分離生活（更衣・整容・読書），坐業，移動作業（掃除），特殊生活（接客・病臥）に分類し，日本の伝統住居の特徴もふまえて，どんなに狭い住宅においても，食べる場所と寝る場所を分離して計画すべきであるとの食寝分離論を主張した（図2・58）。

　これに親子の就寝分離の原則を加え，住戸規模に余裕がある場合には正室（現在の居間にあたる）や作業室を加えて，居住人数に対応する住宅基準を型系列として供給する方法を立案した（図2・59）。この方法が，第二次世界大戦後の公営住宅の供給，そして，その後発足した公団住宅の**標準設計**に基づく全国一律の住宅供給方法として採用され，実現していくこととなった。

2・5 住まいの計画

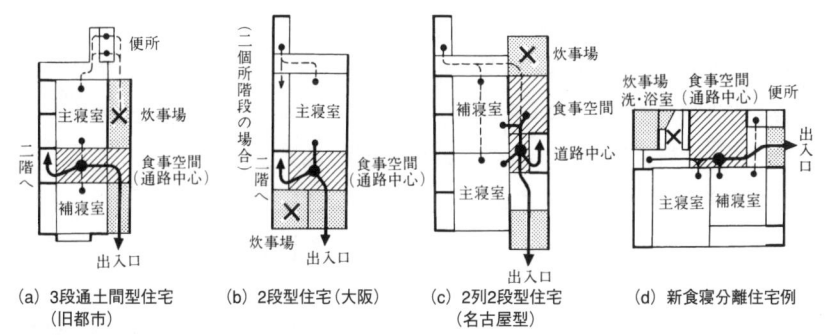

(a) 3段通土間型住宅 (旧都市)
(b) 2段型住宅（大阪）
(c) 2列2段型住宅 (名古屋型)
(d) 新食寝分離住宅例

伝統的な町屋をはじめとする狭小な庶民住宅において，食事の場と就寝の場が分けられる実態を例示したもの。食寝分離論の根拠の一つとなる。

家族人数と住宅規模とを対応させた型別に住宅を供給することを提案。3人家族用30m^{2}から8人家族用84m^{2}までの住宅をモデルプランとして提示した。この例はメートル整数値制による5人家族用大型のもので，住宅規模は56m^2。小室ながら台所に連続した食事室が確保され食寝分離が意図されている。

(e) 住宅営団による規格平面例

図 2・58　庶民住宅における食寝分離と規格平面の提案[41)42)]

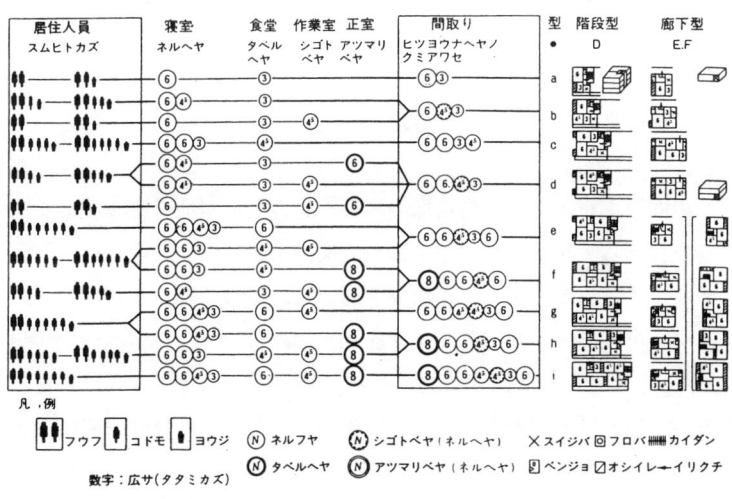

図 2・59　型系列の提案[43)]

2・5・2　51C型の誕生

　第二次世界大戦後の420万戸といわれる住宅不足の中，本格的な住宅政策の開始を背景として，住宅計画研究は「51C型」と呼ばれる住宅を生み出した。1950年の持家層を対象とした住宅金融公庫法に続く1951年，低所得者層に低家賃の賃貸住宅を供給することを目的として公営住宅法が制定された。その後の日本住宅の原型となった「51C型」は，その初年度の標準設計として建設された住宅の呼称である。

　「51C型」は，吉武泰水らによって家族人数に応じた住宅計画を第一の原則として提案された規模の異なる3つの型のうちの最も小さなタイプである（図2・60）。2室住居で食寝分離を実現するために「台所・食事室」を創出し，2室を壁で隔て，かつ各室に押入れを設けて，私室の確立を貫いている。また，浴室のない狭い住宅であることを考慮し，行水と洗濯のための床に水の流せる場所や物置スペースを確保し，洋式トイレを取り入れ，メートル法を導入することが計画の原則とされた。

　新たに生まれた「台所・食事室」は，食寝分離の原則とともに，小規模住宅での住み方調査を踏まえたものでもある。「51C型」をそれ以前に供給されていた住宅と比較すると，調査をふまえ，あるべき**生活像**を想定し，計画の原則を明確にした計画であることがよくわかる（図2・61）。

　ここで実現した台所・食事室や台所の南面化には，家事労働の軽減や第二次世界大戦後に求められた民主的な家族関係とのつながりを見ることができる。また，日本住宅の基本条件とされてきた通風を犠牲にしてまで，私室の確立という理念が貫かれている。ともに，時代の精神を反映しているということができよう。

　1950年，中間層を対象とし，自治体の境界を超えた大団地の建設による住宅大量供給を目指して発足した住宅公団も，型計画に基づく供給を行った。51C型の台所・食事室が必ずしもイス座を想定したものではなかったのに対して，テーブルを装備するなどして**イス座**化を進め，「ダイニングキッチン」（DK）の名称を用いたのは住宅公団である（図2・62）。ステンレス流し台のあるDKを持つ住宅は庶民のあこがれの住まい像となり，一般の住宅にも広がることとなったのである。

2・5 住まいの計画 **63**

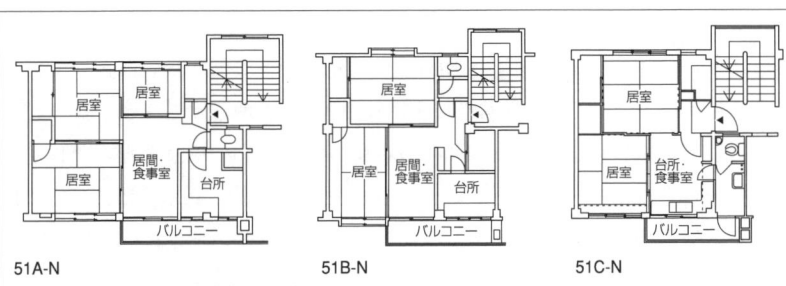

51A-N　　**51B-N**　　**51C-N**

A, B, Cの規模別3つの原案（北入り）

　規模の大きいはＡＢ案は実現しなかった。台所以外に３室を確保できる場合は食寝分離と就寝分離ができるため，台所・食事室とせず独立した台所としている。

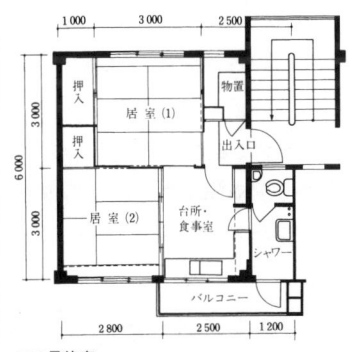

51C最終案

　２つの居室の間をふすまとして建設した地域もあったという。

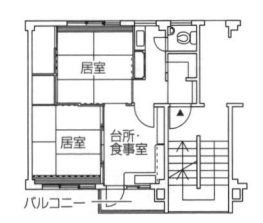

51C-S（南入り）

　北入りと南入りの案があったが，北入りが実施案となった。後に吉武は，階段室が日当たりのいい交流の場となる南入りが実現しなかったことを残念がった。

図 2・60　公営住宅1951年度標準設計

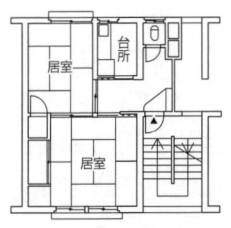

図 2・61　公営住宅1947, 1948年度標準設計

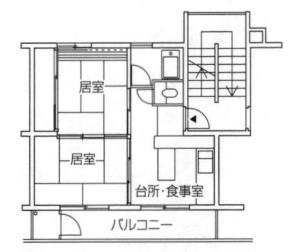

図 2・62　公団住宅1955年度標準設計

2・5・3　モダンリビング

　1945年の今和次郎『住生活』，1947年の西山夘三『これからの住まい‐住様式の話』，浜口ミホ『日本住宅の封建性』，1950年の池辺陽『すまい』など，第二次世界大戦後の数年間に，日本の現在の住宅計画の原点となる著作が相次いで刊行された（図2・63）。ここに示された食寝分離，**就寝分離**，私室の確立，家事労働の軽減，**機能分化**といった住まいの計画の原則は，当時，世界共通の計画課題でもあった。

　池辺陽による生活分析に基づく一連の実験住宅には，ル・コルビュジェを中心に1928年に結成されたＣＩＡＭ（近代建築国際会議）のテーマであった立体最小限住宅の考え方やコア型プランなどが取り入れられている（図2・17）。これは住宅の狭小化や主婦の誕生を背景とした家事労働の軽減など，この時代の世界に共通する計画課題に対応するプランタイプである。

　1948年から50年にかけて連続的に実施された『新建築』による設計コンペは，池辺に代表される機能主義的住宅計画論の追求や普及に寄与し，1951年に発刊された『モダンリビング』はその発展の舞台となった。これら建築家によってつくられた個人住宅は「モダンリビング」と呼ばれる。

　イス座を積極的に取り入れ，洋風リビングルームを持ち，明確な公私分離のゾーニングをいち早く取り入れたこれらの新たな機能主義的住宅は，従来の日本住宅とは異なる生活スタイルをもたらすことになった（図2・64）。モダンリビングはこのような生活スタイルとともに，1950年に制度化された住宅金融公庫法（持家のための融資制度）や，その後の日本経済の回復や新しい家族像の成立を背景として，集合住宅，商品化住宅，建売住宅を含めた一般住宅にも取り入れられ，ｎＬＤＫ型住宅を成立させ，それが拡大する中間層の住宅として定着していくこととなった。

　近代化は日本の伝統の否定によって実現される面が多かったのに対して，増沢洵など，工業化や規格化を目指した計画の中に，和風の意匠を生かした例も多い（図2・65）。中でも清家清（1918～2005）は，機能的な小住宅の計画に日本的なオープンプランを取り入れた（図2・66）。このことは，公私分化の流れに対する反論として位置づけることができる。

2・5 住まいの計画　65

```
これからの住まい－住様式の話－
　目　　　次
　住まい様式の改革
　床面座と椅子座
　家生活と私生活
　間仕切りと室の獨立性
　住生活の共同化
　住空間の機能分化
　室の種類と家具
　住宅の型・生活の型

日本住宅の封建性
　目　　　次
　序説　住生活様式の変革期
　1．台所－生活空間の研究－
　2．農村住宅－住生活水準の研究－
　3．部屋の「日本的性格」
　　　－機能主義と格式主義－
　4．床の間追放論
　5．玄関という名前をやめよう
　6．生活水準の科学的研究
　結語　封建的な住宅と近代的な住宅
```

図2・63　目次

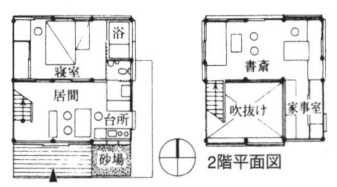

図2・65　最小限の家（東京都渋谷区，1952，増沢洵）

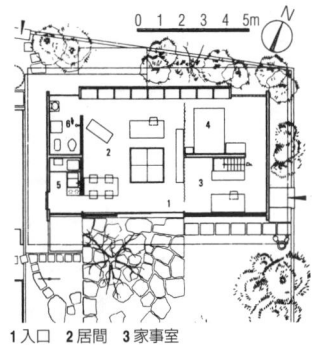

1入口　2居間　3家事室
4寝室　5台所　6トイレ

図2・66　私の家（東京都大田区，1956，清家清）

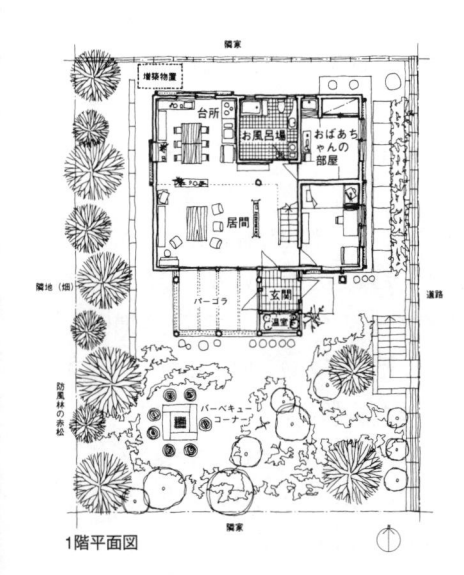

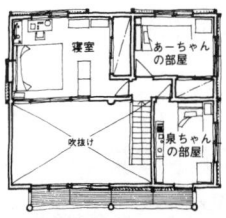

図2・64　モダンリビングの生活[44]

・・・義母は紅茶を入れるのがとても上手です。・・・家族はすでに全員成人で各人は個室を持っていました。いったん個室を出れば1階のLDKに行くほかないわけです。居間は吹き抜けで1階と2階は一体的につながっていますから，個室の扉を出た瞬間からその人は居間の空間に参加していることになります。・・・接客はすべて居間でおこなわれます。家族は個室に潜んでいない限り，必ず客と顔を合わすことになります。・・・（小柳津醇一氏が亡き義父が設計した妻の実家に同居したときの戸惑いが述べられている）

2・5・4　nLDK型住宅の成立と居住水準

　住宅計画研究は，実際に供給された住宅を対象とした住み方調査によって計画を検証しつつ，新たな住要求を把握して標準設計を更新する役割を果たした。2DKから出発した標準設計は，高度経済成長にともなう住生活の変化を反映し，家族団欒の場としての，また，テレビ・ステレオ・応接セットなどの置かれる場としての居間への要求の高まりに対応して，3DK，3LDKへと変化する（図2・67）。この複数の私室とLDKから成る住宅は，この後，多くの新築住宅に取り入れられ，「nLDK型」と呼ばれることとなった。

　nLDK型住宅の成立には，イス座や洋風リビングルームや公私分離のゾーニングをいち早く取り入れた「モダンリビング」の影響も大きい。

　日本の当初の住宅政策の対象は，都市に出てきた若い核家族に限定されていた。住宅政策の最初の目標であった1世帯1住宅が達成され，すべての都道府県で統計上，住戸数が世帯数を上回ったのは1973年のことであり，この時，日本の住宅も量から質の時代に入ったと言われた。そこで新たに，居住者人数（家族構成を想定）に基づく**居住水準**が設定され，その実現が次の目標とされた。この居住水準の基になった住宅像も，核家族を想定したnLDK型住宅である。

　高度経済成長期以降，新しく建てられたnLDK型住宅には，全国的に見ると，やや異なる特徴をもつ3つの型を見出すことができる。都市の戸建て住宅の典型となったのは，1階にひとつの和室とLDK（その組み合わせは多様），北側に水まわり，2階に私室が配置されるタイプ（図2・68）。ただし，小規模の場合は1階和室が夫婦寝室を兼ねる。私室は洋室化し，かつての中廊下型住宅の和洋室のありようとはまったく逆転している。集合住宅では公私を南北に置き換えた間口の狭いタイプ（図2・69），そして，続き間座敷を存続させている地方都市では，都市型の1階和室を続き間としたり，田の字型住宅を変容させてLDKを加えたとみられる型となる（図2・70）。しかし，nLDK型が想定していた標準的核家族そのものの変容，ライフスタイルの多様化，家族の時間的変化への対応などに対するnLDK型の限界が明らかになるにつれて，脱nLDK型住宅への模索が進んでいる。

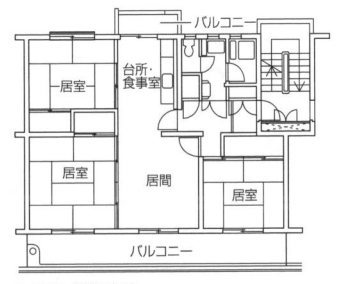

2・5 住まいの計画 67

3DKの標準設計

3LDKの標準設計

図2・67 公団住宅

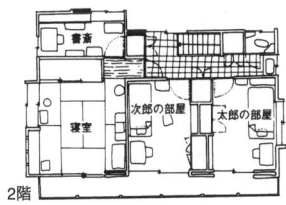

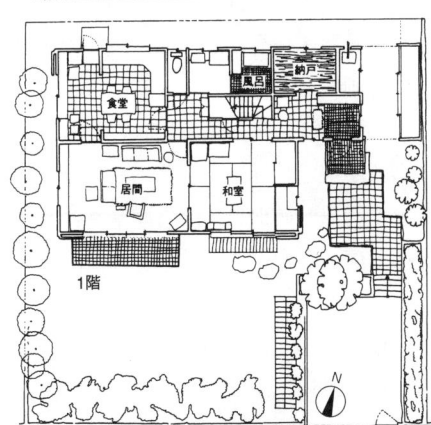

2階

1階

この新しい住宅は私たち家族にとって，単なる引越し先ではなく，新しい生活を実現する場所であった。・・・我が家では日曜日の朝食の後，父がコーヒーを入れてくれる。・・・南向きの部屋は気持ちがいい。そこで話をしたり，音楽を聴いたり，テレビを見たりしながらくつろぐのである。父だけにはテレビの横に定位置があり・・・そんな団欒のあと，母が書道の練習をしたり，父が仕事をしたりするのが横の和室である。私がレコード，CDをかけるのも和室，但し，和室と居間の間はほとんどいつも開けっ放しで，音楽を聴くのは居間である。（三井健次氏の体験記述）

図2・68 都市のLDK型住宅[44]

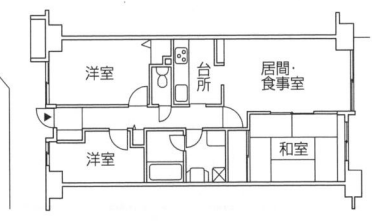

図2・69 集合住宅型住宅[28]

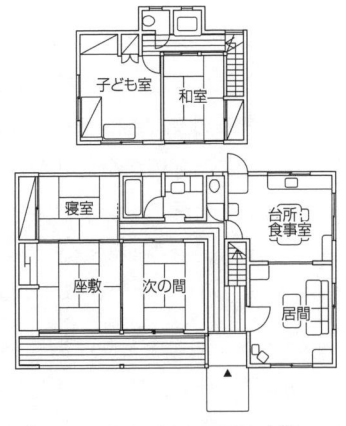

図2・70 地方の続き間型住宅[28]

2・6　集合の計画

　住まいは単独で存在することはなく，何らかの形で集合している。都市化の進展は住宅の集合度を強める一方で，地域生活の共同性を弱める結果となった。これに対して地域コミュニティ形成を支える計画が模索されている。当初住戸計画に主眼を置いていた計画研究も，集まって住むことに着目して住戸近傍から住宅地までを繋ぐ計画に取り組んでいる。ここではその研究を基礎として，集合の計画について見ていこう。

2・6・1　集合の密度と形式

　住居が集合する形式は，一戸建，2戸建，テラスハウス，低層集合から超高層まで，また，板状・塔状などさまざまであるが，**住戸密度**と関わりが深い（図2・71, 72）。密度が高まるとともに，日照・採光などの環境条件や**接地性**が失われがちであり，これらをいかに計画するかが課題となる。

　公的集合住宅は当初，エレベーターの不要な4～5階建の板状の中層住宅として計画された。住棟形式としては階段室型と片廊下型が基本である。階段室型は住戸の南北が外気に接することで通風が確保でき，階段室を共有する人々で交流が生まれやすく，耐震性にも優れるなどの特徴を持つが，近年ではエレベーター設置が困難なことが欠点とされる。

　高度経済成長期になると，限られた土地に，より多くの住戸を供給すること，すなわち密度を高めることが求められ，高層化が進んだ。それは，住まいに求められる質とは相反する要求である。住戸幅を狭めること（フロンテージセーブ）は外気に面することによって得られる居住性を低下させ，住戸プランの固定化を招きがちである。これらの解決のためにさまざまな**住棟計画**が生み出された。中廊下型住棟の環境に配慮したツインコリドール，外気面を多くするスター型（ポイントタワー）住棟などである（図2・71）。ユニテ・ダビタシオンは，メゾネット（2層から成る住戸）の組合せによって住戸が外気に接する部分を多くし，通路スペースを節約している（図2・73）。また，晴海高層アパートでは，通路階をスキップさせて，通路スペースを節約するとともに，1階おきに，2方向に開口部を持つ住戸を計画している（図2・101）。

2・6 集合の計画　69

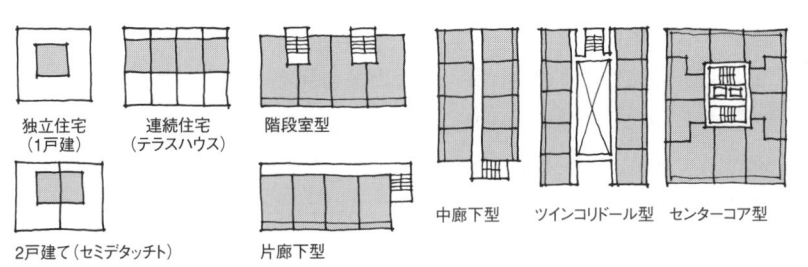

図 2・71　集合の形式

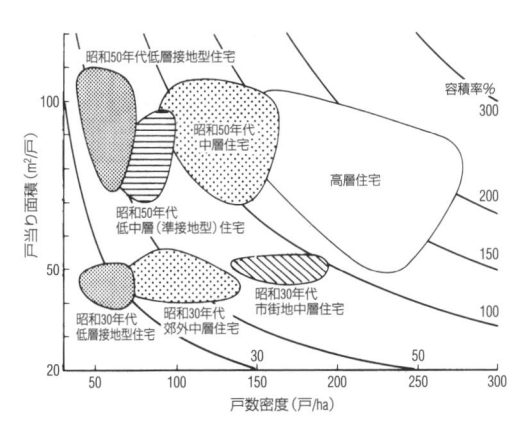

独立住宅（1戸建）　連続住宅（テラスハウス）　階段室型　中廊下型　ツインコリドール型　センターコア型

2戸建て（セミデタッチト）　片廊下型

図 2・72　集合形式と密度[45]

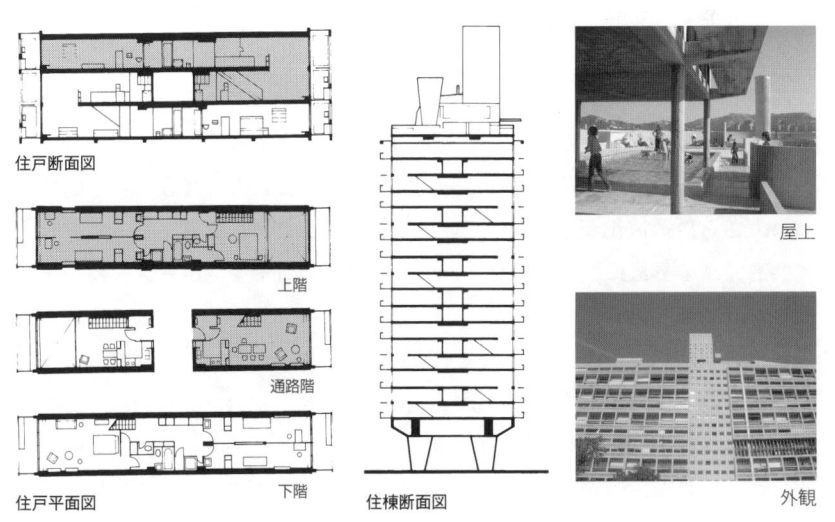

昭和50年代低層接地型住宅
昭和50年代中層住宅
昭和50年代低中層（準接地型）住宅
昭和30年代低層接地型住宅
昭和30年代郊外中層住宅
昭和30年代市街地中層住宅
高層住宅
容積率%
戸当り面積（m²/戸）
戸数密度（戸/ha）

図 2・73　ユニテ・ダビタシオン（マルセイユ，フランス，1945〜1952，ル・コルビジュ）

住戸断面図　上階　通路階　下階　住戸平面図　住棟断面図　屋上　外観

2・6・2 領域の形成

　第二次世界大戦後に本格的に始められた集合住宅地計画の基本となったのは，冬至でもすべての住戸に4時間日照が確保される**隣棟間隔**を確保した南面平行配置である。これは画一的な住戸計画とも呼応するが，当時の世界共通の平等への価値観に基づくもので，ＣＩＡＭが提唱した太陽と緑の都市像の影響も大きかった。

　しかし，やがて生活や交流の場としての住宅地に着目して住棟によって広場をつくる囲み型配置の試みがなされ，それに続いて，居住者に視点を置いた「領域」の研究が始められた。領域とは，そこでの生活体験を通して人が自分の場所であると認識するようになる空間的範囲である。主婦や子どもにイメージマップ(図2・15)を描いてもらう方法によって，団地計画における道路，住棟，近隣施設の配置が，行動などを通して個人の領域の形成に関わっていることが明らかにされた。さらに，路地空間での観察調査により，住戸近傍へのモノの**表出**と**あふれだし**の意味がとらえられた。表札，カーテン，植木鉢などの居住者の表現である「表出」は，その場が領域化された証であるとともに，近隣交流を形成する手がかりとなる。また，領域化された空間では近隣交流が生まれやすい。

　続いて，領域研究は，個人領域の重なりによって形成される**共有領域**の研究へと発展し，その形成のメカニズムが解明されてきた(図2・74)。近隣交流が共有領域化を促し，近隣交流のためには出会いのチャンスを生む「アクセスの共有」が有効である。また，日常的に視線が向いている方向「生活の向き」が領域化を促すとともに，住空間の開放性による視線の交流も近隣交流の契機となる。共有領域化された空間は安心感をもたらして住まいを開放的にし，さらに領域化が進むといういい循環が進むことになる。

　共有領域の形成に関心が強まったのは，低層の**コモンスペース**を持つ集合住宅が計画された時期であった。そこでの生活の向きとアクセスの共有の効果が検証されている(図2・75)。廊下型の場合には，**リビングアクセス**の住戸プランと南廊下の組み合わせによって廊下が生き生きした共有領域となることが明らかにされている(図2・76；図4・99)。また，階段室型では開放的なバルコニー型の階段室が，道路との，また居室の窓との視線の交流を生む(図2・77)。玄関まわりに表出のできるスペースを確保することも有効である(図2・80)。

2・6 集合の計画 71

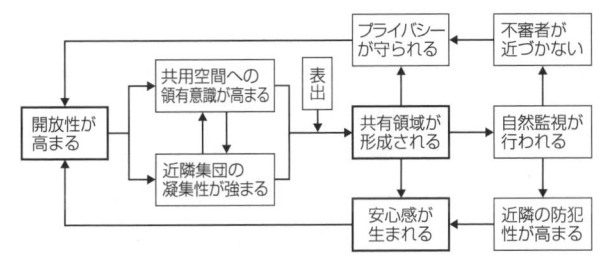

図 2・74 共有領域の形成とメカニズム[46]

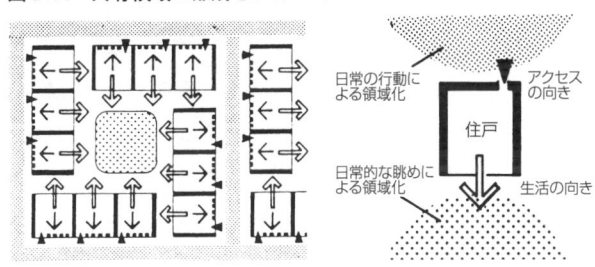

図 2・75 生活の向きとアクセス[47]

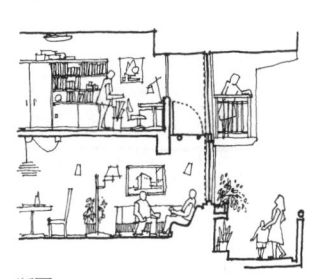

断面

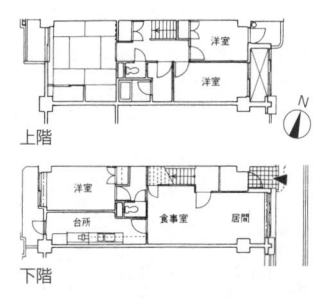

上階

下階

図 2・76 リビングアクセス
（清新北ハイツ, 東京都江戸川区, 1983, 住宅・都市整備公団）

バルコニー[48]

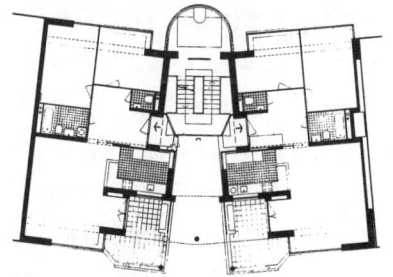

階段室と住戸[49]

図 2・77 開放的なバルコニーと階段室
（リンデンシュトラッセ, ベルリン, ドイツ, 1986, H. ヘルツベルハー）

2・6・3　接地性の獲得

　もともと住まいは大地に接しており，洗濯物を干す，子どもが遊ぶ，外で使うものを置いておくなど，生活は住まいの周辺への拡がりが許容されていた。テラスハウスはその条件を満たした集合形式である。これは住み続けることによって，濃厚な領域が形成されやすい形式ともいえる（図2・78）。

　住戸が積み上げられて，生活が住戸内に限定されがちな集合住宅の計画においては，通路を広く取って生活の場とする方法（図2・101）などが試みられてきた。「接地性」が見直され，論じられるようになったのは，高度経済成長期における，大きいこと，速いこと，効率的であること，を第一とする価値観が，1973年のオイルショックを契機に見直された頃と重なっている。

　ロンドンの中心市街地の再開発において，広いテラスや通路を街路のようにデザインするなど，接地性に配慮した低層・中層の高密度な集合住宅が計画された（図2・79）。これに示唆を得て，日本においても集合規模の小さい，地域性を考慮に入れた計画が生まれた。茨城県営水戸六番池住宅（図2・80）をはじめとする，金沢市営諸江住宅，浜田山ライブタウンなどの低層集合住宅であり，この形式はタウンハウスの呼称で人気を呼んだ。その後も，広いバルコニーや立体街路と呼ばれる通路の街路化などの多彩な試みがある。

　しかし，都市化が進み，密度への要求が高まると，高層化するうえ，**共用空間**もそぎ落とされ，生活は住戸内に限定されていく。高度経済成長期に始まった住宅の高層化は，都心居住志向とあいまって，近年再び進行しており，超高層住宅の建設も盛んである。しかし高層住宅は，子どもの成長とともに生活圏を広げていくことがむずかしく，自立が遅れること，また非常時の問題や周辺環境への影響など，住まいとしての問題が少なくない。イギリスでは，新たな高層住宅の建設を行わないだけでなく，既存の高層住宅の上階を取り除いて低層住宅に改造している。

　近年では，西欧の伝統的な都市における中庭型の住宅地構成が，高層化せずに密度を高められることや，住宅が都市景観を構成していくという点から見直され，**街路型**の計画がなされるようになった。幕張ベイタウンパティオスは都市計画と住宅計画が連携して街路型住宅地を実現した例である（図2・81）。街路型によって形成される中庭の計画はコミュニティ形成に関わっている。

2・6 集合の計画 73

図 2・78 テラスハウスの例（南ドイツ）

配置図

立面図・断面図

断面図

3階平面図

2階平面図

配置図

図 2・80 水戸六番池住宅（茨城県水戸市，1976，茨城県土木部住宅課＋現代計画研究所）

平面図

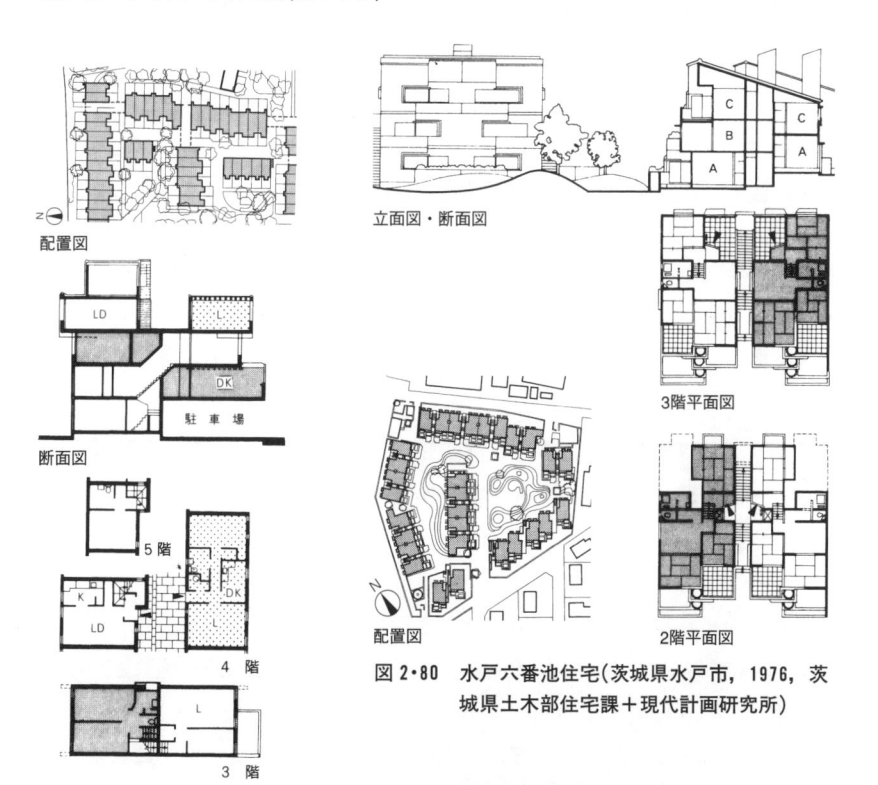

図 2・79 マーキスロード（ロンドン，イギリス，1979，ダーバン＆ダーク）

図 2・81 幕張ベイタウンパティオス

2・6・4　コミュニティの形成

　地域コミュニティ形成の視点から，近隣住区論は近年にいたるまで，新たに計画される住宅地においても，既成住宅地の整備においても，基本的考え方であった。しかし，時代とともに生活の地縁性が薄れ，人々の帰属感の中心は自己選択的な社会集団へと移行している。一方，核家族化と家族機能の縮小が進み，高齢化，少子化に対応するためにも，地域コミュニティへの期待が高まっていることも事実である。

　コミュニティの形成には，地域の空間的まとまりやそれと関わる交通計画，地域生活の拠点としての地域施設や広場などのコモンスペースの計画，コミュニティ運営のための組織，さらにはシンボルや誇り，愛着といった心理的な面など，ハードとソフトがさまざまに関わりあっている（図2・82）。

　集合住宅計画研究において追求された共有領域は，戸建住宅地において中間領域，あるいは公・共・私の段階構成の「共」領域として追及されてきた。コモンシティ星田では，中央広場と中央緑道から緑道が枝分かれして開放的な専用庭へと続く段階構成がとられ，各住戸の敷地境界は門や塀が取り払われてベンチや植栽が計画されて，中間領域あるいは「共」の領域が形成されている（図2・83）。

　イギリスでコモンと呼ばれる外部空間も「共」の領域にあたる。宮脇は，コモンと**ボンエルフ**（歩行者と車が共存できる道）づくりをテーマとした多くの住宅地計画を行った（図2・84）。

　イギリスのニュータウンの計画が，年齢構成のバランスの取れた，職と住をかねそなえた自立都市を目指したのに対して，日本のニュータウンはベッドタウンであったため，人口構成の偏りを生み，学校など地域施設との不適合を生み，現在は高齢化の問題をかかえる住宅地も少なくない。特に，仕事や生産の場面と切り離された郊外住宅地は，性別役割分業を前提にした住宅地であり，町の魅力の点からも問題を生じていることから，企業のサテライトやSOHOつきの住宅を住宅地に混在させる計画も見られるようになった。仕事場や店舗など，日常生活圏内に多彩な機能を混在させ，歩行者空間のネットワークを重視したコンパクトな住宅地計画が求められている。

2・6 集合の計画　75

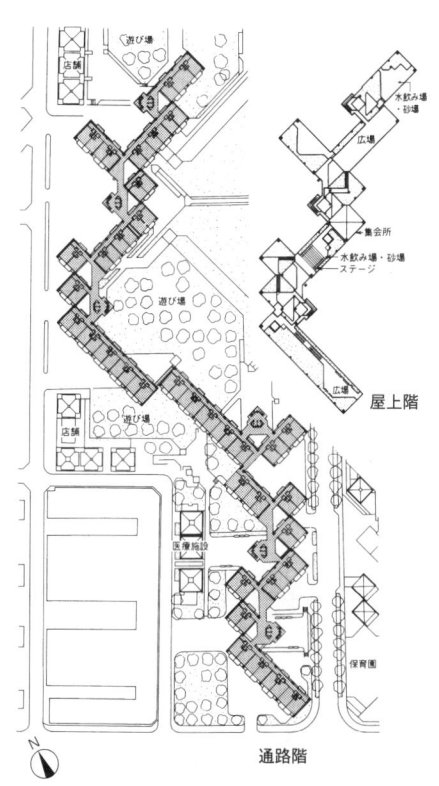

図 2・82　広島市営基町団地
　　　　 （広島県広島市，1975，大高建築設計事務所）

図 2・83　コモンシティ星田（大阪府交野市，1992，坂本一成
　　　　 研究室＋加藤建築設計事務所）

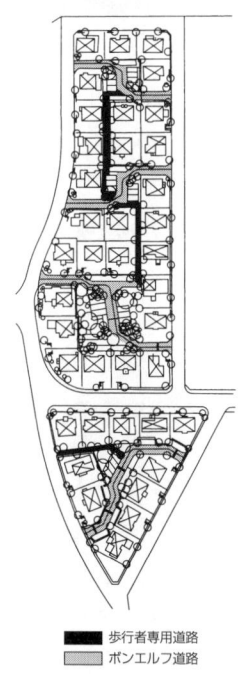

図 2・84　高須ボンエルフ（福
　　　　 岡県，北九州市，1982，
　　　　 宮脇檀建築研究室）

■ 歩行者専用道路
▨ ボンエルフ道路

2・7　個別性に対応する

　標準設計や型計画の方法は画一性をもたらしがちである。公共住宅の当初の対象は若い核家族に限られていた。しかし住まいは多様な家族や多様な生き方の場であり，また，地域性を生かすことも大切な課題である。ここでは，住まいの計画にはどのような個別性が求められるのか，住み手が自分らしく住みこなせる計画はどのようなものか，住み手が計画に参加する方法など，個別性に対応する計画について見ることにしよう。

2・7・1　住みこなせる住まい

　高度経済成長期における生活水準の向上と**住要求**の多様化を背景に，画一的な標準設計では対応しきれない層の出現に着目したのが**順応型住宅**の提案である。家族の個別性に順応できるよう，また，居住者のセルフエイド（住空間を自分らしくしつらえたり，手を加えたりすること）を触発するよう考慮し，間仕切りや家具による可変性を生かしたプランが示された（図2・85）。このとき，家族の成長・変化への対応は必ずしも十分に意図されていたわけではないが，個別性に対応できる可変性によって時間的変化にも対応しやすい計画となる。

　このような考え方を基礎として，その後，工場生産部品の組み合わせによるシステム可変の開発など，建築工法による可変性が追求されている。しかし，可変性は目的ではなく，手段であり，どのような可変性を求めるかが計画の課題である。

　住まいは建築が竣工した後，住み手がその人らしく，その家族らしく住むという行為によってつくられていくものである。このことをふまえて，住みこなすことを想定した住まいの計画が求められる。伝統住宅に見られる，季節ごとに，行事のために，そして家族の成長・変化に応じて住み方が変えられるありようである（図2・86）。

　シュレーダー邸は，居住者が自らの住まいの考え方を強く反映させた住まいである（図2・87）。建具や家具による住空間づくりは住みこなすための効果的な方法の一つである。

2・7 個別性に対応する　77

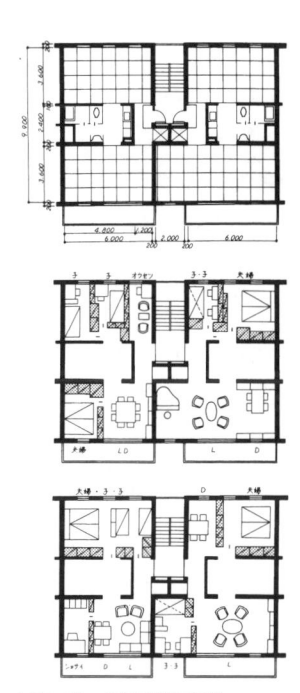

図2・85　順応型住宅[47]

図2・87　シュレーダー邸(ユトレヒト,オランダ,
　　　　1924, リートフェルト)

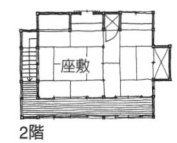

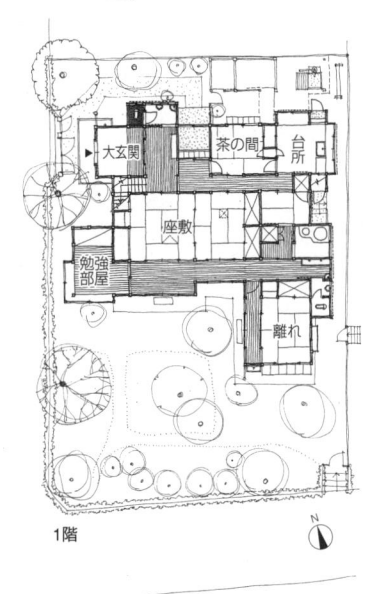

　昭和8年，現東京都世田谷区に新築。祖父母夫婦と19歳の長男を筆頭に5人の男子と使用人が入居。長男の結婚後，祖父は死去。その後，私が生まれた。叔父たちは祖母の考えにより結婚後一時同居し，次々に独立。祖母と両親と妹との5人家族となって56年に取り壊すまで，増改築することなく，時々に住み方を変えながら住み続けた。離れ，勉強部屋，2階の6畳などの独立性の高い部屋の存在とともに，開放的で柔軟性のある空間構成がそれを可能にした。祖母の葬儀は，掃除しコタツに火を入れ仏壇を守るなど，自らの領域であった続き間座敷で営んだ。

図2・86　住み続けられた中廊下型住宅[44]

2・7・2　多様性の計画

　1985年を目標年次とした最初の居住水準が核家族のみを想定した全国一律のものであったのに対して，2000年を目標年次とした第2次の居住水準はやや多様なものとなった（表2・1）。高齢者の**単身世帯**や同居世帯も想定され，また，都市居住型とゆとりある一般居住型の2様の水準が設定されて，不十分ながら地域性に配慮したものとなった。

　住要求の多様化を進める大きな要素が家族の多様化である。都市化，産業構造の変化，家族制度の変化を背景として核家族化が進み，典型的な都市の家族像が成立したが，それに続く**高齢化**，少子化，女性の社会進出や情報化などの社会の変化は家族の多様化を進めている。そのような中，家族の個人化傾向は近年の主要な変化とされる。この傾向をいち早くとらえたのが「個室群住居」の提案であり，その後もさまざまな提案がなされている（図2・27）。都市では過半を占めるようになった単身世帯やＤＩＮＫＳと呼ばれる子どもを持たない家族もまた新たな住まい像を生んでいる。一方，家族一体の住み方や家族コミュニケーションをいかに支えるかの提案も盛んである。また，長くなった高齢期に誰と住むかについてもさまざまな形があり，家族以外と共に住むことも選択肢に加えられるようになっている。

　公団住宅では，多様なライフスタイルを考慮したプランタイプの追求が行われた。アルファールーム付き住宅は，一般住戸に付加された1室がさまざまな社会的活動に使用され，居住者の多様な要求にこたえるだけでなく，生き生きした町並みを形成している（図2・88）。

　また，どこに住むか，の選択も，どう生きるかと関わる多様性の大きな要素である。都市に住むことを第一条件として小さな敷地に建てられた「塔の家」は新たな住宅像を展示して，当時の人々に衝撃を与えた（図2・89）伝統的な都市住宅の型である長屋を生かしたのが「住吉の長屋」である。一方，「ファンスワース邸」（アメリカ，1956，ミース ファンデル ローエ）や「落水荘」（アメリカ，1935，フランク ロイド ライト），「小さな森の家」（図2・90）は豊かな自然の中でこそ成立する計画である。名作といわれる住宅はどれも立地に特徴があり，環境を生かした計画がなされている。

2・7 個別性に対応する 79

表 2・1 都市型居住型誘導居住水準

世帯人員	室構成	居住室面積	住戸専用面積(壁厚補正後)
1人	1DK	20.0m^2(12.0畳)	37m^2
1人(中高齢単身)	1DK	23.0m^2(14.0畳)	43m^2
2人	1LDK	33.0m^2(20.0畳)	55m^2
3人	2LDK	46.0m^2(28.0畳)	75m^2
4人	3LDK	59.0m^2(36.0畳)	91m^2
5人	4LDK	69.0m^2(42.0畳)	104m^2
5人(高齢単身を含む)	4LLDK	79.0m^2(48.0畳)	122m^2
6人	4LDK	74.5m^2(45.5畳)	112m^2
6人(高齢夫婦を含む)	4LLDK	84.5m^2(51.5畳)	129m^2

図 2・88 アルファールーム付住宅の例

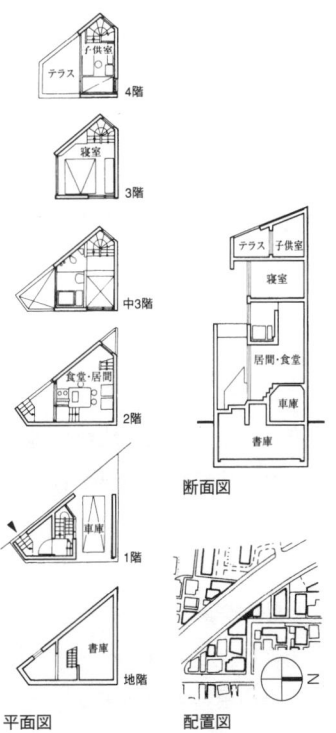

図 2・89 塔の家(東京都渋谷区, 1996, 東孝光)

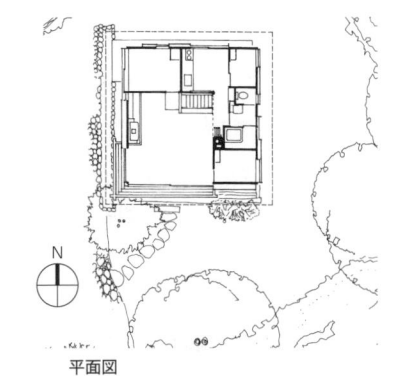

図 2・90 小さな森の家(長野県軽井沢町, 1962, 吉村順三)

2・7・3　地域性への対応

かつては日本各地に地域ごとの住文化が培われていた。それはその土地の気候風土や地形などの自然的条件だけでなく，人々の生活の社会的・文化的な歴史の反映であった。しかし，集合住宅計画の画一化に加えて，住宅生産の工業化が進み，住宅産業が発達すると，地域や敷地の特性からの計画ではなく，全国一律の商品化住宅が，地域と切り離された生産体制のもとに供給されるようになる。さらに，性能で住宅の質を評価する制度とともに価値観の画一化も進んでいる。

地域性をとらえた研究成果の一つに続き間座敷の見直しがある。近代化を目指す際に否定されてきた続き間座敷が，時代的に居住者の日常生活に対応して変遷し，次の間を活用できるように座敷との位置を逆転させたこと，また，今も地域生活や季節行事に生きていることなどが明らかにされた。

オイルショックの後の価値観の見直しを背景にして，地域性を生かした公共住宅計画を目指したのがHOPE計画であった。HOPE計画は，同じ頃にスタートした地域高齢者住宅計画とともに，地域ごとの需要に応じた住宅供給策定計画としても画期的であった。ここでは，続き間を取り入れた平面計画も見られるほか，九州や沖縄では，開放的な土間玄関によるバルコニーアクセスや，通風に配慮した開放的平面，また，積雪地域ではサンルームや空中回廊や雁木による軒下歩道の設置などが実現している（図2・91～93）。さらに，建築高，形態，材料，工法，色彩などのコントロールによって，周辺地域との連続的な景観の形成や，伝統的な町並みづくりに貢献する例も見られる。

地域に根ざした計画は，地域固有の暮らしや住まい空間の豊かさを反映するとともにエコロジカルでもある。また，地場産業の育成や伝統的な材料や工法の伝承にも結びつく。地域の特性を読み，新たな地域性を創出することが求められる。

居住の都心回帰の動向を背景として，新たな都市居住への取り組みも見られる。居住サービスや子育て支援施設を複合した計画や，仕事場を併設した公共住宅も出てきた（図2・94）。都市居住とは，住まいが生活機能をすべて抱え込まず，共用部分を豊かにし，また，都市施設を利用して生活する住み方である。

2・7 個別性に対応する

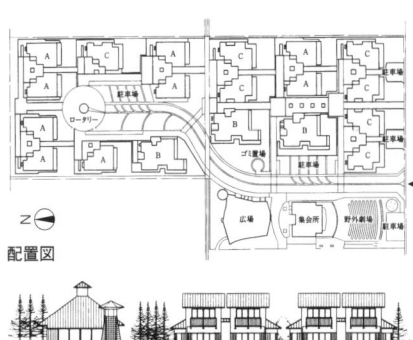

公開コンペで選ばれた2つの事務所の共同設計・管理による。集会室や野外劇場を隣接の既存公営住宅と共有し、大通りはボンエルフ。北からの強風と地吹雪を防ぐ屋敷林や瓦屋根と漆喰壁による景観、地場産材の活用、2戸で共有する屋根つきの通り庭など、地域に根ざし、地域を活性化するよう計画された。

図2・91　中新田町営柳HOPE住宅（宮城県，1988，
　　　　　針生承一建築研究所＋みちのく設計）

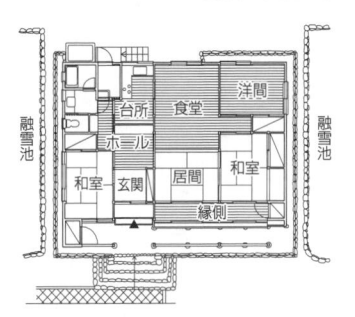

高齢化した豪雪地に、若者が住みたくなる融雪池を持つ自然落雪型住宅が計画された。滑雪実験を踏まえた起り屋根がゆったりと風景に溶け込んでいる。

図2・92　上平村立楽雪住宅A棟
　　　　　（富山県，1989，三井所清典）

積雪に考慮して空中回廊やサンルームを設け、棟ごとの名称は郷土の詩人、室生犀星の詩から自筆の文字を用いている。

図2・93　石川県営諸江住宅（金沢市，
　　　　　1980，現代計画研究所）

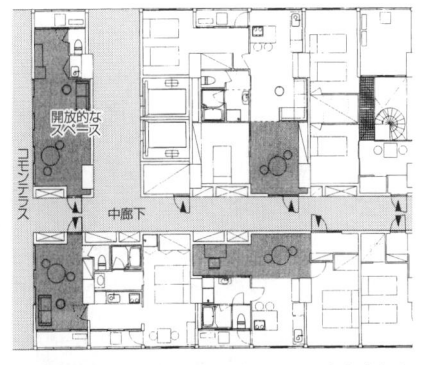

東京湾岸部の工場跡地に計画された高密度住宅地に建つ14階建て集合住宅。高密度を実現するために中廊下形式が採用され、中廊下への通風、採光のために大きなコモンテラスが設けられた。開放的なスペースを中廊下やコモンテラス側に配置。

図2・94　東雲キャナルコートA街区（東京都
　　　　　江東区，2003，山本理顕設計工場）

2・7・4　参加の計画

　住むプロセスだけでなく，計画するプロセスへ，さらに建設や運営管理への居住者参加がさまざまに試みられている。

　フィリピンの低所得者向けハウジングで試みられたのがコア・ハウジング供給の方法である（図2・95）。宅地に加え，台所流しとトイレの外壁など基本部分だけを供給し，後は自力建設にゆだねることで，建設コストの節減とともに個別性への対応が可能となる。さらに自らつくった住宅への愛着がもたらす効果も期待される。

　日本の公共住宅にも個別性への対応とコストの削減を意図して最小限の仕上げのまま供給する試みがある。このような未完成な段階で供給するハーフメイド方式は，ハンディキャップの個別性への対応や，共用の空間，中でも緑環境の整備についても取り入れることが期待される方法である。

　計画と居住のプロセスへの居住者参加の原点が**コーポラティブ**ハウジングである。居住者が自力もしくは事業者の企画を基に組合を組織して持ち家を共同建設していくという方法で，個別の住要求が反映されるとともに，ともに住むことへの価値観から豊かな共有空間が生み出されることが多い。入居時点ですでに近隣関係が形成されており，それは自ら管理し住み続ける中でさらに強められる（図2・96）。コーポラティブ方式は，持ち家だけでなく，住み続けられてきた公共住宅の建て替えに際して，居住者の個別性とともに培われてきた生活や近隣関係を維持できる方法である（図2・97）。また共用空間を重視し，より一層生活の共同性を高めた**コレクティブ**ハウジングでは，計画への参加よりもその後の居住の運営管理への参加が重視される（2・10・2参照）。

　近年はオランダのオープンハウジングに学んだ躯体（スケルトン）と内装（インフィル）を2段階に供給するＳＩ住宅の試みが盛んである（図4・104）。これは躯体の長寿命化に加えて，公共による躯体の所有と管理，一方居住者による内装の計画と時間に応じた改装，さらには住み替えシステムや増築などまでを考慮に入れた構法の開発と一体となったシステムである。その本格的な実験住宅が大阪ガスによるＮＥＸＴ21のプロジェクトで，ここでは，住戸の全面改装や外壁の移動など次々と新たな実験が続けられている。

2・7 個別性に対応する　83

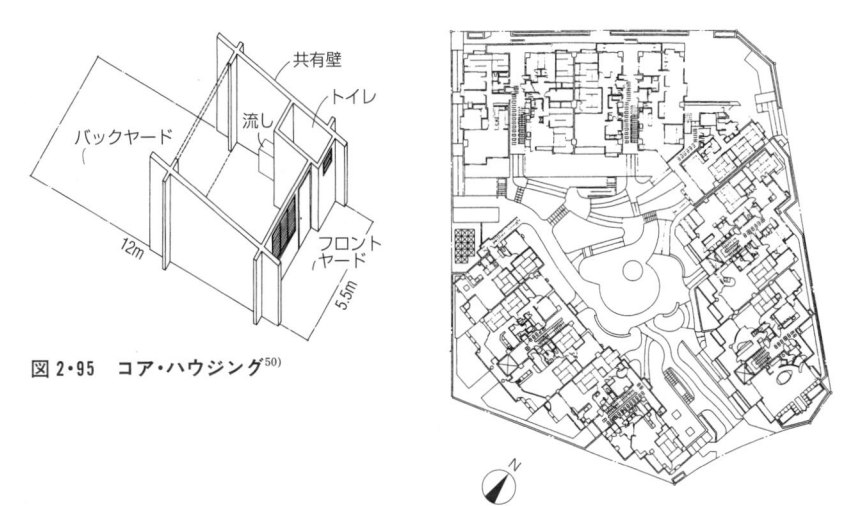

図 2・95　コア・ハウジング[50]

日本を代表するコーポラティブ・ハウジング。住戸は住み手の個性を反映し（図1・20参照），続きバルコニーは交流を促し，ともに計画した池や植栽や集会室は住民たちの手で豊かに成長している。
図 2・96　ユーコート（京都市，1985，京の家創り会設計集団）

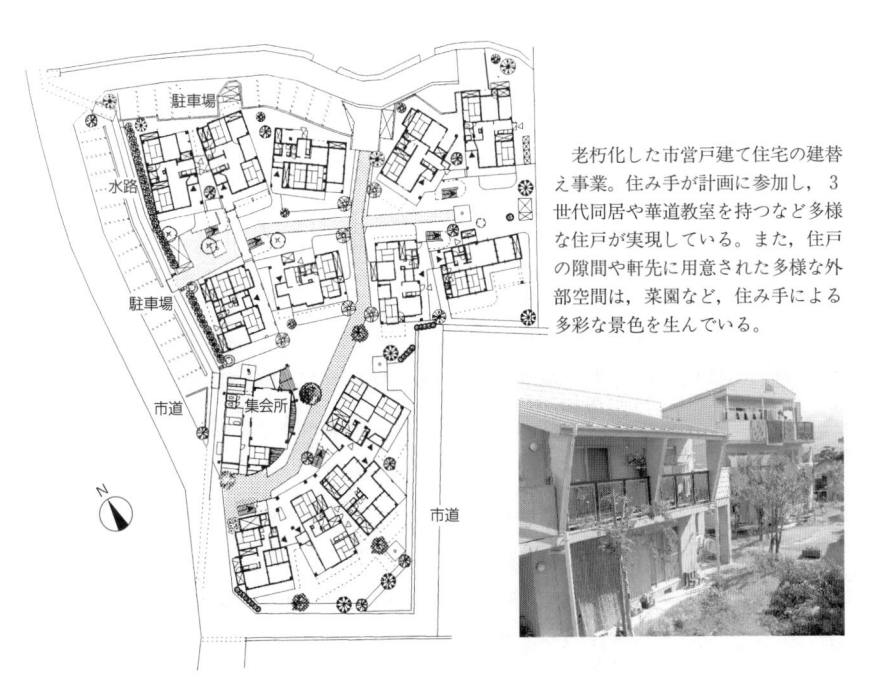

老朽化した市営戸建て住宅の建替え事業。住み手が計画に参加し，3世代同居や華道教室を持つなど多様な住戸が実現している。また，住戸の隙間や軒先に用意された多様な外部空間は，菜園など，住み手による多彩な景色を生んでいる。

図 2・97　八代市営西片町団地（熊本県，1994，横山俊祐，下野健一）

2・8 時間的変化に対応する

　個別性に対応できる柔軟な計画は，居住者の住要求の時間的変化にも対応しやすい。人口の高齢化と個人の長寿命化の進む社会では，そのような時間的な変化に対応できる住まいの計画が一段と求められる。これによって，住み慣れた住まいやまちに住み続けることが可能になるからである。これはまた，地球環境問題に対処する持続可能な社会の形成にとっても重要な課題である。ここでは高齢化への対応を中心に，時間的な変化に対応する住まいの計画について見ていく。

2・8・1　エイジングとライフコース

　人が誕生してから，成長し，成熟し，老いていく一生を通じての変化をエイジングという。歩行速度は身体的変化の一端を表している(図2・98)。変化の大きいのは成長期と，心身機能の低下の進む老年期である。その二つの時期は環境の影響を受けやすく，環境との不適合によってハンディキャップが生じやすい(図2・99)。非常時だけでなく，日常生活においても事故の被害を受けやすい（表2・2）。見守り，見守られる住まいが求められるところである。これは，子どもの成長発達を促す環境の基本条件でもある。

　エイジングにともなう社会的・経済的側面の変化に焦点を当てたのが，ライフサイクルというとらえ方である。ゆりかごから墓場まで，というかつてのイギリスにおける社会保障のキャッチフレーズはこの視点に基づいている。

　個人とともに家族も変化する。この変化がファミリーサイクル(家族周期)で，立地条件についても，空間構成や規模など平面計画に必要な条件についても，時期によって住要求は変化する。家族周期とそれに続く世代交代には，住み方の変化，改造，増改築，建て替え，住み替えによる対応がある。伝統住居のようにそれらを織り込んだ建築計画が持続性への課題となる。また，民間アパート，公共住宅と移り住み，最後は郊外の一戸建持家へという住宅双六と呼ばれた画一的なコースに代わる同居か別居か，持家か借家か，在宅か施設かなど，それぞれのライフコースを想定する必要がある。

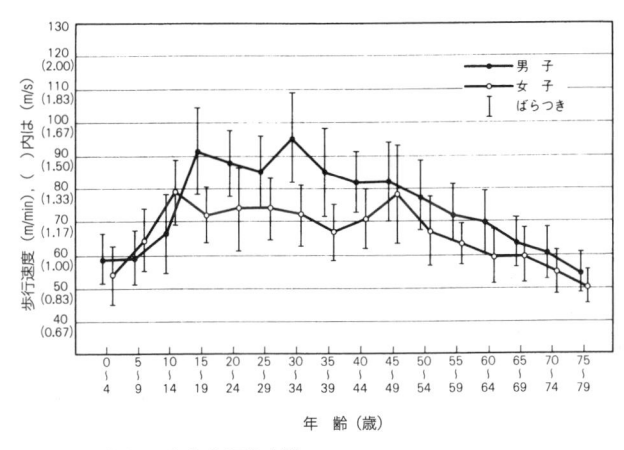

図 2・98　加齢と自由歩行速度[51]

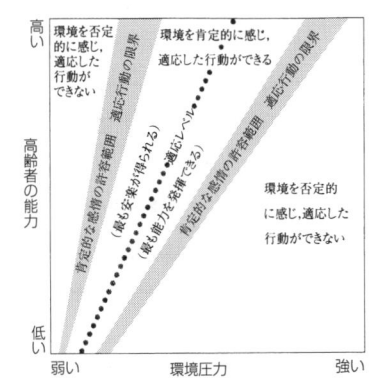

歩行は脚の筋力だけでなく，視覚，聴覚，平衡感覚などを総合した行為であり，身体機能をよく反映する。

環境圧力：人間の行動に対する環境の要求水準。

適応レベル：能力と環境圧力が均衡を保ち，環境が意識されることは少ない。

最も安楽が得られるゾーン：意欲の減少，軽い依存，受動的な楽しみがみられる。

図 2・99　高齢者の能力と環境圧力[52]

表 2・2　住戸内での不慮の事故死[53]

死因 （建築に関わるものに限る）	総数	年齢別（歳）					
		0～4	5～14	15～44	45～64	65～79	80～
スリップ，つまづきおよびよろめきによる同一平面上での転倒	1,036	5	—	23	118	350	540
階段およびステップからの転落およびその上での転倒	435	2	—	11	101	189	132
建物または建造物からの転落	412	6	8	100	109	115	73
浴槽での溺死および溺水	3,316	28	15	65	270	1,473	1,465
管理されていない火（火災など）	1,169	23	31	133	301	373	307
計	6,368人 (100.0%)	64 (1.0)	54 (0.8)	332 (5.2)	849 (14.1)	2,500 (39.3)	2,517 (39.5)

高齢者の住居内での不慮の事故による死因の第一位は，かつては同一平面上の転倒だったが，近年は浴槽での溺死となっている。高齢者の生活の独立度が増していることは一つの要因であろう。

2・8・2　住み方変化に対応する計画

　第二次世界大戦後の住宅計画が居住者として想定したのは核家族であった。核家族化とは，「代々継承していくもの」から，「一代ごとに独立の単位である」とする家族観への変化である。結婚によって出発する核家族の住まいの計画では，まず，子どもの誕生と成長への対応が課題となる。

　子どもは成長につれて徐々に親との距離をとり，**生活圏**を広げて社会性を身につけていく。成長する家（図2・100）を見ると，増築の目的が単なる部屋の増加ではなく，成長につれて親子の距離を大きくする変化であることがわかる。

　集合住宅では，家族の成長変化に住棟全体での対応が可能である。公営住宅が当初一時的な居住の場とされ，時間的変化への対応は考慮されなかったのに対して，同潤会江戸川アパート（図2・56）には最上階に単身住居が設けられ，のちにそこが子ども部屋や老人室として活用されて住み続けることを可能とした。晴海高層アパート（図2・101）は2戸×3層を一つの単位とした大架構によって将来の住戸面積と容積の拡大を想定した計画であった。また，特に非廊下階の住戸は南北に開放され，通風・採光に優れているだけでなく，日本の伝統住宅が持つ柔軟性を生かした住戸計画で，特注の長い畳がシンプルな和風空間を構成していた。しかし，1997年に地域再開発のため，住戸拡大は実現することなく取り壊された。

　時間に応じ，住みこなすことを想定した住まいにシュレーダー邸（図2・87）や共生住宅（図2・102）がある。ともにゆるやかに分離されたひとつながりの空間である。住む人がその時の気分や行為に応じて分離の仕方を変え，多様な居場所をつくり出すことを可能にし，時間的変化に応じた人と人との距離をコントロールできる計画である。

　人と人との距離の調整，公私の距離の調整，外部との位置関係の調整，独立度の調整，専用度の調整，行為の重なりの調整，行為の場の移動，ものの移動などさまざまな住み方の変化を想定することによって，時間的変化への対応が可能となる。これは個別性への対応の方法でもある。

　住むという行為が住まいをつくっていく，成長する計画から，やわらかな計画へ，季節ごとに設える，行事のために設えることも含めて，日本の伝統住宅に学ぶところは大きい。

2・8 時間的変化に対応する　87

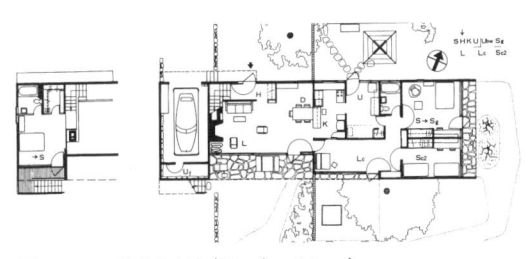

子どもが幼い時は寝室を子どもの寝室の隣に置き，成長すると車庫の上に寝室を増築して，寝室を客寝室に変える計画。子どものスペースは個室ではなく，子どもがふたりで共用する寝室と通路を兼ねた居間から成る。

図2・100　成長する家（M.ブロイヤー）

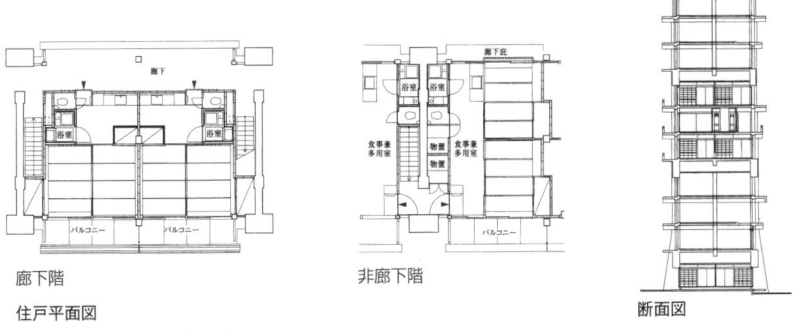

図2・101　晴海高層アパート（東京都中央区，1958，前川國男建築設計事務所）

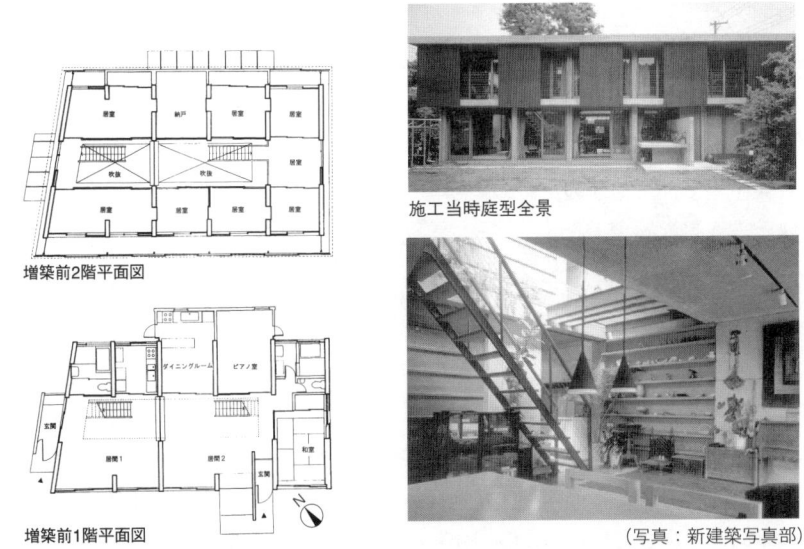

住戸平面図　廊下階／非廊下階　断面図

増築前2階平面図

増築前1階平面図

施工当時庭型全景

（写真：新建築写真部）

一見すると玄関と台所をそれぞれ持つ2世帯住宅だが，空間は書棚で分離されつつ一体であり，2階の個室は誰がどこを使ってもよいよう配置されている。

図2・102　共生住宅（神奈川県鎌倉市，1984，内藤廣建築設計事務所）

2・8・3　高齢期の家族と住まいの計画

　核家族が子世代の結婚によって二つの家族に分離する転換期を迎えた時，親と子がどのような住み方をするかの選択が必要となる。直系拡大家族や隠居慣行などの伝統的な住文化の影響も残る中，核家族化や個人化の傾向を反映して，高齢期の住み方は多様である。

　高齢者と子世代家族の住み方の多様性は，両世代の生活の重なりの多様性としてとらえることができる。経済面などの生活の独立性に対応する台所と，対外的な独立性に対応する玄関をポイントとして，生活の重ね方の多様性を，一体型，相互型，分離型の同居，分居，隣居，近居，に整理することができる（表2・3）。分離度は急速に高まる傾向にあるが，親世代の高齢化による単身化，要介護化を視野に入れて，独立しつつつながりの持てる住まいの計画が課題である。

　相互型の同居の例（図2・103）では，居間と寝室の間の開放的な和室が建具の開閉によって二つの部屋をつなぎかつ隔てる公私の緩衝空間になるとともに，高齢者の交流や活動などのための昼間の居場所や必要に応じた介護人の就寝の場として活用されている。隣居の例（図2・104）は，図書スペースが共用空間となって両世代をつなぐとともに道側に開いた前庭と内向きの菜園を区切っている。互いの居間は距離を持って向きあい，中庭の樹木越しに見守り見守られる関係がつくられ，さらに地域への開放性を持つ計画となっている。

　公共住宅では，複数の住戸の組み合わせによる隣居，近居の実現など，一般解による対応が求められる。マーキスロードの集合住宅は，通路を挟んだ一般住戸と高齢者住宅を親子で居住すると近居となる。住み続けられた同潤会や晴海高層アパート（図2・10）あるいは一般の木造賃貸アパートなどでも，隣接，近接の複数の住戸を利用した住み方が報告されている。

　別居が基本となる動向のなか，親世帯と複数の子世帯が同一敷地内に住む複合的家族居住や，同一の電鉄の沿線に住むネットワーク居住が増加している。また，長くなった高齢期を新たな人生として迎えるために居住地を再選択する例も増加している。この場合も，立地の選択は重要である。ル・コルビュジェは高齢となった両親の家を建てるに当たって，日照や眺望に加えて，交通の便を重視して立地を選択している（図2・119）。

2・8 時間的変化に対応する 89

表 2・3 老若の生活領域から見た住戸タイプ

住戸タイプ	老若領域	老人領域 位置	老人領域 行為	所要室 専用	所要室 近接	計画上の配慮点 老化への対応	計画上の配慮点 家族のつながり	計画上の配慮点 生活圏拡大
同居〈一体型〉	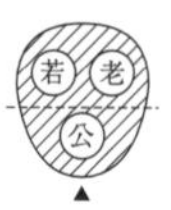 (若老公)	私室領域	就寝	居室	便所浴室	●私室領域が2階にとられることが多いので階段には必ず手スリを ●ねたきり状態には対応しにくい	●本来,老若一体の家族関係に対応するタイプ	●老人が昼間,過ごすのは居間なので,落ちつきやすく
〈相互型〉	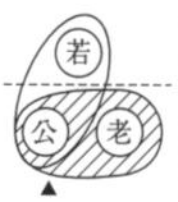 (若公老)	居間隣	就寝 昼寝 趣味(テレビ)	居室(副室)		●老化には対応しやすい	●プライバシーを保つために居間との間に緩衝スペースを	●直接庭に出られるように
〈分離型〉 分居(専用台所)	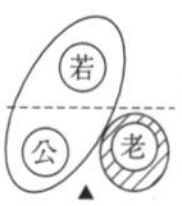 (若公老)	玄関脇	就寝 昼寝 趣味 テレビ 接客 食事	居室 副室 (台所) (便所)		●必ず副室をとる	●できるだけ落ちつきやすい居間を ●同 左	●同 左
隣居	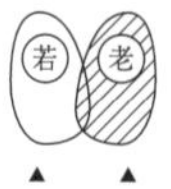 (若)(老)		就寝 昼寝 趣味 テレビ 接客 食	居室 副室 台所 便所 玄 (浴室)			●共用の居間を,あるいはいずれかの居間に余裕をもたせて全員が集まれるように	
近居(徒歩圏内) 別居	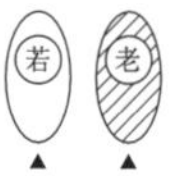 (若) (老)		就寝 昼寝 趣味 テレビ 接客 食事	居室 副室 台所 便所 玄 浴 (宿泊室)			●近住が望ましい ●老人側に宿泊室を	●交通便利な立地

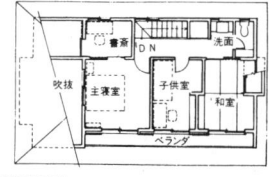

2階平面図

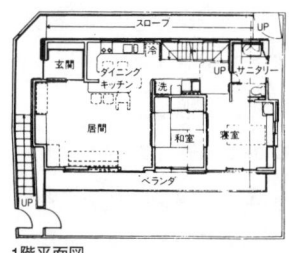

1階平面図

図 2・103 相互型同居の例(1980,張忠信+信設計事務所+林玉子)

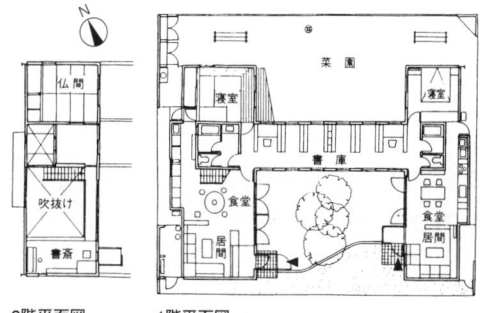

2階平面図　1階平面図

図 2・104 隣居の例(1981,高橋公子+建築ユニット設計事務所)

2・8・4　住まいの記憶，まちの記憶

　住み続けることは高齢期の住要求であるだけでなく，住むことの本質につながっている。ドイツ教育哲学者F.O.ボルノウは『人間と空間』の中で，住まいの本質としてGeborgenheit（庇護性），すなわち守られている感覚が得られることをあげているが，そこで住む時間はそれを育む要素である。

　住み続けるには人と物の両方のエイジングに対応することが必要である。「私たちの家」（図2・105）では，住み続けてきた住まいを核として残しながら，中年期以降も住み続けることを意図した住まいの増改築がなされた。

　せせらぎの家は民家を改修して高齢者のグループホームとした好例である。自宅に似た住空間が落ち着きや居心地のよさにつながるだけでなく，やや暗い廊下の先に便所があることや段差のある玄関などが高齢者の記憶と重なって空間の認知を助け，自然な行動を促している（図2・106）。

　居住者が高齢化した古い公営住宅の建て替えに当たって，土地の記憶を，時を経て成長した樹木や使い続けてきた井戸を残すことによって受け継ごうとする事例が見られるようになった。このことによるコミュニティの持続，そして水や木という命の持続の感覚は，高齢期の住まいにとくに求められるものである。

　高齢者にとっては，住まいに住み続けることとともに，まちに住み続けることに大きな意味がある。そのために不可欠なのが地域のデイセンターである。このような施設は地域におけるもう一つの住まいともいうべき場所である。町屋の改修による京町屋デイセンターには，伝統空間が継承されている。近隣の高齢者は自分の落ち着く**居場所**をそこに獲得できている。そのような施設＝住まいには機能より居場所の計画が重要となる。また，このように，伝統住宅は個人住宅として住み続けることがむずかしい場合でも共用の空間として継承されることによって，地域の資産とすることができる。

　さまざまな時代的な変化の中で住まいやまちの住文化を継承していくことは，コミュニティの継続や**環境共生**の課題ともつながる課題である。ヨーロッパの多くの都市においてはファサードを残して景観を持続し，日本においても伝統的建造物保全地区などの取り組みがあるが，秋田県金山市ではゆるやかな枠組みによって伝統の材料や工法を継承する金山型住宅の普及によって，美しい町並みを回復することに成功している。

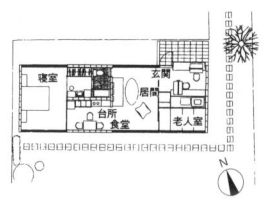

2・8 時間的変化に対応する 91

若い建築家夫妻が結婚と同時に母親と同居する住まいを新築。夫妻が50代を迎えた頃，寝室を核として残しながら，その後の年月を過ごす家へと生まれ変わらせた。人を招くための配慮，ゆったりした椅子座のスペース，階段を閉ざすと別世界のようになる2階など，多様な居場所が配されて，豊かな時間の流れる住まいとなっている。

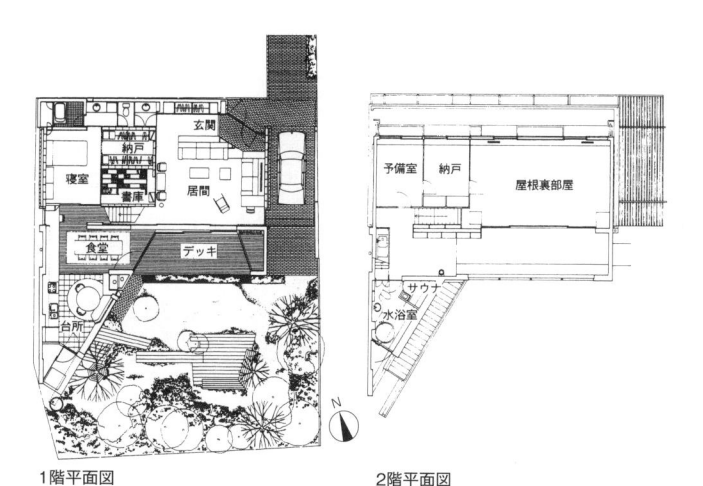

結婚と同時に建てられた住まい(1956)

1階平面図　　2階平面図

図 2・105　林昌二・林雅子「私たちの家」

2階平面図　　1階平面図

図 2・106　せせらぎの家[54]

2・9　住むことを支える

核家族化や家族機能の縮小によって、子育てや高齢者介護などに対する社会的な支援を必要とするようになると、住まいやまちを、ケアサービスを受ける場としてとらえた計画が求められる。ここでは、これからの住まいと施設の関わりを含めて、住むことを支える計画について考えることにしよう。

2・9・1　見守り、見守られる住まい

子どもや高齢者は、かつては家族によるケアを受けていた。しかし家族機能の縮小した現在では、ケアを必要とする人にとっても家族にとっても、地域によるケア、あるいは社会的**ケアサービス**は不可欠である。

ケアサービスには日常生活の自立度に応じた段階がある。情報提供や相談といった基礎となるサービス、掃除や買物など家事援助、歩行、更衣や入浴などの身体介助、そして医療的ケアに至るケアサービスの段階は、2000年に導入された介護保険における介護度の認定やサービスの単価にも反映されている。しかし、ケアの必要性は日々変化するので、ケアサービスの基本は、このなにげなく見守る、というケア以前ともいえる段階であり、それが自立生活を支える。この役割は制度としてのサービスにはむずかしく、家族や近隣の人々に期待される役割である。

「箱の家」（図2・107）シリーズや「9坪の家」（図2・108）は、住まいの内部を開放的にして子どもの成長を見守る、家族の一体感の感じられる計画である。加えて、ともに地域に対しても開放的であり、地域にも見守られつつ、家族そろって地域を見守る姿としてとらえることのできる計画である。

都市では高齢期に子世帯と同居しないスタイルが一般的になってきた。「巣鴨の2世帯住宅」（図2・109）は、狭い敷地の中で親世帯と子世帯が相互に距離がとれるよう1、2階で公私の配置を逆転させながら視線を交わすよう計画されている。独立度の高い2棟のように見えて、実は玄関は一つ、2棟は3層のテラスで階ごとにつながる一体感の強い住宅でもある。同時に、地域への開放性が強く意識され、この地域に長く住み続けてきた親世帯が地域の人を招き入れやすいよう計画されている。

2・9 住むことを支える 93

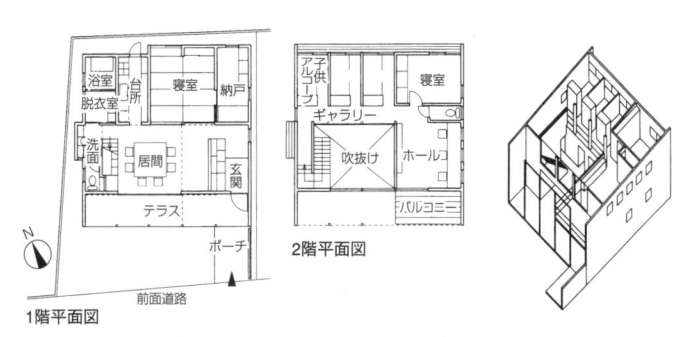

図 2・107 箱の家（東京都杉並区，1995，難波和彦）

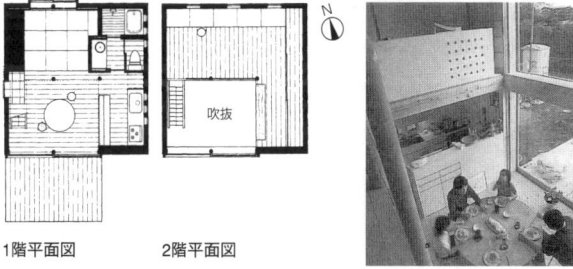

1952年に建てられた増沢自邸（図2・65）のフレーム構成を生かし，現代に甦らせた小さくてオープンな住まい。

図 2・108 9坪の家[52]（東京都三鷹市，1999，小泉誠）

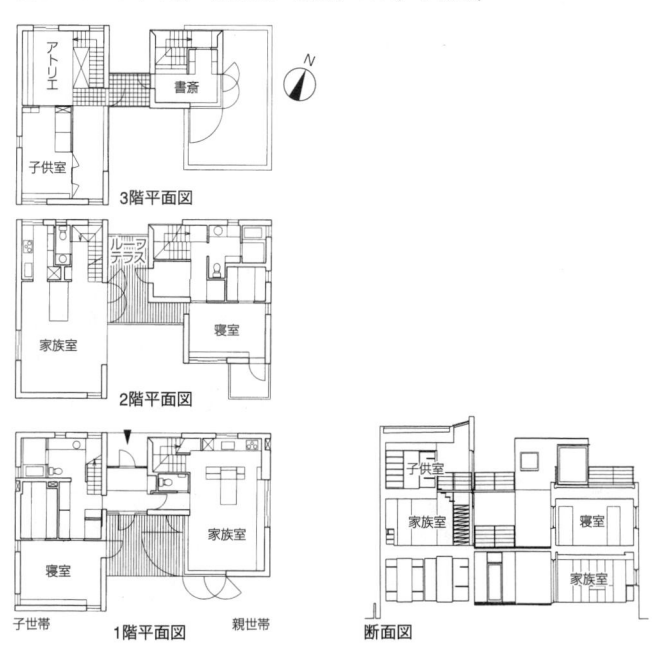

図 2・109 巣鴨の2世帯住宅（東京都豊島区，1994，スタジオ建築計画）

2・9・2　サービスを受ける場としての住まい

　住むことは多くの多面的なサービスによって支えられている（図2・110）。かつては家族内で，家族員や使用人によってなされることが多かったこれらのサービスも，近代化の歴史とともに社会化が進んでいる。ケアサービスについては，公的なものと民間によるものがあるが，近年は民間化が進められるとともに，その中間的な性格を持つ営利を目的としないNPOによるものが生まれ，増加している。

　特に高齢期の住まいを支えるのは，生活の自立度や健康状態に応じたさまざまなケアサービスと，それを受けながら住み続けられる住宅の条件であり，まちにはそれらのサービスの拠点が配置されていることが求められる。サービスを複合した住まいに住むことや地域施設を活用することなどを含め，その人にふさわしい住まいの条件を獲得できるよう支援することが重要である。

　心身機能の低下を考慮し，生活行為の自立度を高めるためには，手すりの設置にも，車いすなどの福祉機器の使用にも，人による介助のためにも，基本的に求められるのはスペースのゆとりである。特に，住戸面積が限られている場合は機能的に各室を設けるのではなく，諸室を重ね合わせたり，開放的につなぎ合わせたりした**オープンプラン**が有効である（図2・111）。オープンプランは自立して行動をしやすくするためのスペースの流動性を持つプランである。これによって視覚的な開放性が得られ，わかりやすさ，見守りやすさが得られる。

　心身機能の経年的変化にともなって必要となる住宅改造の際にも，手すりや段差の解消といった個々の行為の改善だけでなく，住まい全体における生活行動に配慮した計画の視点が必要である。心身の状態に応じた外部のケアサービスを受けるには，住まいの内部の開放性とともに住まいを外に開くことが必要となる。日本の伝統住宅では，ケアサービスを受け入れるようになると，オモテの続き間座敷が有効に機能していることが報告されている。また，ケアが必要な高齢者の部屋を出入口近くに配置し，サービスを受け入れやすくするとともに，道行く人を眺めて過ごすことへの配慮も有効である（図2・112）。これによって地域の人に見守られること，また，別居している家族や友人の訪問しやすさも生まれる。

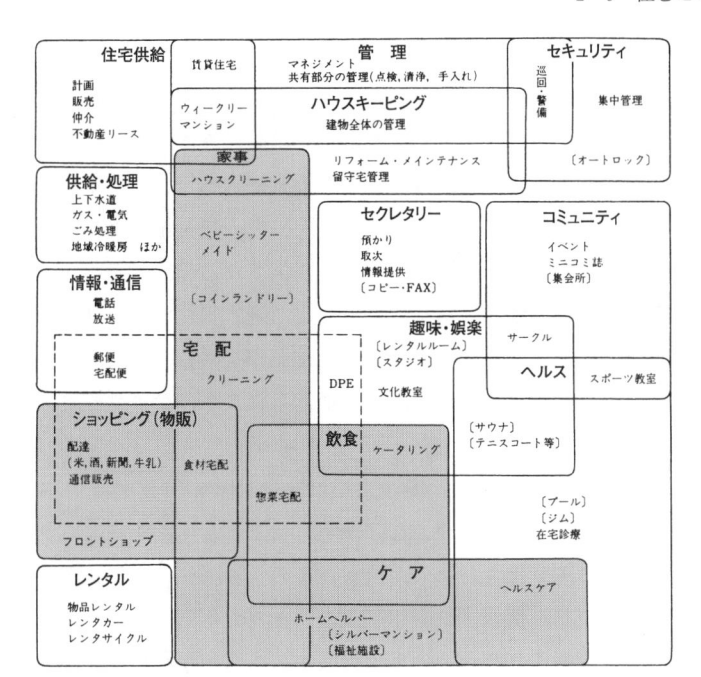

2・9 住むことを支える

図 2・110 居住関連のサービス[56]

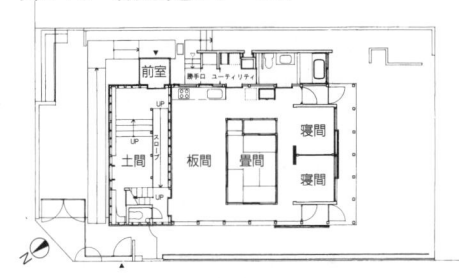

図 2・111 牛久保の家（神奈川県横浜市, 1996, 室伏次郎＋宮昌子）

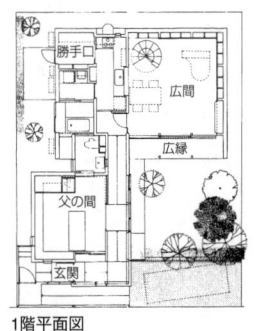

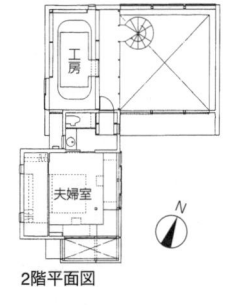

高齢となってから転居する祖母と母のための住まい。思い出を展示する博物館のような蔵を設けられ，庭とフラットなオープンな生活スペースでは道との視線の交流が意図されている。

1階平面図　2階平面図

図 2・112 都賀の住まい（千葉市, 1998, 平倉直子建築設計事務所）

ケアの必要となった父の部屋を玄関に隣接させて社会的サービスを受け入れやすくするとともに，道への適度な開放が生活を活気づける。広間との視線の行き交うL型プラン。

2・9・3　サービスを複合した住まい

　サービスを必要とした高齢者は，かつては住宅で，家族ケアを受け，親族や地域共同体に支えられて生活してきた。そこから排除されると救貧院の流れを汲む養老院に収容されるしかなかった。老人福祉法の制定（1963年）によってサービスを受けることは権利となり，養老院は老人福祉施設となったが，これはあくまでも住む場とサービスは一体で提供される施設である。

　一方，住宅政策では当初高齢者は対象外だったが，老人福祉法を受けて高齢者世帯向け特定目的公営住宅が制度化された。抽選率を緩和する優遇策から，次第に家族関係や**バリアフリー**への配慮が加えられたが，ケアサービスへの考慮はされなかった。

　イギリスのシェルタードハウジング（図2・113）やスウェーデンのサービスハウスにならって，少しのサービスがあれば住宅で自立した生活を続けられる多くの高齢者のために制度化されたのが公営住宅のシルバーハウジングプロジェクトである（1981年）。情報提供や相談役のライフサポートアドバイザーが高齢者30人に一人配置された。その東京都版が公営住宅から公団住宅，借り上げ住宅へと対象を拡げ，管理人住居などを併設したシルバーピアで，その最初の例のひとつが「新樹苑」である（図2・114）。隣接する公園とつながる中庭は地域の催しの場となり，地域住民にも開かれた食堂が居住者の自立生活を支援している。

　サービスを複合した居住の場は，その後，福祉施設としてのケアハウスや住宅としてのシニア住宅など多くの種類が設置された。医療を含めたケアサービスの度合と費用負担の度合が異なるが，施設には自立できる住まいとしての独立性や集合規模の縮小，住宅にはケアサービスや共用スペースが付加されることなどによって両者は歩み寄り，**グループホーム**，コレクティブハウジングなどが生まれている。いずれにも，ともに住む住まいとしての質とともに，地域に根ざすことが求められる。それによって制度の制約にとらわれない集住の場も生まれている。グループハウス尼崎は震災後の高齢者のニーズに応じて生まれた住まいの形である（図2・115）。

　高齢者だけでなく，ケアを必要とする子どもや障害者や片親世帯のための居住系福祉施設にも住まいとしての質が求められる。また，少子化を背景に集合住宅と子育て支援センターや保育園との複合も進んでいる。

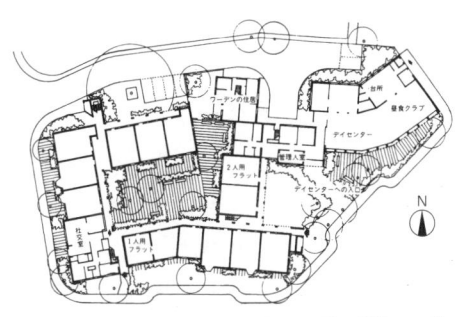

2・9 住むことを支える　97

図 2・113　シェルタード・ハウジングの例（ロンドン）[57]

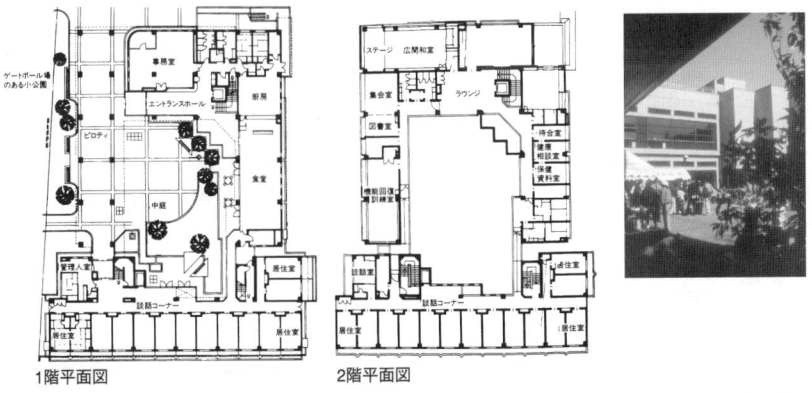

"よき隣人"としてのワーデンの住居ならびに地域に開放されたデイ・センターが複合されている。

図 2・114　世田谷区立高齢者センター・新樹苑（東京都世田谷区，1987，石本建築事務所）

道に開放された中庭は，バザーなどの場として活用されている。

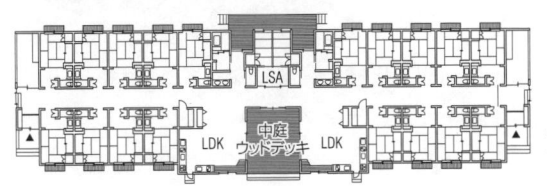

入居者は，それぞれ別の業者から訪問サービスを，入居後も継続して受けている。

図 2・115　グループハウス尼崎[58]

2・9・4 支えあう住まいとまち

　住み慣れた地域に住み続けることを支えるには，サービス拠点を地域にちりばめる必要がある。行って受けるサービスにも，届けてもらうサービスにも，近接性が求められるからである。例えば，高齢者のためのデイセンターには，人口2万人に1か所の配置といった基準がある。しかし，地域ごとにサービスへのニーズは異なっており，その地域らしいありかたが求められる。

　「ケアセンター成瀬」は地域の医師と住民によって計画・建設され，運営されているデイセンターとショートステイの複合施設である（図2・116）。地域住民が自由に立ち寄り，交流や支え合いの拠点となっている。また，長野県の佐久地方では，ある医療機関が，住民の必要に応えて，グループホーム，ケア付住宅，デイホームなどを歩いて15分の範囲にちりばめ，デイホームであっても必要とあれば宿泊も受け入れている。ここでは既存の住宅が活用されている。「ハートフルハウス嫌々（図2・117）」も古い民家を活かしたデイホームだが，中学生もやってくる。制度の枠組みを前提にするのではなく，地域のニーズをとらえ，地域の資源を活かした取り組みである。

　「麦の家」は自宅を新築する際，そこを地域の子どもたちのための場所にしたいと計画された（図2・118）。また，東北の小さな町で自分の住まいを使ってデイホーム（お茶会）を始めた人は，近所の赤ちゃんもいっしょに預かるようになった。各地に生まれている宅老所には子どももいっしょに過ごす場となっている例も多い。「せせらぎの家（図2・106）」でも「ハートフルハウス嫌々」でも既存の住宅の活用は，地域の住文化を継承する空間であり，住まいであることのホスピタリティを持つ。また，住まいの活用は拠点をまちにちりばめる可能性を与えてくれる。

　スウェーデンの集合住宅地では，住まいを地域のニーズに応じて保育所にしたり，集合住宅のある階全体をグループホームにするなど，住まいの転用が一般的に行われている。

　住まいを開き，地域の中に住民にとって「もうひとつの家」をつくることによって子どもは成長につれて生活圏を広げ，高齢になっても生活圏を縮小することなく住み続けられるまちとなる。オープンスペースについても，遊びの空間や，歩きやすく，時々一休みできる散歩道など，多世代の居場所のあるまちづくりが，支え合うまちを育てることにつながっている。

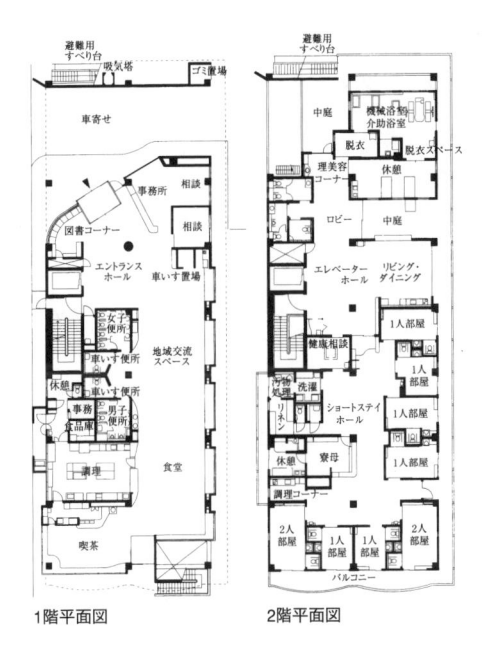

ケアセンター成瀬 建設・運営の経緯

1989：地元医師を中心とした患者とその家族の会「暖家の会」発足。
1992：同会が呼びかけ，地域住民がコミュニティセンター設立を町田市に陳情。これを受けて町田市「成瀬台高齢者サービスセンター建設の基本構想を考えるプロジェクト委員会」発足。
1993：「同プロジェクト委員会」解散後，参加住民が呼びかけ「センター建設促進住民の会」設立準備。
1994：「同住民の会」設立。
1996：「法人設立許可申請書」提出。
1996：建物竣工「ケアセンター成瀬支援住民の会」（任意団体）発足。センター運営のための「社会福祉法人創和会」発足。
2000：「特定非営利活動法人NPOアップルサービス」発足。

図2・116　ケアセンター成瀬（東京都町田市，1996，イズミ建築設計事務所）

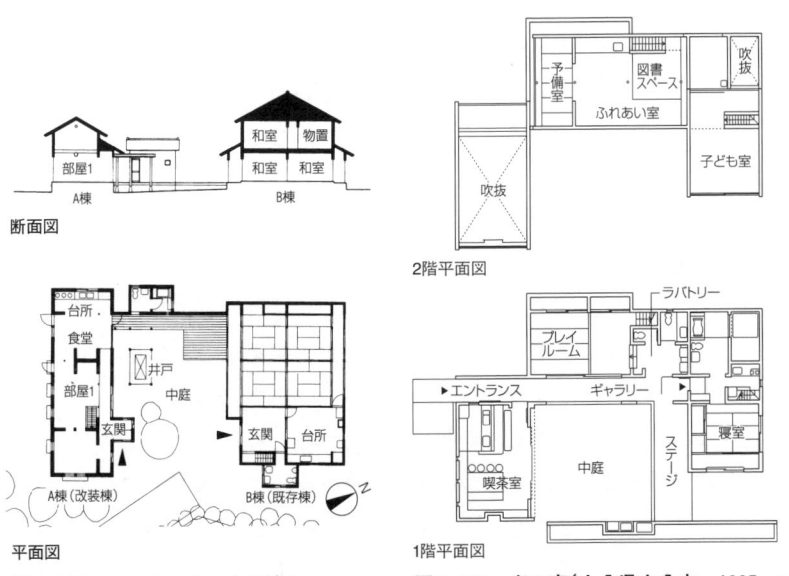

図2・117　ハートフルハウス燦々（愛知県，1996，大久手計画工房）

図2・118　麦の家（大分県大分市，1987，マルカイック）

2・10　共生する住まい

　これまで取り上げてきたこれからの住まいの課題は，人と人，人と自然が共生する住まいやまち，人が主体的に住みこなせる住まいやまち，人が計画に参加する地域に根ざした住まいやまちなど，互いにつながっている。最後に，共生する住まいという視点でそれらをとらえ直してみよう。

2・10・1　小さく住む豊かさ

　住宅政策の目標は1世帯1住戸から1人1室へ，居住水準へと変化してきたが，基本的に目指されてきたのは住戸規模の拡大であった。室数と機能を獲得することによって住まいは自己充足し，結果的に自己完結的となった。これによって住まいは周辺との関係性を薄くしてきた。また，プライバシーや遮音性・高気密性・高断熱性など，住まいの性能の追求も，結果的に居室や住まいを閉鎖的にし，住空間を分化し，住まいとまちを分離する方向に導いた。これまで求めてきた住まいの質の見直しが必要となっている。

　小さく住むことは一つの答である。nLDK型を前提に，広い居間を求め，さらに書斎や座敷を求めていけば，住宅は拡大する。重ね合わせて小さく住むことが，オープンプランにつながり，重なる豊かさ，時間的変化に対応する住まいにもつながっていく。また，削ぎ落として小さくすることが住まいを外に開かせる。共用部分を必要とし，外部とつながらざるを得ないからである。「9坪の家」にも見られたように成長を見守る，まちを見守る住まいへとつながっている。小さな住まいはまた，管理しやすい，エネルギー消費の少ない住宅である。

　ル・コルビュジェは老年を迎えた両親のための家を「小さな家」と名づけて親しんだ（図2・119）。母親は90歳までそこで過ごした。コルビュジェ自身，小さな小屋で晩年の多くの時間を過ごしたことも想起される。

　小さな住まいの魅力は，それが住まいの原型を示していることによるものであろう。「方丈」（図2・120）も「五合庵」（図2・121）も一人の空間である。「ヒヤシンスハウス」（図2・122）は詩人の夢の住まいである。いずれも自然の中に，しかし孤立せずに，人とのつながりの中で存在していた。

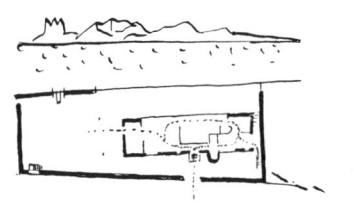

2・10 共生する住まい　101

見晴らしとサーキュレーションに意を注いだことが表現されている。
コルビュジェによる図

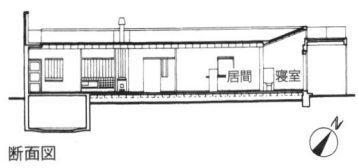

断面図

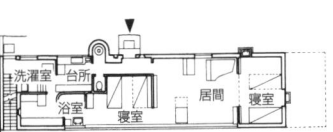

平面図

図 2・119　小さな家[59]（ジュネーブ，スイス，1925，ル・コルビュジェ）

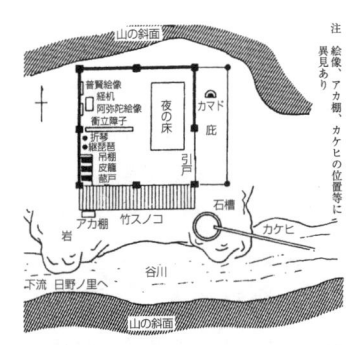

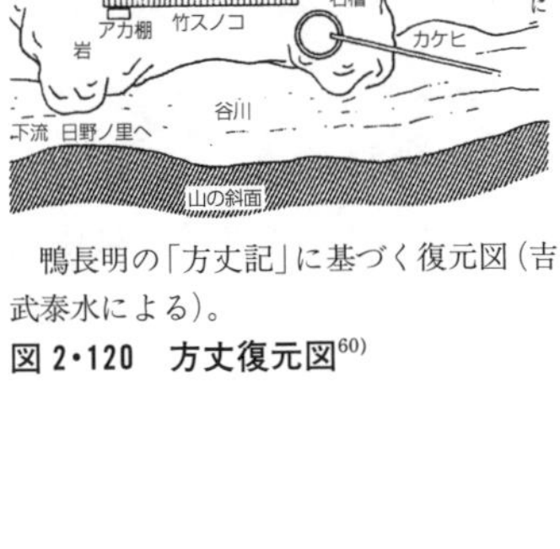

国上山のふもとの良寛40歳から67歳までの住まいが復元されている。

図 2・121　復元された五合庵

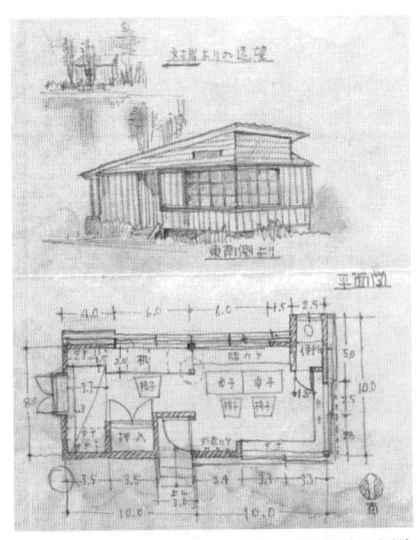

鴨長明の「方丈記」に基づく復元図（吉武泰水による）。

図 2・120　方丈復元図[60]

注　絵像、アカ棚、カケヒの位置等に異見あり。

早逝した建築家・詩人である立原道造が友人に書き送った図。西側の小さな窓が別所沼を向いている。

（資料　立原道造記念館）

図 2・122　ヒアシンスハウス[61]

2・10・2　人とともに住む——コ・ハウジング

　生活の共同性を求めて，住戸の専用部分からスペースを出しあって共用部分をつくり出すのが**コレクティブ**住宅の姿である。そのさきがけは，100年前に社会に出て働き始めた女性たちの挑戦にあった。彼女たちは使用人を使うことによって，台所のない住戸と共用の食堂，厨房を持つ集合住宅を実現したのである。この住まいの共同性は，同時代の田園都市の共同管理の思想と通いあっている。シンドラーの自邸（図2・30）も，その時代精神を現している。現在でもコレクティブ住宅において共同調理は主要な共同の行為である。

　スウェーデンでは1960年代頃から，家族の変化などを背景として再びコレクティブ住宅への模索が始まり，現在では公共住宅の一つのタイプとなっている（図2・123）。各住戸は独立性を保ちながら共用のスペースを持ち，居住者が自主的に運営する，それぞれにテーマ（特定の年齢層か多世代か，環境共生，既存住宅のリフォームなど）を持つ事例が報告されている。

　日本においては，高齢者の自主的な集住の先駆となった「美ら寿」にその姿を見ることができる（図2・124）。日本で公共住宅にコレクティブ住宅が実現したのは，阪神・淡路大震災の後，高齢者住宅としてであった。それまでの居住地を離れて仮設住宅に住むことによる問題が顕在化し，高齢者が支えあって住むことの必要性が認識された結果である。集合規模も共用空間のあり方も多様で，多世代の混住型も実現している（図2・125）。ここでは入居前から共同調理のワークショップなどさまざまな支援活動がなされた。入居時には新たな住まいへの認識も十分とは限らず，現在のところ共用空間が有効に生かされていない例も見られるが，長い目で見守る必要があろう。

　コーポラティブ住宅においても，ともに計画することによって生活の共同性への志向が生まれ，共用部分がつくられる例が多い。近年，オランダやデンマーク，ノルウェーなど，コーポラティブやコレクティブといった区別なく，共同性の高い住まいを**コ・ハウジング**と総称する国が見られるのもこのためだろう。単身居住者が増大する中，ワンルームマンションのように住宅規模の縮小に向かうだけでなく，大きな住まいでのハウスシェアリングの試みも広がっている。これも共同性の高いコ・ハウジングのひとつと見ることができる。

2・10 共生する住まい　103

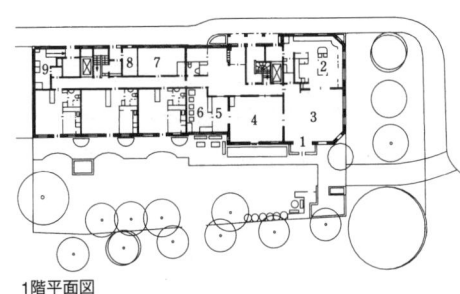

1：エントランスホール　2：厨房　3：食堂　4：多目的室　5：織物・アイロン室　6：洗濯室　7：木工室　8：自転車置場　9：ゴミ分別室

7階建，2〜4の各階にゲストルーム，屋上にサンルーム，地下にサウナ，介護浴室，写真暗室がある。各住戸面積の10〜13％を供出して500m²の共用スペースを確保した。計画に6年をかけ，1993年に入居。40〜80歳の53名が居住（1996年），6週間に1度（月〜金）夕食当番を1グループ8〜9名で担当。

1階平面図

図 2・123　公共賃貸コレクティブハウジングの例[62]（スウェーデン）

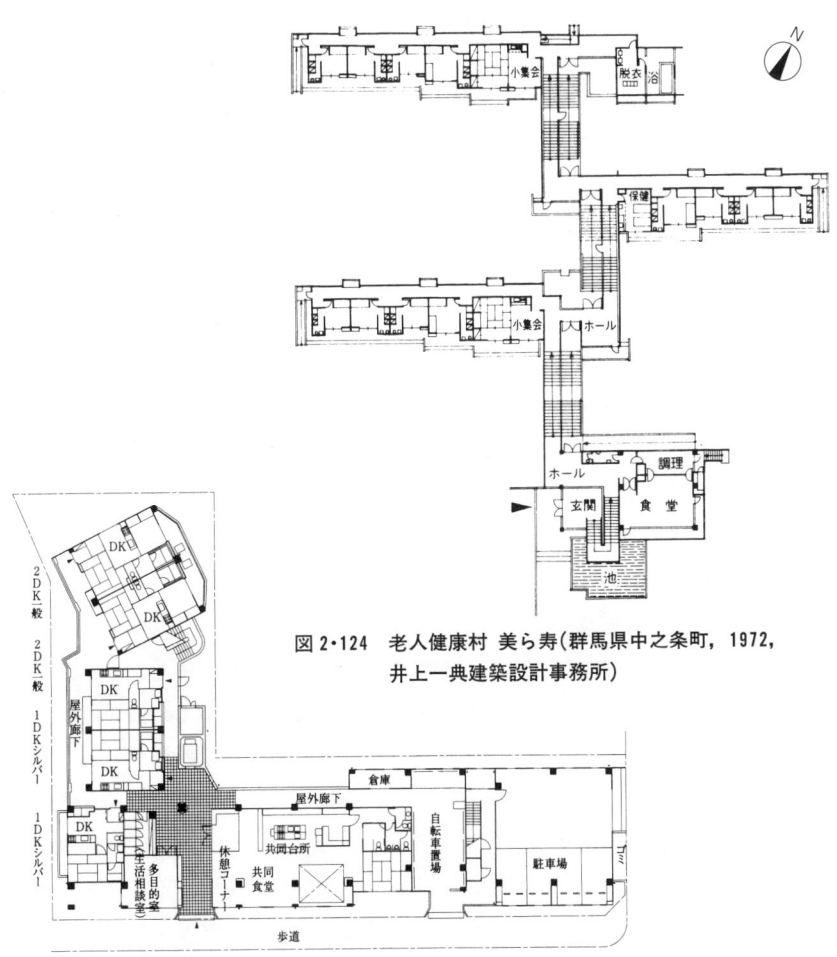

図 2・124　老人健康村 美ら寿（群馬県中之条町，1972，井上一典建築設計事務所）

図 2・125　真野ふれあい住宅（兵庫県神戸市，1997，基本設計：真野コレクティブハウジング）

2・10・3　自然とともに住む——環境共生

　小さくて開かれた住まいは，人とのつながりとともに自然との共生を促す。デンマークのコレクティブ住宅，ティンガーデン（図2・126）はその好例である。10戸ごとに中庭を囲み，食事と洗濯のための共用棟を持つ。各戸の生活は緑豊かな階段や中庭にあふれ出して生活感のある景観を生み出し，コミュニケーションを促している。都市環境の悪化の中，住まいを開くには安全で安心感の得られる「共」の空間の存在と，健康で快適な緑環境の存在が求められることがわかる。

　自然エネルギーを利用する**パッシブデザイン**は，建築計画そのもので空気や熱の流れをコントロールするあり方であり，太陽の光や熱利用だけでなく，風，大地の熱など自然のよさを享受できる住まいである（図2・127）。ここでは，快適な環境を，自動的・機械的にではなく，住み手が自覚的・能動的にコントロールすることによって得られるものととらえている。

　経堂の杜（図2・128）は樹木を残したいという地主の意向を生かし，「都市に森をつくって住む」というコンセプトのもと，周辺自然環境の植性や風向きなど，地域の持つポテンシャルを読み取り，居住者参加で計画，建設，管理・運営がなされている。パッシブデザインによって，夏でも冷房のいらない室内環境の健康・快適性と自然環境の親和性が獲得されている。

　このような環境共生型の住宅については，住民のための学習会を開催したり，地域の工務店をネットワークに，価値観や技術を広めることによって実現する動きが進んでいる。エコロジカルな生活と住まいの実現は，地域の住文化や木材をはじめとする伝統材料や構法の見直しとともに，ライフスタイルの見直しとも重なっている。

　自然と共に住むという思想は，かつての**田園都市論**にも，また，ドイツで始まったクラインガルテンにも見出せる。日本でも近年，多くの市民農園がつくられ，また，農業に参加できる農村居住のあり方が検索されている。自然とともに住むというありようは日本建築の伝統とされていた。日本を代表する名建築，桂離宮は，その方位を月の出の方角に合わせている。身近な小さな自然を愛でるとともに，自然を読み取り，大自然の中にあることが意識されてきたのである。過去に学びつつ，再び自然を主題とすべき時代である。

2・10 共生する住まい　105

配置図

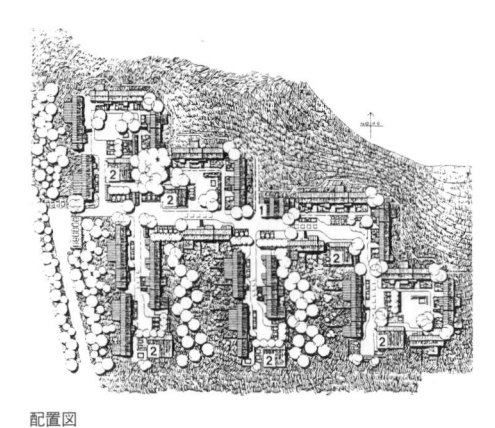

外観

(1) 喫茶店とスポーツ施設のある中央施設
(2) 多目的コミュニティ施設

図 2・126　ティンガーデン（コペンハーゲン，デンマーク，1979，バンクンステン設計室）

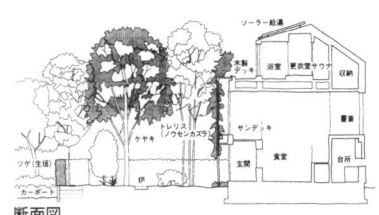

断面図

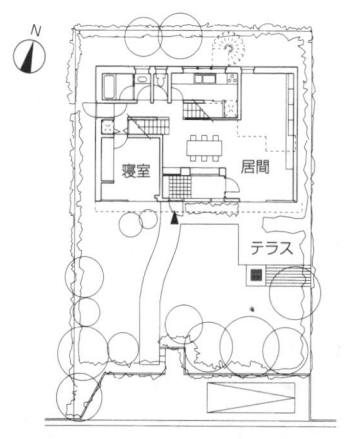

平面図

図 2・127　つくばの家（茨城県，1983，小玉祐一郎）

外観

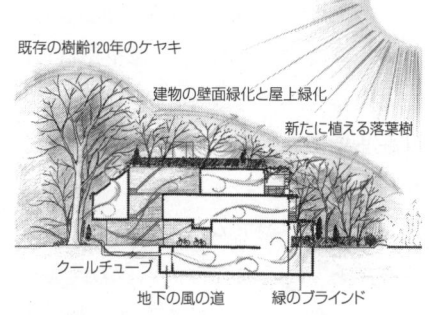

自然環境図

図 2・128　経堂の杜[63]

2・10・4　持続する住まいとまち

　自然環境を保全し，持続可能な社会を実現することは現代の大きな課題であり，既存ストックの活用やまちの再生が重要な課題となっている。中でも，経済成長期に増大した住宅団地については，住民の生活と環境を断絶する一律建替えではなく，団地ごとの特性を生かした多様な方法によって，地域社会の生活と環境を再生し，継続することが求められる。住宅公団武蔵野緑町団地の建替えでは，居住者との共同と専門家の支援によって緑環境が継承され，新たな共用空間がその後の地域生活を活発なものにしている（図2・129）。

　また，居住地の都心回帰や一極集中現象のため，人口が減少し，空き家が増加する郊外住宅地が生じている。これに対して地域コミュニティ形成のための住民組織や活動も生まれ，空き家を利用したカフェなど，さまざまなコモンづくりが模索されている。

　車社会を見直し，公共交通を見直すことも有効な方法の一つである。ドイツ，オランダやデンマークなどでは，エコタウンなどと呼ばれる水辺のある，歩いて暮らせるまちづくりが進められている。交通不便な郊外では希望の場所で乗り降りできるデマンドバスやミニバスの運行が有効である。取り残された高齢居住者の生活圏を広げるだけでなく，バスの内部がコミュニティスペースとなるという。

　ブレイズハムレットはイギリス，ブリストル郊外に200年前に建てられた退職者のための小さな10戸の住居群である（図2・130）。芝生のコモンを囲む小さな専用庭を持つ個性的な住居はそれぞれの名を持つ。**ナショナルトラスト**の管理となり，設備部分を近代化するなどして，現在も高齢者の住まいとして住み続けられるとともに，地域の人々に愛され，誇りとされている。

　イギリスで100年以上の歴史を持つ**環境学習**は，環境を学ぶことを通して，自ら環境を保全し改善する主体の形成が目的である（図2・131）。これは人々が住まいの計画や管理に参加するための基礎をつくるだけでなく，それ自体が持続する住まいやまちづくり，まち育ての活動である。フランスで始まった**エコミュージアム**は地域の歴史的文脈を未来に生かす，いわば村おこしの活動であり，そこでは高齢者の参加が条件とされる。自らのまちの魅力を発見し，地域の歴史を読み取り，既存ストックを活用していくことが，住文化の継承につながるのである。

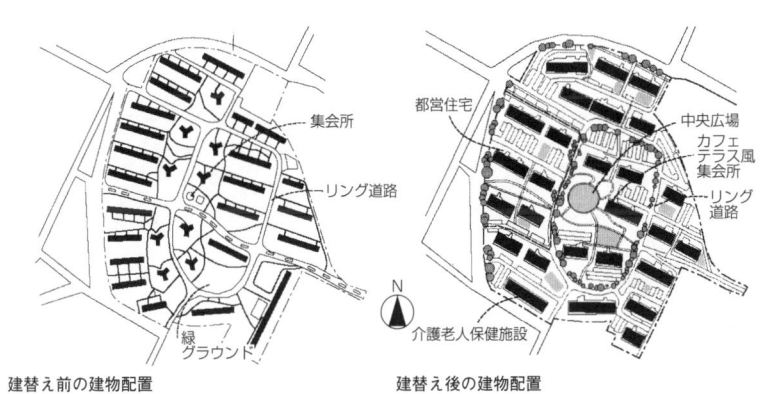

2・10 共生する住まい　107

建替え前の建物配置　　　　　　　　建替え後の建物配置

図 2・129　武蔵野緑町団地の建替え（1991〜2003）[64]

平面図 　　　　　　　　　　　　　　中庭

　　　　　　　　　　　　　　　　　住戸

図 2・130　ブレイズハムレット（イギリス，1811，J.ナッシュ）

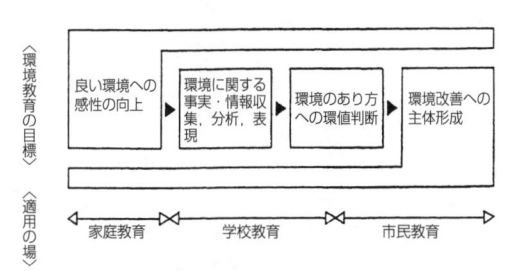

〈環境教育の目標〉　良い環境への感性の向上　環境に関する事実・情報収集，分析，表現　環境のあり方への価値判断　環境改善への主体形成

〈適用の場〉　家庭教育　学校教育　市民教育

図 2・131　発達段階別環境教育の目標と適用の場（イギリス）[65]

図 2・132　まちを語り継ぐ絵本の例[66]

第3章
施設を計画する

3・1 　**病院** ― 診断し治療する……110

3・2 　**病院** ― 治癒を促す……130

3・3 　**福祉施設** ― 自立を支援する……144

3・4 　**学校** ― 知識を教える……158

3・5 　**学校** ― 体験し学ぶ……170

3・6 　**図書館** ― 情報を探索する……182

3・7 　**博物館** ― 展示品を鑑賞する……194

3・8 　**劇場** ― 演技を観る……206

3・9 　**オフィスビル** ― 執務をする……216

3・10 　**コミュニティ施設** ― 地域の交流を促す……228

この章では，「住居」に対比した「施設」の計画を扱う。1章と2章でも触れているように，「施設」は，かつて「住居」の中で行われた行為・活動を社会の中で専門・独立した場所で効率的に実施する目的で発生した。このような成り立ちから，「施設」には利用する人と管理する職員がいる。この管理の存在が「施設」の特徴である。

　建築計画の分野では，さまざまな「施設」に対して，そこを使う利用者の視点から考えることを当初から一貫して研究の視座に据えてきた。特に「施設」計画での利用者は不特定多数であり，一方職員は特定多数であるため，通常計画的情報は職員を通して得ることが多い。しかし，計画に関与する場合には常に利用者の代弁者となることが肝要である。

　このような視点から，この章では，利用者が最も弱い立場にある「病院」をあえて最初に採り上げた。人の誕生から死に至るまで関係があり，少子高齢社会の大きな関心ごとである健康に関与しており，各種建築のさまざまな要素を内包した建物である。「病院」に続いて日常生活に密着する「福祉施設」，「学校」，「図書館」，文化的な「博物館」，「劇場」，そして仕事や地域に関連する「オフィスビル」，「コミュニティ施設」の順に採り上げた。

　最初のいくつかは，建築計画研究の発生当初から研究対象になった建物で，蓄積も豊富なため，やや記述が重い感は拭えないが，果敢に読破されることを期待している。講義などでは，10節から1節へと逆順をとる方法もあろう。

執筆担当　長澤　泰

3・1　病院——診断し治療する

　人々が病気に罹（かか）ると当然のように病院や診療所を訪れる。そこでは医師が診察をして必要に応じてさまざまな検査をし，病気の原因（病因）をつきとめる。やがて病因が判明すると投薬や手術などの治療が行われる。この過程を診断・治療（**診療**）と呼ぶ。このような診療活動の場の計画をしてみよう。

3・1・1　包括医療の概念

　世界一の長寿を誇る日本でも，人生の長さ（LOL：Length of Life）よりも質（QOL：Quality of Life）を重視する考え方が一般化している。このような状況で人々の**健康**への関心が高まっている。まず，健康とは，単に病気でない状態ではなく，もっと広い概念[*1]であることを理解しよう（図3・1）。

　健康の保持や増進，病気（疾病）の予防，診療，そして健康回復のリハビリテーションや家庭での（在宅）介護，社会への復帰といった目的に応じて多様な施設体系が存在する。

　「揺り籠（かご）から墓場まで」ということばで有名な英国の医療は，このような施設体系の整備を目指しており，これを**包括医療**（Comprehensive Medical Services）と呼んでいる。

　病気の診療機能に限ってみれば，軽い病気の場合には通院による外来診療で済むが，そうでない場合には入院による診療が必要である。日本の場合，医療法によって20以上の入院用ベッド（病床）を擁する施設を**病院**，病床を持たないか19床以下の施設を**診療所**と呼ぶ。海外では病院を入院用，診療所を外来用と規定して相互に連携をはかって医療が行われていることが多いが，日本の場合必ずしもそれぞれの役割は明確ではない。

　ほとんどの施設は，それぞれその基盤となる法律が存在する。また，これらの背景には日本の**国民皆保険制度**が存在している。1961年から保険証の提示により，ほとんど無料で全国のほぼすべての病院で診療が受けられるようになった。診療費の自己負担率は，近年次第に増加しているが，依然として世界に誇るに足る制度である（文17）。医療施設のあり方は，その国の**医療制度**やその費用の支払い制度（図3・2）に大きく影響を受けるので，施設の

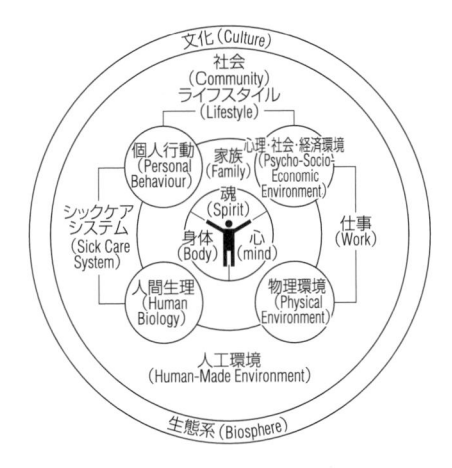

カナダの国際会議で，公衆衛生学のT．ハンコックは健康のマンダラ絵を示して，「今まで医師は，シックケアをしてきたに過ぎない。ヘルスケアはもっと広い概念である。身体 (Body)，心 (Mind)，魂 (Spirit) からなる人間は，家族・社会・文化という輪の中でさまざまな環境要素に影響されて生きている。どれかひとつだけ見るのではなく，全体を見なくてはいけない。」と述べている。

図 3・1 健康のマンダラ：The Mandara of Health (Dr. Travor Hancock)

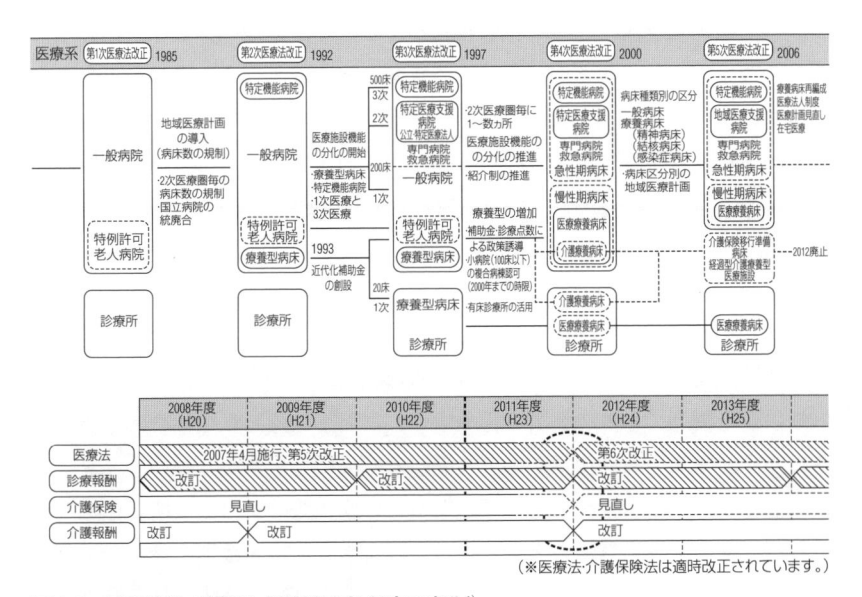

図 3・2 医療施設の種類と医療費支払制度の変化[1]

* 1 世界保健機構（WHO：World Health Organization）は，健康を身体的，精神的，社会的に安寧（well-being）な状態と定義している。

計画に当たってはこのことを理解しておく必要がある。

3・1・2 診療所の計画

　診療所は，**一般診療所**[*2]と**歯科診療所**とに分かれる。わが国では，前者は約101,000施設，後者は約68,000施設ある。一般診療所における有床と無床の比率は2：8であるが，有床の割合は年々減少している。歯科診療所ではほとんどすべてが無床である。

　診療所の医師に期待される重要な役割は，地域住民の家庭医として平生の健康管理に責任を持ち，心身に何らかの支障があった場合には気軽に相談相手になること，そして診察の結果，より高度の医療が必要な場合にはただちに適切な医療機関を紹介する態勢を持つことである。診療所と病院との間には円滑な協力関係が保たれ，病院での診療が一応終了した後は再び家庭医によって継続治療や追跡観察が行われることが望まれる。同時に診療所の医師は，予防接種担当医，小中学校の校医などとして，地域の保健予防活動への協力や福祉施設に対する医療面からの援助など，さまざまな分野での働きが期待される。

　わが国の診療所の多くは個人の**医師**[*3]によって開業されており，通常**医院**とか**クリニック**と名づけられている。これら一般診療所の大半は標ぼう診療科[*4]として内科・小児科を掲げている。

　診療所が個人経営の形態である現状では，診療の場と医師の生活の場との関係がまず問題になる。同じ敷地に診療所と住宅とを併置したり，両者を一体の建物にまとめたりした例もみられる（図3・3）。仕事場が住宅に近いことはなにかと便利で家族の協力も得やすい。反面，診療と私生活のけじめがつきにくく，家族全員の生活が影響を受ける結果にもなりかねない。

　最近では，仕事と生活とを混同しないという主張，また診療所と住宅それぞれに適切な立地を選ぶことができることから，住宅とは別に診療所を設ける形が一般化しつつある。駅前など人々が立ち寄りやすい場所に，診療科の異なる数名の医師が共同で診療所をつくる例もある。これは，**グループプラクティス**（Group Practice）と呼ばれる。受付や薬局を共同にしたり，不在のときの代診を相互に依頼することもできる利点がある。

3・1 病院――― 診断し治療する 113

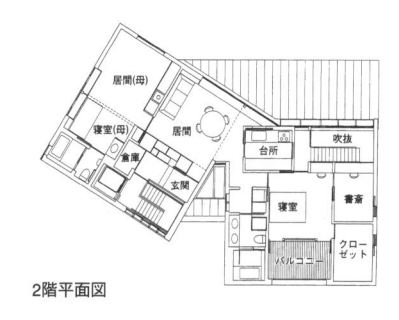

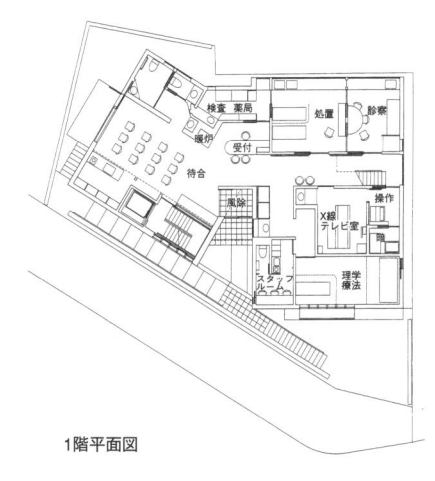

城下町金沢の土塀に面した坂道にある診療所。高低差を利用し駐車場からエレベーターで昇る経路と徒歩でのアプローチを入口で巧みにまとめている。糖尿病など生活習慣病の患者が専門医と直接，気楽な相談ができる医院（診療所）を実現している。住宅的雰囲気を保つため，室内の床・手摺・家具から診察・X線撮影室等のベッド上で見上げる天井に至るまで徹底して木質材料を用いている。

煉瓦の暖炉と床暖房を併用した待合室は栄養指導・糖尿病教室用であるとともに，喫茶サービスを提供したり小講演やコンサートを開いたり地域に開放された空間となっている。栄養士による診療の受付，英文・和文の問診表の整備，採尿窓口のディテールなど患者心理とスタッフの効率性を考えたきめ細やかな設計。

医師の住宅は2階にまとめられ，玄関に至るエレベーター，階段と勝手口につながる内部階段で診療所階と連絡している。

2階平面図

1階平面図

外観　　　　　　　　　受付　　　　　　　（写真：山下哲郎）

図 3・3　早川浩之の内科医院（石川県金沢市，2001，松島健建築設計事務所）

---

* 2　医科の診療所を歯科のそれと区別して，一般診療所と呼んでいる。
* 3　英米ではこれらの医師をGeneral Practitioner（GP）と呼んでいる。これに対して専門医はSpecialistと呼ばれる。
* 4　医療法で規定された外部に標示できる診療科名。

3・1・3　病院計画の基礎

日本には約8,500の病院があり，そのうち精神病院や伝染病院を除いた**一般病院**は約7,400である。

現代の**病院建築**は，①日進月歩の医療技術や医療機器への対応，②病院の効率的な運営に欠かせない動線や物品搬送の適切な処理，③高度な設備技術にもとづいた室内環境の設定，④情報処理・連絡システムの積極的導入，⑤防災・感染防止などの安全の確保，⑥異なる活動時間帯を持つ部門[*5]の適切な計画など，建築・設備上むずかしい課題に対して適切な解決策を要求される建物である。病院には異なる機能を持つ比較的小さな部屋が数多く存在する。計画に当たっては，個別の機能を持つ部屋をひとつひとつ扱うのではなく，類似した機能の部屋を集めた部門の構成をまず考えることが必要で，日本では**病棟・外来・診療・管理・供給**の5部門に分けている（表3・1）。

これら5つの部門の空間の特性をみてみると，①患者の豊かな居住空間的な入院環境，②不特定多数の人々を待たせず能率的にさばく公共空間的な外来環境，③手術・放射線・検査など作業能率や清潔維持，感染・汚染防止を重視する特殊空間的な診療環境，④診療用材料の滅菌や患者給食の調理など確実で効率重視の生産空間的な作業環境，⑤医療事務（医事）や診療録（病歴・カルテ）など能率重視の執務空間的な業務環境など，相互に矛盾し兼ねない環境要素が存在する（表3・1）。また，現実の計画過程で現われる要求は，医療・看護や病院経営の立場だけのことが往々にしてある。しかし，病院の存在意義を考えれば利用者である患者の要求を主体にすべきである（図3・4）。個々の課題で優先順位を設定しながら適切なバランスを保持して一つの形態にまとめることが病院計画のむずかしいところである（文19）。

3・1・4　成長と変化に耐える**マスタープラン**をつくる

現代に至るまで，医学や科学・工学技術の進展に伴ってさまざまな病院建築の形態が提案されてきた（図3・5）。

① 　高層分棟型は，昔の各病棟を廊下でつなぐ低層の分棟型の病院から建築技術とエレベーターの進歩により高層の分棟型に進化したものである。しかし，病棟以外の部門を機能的に配置する際の制約が大きい。

② 　高層一体型は，院内の各部門を一棟にまとめた型で，狭い敷地にはコン

3・1 病院——診断し治療する 115

表 3・1 病院の部門構成と面積割合

部　門 （面積構成割合）	概　　要	環境特性
病　棟 （35〜40％）	入院患者に対して診療や看護を行う場である．同時に，患者にとっては生活の場ともなる．病院の中心となる部門である．	居住空間的
外　来 （10〜15％）	通院患者への診療が行われる部門である．リハビリテーションやガンの化学療法などの通院治療や日帰り手術の出現などにより，外来部門の重要性が増してきている．	公共空間的
診　療 （15〜20％）	検査部・放射線部・手術部など，医師の診療行為を支援する部門である．病院管理の考え方から中央化が進められてきた．診療技術の進歩により面積割合が増加しつつある．	特殊空間的
供　給 （15〜20％）	滅菌材料・看護用品・薬品・食事・リネン・事務用品など院内の各部門に必要な物品を供給する部門である．エネルギーや医療廃棄物も扱う．	生産空間的
管　理 （10〜15％）	院長・看護部長・事務長室や医局，庶務・医療事務室などで構成され，病院全体の管理・運営を行う部門である．カルテ（診療録）の管理や職員食堂，更衣室などの福利厚生なども司どる．	執務空間的

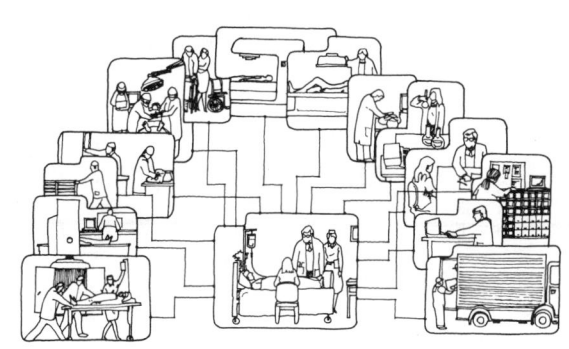

図 3・4　患者中心の業務[3]

このイラストは，左から右へ救急，画像診断，給食，滅菌，手術，介護，放射線治療，核医学検査，調剤，検体検査，診察，診療録管理，情報処理，物品搬入といった院内のさまざまな作業が，ひとりひとりの患者の診療を中心に置いてなされなければならないことを示している．

高層分棟型　　高層一体型　　堂塔基壇型　　低層集約型　　高層・低層分離型　　高層・低層独立型

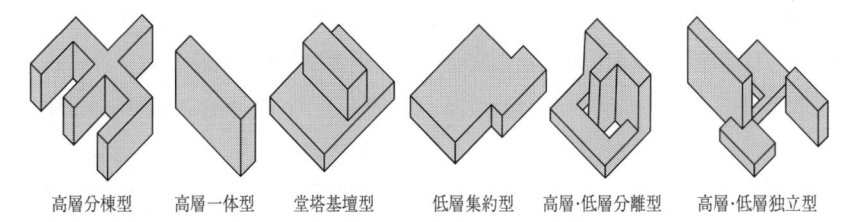

図 3・5　病院建築の形態

＊5　患者が24時間滞在する病棟，主な活動時間帯が午前中の外来，昼間の管理部門，24時間待機状態にある救急部など．

パクトに納まりやすいが，上階に置かれる病棟のスパン（柱間）が下階に影響するという短所がある。

③ 堂塔基壇型は，病棟が入る高層部をその他の部門を広めの低層に入れてその上に乗せたもので，それぞれに適したスパンを採用できるが，高層部の最下は病棟スパンによる制約がある。

④ 低層集約型は，病棟を外周部に置きその他の部門を内側にまとめた形態で，水平移動により各部門間の連絡を保つことを主眼にしている。外気に面さない部屋が多くなるため人工照明や機械換気・空調が必要である。

⑤ 高層・低層分離型は，病棟を高層部にまとめ，それと離して低層にその他の部門を配置したもので，それぞれの機能に応じた計画が可能であるが，高層棟と低層棟との連絡の仕方に工夫を要する。

⑥ 高層・低層独立型は，高層棟といくつかの低層棟を独立に組み合わせた形態で，機能に応じた計画が可能である。各棟間の距離が長くなりがちであるため，全体の構成を十分に考える必要がある。

病院全体の建築形態と部門配置とを検討する際には，竣工後必ず発生する建築・設備の**成長と変化**（増改築・改装・更新）に対応しておく必要がある。

成長と変化が発生する要因は，入院病床や外来患者数の増加など社会的要求の変化，日進月歩の医療技術の開発とそれを支える新しい医療機器の設置・更新，情報化や搬送機器などに関連した新しい管理システムの導入などが考えられる。さらに24時間酷使される建築・設備はその劣化も早く，物理的更新も頻繁となる。

病院建築を単体の建物と考えるのではなく，さまざまに異なる機能を持った建物の集合体，すなわち集落とか都市に類似させてとらえる視点が重要である（図3・6）。つまり将来とも変化の少ない道路（幹線廊下）網を計画し，建物（各部門）をその中に適切な方法で配置し，かつ個々に増改築が可能になるように考えておく必要がある。

しかしこの形態を実現するためには広い敷地がなければならない。国土が狭い日本では院内全体をつなぐ幹線廊下を計画し，そこに接続させる各棟は端部を増築しやすい形にして翼のように配置する**多翼型**と呼ばれる形態が考案されている（図3・7）。

以上のような将来計画を含めた全体計画をマスタープランと呼ぶ。

3・1 病院 —— 診断し治療する　117

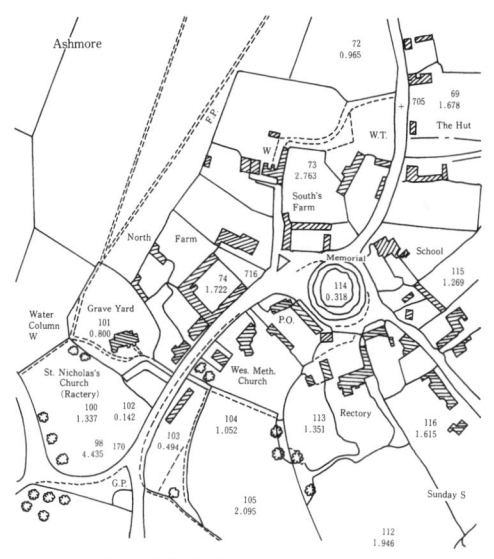

イギリスの病院建築家ジョン・ウィークスはドルセットにあるアッシュモア村の古地図を研究した結果，村の中心広場にある池が，村自体の発生する核となったこと，そして個々の建物は建て替えられたが，広場と街路の配置は800年以上変わっていないことを発見した。そして，病院ではこのような広場や街路をしっかりと計画しておくことにより時代を超えて成長と変化を許容することができると主張した。ロンドン郊外にあるノースウィックパーク病院はこのアイデアに基づいて計画された例である。

図3・6　成長と変化を続ける集落

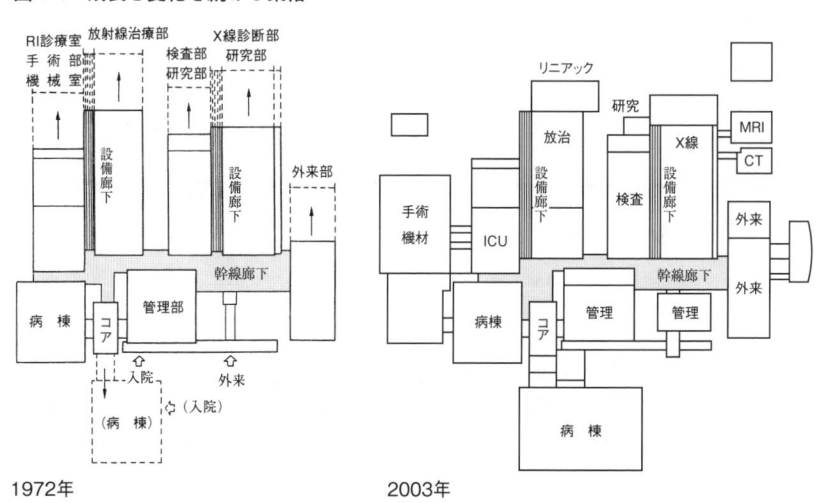

1972年　　　　　　　　　2003年

　成長と変化に耐え比較的コンパクトな敷地にも適合できるようにわが国で考案された病院形態。幹線廊下から各棟が翼のように延びて，端部は増築しやすい形になっている。隣接する棟の間には設備専用の廊下を置き，棟の増築とともにダクトや配管・配線の延長を可能にしている。この廊下はスタッフ通路ともなっている。
　患者は各棟の設備廊下と反対側の通路を利用する。病棟の場合には幹線通路がエレベーターや階段などの縦動線（コア）に連結し，そのコアに新しい棟が連結される。30年余りを経て，部門の新設や入れかえは行われたが，建築の基本的な骨格は変化していない。

図3・7　多翼型平面形態（千葉ガンセンター，千葉県千葉市，1972，吉武泰水ほか）

また，電気や空調・給排水設備機器の配管に対して，将来における配置や展開スペースを確保しておくことが設備的にも大切である。特に設備の更新が頻繁な診療関係の部門では，業務を中断することなく工事を可能にするため人間が入って保守点検や更新工事ができる**設備階（ISS：インター・スティシャル・スペース）**を設ける事例もある（図3・8）。

　車いすを利用したり，診療・看護に用いるベッドやワゴンなどはキャスター付であるため，また歩行に困難を伴う患者のために，床に段差を設けないことが病院建築の原則である。したがって，増築の場合，各階の**階高**を既存建物に合わせる必要がある。言いかえれば病院の新築時に階高を決定する際には将来を考えて十分な余裕を与えておく必要がある。

3・1・5　適切な規模と寸法を計画する

　病院の規模の基本的な指標は入院用**ベッド（病床）数**である（図3・9）。
　規模計画は，次の二つの段階から成る。
① その施設は，どれだけの人数・物の量を予定すべきかを知ること。
② ①の人・物の予定数量に対して，単位数量当たりどれだけの個数・面積を用意すべきかを知ること。

　病院では，①は「地域人口当たりのベッド数：B/P」，②は「病院のベッド当たり面積：A/B」に相当する。この両者はそれぞれ施設の機能や配置のあり方を計画する「地域（施設）計画」と建物の大きさや形状のあり方を計画する「単体（施設）計画」での医療水準や施設規模を表す代表的な指標であり，両者を結ぶものはベッド数である。

　必要なベッド数(B)の算定は図3・9に示す式を用いる。すなわち，**新入院患者数**(N)と**入院期間**(L)の積をベッド利用率(u)で除したものである。uは90%程度でほぼ一定なので $u \fallingdotseq 1$ とみれば $B \fallingdotseq N \times L$ となる。つまり必要ベッド数は新入院患者数(N)と同時に入院期間(L)にも比例する。例えば，日本の平均入院期間はアメリカに比べて3倍ほど長いが，これは3倍のベッド数が必要になることを意味している（文98）。

　病床数が増えれば病院の診療機能も向上する。最近では，病気の症状の変化の激しい急性期の患者を治療する病院（**急性病院**）では経験的に一病床当たり70〜80m^{2}の延べ床面積が必要で，この値は年々増加してきた（図3・

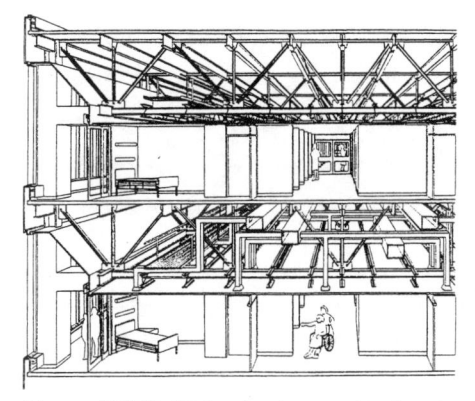

3・1 病院——診断し治療する　119

もともと理科系の研究所建物用に開発された方式である。丈の高いトラスを用いて柱間を長くして間取りの変更を容易にしている。また設備配管のメンテナンスや改築工事もやりやすい。

図3・8　設備階（ISS：インター・スティシャル・スペース）

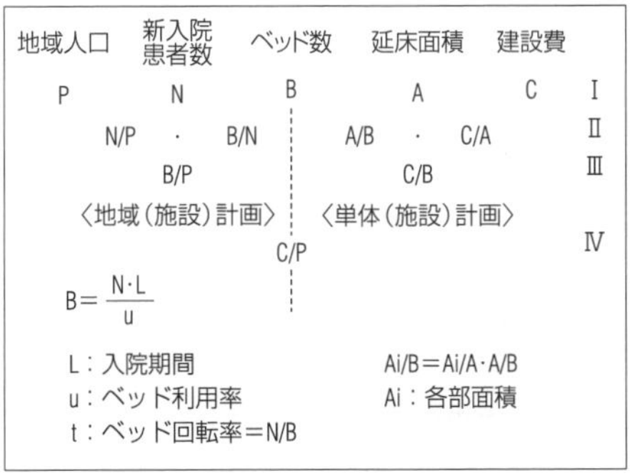

地域人口	新入院患者数	ベッド数	延床面積	建設費	
P	N	B	A	C	Ⅰ
N/P	・	B/N	A/B ・	C/A	Ⅱ
	B/P			C/B	Ⅲ
〈地域(施設)計画〉		〈単体(施設)計画〉			
		C/P			Ⅳ

$$B = \frac{N \cdot L}{u}$$

L：入院期間
u：ベッド利用率
t：ベッド回転率=N/B

$A_i/B = A_i/A \cdot A/B$
A_i：各部面積

この図は，規模計画における諸指標，それらによって表わされる諸要素とそれらの関係を示す。例えば，地域(施設)計画でのB/PはN/P×B/N，単体(施設)計画でのC/BはA/B×C/Pと積の形で表わされ，さらに両者の積はC/Pとなる。N/Pは入院患者の発生の割合，B/Nは入院期間の近似値あるいはベッド回転数の逆数であり，C/Aは建築単価にほかならない。また，C/PはGNPとの関係や国の経済の中で捉えて，国際比較も可能になる。

図3・9　規模計画における諸要素と諸指標[4]

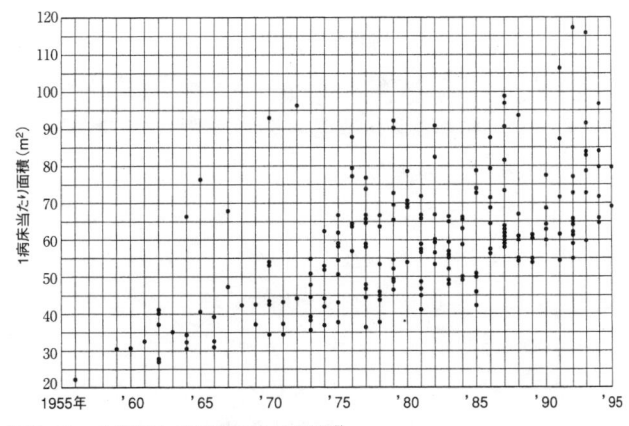

病院の延べ床面積を病床数で割った値(m^2/床)を比較することで，各病院の相対的広さがわかる。かつては30m^2(10坪)/床といわれた時代から現在は80m^2/床以上の例も多い。欧米では100〜120m^2/床が一般化している。

図3・10　1床当たり延床面積の推移[5]

10)．また，5つの部門の面積構成割合も経験値として得られている（表3・1）。計画に当たっては，まず一病床当たりの延べ床面積を設定して全体面積を推定し，それを各部門に割り振ることにより，全体のボリュームスタディを行うことができる。この面積構成割合は目安であり，それぞれの病院の持つ機能・特性に応じて病棟の割合が大きくなったり，診療部門の割合が大きくなったりしても構わない。

病院建築は**建築基準法**上，**特殊建築物**として一般の建物よりも厳しい規制を受け，また例えば，病室面積や廊下・階段の寸法などは**医療法**によっても規制される。これとは別に計画の当初からいくつかの重要な方針，例えば患者の搬送をベッドごと行うかどうかなどは，病室の出入口や廊下の幅，エレベーターの籠の寸法に大きな影響を及ぼすので，慎重に検討を行い，早い段階で方針を決定しておく必要がある。

3・1・6　人・物・情報の流れを計画する

院内ではさまざまな活動が行われる。人と物と情報の流れについては実態調査結果にもとづいて部門間の関係が明らかにされている（図3・11）。

院内の人々は，建築に対する要望の相違から大きく，①**患者**（外来・入院），②来訪者（家族・付添・見舞），③医療提供者（医療・看護・コメディカル），④サービス関係者（事務・メンテナンス・委託）に分類できる。これらの人々の要望は各々異なるので計画する部門に応じて優先順位を考えて検討する必要がある。

院内で動く物品には医療（機器・滅菌材料・薬剤など），看護（リネン・清拭タオルなど）関係の物品のほか，検体（検査用の尿・血液・身体組織など），患者給食，各種データ（検査結果・放射線撮影フィルム・診療録など），事務書類（伝票・用紙など），廃棄物（ごみ・感染危険物・放射性物質など）があり，またその中には患者の遺体もある。救急部，手術部，ICU，病棟で亡くなる例が多いので，そこから**霊安室**までのルートをなるべく一般の目に触れないように計画する。これらの動線が無用に錯綜しないように，部門間の位置関係や通路の計画を進める（文65）。

このような人と物の動きに対して，ベッド・**ストレッチャー**（患者搬送ベッド）・車いす・ポータブルX線撮影装置・各種医療作業台など車輪付きの器

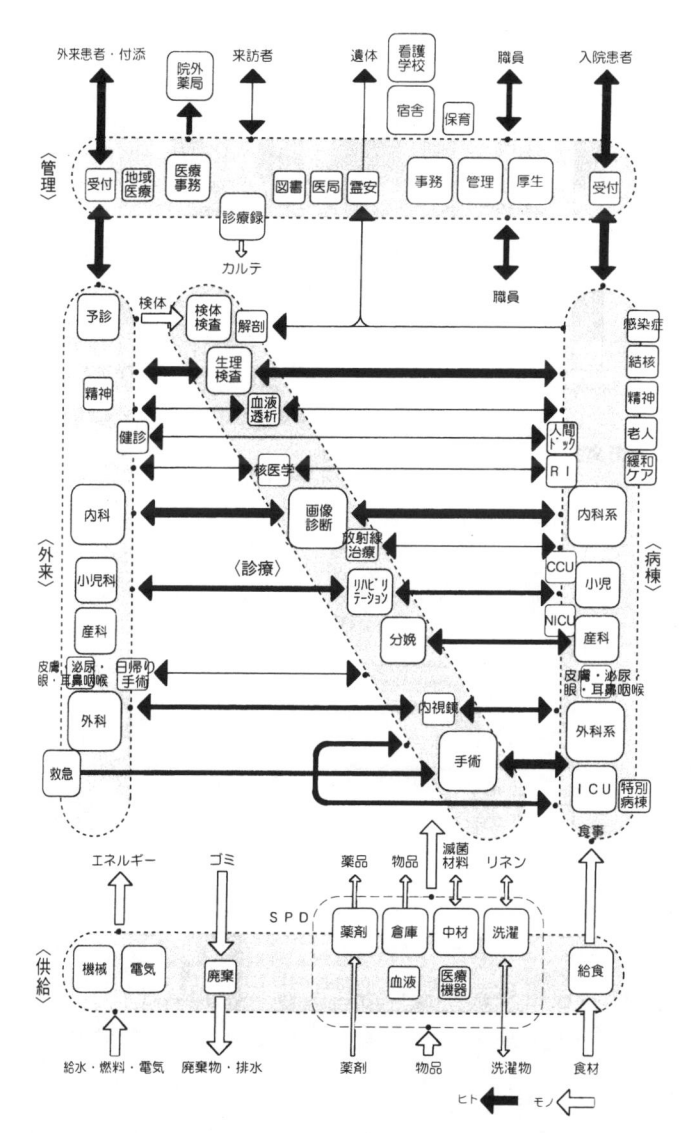

現代の病院内の複雑な動きをモデル的に示した図である。図の上部に管理部門，下部に供給部門，左側に外来部門，右側に病棟部門，そして中央左上から右下に向かって診療部門の各室が配置されている。人の動きは黒い矢印，物品の動きは白抜き矢印で標示．矢印の太さが動きの量を表現。

診療部門の各部の位置は，例えば手術部門は外科系の病棟やＩＣＵに近く，生理（機能）検査は外来部に近く配置すべきであることを斜めの点線が表現している．矢印が各部門の点線上の●（黒丸）に向かっている場合はその部門全体に人や物品が関係することを示している．

図 3・11　人と物の動きと部門構成[6]

具が動くことから，床に段差を設けないとかすべりにくい床仕上の選定が必要である。

情報については，患者の診療・看護（放射線画像・検査結果・診療録など）関係や病院の管理（物品発注・請求など）関係がある。搬送方式は，人手搬送・**自動搬送装置**や電子媒体コミュニケーションシステムなどその緊急度・頻度・分量・守秘性などを考慮して計画する。情報化時代を迎えて，紙やフィルムによる情報伝達が減少するにつれて，物や人が直接移動することを前提として考案された院内の部門配置の原則が見直される時期も近い。

3・1・7　部門を計画する

病院を構成する5つの部門の計画に際してはさまざまな専門的知識を要するが，ここでは要点のみを記述する（文19）。

(1) **病棟部門**

患者が入院して治療を積極的に行うところで看護スタッフの仕事の場と患者の療養生活の場の両面から計画する必要がある（詳細は3・2参照）。

(2) **外来部門**

患者が来院してから受付・診察・検査・会計・投薬などが能率的で快適に行われる計画が必要である。診療の予約，診療録（**カルテ**）の保管と搬送，検体の採取，会計計算・支払，薬の処方依頼に関する各種のシステムを理解する必要がある。また，移動に伴って発生する「迷い」とそれぞれの場所で生じる「待ち」とを軽減する計画を考える必要がある。**経路探索**（Way finding）（4・7参照）が容易になるように屋外が見えることや個々の患者が自分の位置と状況がわかるような見通しの良さが求められる（図3・12）。また，図3・13のように「街」的な要素を組みこむことも環境向上に効果的である。

(3) **診療部門**

①**検査部**には，患者から採取した検体を扱う検体検査[6]（モノ検）と患者自身の生理的機能を扱う生理検査[7]（ヒト検）とがある。外来や病棟からの検体をどのような方法で搬送するかを検討してからモノ検の位置を決定する。ヒト検の場合には患者自身が来訪するので外来の近くに置くのが望ましい。

②**放射線部**は，放射線診断と放射線治療，そして核医学検査で構成される。診断には一般・断層・X線TV・CT[8]などの撮影機器が用いられるが，撮影

建物外周に患者の移動・待合空間を置き，中央は将来の間仕切り変更が容易な柔軟性のあるまとまった医療の空間として明確に分離している。1階の自動受付器で受付表とポケットベルを入手し各階の診療部受付で保険証などの確認を済ませれば，ポケットベルが鳴るまでどこにいてもよい。屋外が見える廊下なので方向を間違えることも少なく待合スペースも明るい。

ポケットベルが鳴ると標示された診療室前の中待合に入って医師からの呼び込みを待つ。診察が終わると医師がその場でコンピューターで次回の予約を済ませ，薬局にも調薬の指示が送られる。患者は各階の受付に立ち寄って，次回の診療予約の確認と料金計算を済ませる。待ちや迷いによる患者へのストレスの軽減をはかった例である。

図3・12　東京大学医学部附属病院　外来部門
　　　　（東京都文京区，1994，長澤泰＋岡田新一設計事務所ほか）

アムステルダム近郊にあるこの病院では各部門ごとに独立した棟の間は全面トップライトのアーケードや広場が設けられている。ここにはカフェテリア，郵便局，図書館や樹木・街灯が設置され，各部門は上部のブリッジで連結されている。入院患者は外部の世界から隔離されてしまうが，この例のように「街」を院内に取り込むことによってこの弊害を解消しようとした試みである。これらの「街」的環境はここで働くスタッフにとっても重宝である。

図3・13　公共空間的外来環境（アムステルダム学術医療センター，オランダ，1984，
　　　　Duintjer Istha Kramer Van Willegen）

*6　一般・血液・血清・細菌・病理といった検査内容別の専門的作業が行われる。最近は検体を自動的に搬送しながら検査できる装置が導入される例も多い。

*7　心電・心音・肺機能・基礎代謝・脳波・内視鏡・超音波などの機器が用いられるが，その検査に応じて騒音や電波の遮断など特殊な室内環境が求められる。

*8　CT：Computer Tomography，X線を人体の回り360°の各方向から透過させて，体内の断面図をコンピュータによって作成する装置。1970年代に英国で開発された。

室は放射線が洩れないように鉄筋コンクリート（RC）の壁や鉛ガラスで開口部の防護を行う。MRI[*9]室は強い磁気が外部に影響を与えない配慮が必要である。治療には強力な電子線などで腫瘍を破壊するリニアック[*10]やアフター・ローディング[*11]装置が用いられる。厚さ1mほどのRCの天井や壁を迷路状に設置して放射線の漏洩を防護する。患部への照射角度などを検討するためのX線撮影装置を用いたシミュレータ室も必要である。核医学には放射性同位元素（RI：Radio Isotope）を患者に投与して体内での状況をガンマカメラなど[*12]で撮影する体外計測（in Vivoとも称する）とRIを用いて検体検査をする資料測定（in Vitroとも称する）とがある。RIによる汚染された固体・液体・気体の管理を厳密にするため、全体が放射線**管理区域**[*13]となる。この区域内に汚染物質を一定期間保管し放射線の影響が少なくなった時点で院外から回収するための廃棄物保管室と搬出経路の検討が必要である。

　③**手術部**は、ひとことで言えば手術する部位（術野）の無菌状態を達成するための計画が要求される。手術に用いるメスやハサミなどの消毒済み機材を重点的に管理する方式（清潔ホール型）と手術後に発生する汚染物を速やかに回収する方式（汚染廊下型）とで平面型が異なる。病棟から搬送される患者、術者（手術を行う医師）の更衣や手洗いの動き、手術中の動作、緊急検査用の検体の搬送方法、手術機材の補充の動きなどを考慮して平面計画を行う。また、清浄な空気を保持するための手術室の空調・換気や術野を明るくする無影灯[*14]による照明など設備計画も重要である。

　④**リハビリテーション部**には、機能訓練療法（PT：Phisio Therapy）、作業療法（OT：Occupational Therapy）、言語療法（ST：Speech Therapy）がある。骨折など整形外科的な患者と脳卒中後遺症の（片）麻痺の患者が対象になる。PTには体育館のような空間での運動療法や、浮力を利用して歩行訓練を行う水治療がある。屋外での歩行訓練もしやすいような位置が望ましい。OTでは木工・金工・陶芸・機織作業や台所・浴室など住宅に類似した状況での日常動作（ADL）訓練が行われる。STでは言語能力の回復への個別・集団の訓練が実施される。

(4)　**供給部門**

　①**滅菌材料部**では、高圧蒸気滅菌器を用いて手術・処置用の器材の滅菌[*15]が行われる。使用済の回収器材の洗浄・組立・滅菌・保管の流れを理解して

3・1 病院──診断し治療する　125

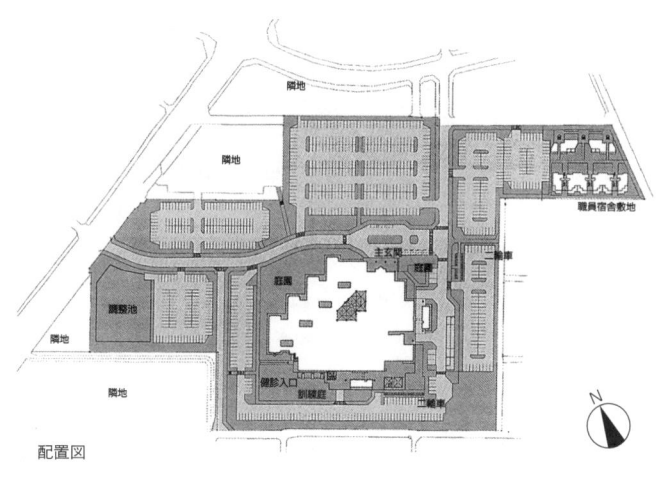

316床の地域中心病院で延床面積は25,700m²なので，一床当たり80m²(図3・10参照)となる。震災時にも病院機能が停止しないように免震構造を採用している。

1階には主に外来患者が利用する部門を配置している。外来は4つのブロックが斜めに走る廊下に取り付いて雁行型の構成である。ところどころに光庭のあるわかりやすい一本廊下で，屋外が見える落ちついた待合スペースと通過スペースが明確に分離されている。各ブロックには将来増築の方向性と余地が確保されている。

配置図

1階平面図

図 3・14　愛知県厚生連渥美病院（1）（愛知県渥美郡，2000，共同建築設計事務所）

---

* 9　MRI：Magnetic Resonance Imaging，強力な磁場の中で人体細胞内の水素原子の動きを用いて，身体の断面図をコンピュータにより作成する装置。1980年代にドイツで開発された。CTではわからない骨の内部の画像化が可能。
* 10　Linear Acceleratorの略称。直線加速で強力な放射線を生成する装置。
* 11　After Loading，腫瘍に近い体腔に空管を挿入後にRIを送り込み照射する装置。
* 12　ガイガーカウンター（放射線感知装置）を大型にしたもので，体内に注入されたRIからの放射線を感知して病巣部の映像を作成する装置。
* 13　この区域の出入りでは履物を交換し，RIの身体や衣服への付着の感知検査をする。気体は通常のダクトとは別系統で屋外に放出し，液体は別配管で貯溜層に保管。
* 14　手元に影ができないように多方向から照らすランプを集めた照明装置。
* 15　細菌を除去するという意味で，消毒のこと。

おく必要がある。

②**薬剤部**では，調剤と製剤の作業が主に行われる。外来患者への調剤の多くを院外の薬局に任せる医薬分業が進み，業務の負荷が軽減した。輸液（点滴）のための薬剤混入（混注）[*16]作業は近年薬剤部の重要な作業である。

③**給食部**では，管理栄養士の下に患者給食の調理が行われる。術後食や減塩食など特殊な調理も必要で，冷凍食の導入もはじまっている。給食の配膳を厨房で行う方式（**中央配膳方式**）と主食や汁物を病棟で盛り付ける方式（**病棟配膳方式**）とがある。どちらの方式を採用するかで保温・保冷配膳車の要・不要，病棟配膳室の大きさ・設備に相違が出る。

④**洗濯部**では，リネン類（ベッドシーツ，各種タオル）や白衣・ユニホームなどの洗濯が行われる。近年，業務を外部委託（外注）する例が多い。外注職員が院内の部屋で作業を行う場合もある。

⑤**エネルギー部**には，一般の空調・給排水ポンプ・電気室の他に滅菌器用の蒸気ボイラーや医療用ガス・液体酸素，そして自家発電機や無停電装置[*17]など特殊な設備も必要である。

最近では一般物品・薬品・滅菌材料・リネン・医療機器・輸血用血液，そして給食などの物流を一括して扱う**SPD**（Supply Processing & Distribution）部門が確立しつつある。（図3・11の供給部参照。）

(5) **管理部門**

院長・看護部長・事務長用の諸室や医事・庶務関係の事務室，そして医局・更衣室・休憩室・職員食堂など管理運営や職員の福利厚生のための部屋で構成される。院内の激務を軽減する快適な環境の整備が望まれる。

3・1・8　設備の計画とランニングコスト

現代の病院の機能は高度の設備により支えられている。個々の環境的要求を理解して対応する必要がある[*18]。

また，消毒・滅菌・洗濯・調理・中央集塵などの特殊設備，自動搬送や情報処理システムなどの管理方式に対する理解が必要である。患者の状況は疾患・体力・心理状態など人それぞれであり，個々に適切な環境を設定することは簡単なようで最もむずかしいことである（文56）。

通常，建物の**工事費**に占める建築と設備の割合は7：3とか6：4程度で

3・1 病院──診断し治療する　127

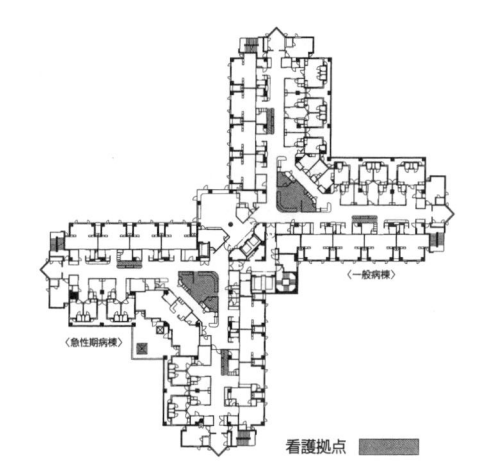

病棟は1層当たり二つのL字型の看護単位で構成されている。L字型の根元に看護拠点があるが，L字型の足の中央にも昼間の補助的看護拠点があり，病室への距離の短縮をはかっている。各病室に便所を持つ分散型便所で，個室的多床室（3・2参照）も採用されている。

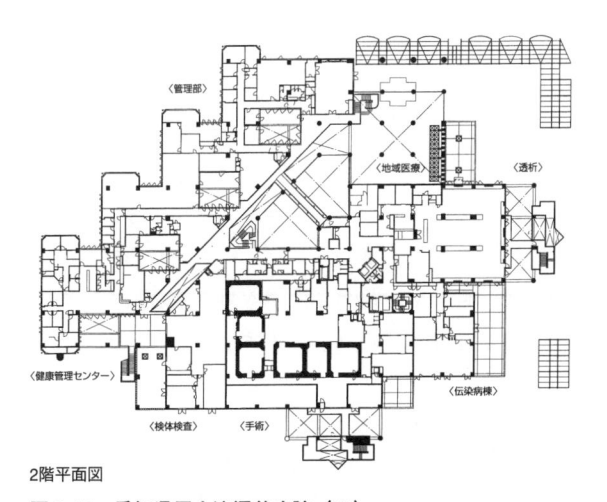

4階平面図　　　看護拠点　〈一般病棟〉〈急性期病棟〉

2階の中央は汚染廊下型の手術部がある。検体は1階の外来から搬送されるので患者がこの階の検体検査まで来ることはない。管理部門のほか血液透析（腎不全患者のために人工的な装置で血液浄化を行う）部などが置かれている。

2階平面図　〈管理部〉〈地域医療〉〈透析〉〈健康管理センター〉〈伝染病棟〉〈検体検査〉〈手術〉

図3・14　愛知県厚生連渥美病院（2）

* 16　生理食塩水に抗生物質などを混入すること。これを患者の血管内に主に重力を用いて直接注入するのが輸液。筋肉注射に代わって多用されている。
* 17　停電時にもコンピュータや生命維持装置の電源用に蓄電池が備えられる。
* 18　①高い空気清浄度を持つバイオクリーン手術室設備など医療上の要求への対応，②特異な使用時間帯と用途を持つ多数の部屋に対する温湿度・空気清浄度・音響・電磁波などの環境整備，③医療ガス・高圧蒸気・特殊排水配管，放射線防護や放射性同位元素・細菌・薬品・廃棄物による汚染防止，④体力や免疫力の低下した患者の院内感染防止のための空調ゾーン・ダクト・手洗い装置の配備などが求められる。

あるが，病院の場合には5：5あるいは4：6と設備の割合が高く，**ランニングコスト**も設備維持費の割合が大きい。500床の総合病院の事例では，建築の維持費の約70％が清掃，20％が洗濯，10％が廃棄物で，設備では約25％が給排水，30％が空調，20％が昇降機，15％が消防機器，その他が10％と報告されている。したがって，ランニングコストを低減するための計画が必要である。

3・1・9 安全と安心を計画する

一般建物の防災対策では容易に避難できる人々を対象にするが，病院の場合には自力では動けない多くの人々を抱えているので，単に防災の関連法規に適合させるだけで十分ではない。また，心身ともに不利な状況にある患者が存在するので，転倒・転落防止や誤作動の回避などの**日常災害**の防止，そして火災・地震・強風・浸水などの自然災害やテロ行為などの人為的災害といった**非日常災害**に対する安全を確保する必要がある（文63，79）。

病院の火災件数も少なくない（表3・2）。火災発生時には患者が水平移動によりとりあえず避難できる**防火・防煙区画**の設定や**二方向避難経路**の確保が必要で，特に職員数が少ない夜間の対策が重要である。一方，バルコニーへの避難をしやすくすると飛び降り自殺や盗難が発生する可能性も高くなるので，病院に限らないが日常時と非常時との対策上に矛盾が生じないようにすることが安全計画の基本である。

地震に際しては，建物の構造強度の確保だけでなく，非構造材の落下や振動による被害や火災発生など二次災害を防止し，診療機能が完全に停止することのないようにする必要がある（図3・15）。そのためにはエネルギー関係機器類の複数設置，配管系統の細分化を行う一方，通常の業務で用いるシステムとは別のシステムとして井戸や自家発電機の設置など二重の対策を施すことが重要である。そして建物・設備に対する対策と災害時の管理・運営上の対策，いいかえれば，現実的なハード面とソフト面からの対策が有効である。

ちなみに，**F・ナイチンゲール**（1820－1910）は，その著書『病院覚え書』（文50）の冒頭で「病院のそなえるべき第一の必要条件は，病院が病人に害を与えないことである」と述べている。

3・1 病院──診断し治療する

表 3・2 防火対象物の火災件数

業態	火災件数	比率
●病院		
・一般病院	727	37.3%
・精神病院	106	5.4%
・その他の病院	11	0.6%
●自力避難困難な在館者が夜間に就寝する福祉施設		
・老人	124	6.4%
・知的障害	73	3.8%
・身体障害者	36	1.9%
●自力避難困難な在館者が夜間に就寝しない福祉施設		
・保育所,その他の児童福祉	293	15.0%
・診療所(有床)	200	10.3%
・診療所(無床)	130	6.7%
・歯科診療所	78	4.0%
・施術業	26	1.0%
・保健所,助産所,獣医院	13	0.8%
・その他	40	2.1%
●不明	92	4.7%
計	1949件	100%

　一般建物では全員屋外地上避難の原則で火災対策が考えられるが，病院の場合，移動により生命の危険がある患者が存在するため，それらの患者が自室で安全・安心がはかれるような火煙の拡大防止対策を必ず実施することが大切である。地震によりスプリンクラーや感知器など防火設備が損傷した場合でもこの拡大防止対策により確実に防火上の安全を確保することができる。

構造的被害

　ひとつの棟は1階部分がつぶれ，ほかの棟は傾いている。このような構造的な大被害を受けないためにはしっかりとした耐震構造や免震構造(図3・14,36参照)の採用が望ましい。

非構造的被害

　天井吊り下げ型アンギオ装置(X線で透視しながら血管に細いチューブを入れて検査や治療を行う装置)が落下した。もし操作中であれば，患者はひとたまりもない。このように建物の構造体は無事でも内部の仕上材，家具，設備機器，医療機器など，いわゆる非構造部材の耐震性能を高めておかなければならない。

図 3・15　病院の地震被害状況(兵庫県神戸市，1995)　　　　　　(写真：山下哲郎)

3・2 病院──治癒を促す

　その昔，病気に罹ったときに療養する場所は住居であった。病人は家族の看護を受け，医師の往診を受けた。病院は身寄りのない人が収容される場所であったのである。

　病院建築の研究が進み機能的な病院ができるようになったが，依然として患者にとって病院は病気なので仕方なく利用する建物である。今後の病院機能は生死に関わるような重症患者への対応とそうでない**患者**[*1]への対応が必要になる。

　今後の病院建築は，身体治療工場のような病気用の建築「**病院**」だけではなく，健康用の建築いわば「**健院**」の役割も担うべきである。病院の環境自体が治癒や健康回復に貢献できる（図3・16）ための計画を考えてみよう。

3・2・1　療養環境の移り変わり

　療養環境の歴史を振り返ると，現代の病院は5つ目の波に当たる（文9）。

　①第1の波は，古代ギリシア・ローマの**アスクレピオス神殿**に代表される転地療養型（図3・17）である。

　②第2の波は，中世の修道院収容型（図3・18）である。日本では古来，中国の影響が多大で医療でも漢方を主体に針灸，指圧などの対処療法が伝来した。病院に相当するものは寺院であり，貧民を対象に収容や投薬が行われた。

　③第3の波は，ルネサンス期の宮殿転用型である。西洋では，近世までは頻繁に流行した疫病の患者隔離のために，宮殿・監獄・大邸宅などを転用して濠や壁で外界から隔絶した大規模な収容所が存在した。そこは療養の場とは程遠い劣悪な環境であった。その中でミラノの**オスペダーレ・マジョーレ**（図3・19）は，最初から病院として建設された例外である。当時は王様の身体に触れて直すロイヤルタッチとか傷をつけて悪い血を体外に出す瀉血といった迷信的治療行為も行われた。精神病院も同様で刑務所と合築される例もあり，恐怖心と誤解にもとづく処遇が19世紀まで続いた。日本では16世紀に西洋医学がキリスト教宣教師によって紹介されたが，17世紀の鎖国時代にはオランダを通して蘭医学が部分的に導入されていたに過ぎない。

3・2 病院——治癒を促す　131

図3・16 治癒を促す病院環境（モントレイ半島の地域病院，1970年代，E.D.ストーン）

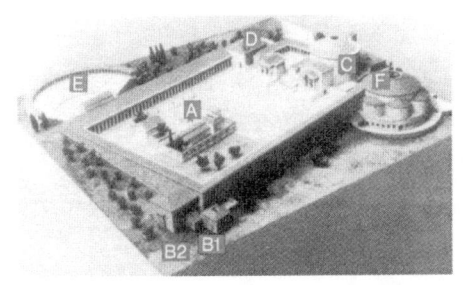

カリフォルニア州（アメリカ）の松林の中に建っている。樹木の高さを超えないように配慮した低層の建物である。高度な医療水準を保持してはいるが，院内は静かで落ち着いた治癒的環境を形成している。

図3・17 転地療養型[9]（アスクレピオス神殿，ペルガモン，トルコ，BC2世紀）

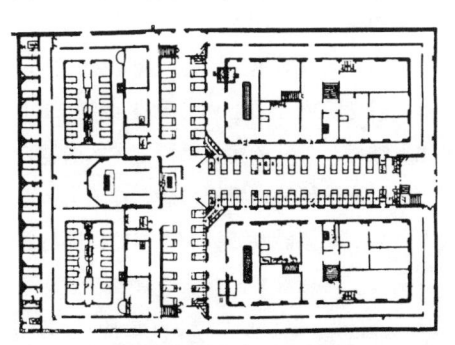

紀元前5世紀の，医師の開祖といわれるヒポクラテスは，食事・睡眠・栄養・運動を良好な環境で行うことを治療の基本とした。このような背景の下にアスクレピオス神殿は空気が清浄で景勝の地に建てられ，病人が家族とともに滞在して，日中は入浴・観劇・スポーツを楽しみ，夜間は夢治療を行う場であった。図のAは治療棟，Bは便所，Cは神殿，Dは皇帝居室・図書館，Eは屋外劇場，Fは処置室・浴室。患者は広場に面した回廊に滞在した。

図3・18 修道院収容型[9]（十字型病棟，ドイツ，1655，J.フルテンバッハ）

中世の西欧はキリスト教の影響によりギリシャ・ローマの医療技術はあまり継承されなかったが，修道院・僧院に附属した病院では巡礼者や貧困者を対象にして宗教的な意味での手厚いもてなしがなされた。象徴的に十字架平面が好まれ，中央の祭壇で行われるミサに患者はベッド上で参加することができた。

---

*1　長期慢性疾患，認知症や精神疾患を持つ患者，社会の中で健康増進・予防・リハビリテーションを要する人々。

④第4の波は，19世紀の看護療養型（図3・20）である。19世紀に活躍したF.ナイチンゲールは，クリミア戦争での看護体験の後，療養環境の向上により患者の死亡率が低下することを実証した（文44）。新鮮な空気・陽光・適切な室温を提供する形態として，十分なベッド間隔と天井高を持つ30ベッドほどの大部屋病棟を提案した（図3・21）。**パビリオン型**と呼ぶこの形態は，全世界に普及し当時の病院の主流となった。

明治維新（1868年）を経て，日本は初の西洋医学教育機関として東京大学医学部の前身である医学校を開設，ドイツ医学が導入された。木造で建設された病院はパビリオン型（1876年）であり，当時の病院建築の典型となった。

医療技術の歴史的展望をすると，近代西洋医学の飛躍的進展のきっかけは，麻酔手術成功（W. T. G・モートン・1846），結核菌発見（R・コッホ・1882），X線発見（W・レントゲン・1895）など，19世紀に発生している（文26）。しかし，ストレプトマイシン（S・ワックスマン・1944）など抗生物質の開発により結核を克服して現代の病院形態が形成されるまでには，さらに20世紀の前半を必要とした。その間は，空気が清浄な場所に多くの**結核療養所**（**サナトリウム**）が建設されたのである。結核治療の決定打がない状態では新鮮な大気の中で，栄養を十分に摂り安静を保って体力を失わないことが治療の中心となった。いいかえれば環境の力を治療に利用し，人体の持つ自然治癒力を最大限に活用していたのである。

⑤第5の波は，メガホスピタル（巨大病院）である。日本では戦後，米国から導入された**病院管理学**を基盤として**中央化**が提唱された。従来，日本の病院では，各診療科の病棟にX線室，手術室，検査室，そして消毒室，調理室，洗濯室などが併設されていた。それらを院内でまとめて中央手術部，中央検査部などを設立したことを中央化と呼んだ。その主旨に沿って**木造総合病院試案**（図3・22）が作成され，その後の病院建築の発展の礎となる大きな役割を果たした。日本では1950年代より病院建築計画研究が本格的に開始され，急速に発展した医療技術と工学技術に支えられて，複雑な管理運営システムに対応するため機能的・効率的な病院計画を追求した（3・1参照）。海外でも病院建築計画の理論やさまざまな設計が試みられた。これが20世紀後半の第5の波となり，病院は一様に高機能化と巨大化の道を歩み，ついにその建築は身体修理工場に似た形態の**メガホスピタル**（巨大病院）になったのである（図3・23）。

3・2 病院──治癒を促す　133

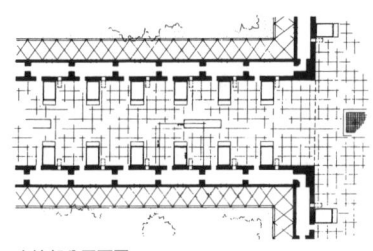

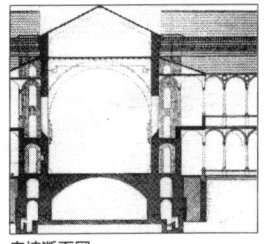

病棟部分平面図　　　　　　病棟断面図

　大部屋病室の各ベッドの頭側にはそれぞれ便所が設置され外光は壁の上部から入る。便所は運河から引き込まれた水で汚物が流され，配管は臭突と雨樋を兼ねて屋根まで達している。建築家の工夫がみられる。

図3・19　オスペダーレ・マジョーレ[9]（ミラノ，イタリア，1456，フィラレーテ）

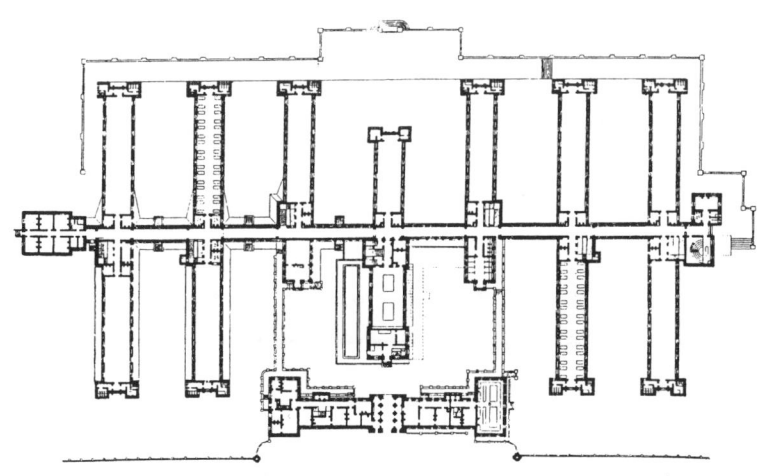

図3・20　ナイチンゲール病院[9]（ハーバート病院，ウールウィッチ，イギリス，1864）

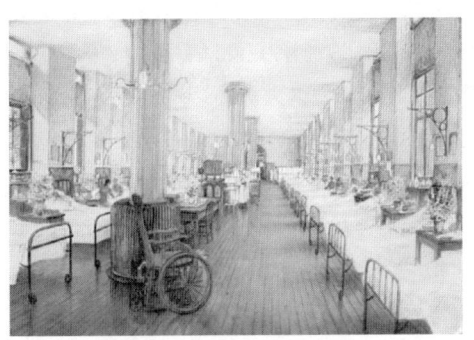

　　　　　　　　　　　F.ナイチンゲールは看護の開祖として名高いが，病院の果たすべき機能やその計画方法を初めて明確にした人物として最初の病院建築家ともいえる。彼女は隣棟間隔を十分あけて廊下でつなぐパビリオン（分棟）型の病院を提唱した。一日中で陽光が最も良く長く射し込むように病棟は南北軸に置かれている。片側に16床ずつ，壁に直交してベッドが置かれ，病棟の端部には，便所など水まわりの部屋がある。

図3・21　ナイチンゲール病棟内部（聖トーマス病院，ロンドン，イギリス，1871）

3・2・2　病棟平面の変遷

19世紀の**ナイチンゲール病院**（図3・20）は全体の8割を病棟が占めていた。それまでの病院の歴史は病棟の歴史であったといってよい。それ以降，診療部門・外来部門・供給部門が発展を遂げ，現在目にするような病院の姿になるわけであるが，病棟においても時代に相応した変化が見られる。

(1)　総室型病棟

ナイチンゲール病棟はベッドを外壁に直角に配置し，ベッド間隔は1.5mを確保してその部分に縦長の窓を設けることにより療養環境を改善した。そして看護スタッフによる病棟全体の状況観察を容易にしたことが特徴である。

1910年，デンマークのリス病院で**総室型病棟**（図3・24）が出現した。患者が窓の外を眺められるように，ベッドを外壁と平行に配置し，プライバシーを保てるように間仕切りで大部屋を仕切ったのである。この形態は，いくつかのベッドごとに湾のようなアルコーブに仕切ることから**湾（ベイ）型病棟**とも呼ばれる。

この段階で現在の病室にみられるベッド配置の原型が作られたといえよう。

1950年代に英国で戦後のモデルとなる実験病棟に採用されたのもこの形態であった（図3・25）。また日本では木造総合病院試案（図3・22）にも採用され，その当時多く建てられた結核療養所がこの総室型である。

(2)　中廊下型病棟

総室型病棟では看護観察がしやすいようにベッドの領域と通路とは仕切られていない。やがて各アルコーブを壁で仕切って部屋にした形態が現れた。**中廊下型病棟**（図3・26）である。一般には気づかれていないが，実は，病棟平面計画にとってこれは重大な変化であった。つまり，以前の病棟では患者と看護スタッフは同室者であったが，中廊下型病棟以降は看護スタッフが病室から締め出されて，**看護師勤務室**（NS：ナースステーション）と呼ばれる室に移り，そこから廊下を通って病室へ通う動きが発生したのである。結果としてNSの配置とスタッフの動線短縮が建築計画上の重要な課題になることになった[*2]。この形式では廊下にも採光がとれ，通風を確保できるように病室の廊下側にはガラスの内倒窓の欄間がとられ，入口扉もガラス戸の例が多かった（3・9参照）。

3・2 病院——治癒を促す　135

医療機関整備中央審議会・病院建築設計小委員会が作成。
このモデルプランでは，
①看護単位の確立：30床の規模にして，通過交通を避け，また看護ステーションを中央に置いたこと。
②診療部門の中央化：手術・検査・放射線をまとめたこと。
③供給部門の向上：給食・材料滅菌・薬局をまとめた。
が新しい試みである。

配管類や構造体を外部に露出してエネルギーや力の流れを表現した外観。1,500床，14万m²巨大な治療工場といった印象である。

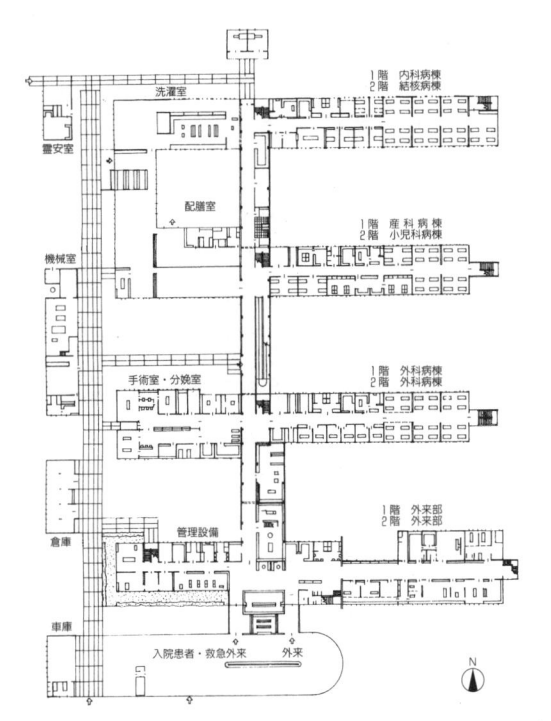

図 3・22　180ベッド木造総合病院試案[10]（1955，吉武泰水）　図 3・23　メガホスピタル（アーヘン大学病院，アーヘン，ドイツ，1984，ウェーバー・ブラント）

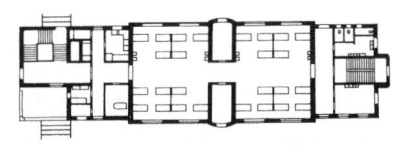

ナイチンゲール病棟とはベッドの方向は90°変わったが，看護診察がしやすいように全体は大部屋のままである。

図 3・24　総室型病棟[10]（リス病院，コペンハーゲン，デンマーク，1910）

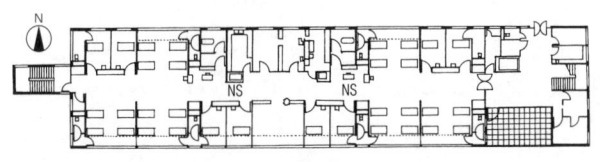

ナフィールド財団による病院研究成果の検証のため建てられた。小さな看護単位，窓側から入る分散型の便所，採光の工夫などに特徴がある。

図 3・25　ラークフィールド実験病院[10]（グラスゴー，イギリス，1950年代）

＊2　1950年代に日本で初めて吉武泰水らにより「日勤看護婦のタイムスタディ」を実施。

(3) 複廊下型病棟

　1941年（1936年という説もある）に米国のC.F.ニアガードは，看護動線短縮のために**複廊下型**（ダブルコリドー型）**病棟**を提案した。病室を外に面して並べ2本の廊下を挟んで中央にNS，作業室，便所などを配置したものである。当然，中央部の部屋は機械換気・人工照明を必要とする。常時光熱費を要することになるが，スタッフの動線短縮が優先されたのである。この形態は全体がコンパクトであるため，敷地の狭い日本では多数導入されて今日に至っている（図3・27）。

　複廊下型の変形として**回廊型病棟**（図3・28）や**三角形型病棟**（図3・29）も出現した。回廊型は，廊下の形状から**レーストラック型**とも呼ばれる。中央部に多くの人工環境の部屋が出現する。また，三角形型は，廊下の長さを短くするためにベッドの向きを斜めにしてある。回廊型や三角形型は，外側の病室（床）数によって，内側に配置しうる部屋数（面積）が規定される点に注意を要する。

3・2・3　病棟の規模とNSの位置

　患者の一群を何人かの看護スタッフがチームで世話をする単位を**看護単位**（NU：**ナーシングユニット**）という。日本のNUには50〜60床を入れることを要求されることが多い。これは面積的制約とスタッフ数の不足を補うために，最も採算性の良い看護勤務配置を行うためである。

　第二次世界大戦後に英国で**ナフィールド財団**による病院研究が行われた。これは戦争で破壊された昔からのナイチンゲール病院に代わって，20世紀の西洋医学に基づいた病院医療を行う場を模索した研究で，医師，看護師，建築家，病院管理者などの多職種の研究チームで実施された（文6）。研究の結果を検証するために総室型の実験病棟（図3・25）が建てられた。重症患者に対して本来の看護を実現するために，ここでは20床程の小規模なNUを設定し，それぞれにNSを配置している。つまり，現在日本にみられるような大規模NUでは重症患者の看護を十分にはできないということになる。現実には50床を2つに分けて，25床ごとに主任看護スタッフの下に何人かの看護スタッフがチームを組んで看護をしているから，事実上のNUは25床で，全体の50床は管理上の単位と見たほうがよい。このことを意識してNSとは別に日勤用の

3・2 病院——治癒を促す　137

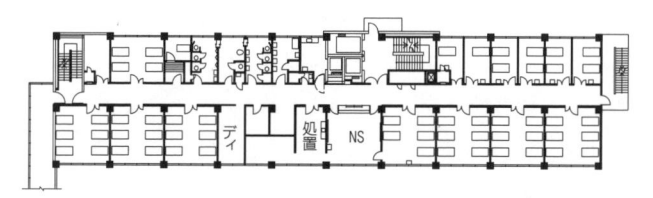

図 3・26　中廊下型病院（旧横浜市立港湾病院，神奈川県横浜市，1972，芦原建築設計研究所）

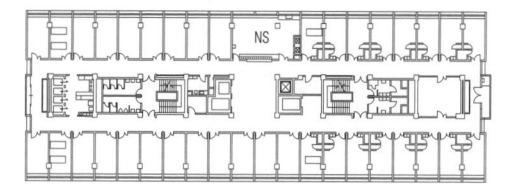

図 3・27　複廊下型病棟（虎ノ門病院，東京都港区，1958，伊藤喜三郎建築研究所）

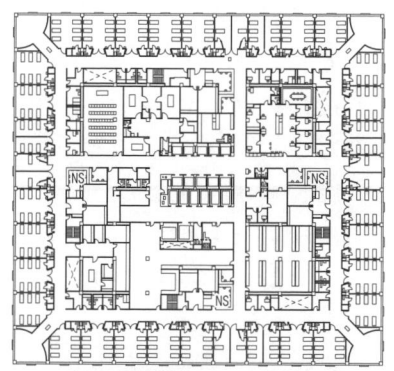

図 3・28　回廊型病棟（ベルビュー病院，ニューヨーク，アメリカ，1960，Pemeranceほか）

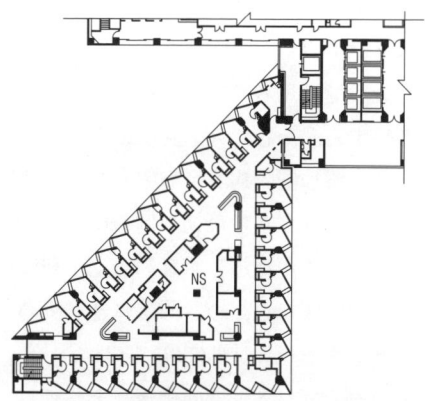

図 3・29　三角形型病棟（聖路加国際病院，東京都中央区，1992，MPA ＋ 日建設計）

看護拠点（NC：**ナースコーナー**）を配置する例も出現した（図3・30）。

　日本の病棟計画において，このNU規模は最大の問題点である。規模が大きいと，全体面積が増大し，看護動線も長くなって看護観察が行き届かなくなる。NSと病室群との往来が最も頻繁であることは研究[*3]で明らかなので，動線短縮には病室の重心の位置にNSを置くのが得策である。しかし，NUの規模が大きいとこれでは病棟入口の状況把握がむずかしい。患者観察と病棟管理の矛盾を解くためにさまざまな工夫がされてきた。（図3・30）

　入院患者の療養生活の場としてできるだけ落ち着いた家庭的な雰囲気が望まれるのに反して，大規模な病棟は非人間的で「施設」的なものとなりがちである。福祉施設では既に，個室で構成される8〜10人の小規模生活単位（CU：**ケアユニット**）が制度化された（3・3参照）。病棟に関しては今後NUの小規模化を真剣に論議すべきであろう。

3・2・4　療養環境を改善する

　ナイチンゲール病棟から今日までの病室の変遷を見ると，大部屋から小部屋への変化が見られる。米国では全個室の病棟も多くなっているが，日本の現状では**個室**と**4床室**で構成する例が一般化している。4床室の利点は各病床が個別のコーナーを持てることであるが，廊下側の病床は窓から遠く環境的に不利である。この問題解決のために，個々の病床が屋外に向かった専用の窓を持ち，個人的なスペースを確保できるように**個室的多床室**[*4]と呼ばれる病室が出現した（図3・31）。

　最近では患者のプライバシーが確保でき，家族との面談や診療・看護もやりやすく，そして入退院病床管理上[*5]も利点があるので個室化への傾向が強い。聖路加国際病院は病室をすべて個室（シングルケアユニットと呼んでいる）にした日本の最初の例のひとつである（文57）。個室が多くなると通常，廊下の長さが増加し看護動線上不利になる。このために斜めのベッド配置にして病室間口を縮め，同時に外も眺められるように外壁の窓を雁行させる工夫もされている（図3・29，3・32）。

　個室では，入院期間中病室を移動しなくても，さまざまな症状の変化に対応できるための工夫が望ましい。例えば，産科病室では，陣痛（Labor）・分娩（Delivery）・回復（Recovery）という一連の変化に対して対応可能な**LDR**

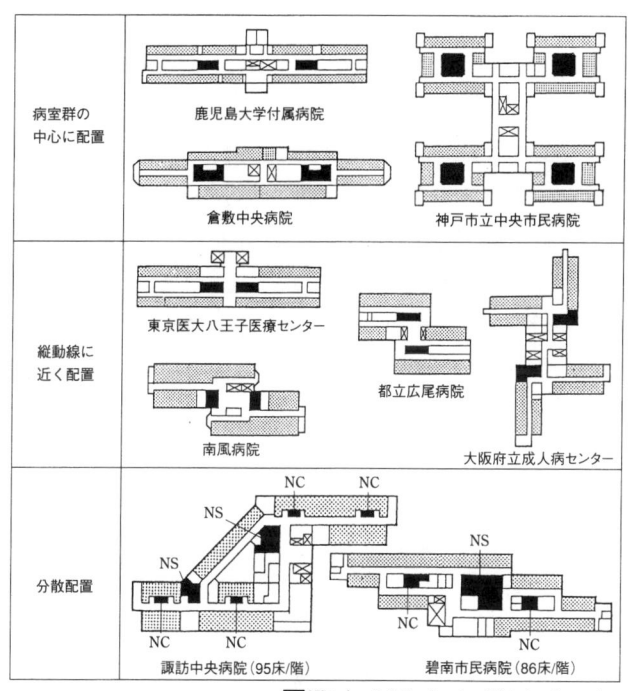

3・2 病院——治癒を促す　139

病室群の中心に配置	鹿児島大学付属病院　倉敷中央病院　神戸市立中央市民病院
縦動線に近く配置	東京医大八王子医療センター　都立広尾病院　南風病院　大阪府立成人病センター
分散配置	諏訪中央病院（95床/階）　碧南市民病院（86床/階）

■NS：ナースステーション，NC：ナースコーナー

図 3・30　ナースステーションの配置[11]

NSの位置を計画する際に病室群の中心に置くか，病棟出入口（高層病棟の場合には縦動線）に近く置くかが問題になる。NUの病床数が多いとこの2つの要求を満たすことがむずかしくなる。全体の病床を半分に分けてそれぞれNSあるいはNCを配置する分散型の例も存在する。いずれにしてもNUあたりの病床数を少なくすることが根本的な解決になる。

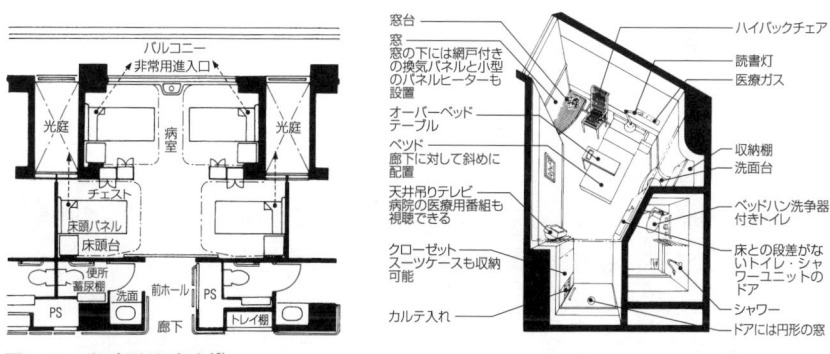

図 3・31　個室的多床室[12]
（西神戸医療センター，兵庫県神戸市，1994，共同建築設計事務所）

図 3・32　シングルケアユニット[13]
（聖路加国際病院）

＊3　各部屋ごとの看護動線の調査によると病室−NS−準備室間の動きが大半を占める。
＊4　多床室とは病室に2床以上入った相部屋のこと。
＊5　多床室では性別，病状別，相性などからベッドが空いていても新しい入院患者を入れることができない場合もあるが，個室では誰でも入院させやすい。

病室が実現している。分娩の際にはベッドが分娩台に変形し，無影灯（3・1 注14）が天井裏からおりてきて，ベッドの頭側の壁を開いて，医療ガスなどが使える仕組みになっている。

　病室は看護を必要とする人を対象としているので，ホテルの客室とは根本的な要求条件が異なる。病室の計画においては突き詰めれば個室・多床室に関わらず，ベッドまわりの環境に注目すべきである（図3・33）。看護観察とベッドまわりの作業に支障ない広さを確保し，ナイチンゲールが主張したようにベッドごとに十分に新鮮な気積（空気の体積）を与え，自然光がはいるようにし，また患者個人個人に合った適切な室温を保てることが原則である。ちなみに適切な看護作業にはベッドの横に1.5mのスペースを必要とすることが実測調査で判明している（文79）。入院患者が高齢化する傾向にあるが，入院中にすべてスタッフに依存するのではなく，自分のベッド周辺環境を自分自身で整えられることは，自立して病気から回復するための要件である。

　入院生活では，排泄，洗面，入浴のための水まわり環境が問題になる。従来は便所，洗面や入浴（シャワー）設備は病院内の一か所にまとめている例が多かったが，近頃ではベッドや病室の近くに分散配置することが一般化している（図3・29，31，34，35）。特に排泄や入浴行為はプライバシーを要するため，できるだけ便所や浴室に患者が自力で行けることが望ましい。距離が短ければ多くの患者の利用が可能であることを調査が示している[*6]。できるだけ早くベッドから離れ立ち上がること（早期離床）は術後の回復やリハビリテーション上も効果がある。図3・25の実験病棟は，まさにこのことを検証するためのものでもあった（文79）。

　便所を分散して配置する計画に関して，特に急性期の重症患者用の病室では，廊下からの看護観察や緊急時の処置の容易さを考えると通常のホテル客室のように病室入口脇に設置することは必ずしも適切ではない。窓側に配置したり隣りの病室との間に置く例も存在する（図3・34，35）。要は患者のプライバシーの確保と看護観察の必要性についての優先度を慎重に検討して計画を進めるべきである。

　昼間にベッドから離れる行為には，面会，食事などがある。**デイ（昼間）ルーム**は病室の外でくつろいだり，面会をするためのもので住宅の居間に相当するが，使いやすいように病室に近くデイコーナーの形で設計した例もあ

3・2 病院──治癒を促す　141

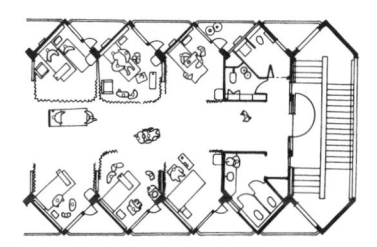

ベッドまわりの環境を重視した例。看護観察や介護が容易で，カーテンで個室の状態に近くできる。開いていても各ベッドが固有の領域を持つことができる。廊下面積を病室の一部として利用できるため面積的にも有利となる。

図 3・33　檀国大学病院計画案[14]（韓国，1992，長澤泰ほか）

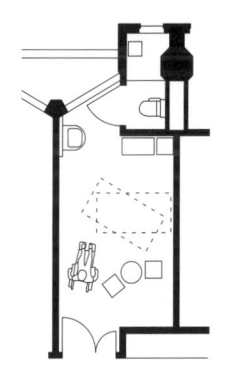

トイレシャワーユニットを廊下側と窓側に設置したモデルルームを製作し，重症患者の看護の視点から比較検討した。廊下側の壁や病室面積の可変性，緊急処置や観察のしやすさなどの利点から窓側配置に決定した。

図 3・34　窓側便所配置病室[15]（東京大学医学部付属病院，東京都文京区，1994，長澤泰＋岡田新一設計事務所ほか）

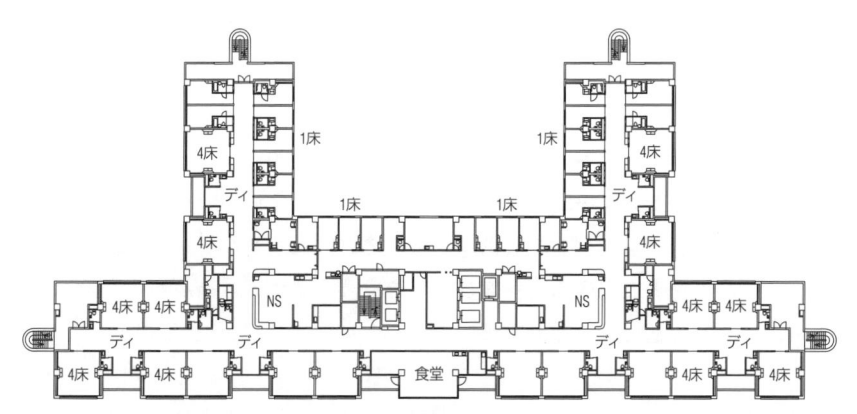

病棟の広い廊下に沿って便所を病室の脇に分散配置し，デイコーナーを設けている。デイコーナーを通して屋外が見え，外光が射し込み明るい廊下になっている。中央に患者用食堂が設けられている。なお，北側の重症者用個室群からは寝台用エレベーターに直結できる。

図 3・35　宮城県南中核病院（宮城県大河町，2002，公共施設設計研究所）

＊6　便所がベッドの近くにあれば，自力で便所に行ける患者が40％増加する。

る。歩行ができる患者専用の食堂を各病棟に設けることが一般的になっている（図3・35）。ここでは見舞いに来た家族とのコミュニケーションをはかることもできる。

空調や人工照明に頼らなければ建物中央部を使えない**複廊下型病棟**の欠点を解消するために，光庭を導入する例も多い。このことは看護動線短縮には不利な要素となるが，自然の採光，換気には都合が良く，快適な病棟環境が得やすい。

3・2・5　今後の病院を計画する

20世紀の病院建築が，身体治療工場のような形態で歴史的に第5の波に相当することは前に述べた。21世紀の病院はすでに第6の波に乗っている。これらはまず，インターネットに象徴される情報技術により，これまでのように病院に患者が出向いて診察を受けるという形態が変化することが予想される。患者は自宅にいたまま自己の健康状態をチェックできる技術が出現し，病院以外に職場や街中の外来診療所などで受診が可能となる。冒頭に述べたように，「病院」になるべく行かなくて済むように健康を指向した「**健院**」の発想である（文54）。いつでもどこでも自分の膝の上のラップトップ（パソコン）を通して，あるいはユビキタスといった情報環境が病院の建築形態を変えることになろう。これをヴァーチャル・ヘルス・スケープ（Virtual Health Scape）と呼んでいる（文10）。

予防や健康増進が発展しても，事故や急病は発生するので従来型の病院はさらに**救命救急センター**的な機能に特化され，かつ急病患者や傷病者のいる現場で治療できる可動型病院設備ユニットの方向に開発が進むと思われる。一方で，高齢患者などはある程度長期間の療養を要することが多いため，できるだけ日常生活に近い環境を整備する必要がある（図3・13，36）。

病室の窓から緑が見えることが治療効果につながるといった米国の研究（Ulrich, R）がある。これは，10年間の外科病棟のカルテを調査して，統計的に有為差があることを検証したものであるが，このように病棟を**治癒的環境**にすることで手術や投薬と同じように治療に役立つことを今後は真剣に検討する必要がある（図3・16，36）（文55）。

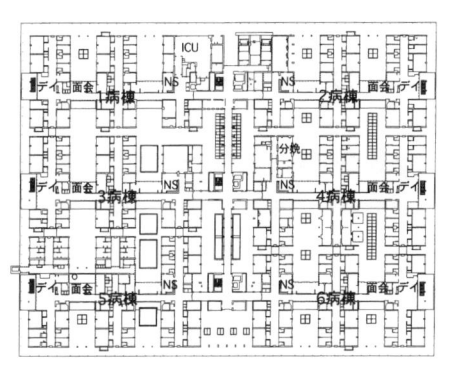

3・2 病院────治癒を促す 143

3階平面図

入口外観

3階の庭と直結した病室

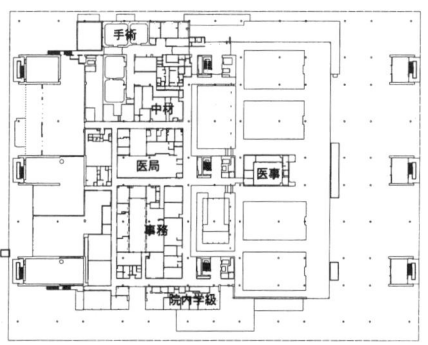

2階平面図

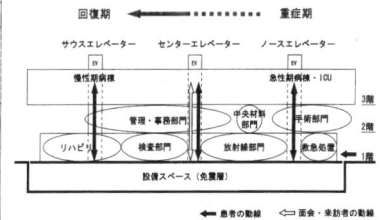

断面構成図

1階平面図

　308床の地域中核病院。災害拠点病院でもあるので免震構造を採用。空港をイメージした天井高のある外来ホールとその前の広場は住民の避難用にもなる。150m×110m程の免震プレートの上に外来関係を1階に，手術と管理関係を2階に，そして病棟を3階にまとめて，中庭と通路を巧妙に配置し，すべての病室が豊かな緑と自然光・外気を享受できる。また，安全な災害時の避難経路を提供している。あたかも緑豊かな地上にある平屋建病棟といった感じである。敷地内の庭園にもさまざまな仕掛けを行い，癒しの環境を実現している。

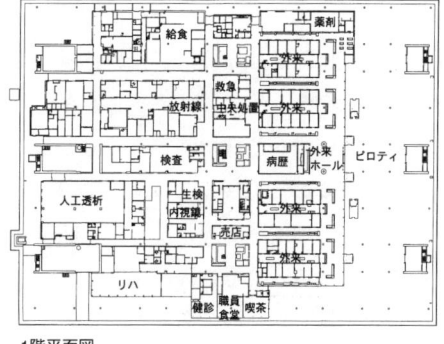

図3・36　公立刈田総合病院[16]（宮城県白石市，2002，アーキテクツ・コラボレーティブ）

3・3 福祉施設——自立を支援する

高齢社会になり，家庭での生活・介護がむずかしいお年寄りをお世話するための**高齢者施設**が各地に建てられている。小児を含めてさまざまな年齢の異なる身体の不自由な人々に対して，あるいは知的な障害を有する人々に対しての施設が整備されている（図3・37）。これらの人々の施設環境は，乏しい予算と職員不足のために，また一般の人々の理解が未成熟のために現状では未だに豊かなケア環境の水準に至っていない。また，スタッフの手が足りないために，介護や介助の業務能率を最優先に計画されることが多い。しかし，これらの人々の生活環境に対して本来共通にいえることは利用者個人の異なる要求に合わせて，個々の人々の自立あるいは成長を支援するもの，また同時に生活の質を保証するものでなければならないことである。

さまざまな形態の**福祉施設**といわれる建物はなぜ必要なのか，計画に当たってはどのようなことに注意したらよいのであろうか？

3・3・1 救済から福祉へ

社会の中で恵まれない境遇にある人々に手を差し伸べる福祉行為は，昔から宗教的性格の強いものであった。貧窮者の救済や保護を行った悲田院は福祉施設の代表で，日本に伝来した仏教に由来するものである。

明治維新以降，近代国家としての制度を整備するのに伴い，福祉活動の担い手は宗教家から国家に移行し，利用対象者の処遇上の違いから施設の専門化が始まった。例えば，救貧院・育児院・感化院・孤児院・貧児教育所・吃音矯正施設・盲唖学校・らい療養所・養老院など，現代では望ましくない呼称で，利用者や機能が明らかにわかるような施設が法律の制定を基盤として発生した。しかし，底流には救貧的な性格がまだ強く残っていた（文79）。

第二次世界大戦後，新憲法により幸福な生活の保障と福祉に対して国家が責任を持ち，誰にでも等しく対応すること（接遇の平等性）が保障された。ようやくこれらの活動が救貧的性格から脱しはじめたのである[*1]。

どのような障害を持った利用者を対象にするかによって，さまざまな施設形態が存在しその多様性は今後ますます増大する傾向が見られる。

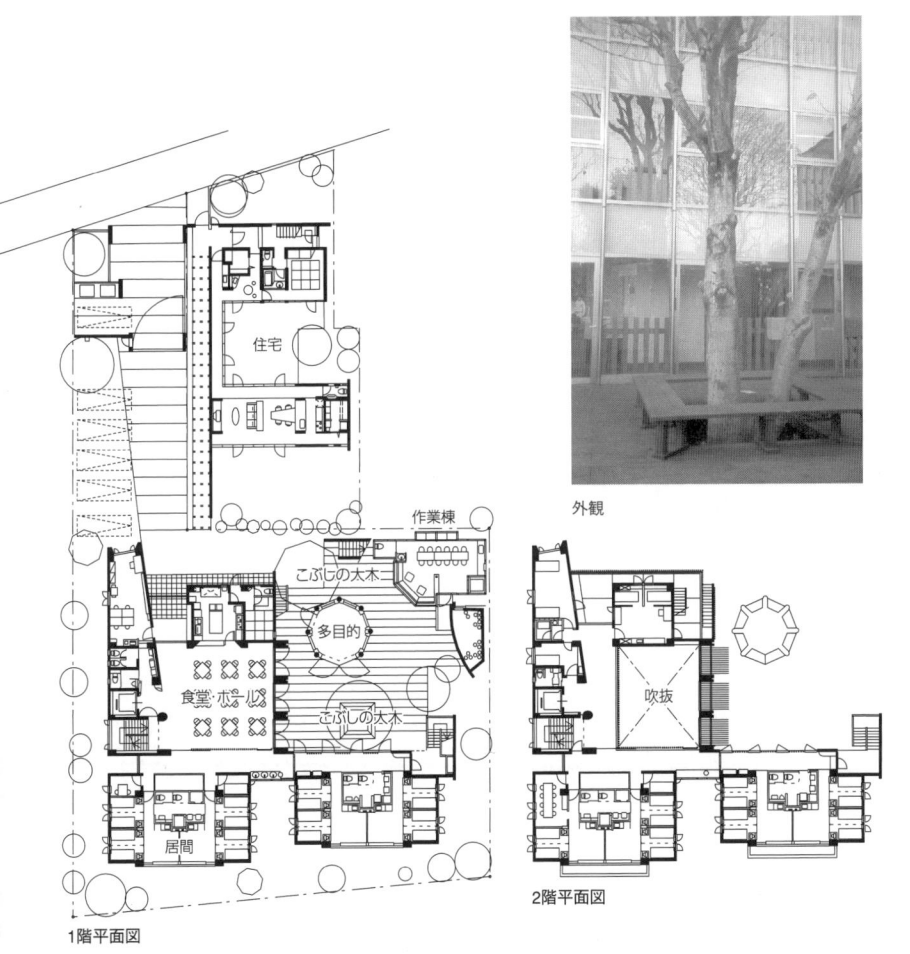

3・3 福祉施設──自立を支援する　145

1階平面図

住宅 / 作業棟 / こぶしの大木 / 多目的 / 食堂・ホール / こぶしの大木 / 居間

2階平面図

吹抜

外観

　知的障害者に対して，住みながら成長を促す（入所更正）施設。周辺の住宅地と敷地内の住宅との調和をはかり，建物規模を控え目にし，外壁仕上の統一，アプローチ空間での緑の演出，二本のこぶしの大木を残した木製デッキのテラスなど絶妙な配置計画。テラスに面して吹抜けをもつ食堂・ホールは，入居者が集まって和やかに過ごす場を提供。そして1・2階を視覚的に連続させ全体がひとつの家であることを感じさせる。個室的扱いが可能な2床の居室は，プライバシーとコミュニケーションを程よく共存させている。これらは少人数で共有する居間を廊下への緩衝空間として配置されている。外壁の珪藻土・無垢の杉床板・木製デッキなど自然の素材を最大限に用いている。

図3・37　知的障害者更生施設
　　　　（ライフパートナーこぶし　東京都東久留米市，2000，杉浦英一級建築設計事務所）

＊1　社会福祉制度には，①社会保険・公的扶助・児童手当などの所得保障や医療扶助・社会保険・老人保険などの医療保障といった経済的支援，②環境保全・学校保健・労働衛生・生活環境対策・医療供給といった公衆衛生・医療的支援がある。

しかし一方で，この多様性が利用者に対して適切なサービスを提供するためではなく，例えば，保育所・児童館・乳児院といった乳幼児施設などのように，単に法律・制度や管理主体の違いに基づくものになっているものも多く，計画をする上では常に利用者にとっての最良の環境を創り出すことを念頭におく必要がある。

図3・38には高齢者居住の居住施設の歴史的変遷が示されている。例えば，病院の中にある**療養病床**は医療・介護の必要性が大きい人々を**施設的環境**でケアを行うものであり，シルバーハウジングは軽度の介護を必要とする人々を住宅でケアするものである。図3・38に見られるようにその中間や周辺にさまざまなケア施設が考えられる。これらは医療・福祉制度の変化により改廃が行われる。建築的には，利用者が通う「通所機能」を持つか，長期間住み込む「入所機能」を持つか，一時的に住み込む「ショートステイ機能」を持つかで大きく違いが出るが，これらの機能を複合化したものも多い。

1975年，国際連合で障害者の権利宣言が採択された。社会の進歩・発展は障害者の権利を守ることなくして実現はしないということを明言して，障害者が社会の中でごく普通に生活することができることを**ノーマライゼーション**[*2]，社会の中への統合を**インテグレーション**と呼んだ。このような原則に基づいて，今後の福祉施設は利用者に何かを施すのではなく共に生きるという考え方で計画しなければならない。

3・3・2　知的障害者のための施設を計画する

自閉症の児童は，病院での診療の要，不要によりケアを行う場所は異なるが，症状に関する学問的定義などはまだあいまいである。さまざまな知覚や空間認知などについて統合的障害があることが共通の障害と考えられている。これに対して自然で落ち着いた環境の中で，児童の認知能力を超えないような生活の場を設定することが有効であるといわれている。児童と生活を共にしながらその生活や人間関係の様子を詳細に観察した林　章らの研究[18]をはじめとして，施設環境のあり方が解明されてきた（図3・39）。

1980年に自閉症児施設は精神薄弱児施設[*3]のひとつとして位置づけられた。精神薄弱者更正施設は，18歳以上の利用者の「保護」と「更正」を目的にした入所施設である[*4]。なお，児童福祉法・精神薄弱者福祉法により18歳を境

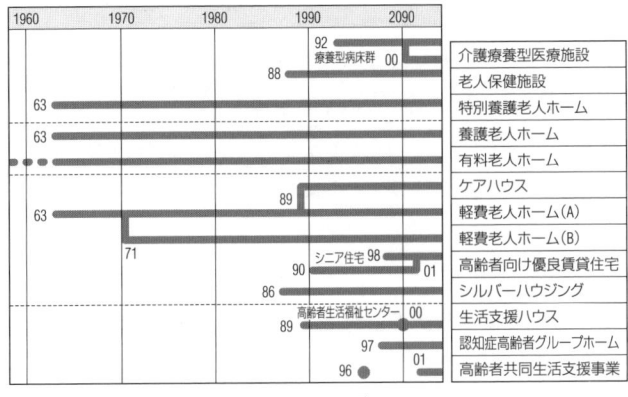

3・3 福祉施設——自立を支援する 147

図3・38 高齢者居住施設の歴史的変遷[17)]

入所者の半数以上が自閉症者の更生施設。食堂・浴室は40人ごとに，居室・作業指導室を10人ごとに設置している。農家に見られる土間と座敷を組み合わせた空間構成を居住棟に採用し，入所者にとってなじみやすく安定性のある空間をつくっている。中庭を囲むことで入所者の看護もやりやすい。

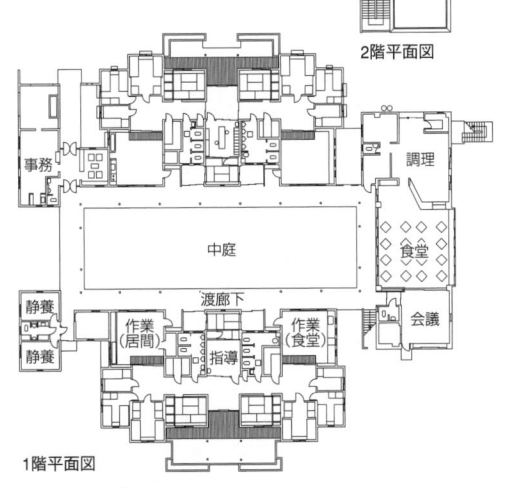

図3・39 あさけ学園（三重県菰野町，1981，林章）

---

* 2 日本では1995年に「障害者プラン＝ノーマライゼーション7ヵ年戦略」を策定してから多くの自治体でこの趣旨に沿った障害者福祉政策が樹立された。
* 3 「精神薄弱」状態に関する統一の定義はない。さまざまな原因から発生した複合的な精神発達障害の状態を指すが，精神年齢や知能指数などは目安として扱い，むしろ社会生活との適応上の障害に注目し，不変的状態ではないので「精神発達障害」とか「精神遅滞」と呼ぶ。英語ではDevelopmentally handicappedと表現。
* 4 「保護」は，経済的支援から家庭環境の整備，「更正」には独立自活から着脱衣能力の向上まで広範囲にわたる。「授産施設」は，独立生活の可能性の高い利用者の施設を1967年に制度上分離したもの。今後は知的障害者のグループホームへの移行を推奨。

に「児」と「者」を分ける。

　計画に際しては基本的には個室的な寝室，小規模な居間，全体の共用食堂・ホールなど住宅的なスケールと仕上げ・設（しつら）えが望まれるが，今後は積極的に利用者の個室化を考える段階にきている（図3・37）。また，作業をする場所が別棟になっていることも多く，居住棟との間には心身ともに切りかえるための休息場所がほしい。

3・3・3　高齢者のための福祉施設を計画する

　現在，国際的にも満65歳以上を**高齢者**，74歳までを**前期高齢者**，75歳以上を**後期高齢者**と定義している。加齢に伴う「老化」現象は，さまざまな側面からとらえ得る[*5]。これらの老化現象を十分に理解することが高齢者の施設環境を考える際の基本である（2・8・1参照）。

　不慮の事故による高齢者の家庭内死亡率は，転倒・転落が最も高い原因である（表2・2）。また疾病の有病率，医療施設の利用率も高い。病気や死と向かい合う生活であることを十分に考慮しなければならない（図2・98, 99）。

　日本では，65歳以上の人口が1970年直前に7％を超えて「高齢化」社会に入り，1990年代の後半に14％を超えて「高齢」社会となった。この7％から14％までに要した25年ほどの年数は，フランスの125年，アメリカの65年に比べても大変短い（図3・40）。また，診療・看護・介護を要する割合の多い後期高齢者が前期高齢者より今後増えることが予想される（図3・41）。これらの事実は日本が高齢者の介護・介助問題や生活環境に対して緊急に対応しなければならないことを示している。このような社会的要求に対応して，高齢者施設に関する建築計画研究の数も1980年代から急速に伸びている。

　社会福祉施設数は，急速な伸びを示している。年次推移をみると，老人福祉施設数が1965年に比べて約40倍で，特にこの36年間の**特別養護老人ホーム**と介護利用型**軽費老人ホーム**（ケアハウス），短期入所施設（**ショートスティ**）と通所施設（**デイケア**）の伸びが目立つ。経営主体では**養護老人ホーム**（一般）と老人福祉センター以外はほぼ民間の設立・運営である。

　これらの周辺には，施設としては病院・診療所に併設したリハビリテーション施設，病院と家庭の中間に位置する**老人保健施設**，レクリエーション主体の老人憩いの家や老人休養ホーム，高齢者の住宅としてはシルバーハウジ

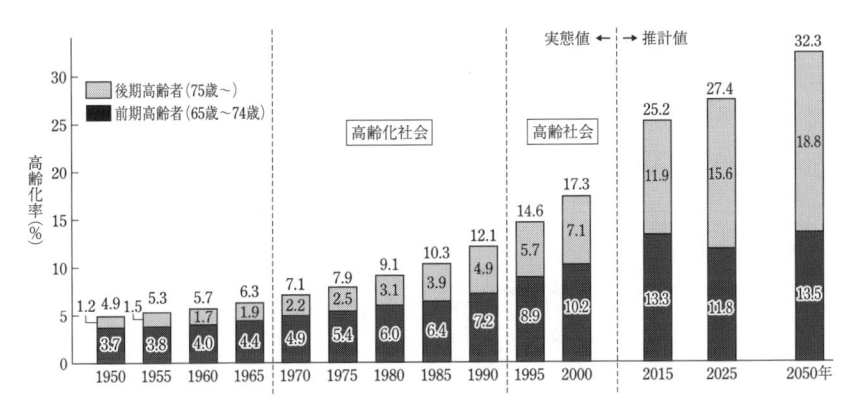

65歳以上の人々が全人口に占める割合が7％〜14％までを「高齢化」社会と呼び，14％を超えると「高齢」社会となるので，混同しないように注意。この図を見ると1950年には高齢者は20人に1人であったが，1970年には15人，1995年には7人，2015年には4人，そして2050年には3人に1人になることがわかる。特に2025年以降は全人口の減少が予想されるので，若年層の絶対数も少なくなる社会状況を考えて，高齢者対策を構築する必要がある。

図 3・40　高齢化率の推移[19]

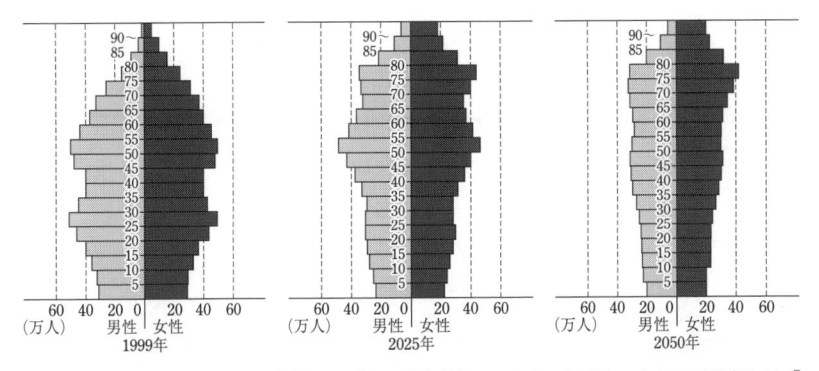

図には示していないが，1950年代には「ベル型」をしていた人口ピラミッドが，1999年には「つり鐘型」になった。今後は若年人口の減少が予想されるため，全体が「みの虫」のような型になっていく。今後は65歳以上の高齢者も元気な人々が多くなるが，75歳以上の後期高齢者は病気や怪我で病院を利用したり，身のまわりの世話を介護・介助者に頼む必要があるため，この需要に対する経済的・人的・施設的支援の計画が大切である。

図 3・41　人口ピラミッドの変化[20]

＊5　①肺活量の減少，頻尿，感染防御力の低下など生理的側面，②筋力の低下，関節硬直化など身体的側面，③老眼・難聴など感覚的側面，④記憶力の低下，痴呆など知的側面，⑤依存性，環境への不適応など統合的側面がある。

ング，シニア住宅，有料老人ホームなどが存在している。また，2000年に制定された**介護保険法**による**認知症**（痴呆性）高齢者用のグループホームが各地で計画されている（図3・2，38）。

これらの施設計画は，例えば，1989年に作成された高齢者保健福祉推進十ヵ年戦略（**ゴールドプラン**）や，1994年の新高齢者保健福祉推進十ヵ年戦略（**新ゴールドプラン**），そして1999年に今後5カ年間の老人保健福祉施策の方向を提示した**ゴールドプラン21**など依然として国の福祉政策に依存することが多く，基本的な動向については常に注意を払っておく必要がある。

しかしさらに根源的な問題は，従来の高齢者福祉施設が国・地方自治体が整備する「施設」で利用者を扱う（措置する）場所といったイメージが強く，スタッフは食事・入浴・着替え・排泄介助などを当然のように流れ作業で一括的な処遇を行い，利用者の方もそれを仕方がないとして受け入れてきた事実である。このような環境でお年寄りはこれまでの人生での長い経験を無視され，生きる力と尊厳さとを剥ぎ取られてきた。今後の施設環境はこのような状況を打破して，利用者が自分の判断にもとづいて，自信を持って生活できる場所を創り出さなければならない（文21）。

3・3・4　デイケアセンター・デイサービスセンターを計画する

高齢者にとって加齢しても自分の住まいに住み続けることができることは，住み慣れた生活環境の中で安心と安全が得られる観点から大きな意味を持つ。しかし移動能力や判断力の低下のため，外出に危険が伴い，また心理的に億劫になって自宅に引きこもりがちになる例が多い。したがって，必要ならば安全な送迎サービスを受けて，高齢者が週何回か訪れ（通所し）て，食事・入浴・レクリエーション・生涯学習などを行う場として**デイケアセンター**，**デイサービスセンター**といった高齢者通所施設がある。その果たす役割は大きい。また日頃お年寄りの介護を自宅で担っている家族の負担軽減ならびに息抜きの時間を提供する結果となり，在宅ケア継続の間接的な支援となる意味もある。なお，デイケアとデイサービスはそれぞれ**老人福祉法**と**老人保健法**のどちらに基づく施設であるかで名称が違うだけである。

特別養護老人ホーム（図3・42，43）や**老人保健施設**（図3・44，4・3）に併設されていることも多く，入所者にとっても外部からの来訪者は生活上の変

3・3 福祉施設────自立を支援する　151

外観

内観

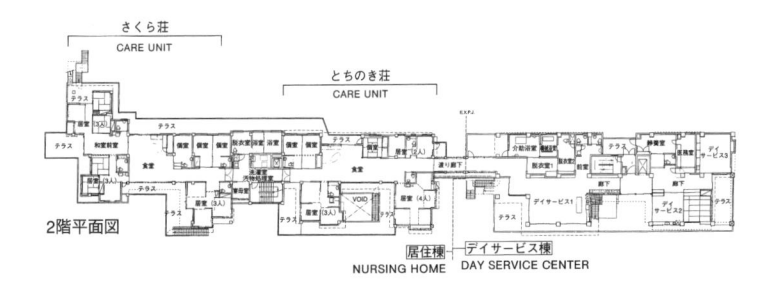

2階平面図
居住棟　デイサービス棟
NURSING HOME　DAY SERVICE CENTER

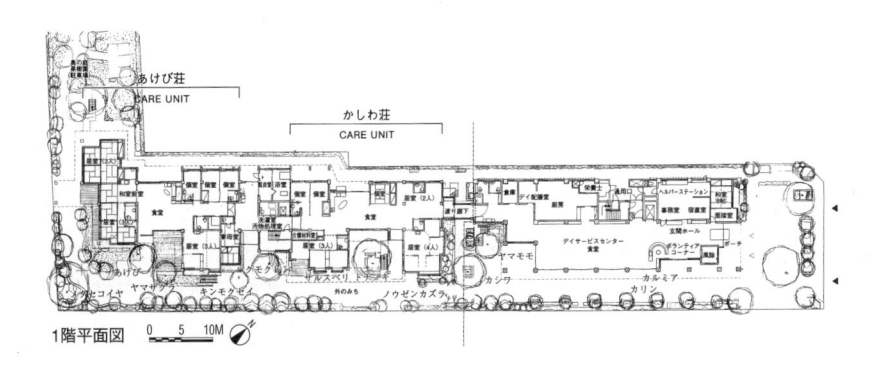

1階平面図

施設は，いわゆる「ビルディング」として大きな建物になりがちであるが，この建物は周辺の住宅の中に調和するように出来るだけ小さな規模のユニットがつながる形態になっている。高齢者が入居する機能(居住棟)と毎日自宅から通ってくる機能(デイサービス・センター)とを持っている。また，細長い路地状の通路を奥まで意図的に引き込み，地域のさまざまな人々が出入りできるようにしている。近年の高齢者施設は個室が原則となっているが，ここでは入居者が家庭的な雰囲気の中で個人的な領域を持てる工夫がなされている。

図 3・42　特別養護老人ホーム[21]（親の家，東京都武蔵野市，2001，象設計集団）

化をもたらすため，好ましいことであるが，実際の運営上はなかなか交流の促進が図れない状況が見られるので建築計画上の工夫が望まれる。

既存の住宅を改造した例[22]などでは，強制的なプログラムを作らず，友人宅を訪れたといった雰囲気でデイサービスを受けている様子が見られる（図2・110）。

3・3・5　特別養護老人ホームを計画する

特別養護老人ホームは，高齢者入所施設の中心的な存在である。ここには常時介護を要し，居宅ではこれができない65歳以上の高齢者が生活をしている。全国に約30万床（2000年現在）あるが，ゴールドプラン21での整備目標は36万床である。

高齢者の一群を何人かの介助者がチームを作って，まとめてお世話をする単位を**ケアユニット**と呼ぶ。従来は居室に4床や6床を配置して全体で50～60人ほどの規模のケアユニットが普通であった。これは同じような収容型の看護施設として病院の病棟があり，この形態を介護施設でも無批判に取り入れたこと，また面積的制約とスタッフ数の不足に起因する結果である。一方で高齢者は「同室者とのコミュニケーションを好むから」という理由も挙げられていた。しかし実態調査分析[*6]の結果，高齢者はほとんど同室者とのコミュニケーションは行っていない実態が明らかになり，このような収容所的な環境は入所者生活の質的向上に反するものであることが指摘された。

2002年度からようやく個室で構成される8～10人の小規模なケアユニット（**小規模生活単位**）の特別養護老人ホームが制度化された[*7]。入居者の生活環境の向上がわずかながら実現しつつある現況である（図3・43）。

このような施設では限られた数の介護スタッフで大勢の高齢者のお世話をするために，見通しが利くことや動線の短縮が第一優先にされがちであるが，あくまでも高齢者にとっての生活の場であることを基本として，各個人の尊厳が守れるような建築的工夫が必要である（図3・42，43）。例えば，現在多くの施設で，スタッフの手が少ないことなどから，食事・入浴，あるいはレクリエーションといった生活行為の介助を一斉にある時刻に行うプログラムが導入されている。しかし，これはほとんど幼稚園・保育園児と同じ扱いをお年寄にしていることになる。このような現象に対して計画に携わる者は疑問

3・3 福祉施設——自立を支援する　153

2階平面図

外観

1階平面図

図 3・43　特別養護老人ホーム[25]
　　　　（せんねん村，愛知県西尾市，2000，キットプランニング＋大久手計画工房）

田園地帯の中に建てられた，特別養護老人ホーム・デイサービス・ケアハウス・介護支援センターから成る複合施設。
　①周囲の風景と融合する建物。
　②地域の人々が遊びに来たくなるような建物。
　③環境保全重視の建物。
　④小グループでのケア（ユニットケア）ができること。
　⑤お年寄りの居場所があること。
という理念を実現しようとした。
　約1万m²の敷地中央には，小高い丘からせせらぎが流れる芝生の庭がある。これを取り囲むように，管理棟・居室棟（3棟）・デイサービス棟・ケアハウス棟を配置。お年寄りの住まいが立ち並んだ「村」の建物。中庭は，人々が自由に入れ，休日は子供の遊び場になる。コンサートや夏祭りが人々を招いて行われている。管理棟の中庭側にある八角堂は，お年寄りや地域の人々が集う場所で，イベントや週一回の居酒屋が開かれる。敷地全体には，寄付を含め，200本ほどの植樹樹木があり，5年，10年後に木立の中の「村」となる計画。

＊6　多床室での行為の約80％が睡眠・安眠，会議・交流は4％に過ぎない。
＊7　厚生労働省は「従来型と小規模生活単位型の数が半分ずつになるまでは小規模生活単位型を基本とする」としている。この目標達成には既存改修を含める必要がある。

を持つ感性を育む必要がある。

また，入居者は自宅から，ほとんど一人身で入居してくる。いままで使い慣れた家具・道具・小物をできるだけ持ち込むことを推奨する施設も多くなった。入居者が居室内で落ち着ける環境を作り出すためには有効な一つの方策である。さらに入居者は自宅に戻って生活できるようになることはほとんどない。つまり，この施設はお年寄にとって終生をおくる「終（つい）の棲家（すみか）」となる。それにふさわしい環境を考えなければならない。

3・3・6　老人保健施設を計画する

老人保健法の成立とともに出現した施設形態で，家庭と病院の間あるいは医療と介護の間に存在するといった意味合いから**中間施設**とも呼ばれる。約3か月を目途に入所してリハビリテーションなどを行うことにより，入院生活から在宅ケアへの移行や社会復帰を促進し，さらに自宅から一般の病院へ直接入院することを食い止める役割を果たしている。

現在全国で約24万床（2000年現在）あるが，整備目標は30万床である。この施設は，福祉関係の予算ではなく医療関係の予算で運営される点が経営上他の福祉施設と異なる。実際には3か月を超えて長期の入所になったり，特別養護老人ホームへの入所待機期間用として利用したり，実態は複雑である。

老人保健施設に限らないが，地域のお年寄りを短期間入所（ショートステイ）させてお世話する施設も増えてきた。このサービスは在宅の高齢者にとって自宅では困難な入浴などの介護や家族以外の人々との交流の機会を提供するといった利点を持つ一方，介護に携わる家族の休息・息抜きに大きな役割を果たしている。

図3・44と図4・3に紹介したケアタウンたかのす[26]は，高齢者福祉を政策に掲げた旧鷹巣町に完成した老人保健施設である。老人保健施設の80床とショートステイの30床を擁している。図4・3にみられるように，各ユニットは平屋建でのびのびと配置されている。陽光と通風が十分に居室に供給され，屋外を身近に感じることができる。入口部分のギャラリーを兼ねた廊下の脇にはステージを持つホールがあり，地域住民との交流が行われ，いろりを持った和室コーナーがある。その横にはデイケアセンターが付設されている。

今後の在宅ケアを促進するためにも，このような施設サービスによる支援

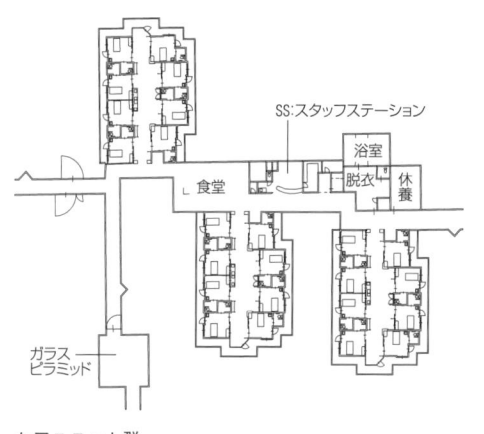

3・3 福祉施設——自立を支援する　155

ケアユニット群

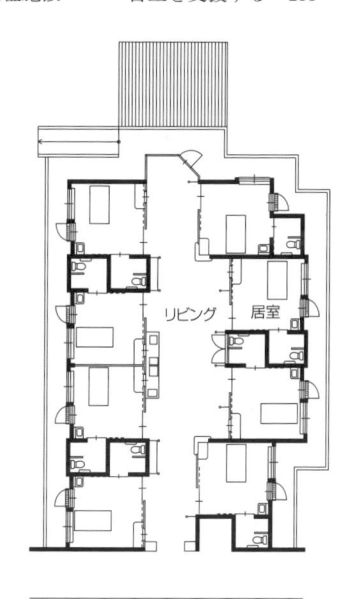

ガラスピラミッド

ケアユニット入口

ケアユニット平面図

在宅ケアと施設ケアとの環境移行による変化を緩やかにするため，8室の個室と60 m^2 のキッチン付リビングで構成される小規模生活単位を導入している。個室は自分の使い慣れた家具・道具を持ち込めるための広さと専用のトイレ，洋風流しを設け，夫婦で入所する場合のために2室をつなげて使える部屋も7組備えている。

大きな機能訓練室ではなく，手近で手軽にリハビリが出来るようにキッチン付のリビングを個室から出た所に配置している。食事の場合も，個室とユニットごとのリビングだけでなく，2〜3ユニットごとにある食堂，中央レストランと居酒屋など利用者が選択できる工夫がされている。全体の中央にあるピラミッド型のガラス張りの広間は，ランドマークとなって自分の居場所を確認する手がかりを提供している。

図 3・44　老人保健施設
　　　（ケアタウンたかのす，秋田県北秋田市，1998，外山義＋コスモス設計）

を重視しなければならない。

3・3・7　グループホームを計画する

　一人暮らしや家族との共同生活上問題がある高齢者が，介護者のいる小規模な環境で共同生活を行う場所である。基本的には施設ではなく高齢者用のケアつき住宅と考えた方がよい。したがって，個室を原則にして居室と居間・食堂・台所，風呂場・便所・家事室，そしてスタッフの部屋をできるだけ一般家庭に近い形で計画することが望ましい。入居者が自宅からグループホームに移り住んで，新しい環境に「なじむ」過程の研究調査によると，適切な環境設計により認知症（痴呆症）の症状の緩和が報告されている（図2・113，114，115，図3・43）。

　図3・45の認知症高齢者のためのグループホーム，こもれびの家は，住宅的スケールを保つことを配慮した設計である。門を入った所にある井戸，玄関は住宅的で玄関脇には炉のあるたたみ敷の場所がある。道路を挟んで向かい側に古い農家を移設保存してあり，入居者のかつての生活環境を喚起する材料となっている。

　当面，在宅ケアに代わるものとしてゴールドプラン21では全国に認知症施設を3200か所，介護保険制度の指定施設として約700か所の整備を目標にしている。新築だけでなく既存の住宅を改造したりすることで住宅的性格を保存するといった利点を活用した例も見られる（図2・106）。

　精神障害者や**知的障害者**が共同生活を送る場所としてのグループホームも存在する。

　2・9でも述べられているように，社会の高齢化のプロセスの中では住宅と施設とが制度的（図2・110）・建築的に歩み寄りを見せており，それらの違いは微妙である。

　今後の福祉施設では，住宅と施設との類似した点と相違のある点を十分に理解して計画する必要がある。

3・3 福祉施設──自立を支援する 157

中庭

全体は中庭を囲む形でそれぞれの居室へも廊下から踏込みを通って入る形である。台所と食堂は通路の一隅にあって洗濯・脱衣・浴室が隣接しているが，その間の3畳程の作業コーナーでは，入居者が自由に洗濯物をたたむ作業を行っている。

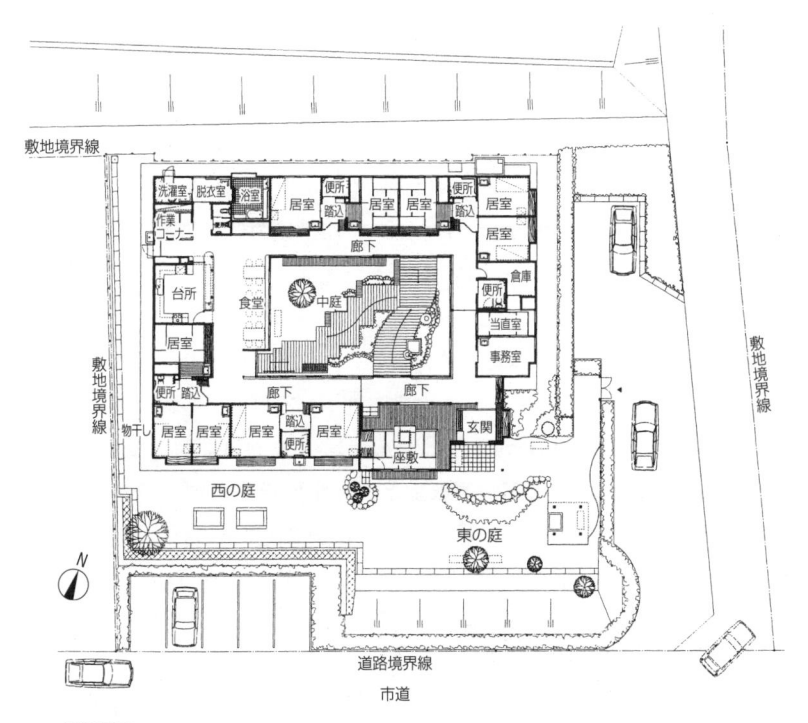

1階平面図

図 3・45　認知症高齢者グループホーム
　　　　（こもれびの家[27]，宮城県名取市，1997，外山義＋東北設計計画研究所）

3・4　学校──知識を教える

わが国は明治以来，富国強兵政策の一環として，国民の教育制度の整備に力を入れ，能率的な**義務教育**の場としての学校を計画・建設してきた。ある意味では日本の近代化を促進し，経済の飛躍的発展を支えたのはこのような教育の場で育った世代でもある。昨今では，さまざまな変化が教育環境に発生しているが，この変化を必要としている学校建築とはどのようなものなのか，その計画を考えてみよう。

3・4・1　義務教育と学校建築の誕生

伝統的に知識の多くは僧侶，貴族，士族の子弟教育を通して受け継がれてきた。江戸時代には，各地で藩校が設置されたが，その対象は主に武家の子弟に限られた。一方，庶民は**寺子屋**や塾で，読み・書き・算盤といった実務教育を受けた。明治時代になって，1872年に施行された**学制**により全国民を対象にした国家による統一的な義務教育が開始された。19世紀に制定されたこの制度はビスマルクのドイツと共に古いもので，英国や米国での義務教育化は20世紀になってからである。引き続いて小学校の建設の需要が増大し，短期間に各地で独自の小学校が建設された[*1]（図3・46）。

1895年の「**学校建築図説明及び設計大要**」（図3・47）は，国が定めた学校建築の設計指針と標準設計である。校舎の形式，配置，間取り，教室などが規定され，また片廊下型が推奨された。当時廊下を縁側的に南側に置くか（図3・46），北側にするかの議論が行われたが，最終的には，北側となった[*2]。これが今日まで続いた**北側廊下南側教室**という学校建築の標準型の発端である[*3]。明治時代から大正時代にかけて実務教育を重視する方針により，家庭室（作法室）に始まり，理科・音楽・手工の部屋が**特別教室**として，また図書室，雨天体操場や広い屋外運動場[*4]が整備された。

大正時代になると鉄筋コンクリート（RC）造がいくつかの学校で採用されたが[*5]，各地に建設された大量の**木造標準校舎**は，関東大震災（1924年）の後は，特に防火・耐震性能の向上のため次々とRC造に改築された。しかし平面型は木造と同じ片廊下型で敷地の制約から運動場を囲んだロの字，コの

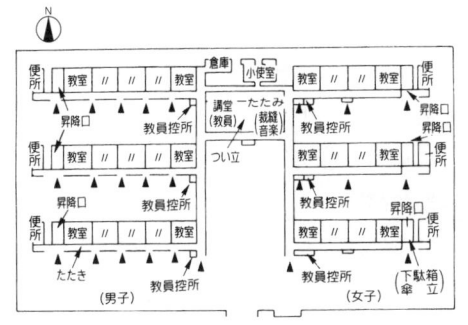

図 3・46　唐津小学校[28]（佐賀県唐津市，1901，辰野金吾）

南側に廊下をとり昇降口はあるが男子の教室群の方は特に廊下から前面の庭に出られるようになっている。中央に裁縫や音楽のための畳敷きの教室がある。特別教室のはしりである。

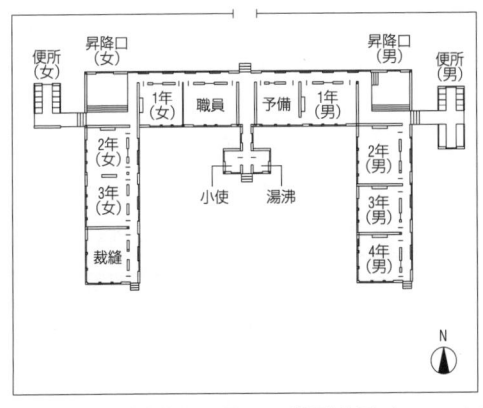

図 3・47　学校建築図説明および設計大要（1895，文部大臣官房会計課建築係）

技師山口半六と久留正道の共著といわれる。小・中学校と師範学校の6件の実施例と4つの模範例により当時の状況における最も推奨すべき学校建築の模範を示している。「規準的なものの持つ弊害を抑制するためにも，これは非常に有効な技法である」と吉武泰水は後に述べている。

* 1　1875年には既に全国に2万4千校が建てられていたが，8千が寺院，7千が民家の借用であり，地方の財政負担を伴うものであった。1873年に松本市に立てられた開智小学校は擬似洋風の中廊下のもので，今は記念館として使われている（文51）。
* 2　文部省視学の三島通良による全国の学校実状調査にもとづいた「校舎衛生上の利害調査」1901，官報告示の結果である。
* 3　自由学園の校舎など標準化によらない例外もあった（文51）。
* 4　当時導入されたスウェーデン式体操の実施の場としての影響が強い。
* 5　雲中小学校（神戸），壽小学校（横浜），泰明小学校（東京）など

字といった形式であった。このような状態でも，東京市の震災復興校舎は，小公園を隣接させ，水洗便所やガス・全館集中暖房設備を備えた水準の高い建築物であったことは銘記すべきである[*6]（文51）。

3・4・2　教育の民主化と学校建築の需要

　1947年公布の**教育基本法・学校教育法**には，教育を民主化の方向に転換する主旨が盛り込まれた。そして，いわゆる6・3・3・4制として義務教育年制が9年に延長された。戦争で壊れた小学校と新制の中学校の建設需要が急増した。建築に関しては，戦時中に制定された規格がほぼそのまま1949年の木造小・中学校の規格に受け継がれた[*7]。戦災や台風災害により学校建物が焼失・損壊したために，木造校舎をRC造に転換する必要があり，1949年の**RC造校舎標準設計**は日本建築学会が構造・コスト・空間・採光・視線などの側面から検討，改良を行ったものであり，実際のモデルスクールとして西戸山小学校（図3・48）が建てられた。

　ここでは低学年と高学年の学校での生活ゾーンを分離し，児童の生活用のプレイルームを設置し，また学年ごとに明確なグルーピングを行っている。普通教室の並ぶ片廊下の端部に普通教室より広い面積を要する特別教室を設けて面積効率を高めた。また，校庭を含めて全体管理がしやすいように職員諸室を配置している。これは，明治以来2番目の標準設計にあたり，優れた平面計画を持ったモデルであったが，それ以降各地で建てられたRC校舎はこの標準設計の主旨を必ずしも理解せず，形態のみを倣った画一的なものになったことは残念である。

　一方，RC造の基準に少し遅れて1954年に鉄骨造のJIS化が実現した。これは**(旧)宮前小学校**（八雲小学校宮前分校）を生み出した（図3・49）。RC造の場合と同様に日本建築学会の協力が得られたが，今回は学校建築の使われ方に関する研究成果や英国の学校建築情報が得られたため，RC造の場合に比べて新しい方向を示唆する多くの提案が盛り込まれている。

　まず，北側廊下でなく**階段室型**（バッテリータイプ）[*8]を採用したことである。これによって，廊下面積を削減して実際の部屋面積を増大させている。また教室の両面採光と通風が確保できた。高学年児童の活発な動きに押されて低学年児童が次第に校庭周辺に追いやられるといった休み時間での校庭の

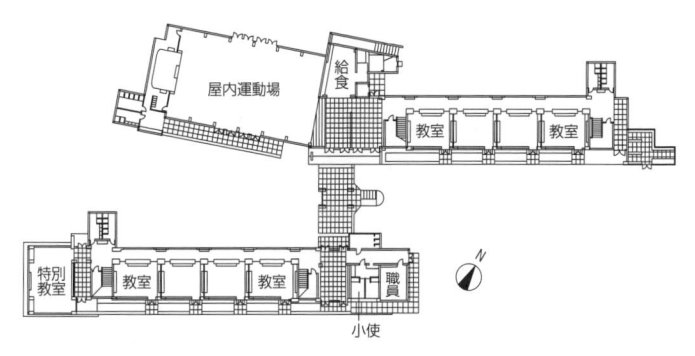

明治時代以来の北側廊下，教室南面の標準設計の形式を踏襲しているが，廊下の幅だけ広い特別教室を廊下の突き当たりに配置して面積効率を高めた。中央の昇降口から低学年棟と高学年棟とを明確に分離した意欲的な提案である。

図 3・48　鉄筋コンクリート造校舎モデルスクール（西戸山小学校，1950，東京都建築局）

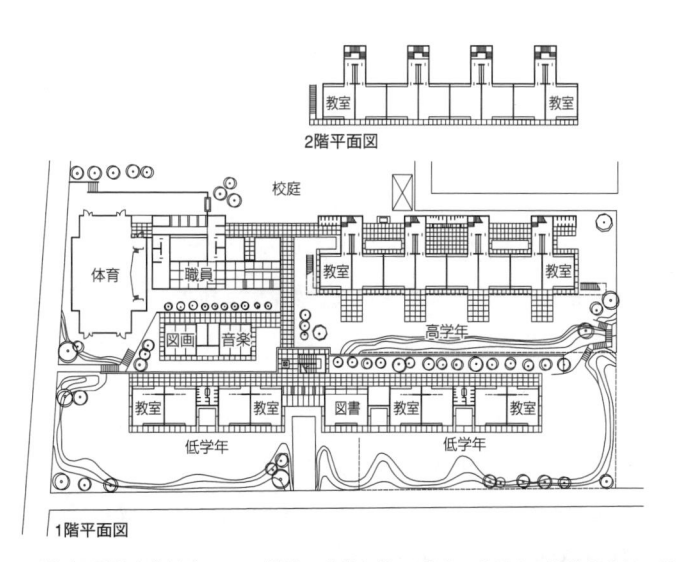

廊下の面積を節減するため2階建の高学年棟は2教室で共用する階段を北側に設けてその間は屋根付渡り廊下にした。階段室の1階は昇降口で便所が隣接している。各教室へは前室のワークスペースを通って入る。低学年棟は中央の昇降口から両側に分かれて行くが，各教室の入口にはワークスペースが設けられている。低学年棟の南側には専用の遊び庭があり，北側の運動場に出なくても屋外での活動を行うことができる。

図 3・49　鉄骨造校舎モデルスクール（旧宮前小学校，1955，宮前小学校設計グループ）

＊6　予算不足から低水準であった戦後のRC造学校建築と対照的である。
＊7　米国経済使節団は各地の学校を視察し，GHQ（連合軍総司令部）に校舎への投資を勧告した。CIE（民間情報教育局）は文部省に「学校建築研究会」の設置を提案。研究の成果は1949年「申請中学校建築の手引き」として出版され新しい提案が多く盛り込まれたが，実際に普及するには及ばなかった。
＊8　2ユニットで階段を共用する形式。集合住宅でも用いられる（図2・71参照）。

使われ方の観察・結果の分析により，遊び場だけでなく児童の野外活動領域を明確にする「低高分離」の設計指針を生み出した研究も名高い。この計画では，低学年と高学年の生徒の活動を分けることを重視して低学年専用の遊び庭を確保した。さらに教室にはワークスペースを隣接させた教室を実現している。教室の寸法も8m×8mの正方形でこれまでの伝統的な教室の寸法にこだわらない提案である。しかし，この優れた提案もＲＣ造の場合と同じく全国的な一般解となるには至らなかった。ただ，ワークスペース付の教室の提案は，後にオープンスクール形態の呼び水となった。

　1982年にわが国の児童数は最高となるが，まず校舎の量的な整備を第一にする方針が画一化を招いたといえよう。

3・4・3　学級の発生とその空間「教室」

　産業革命以後の英国では，製品の大量製造のため労働者の教育水準向上が社会的に強く要請されるようになった。かつては教会が担っていた市民教育用の慈善学校が貴族や聖職者の手から離れ，市民教育を専門に実施する制度や組織に移った[*9]（文11，16）。教員数が児童数に対して極端に少ない状況[*10]の中で優秀な児童を教員の代理として使ったり，児童集団ごとに授業をする学級が誕生した。さまざまな工夫と変遷を経て学習内容が同一で同年齢の一群の生徒が教育を受けるために，場所と時間を管理しやすい独立した部屋，すなわち**教室**が発生したのである（図3・50）。

　さて，日本では既に明治時代から神聖な教場としての教室が存在した。そこでは，80人が20坪（4間×5間）の中に2人掛けの机（3尺6寸×1尺2寸）を教壇に向かって平行に整然と並べて授業を行うモデルが完成していた（図3・51）。また，休み時間には窓を開けて換気することを前提にして，締め切った部屋の二酸化炭素濃度が当時の炭火暖房でも限度以下になるように天井高が3m（10尺）に規定された。また方位・日照角度の計算から南側教室の有利さが証明された。

　このような教室の各種寸法は，尺貫法からメートル法に代わり，主要構造体が木造からＲＣ造に変更されても7m×9m×3mとして受け継がれた。1950年のＲＣ校舎標準設計に際しては，7m×9mの教室を前提に柱の位置を検討する研究が行われた。これは当時の教室には二重天井がなく，ＲＣの梁が直接

3・4 学校——知識を教える 163

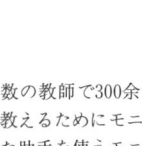

少数の教師で300余りの生徒を教えるためにモニターといった助手を使うモニトリアムシステムが英国で提唱され学級が発生した。優秀な学生も授業の手伝いをした。右側にいるのが教師であるマスターで，中央にいるのは全体の秩序を保つモニター長である。

図 3・50 モニトリアル・システムの教室[30]

20坪の広さの中に80名を収容するための2人掛けの机（3尺6寸×1尺2寸）の標準レイアウト図。その後の教室の原型となった。

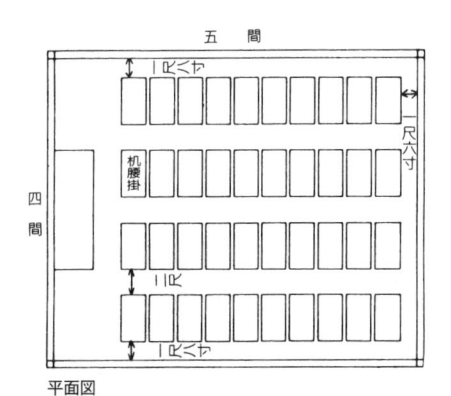

図 3・51 4間×5間の教室平面[28]（明治中期）

*9 19世紀前半のジョセフ・ランカスターによる大量生産的教育法などの制度や中世の親方と徒弟のように家業として学校を運営するものが多かった。
*10 正教師の"マスター"1名と，助手のアッシャー・モニターが各1名により，教室で多数の生徒の授業が行われた。

見え，また柱の位置が大梁の位置を決めてしまうため，生徒から見ると教室の前と後が二分されるような視覚上の不安さを取り除く必要性が論じられたからである。そのほか窓台や黒板について生徒の身体寸法に合わせた高さを検討したり，窓についても透明ガラスとすりガラスの相違により教室への採光と外が見えることにより生徒の気が散らないかといった検討が行われた（文101）。

教室の天井高寸法が現在の建築基準法の中で未だに生き残っているとは驚くべきことである。日本の小学校教育に対する建築形態は，このような寸法を持った「教室」での授業を主体として確立していたのである。

3・4・4　履き替えを計画する

1955年頃から学校建築の使われ方研究が本格的に開始された。そのひとつのテーマが履き替え計画である。

雪国に限らず現在大半の学校で上下足の履き替えが行われているが，履き替えの有無やその方式が，学校建築の床の汚れ，校舎・運動場・昇降口そして校門の位置関係を左右し，さらに児童の動線や活動に影響することを解明した**上下足履き替え**に関する研究は有名である（表3・3）。つまり，例えば運動場を使用するときに下足を用いる方式では，**昇降口**の位置が運動場側になければ履き替えて後に，校舎を回り込まなければならない。遠まわりで面倒くさいので，勢い下足のまま校舎を通り抜ける行動を誘発する。

昇降口での生徒の履き替え動作を分析した結果，履き換え線を明確にし，また十分な長さをとることが重要であることがわかった（図3・52）。また上下足箱・傘立て家具のデザイン上の要件も明らかになった。下足から上足への**履き替え線**が直線上にある場合には，上足入れを下足部分に，下足入れを上足部分に設置することにより，スノコを敷く必要もなく履き替え時の混乱を避け得るという発見である（図3・53）。この原理を理解していないため，通常は下足部分に下足入れを設置して，スノコを敷いて脱いだ下足を下足入れに入れて素足で上足部分まで歩いて上足部分にある上足入れから上足をとって履いている現象がみられる（文85，101）。

3・4 学校——知識を教える

表 3・3 履き替えのシステム[31]

方式＼範囲	登下校	屋外運動場	校舎	体育館	特徴・計画上の留意点
1足制				体育用	履き替えない方式（1足制） ● 児童・生徒の活動が自由 ● ブロックプランの自由度が増す ● 昇降口面積削減，設備が簡単 ● 周辺道路やアプローチの舗装が必要 ● 傘，雨具は昇降口で処理 ● 都市部の中・高校で検討する
2足制	屋内用（通学兼運動用）		屋内用	体育用	
	通学用		校内用（芝 舗装）	体育用	履き替える方式（2〜3足制） ● 汚れが校舎内に持ち込まれにくい ● 自由で連続的な活動が阻げられる ● 配置計画に制約が強い
3足制	通学用	運動用	屋内用	体育用	

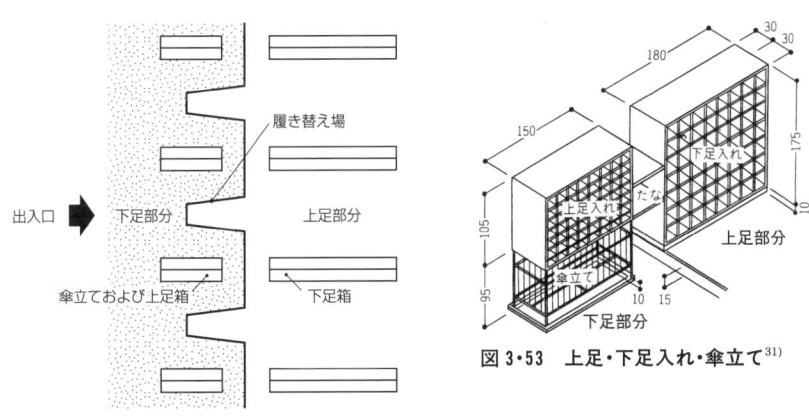

図 3・52 履き替え線

図 3・53 上足・下足入れ・傘立て[31]

表 3・4 実測による校地の構成比[31]

		小 学 校			中 学 校			全平均	
		並列型	閉鎖型	全体	並列型	閉鎖型	全体		
運動場部分	Ⅰ	27.3	34.4	31.7	50.2	41.3	46.0	40.1	Ⅰ：広いスペース （一般的な運動場のスペースの部分）
	Ⅱ	9.3	7.9	8.4	3.6	5.5	4.5	6.1	Ⅱ：周辺のスペース （大きい樹木，固定施設のある部分など）
	Ⅲ	4.5	0.6	2.0	0.1	0.1	0.1	0.9	Ⅲ：入れないスペース （樹木の茂みや門構え，雑品置場など）
	小計	41.1	42.9	42.1	53.9	46.9	50.6	47.1	
校舎敷地部分	A	23.4	1.0	9.2	19.9	4.7	12.7	11.3	A：まとまった広いスペース （棟と棟の間などの面積の合計値）
	B	5.3	6.3	5.8	2.4	3.6	3.0	4.1	B：校舎の近接部分 （階段や犬走り，ため枡などのための面積）
	C	11.2	16.5	14.7	6.9	11.7	9.2	11.4	C：使えないスペース （校舎北側の出入りできない部分など）
	D	19.0	33.3	28.2	16.9	33.1	24.5	26.1	D：校舎の面積 （倉庫なども含む1階面積に相当）
	小計	58.9	57.1	57.9	46.1	53.1	49.4	52.9	
合 計		100.0	100.0	100.0	100.0	100.0	100.0	100.0	

3・4・5　校舎と運動場の配置を計画する

　従来，運動場を南に，校舎を北に置く配置が一般化していた。いくつかの校地の利用実態を実測してみるとさまざまな校舎配置の得失がわかる。**校地面積**と**運動場面積**の比率が校地面積の大小に拘わらず，小学校では45：55，中学校では半々とほぼ一定になることを発見した研究もよく知られている（表3・4）。これらの諸知見をもとに新しい全体ブロックプランを提案し実現した例も現れている（図3・54）（文51, 85）。

3・4・6　教室型を運営方式から計画する

　それぞれの学級が，教育カリキュラム・時間割にもとづいて教室をどのように使うかを学校の建築計画では**運営方式**と呼ぶ。方式の違いにより教室の利用率や必要数が異なり，そして生徒の休み時間の動きや所持品の置場に影響することが多くの研究で明らかになった。

　学級単位の運営方式としては，①総合教室型（A型），②特別教室型（U＋V型），③教科教室型（V型），④系列教科教室型（V＋G_2型），⑤プラトーン型（V＋U_2型）があり，それぞれについて長所・短所がある（表3・5）。

　図4・100には，総合教室型を低学年に適用し特別教室型を高学年にした小学校の例，特別教室型で運営する中学校の例，教科教室型の中学校の例，系列教科教室型の中学校の例における各室のつながり方が示されている。

　一般的に，教室の機能を多くの科目をこなせるように総合的につくれば，生徒は自分の教室として落ち着いて利用できる。しかし，個々の科目の専門的な特徴をもたせることができない。したがって，このような総合教室型は小学校低学年に適することになる。一方，それぞれの科目に応じて機能を特化した教室を主体にすれば，効率のよい授業が実現するが，各学級の生徒の居場所としては落ち着かなくなる。このように，それぞれの方式の特徴が建築計画に影響を与える。

　多くの学校では，これまで教育内容の検討なしに特別教室型が当然のように導入されてきた。近年，教育の個別化・専門化が重視されている状況を考えると，特に中・高校では教育内容に応じた多様性が実現できる教科教室型が望ましい。ただし，この場合でも生徒の居場所が不安定になるという欠点を補うために，**ハウス**とか**ホームベイ**と呼ばれる生徒の所持品置場や生徒た

訪問する人は校門から右手に運動場，左手に校舎を見ながら入ってくるので，校舎や体育館を地域に開放する場合でも全体がわかりやすい。生徒は正面昇降口で上下足の履き替えを行うので，登下校時や休み時間に運動場へ出る場合も履き替え動線が短い。このように履き替え，体育館や屋外運動施設の開放ルート，全体空間の把握などを考慮した典型的なアプローチ計画例である。

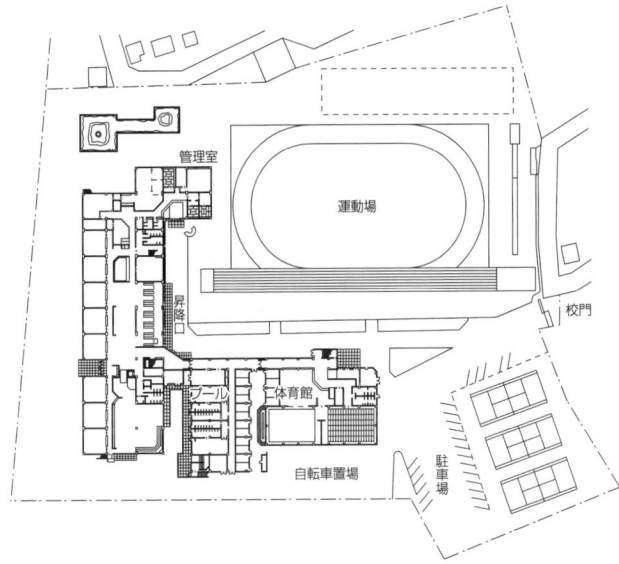

図 3・54 都立小平西高等学校（東京都小平市，1978，長倉康彦）

表 3・5 学級単位の運営方式[31]

方　　式	計画上の特徴と留意点
総合教室型（A型） クラスルームまたはそのまわりで大部分の学習・生活活動を行なう方式	●生徒の居場所が安定する ●校時にとらわれない弾力的な運営が可能 ●クラスルーム関係の面積に余裕をもたせ，簡単な実験・工作コーナーやロッカー，便所，前室などの生活諸施設を充実させる ●小学校低学年に適する
特別教室型（U+V型） 普通教科はクラスルームで行ない，特別教科を専用の設備や教材を備えた特別教室で行なう方式	●生徒の居場所が常に確保されているので安心感がある ●チームティーチングや選択制などで学習構成が再編成される場合は十分な対応ができない ●特別教室を充実させるほど室利用率が下がる ●小学校高学年，中・高等学校向き
教科教室型（V型） 全教科が専用の教室をもち，生徒が時間割に従って教室を移動して授業を受ける方式	●各教科ごとに専門的な施設や設備を用意できる ●室利用率が上がり，教室数が少なくてすむので共通学習スペースや生活スペースの充実が可能 ●クラスルームがないので，ホームルームを行なう教室を割り当てる必要がある ●ロッカーなど生活用施設を別に整えることが不可欠 ●中・高等学校に適する
系列教科教室型（V+G$_2$型） 教科教室型で関連ある教科（人文・理数・芸術など）ごとに教室をまとめる方式	●教室の利用率が一層高まる ●教科独自の性格は弱まるが，教科の枠を広げた弾力的な学習の展開には有利
プラトーン型（V+U$_2$型） 2クラス兼用の普通教室と十分な数の特別教室をもち，全体クラスを2分して午前と午後で普通教室と特別教室との利用を逆転させる方式	●教室の利用率が高まる ●時間割編成を十分に検討する必要がある

ち固有の拠点空間を整える必要がある(図3・55)（4・8・1参照）。

3・4・7　教育環境の変化と計画の試み

多くの児童に対して効率よく規定の知識を教えるという目的で，明治以来日本の学校建築はこれまで厳しい面積的制約の中で教師の側と建築計画者の側とでさまざまな努力がなされてきたが，昨今児童数の減少で面積的にも余裕が生じ，固定的・標準的な学校平面型からの脱皮の可能性が出ている。

全国の学校教育において，生徒の粗暴な行動やいじめなど，そして不登校児の増加など，荒廃した状況が見られる。1992年，文部科学省は不登校はどの子供にも起こり得ることととらえ，単に学校復帰を促すのではなく，状況を見守る姿勢を打ち出した。**フリースクール**と呼ばれる民間施設や適応指導教室と呼ばれる行政が設置した**不登校児**の居場所も出現している。また，社会とのつながりが必要な学校教育環境が，防犯上の理由から周辺に対して閉鎖的になりつつある。

人口3万人，山間の自然豊かな城下町である福島県三春町が，1983年から10年間を目途に全11校のうち6校を新築，2校を大規模改修することを決定した。三春町の学校づくりは，教育理念を掲げ，学校のあり方を多方面の関係者が議論する一方で，多くの建築計画研究者と設計者が特色のある学校空間を創り出し，教育面と施設面とで同時に変革を試みたユニークな事例である[*11]（文53）。

このように運営と建築計画とは，よい施設を実現するための車の車輪のような関係にある。

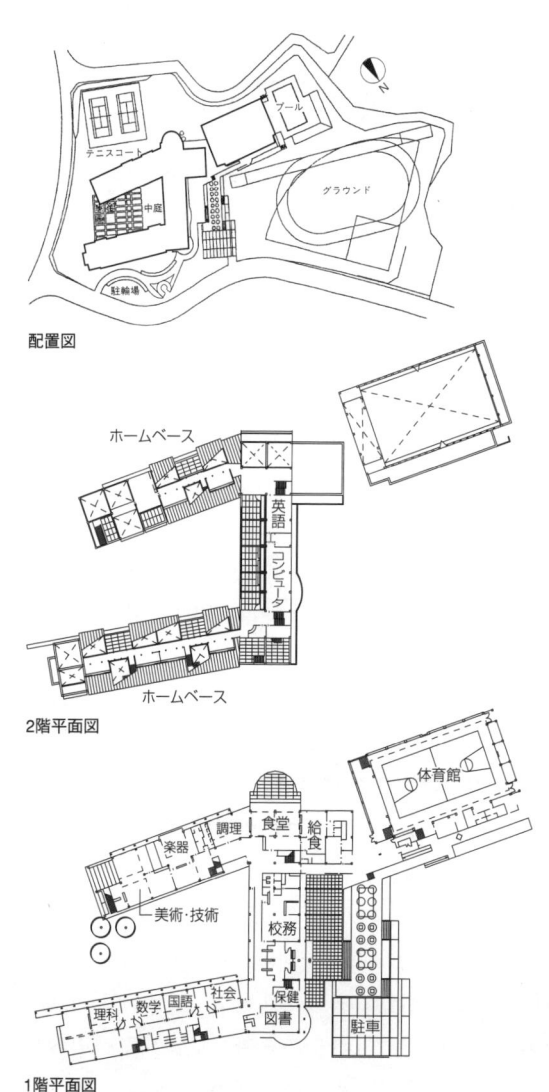

運動場と校舎の間にアプローチと昇降口を設けた原則にそった配置計画。教科教室型を徹底的に採用し、機能に応じた教育環境が実現している。棟と棟との平行配置を意図的に外した中庭は適度な閉鎖性があり、中にいると自分の位置をがとらえやすく居心地がよい。1階の教室群は人文系、自然系そして芸術系の教科ブロックで構成され、隅の部分には図書館と食堂が置かれている。2階には各級が固有の基地(ホームベース)を持てるような平面計画が行われている。

図 3・55　三春町立桜中学校[32]
(福島県三春町, 1991, 香山アトリエ/環境造形研究所　計画指導：長澤悟)

*11　当時の故武藤教育長が掲げた教育建直しの構想目標は、次のとおりである。
「・こころをぼろぼろにするところではなく、こころをみがくところ、・なまけるところではなく、どりょくするところ、・なかまはずれにするところではなく、みとめあうところ、・みんながまっているところ、・またあしたいきたくなるところ、・学校とは生きる喜びを学ぶところです。」(長澤悟:「学校は変わる。福島県三春町の挑戦」教育と文化26, 2002)

3・5　学校——体験し学ぶ

少子化に伴って、各地の学校が廃校になり、一方で僻地での義務教育の維持のために、新しい小中学校が建設されつつある。

現在では、コンピュータの普及によりインターネットを通しての教育が模索されている。情報化時代に学校の持つ役割は変わりつつある。明治時代以来標準化の道をたどった学校建築は、その後どのような方向に変化し、また、これからどのように変容していくのか？　その計画を考える。

3・5・1　英国と米国の学校建築を見る

英国で、新教育法（1944年）が制定され、新しい教育方針の下に刊行された**ビルディング・ブルティン**（1949年）の中に学校建築の指針が盛り込まれた。そこには家庭のように自由な雰囲気の中で行う学習の実現、教室として使える面積の効率向上などが盛り込まれ、それにもとづいてワーキンガム中学校(Workingham Secondary Modern School, 1953年)、アマーシャム小学校(Amersham Junior School, 1958年)、そしてアーノルド中学校(Arnold Secondary Grammar School, 1959年)が建設された（文85）。その後、児童の個性と創造性を重視する方針で、**イブリン・ロウ小学校**(Eveline Lowe Primary School, 1965年)が中央教育審議会答申によるインフォーマル・エデュケーションを体現したモデル校としてロンドンに建てられた（図3・56）。ここには、教室が一列に並んだ校舎のイメージはなく、年齢の異なる児童をそれぞれグループに分け、個々の活動にあった部屋やコーナーを通路に沿って連続的に配置している。食事の時にはホールを兼ねた食堂や周辺のコーナーに集まり、休み時間には起伏のある大小の庭に直接出られる。校舎というより平屋建の住宅を大きくしたような建物である（文20）。

このように学習の集団を年齢が異なる構成にしたり、人数を多様にできるためには、空間構成での柔軟性が必要である。

図3・57は、年齢別、クラス規模別そしてそれを担当する教師の割り振りを示したものである。教科の内容、生徒の能力などに応じて多様な学習集団の構成を想定していることがわかる。年齢や性別の異なる児童をひとつの集団

3・5 学校——体験し学ぶ 171

教室

平面図

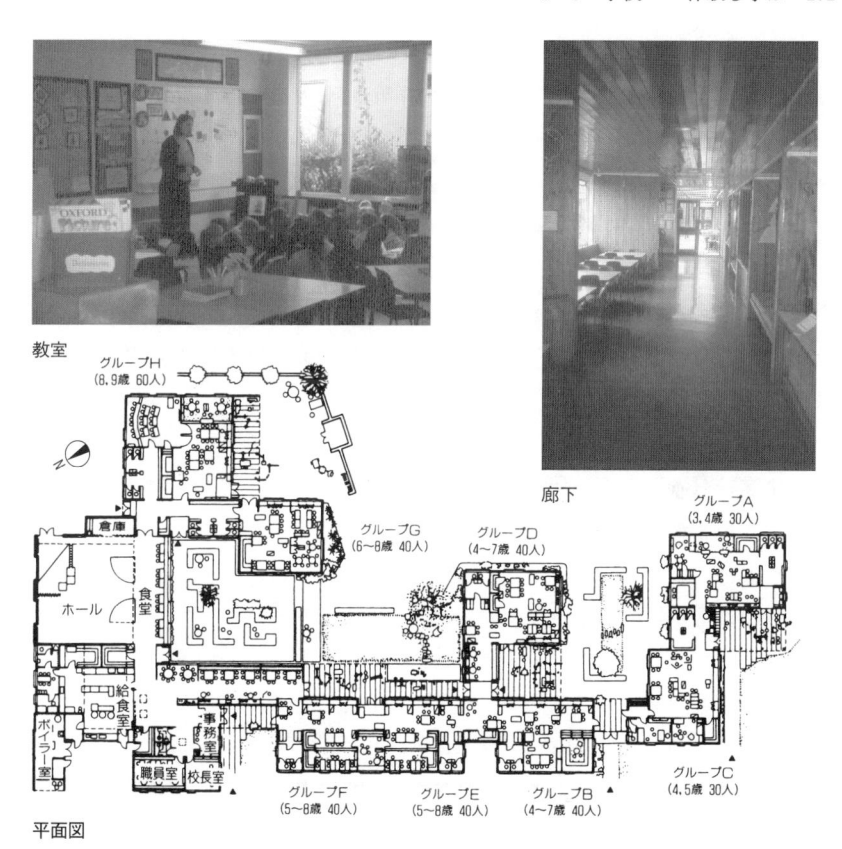

ロンドンの南地区にある。ブラウテン協会の開発グループが教育当局と協力して，規定の予算内で計画したもので，3歳半から9歳までの320人の生徒をさまざまなグループに分けて学習することを想定している。グループAとCは30人ずつの保育主体，グループB，D，E，Fは年齢の異なる児童を「ファミリー」グループとして学習，年齢の上の児童は，GとHには入るが，60人のHグループには2人以上の教師が担当する想定である。

図3・56 イブリン・ロウ小学校[28)]（ロンドン，イギリス，1965）

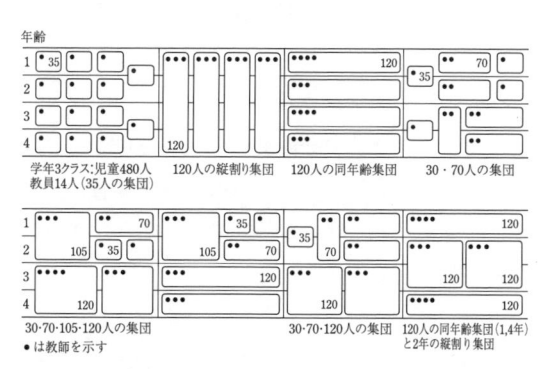

● は教師を示す

図3・57 学級の多様な編成

にまとめることで各自の社会的な役割を体得することができる。

このような学校建築に対する考え方は、**ギルモント小学校**(Guilemont Junior School, 1973年)にも見られる(図3・58)。一般教科と専門教科はクラスターと称する単位の中で行われ、ドラマ・工芸・音楽や図書館に代わるリソース(資料)センターなどの実習場所が中心に配置されている。これらが入り混じっており、日本のように教室が廊下でつながる形態は存在しない。一人の教師で一歳違いの学童20名ほどのクラスを形成し、拠点(ベース)から必要な空間を利用しに出かける。この例も平屋建で中庭を持った住宅的環境である。

一方、米国では1970年代から新しい動きが現れた。インディアナの**フォドレア小学校**(Fodrea Community School, 1973年)は、鉄骨造の立体トラスの屋根で覆われた巨大な空間(20m×90m)でできていて、中には間仕切り壁らしきものはない。時代とともに変化する教育内容に対して、空間的な柔軟性を保つことが目的である。そのためにさまざまなグループの規模や学習内容に合わせて、必要な教材・家具・装置を適切に配置している。日本の教室は一定の人数のグループに決まった学習内容を教えるための空間であるが、それと正反対の発想である。実際には静寂さや落ち着きの欠如、親密な人間関係を築きにくいといった批判を浴びて、1980年代には少し衰退の傾向にあるが、現在でも多くの学校でこのような大部屋形式が採用されている。

テキサス州のカレッジ・ステーションにある**ロック・プレーリー小学校**(Rock Prairie Elementary School, 1988年)は、幼稚園から4歳児までを扱い、小学校では一学年は1クラス22名の7クラスで構成される。全校児童は約700名である。各教室が学年ごとにまとまり、学年ブロックがクラスター状につながるのが特徴である。図書室は中心にあって単に本の貸出だけでなく**リソースセンター**として専門スタッフが学習をバックアップしている。

ミネソタに建てられた**バレー・クロッシング小学校**(Valley Crossing School, 1990年)(図3・59)は、900名の全学生を**近隣**(Neighborhood)と呼ばれる3つのグループに分割している。情報センター・音楽室・体育館・食堂などは共用で用いるが、各「近隣」の中ではある程度の落ち着きが得られ、教師と児童との緊密な人間関係も保てるようになっている。

3・5 学校——体験し学ぶ　**173**

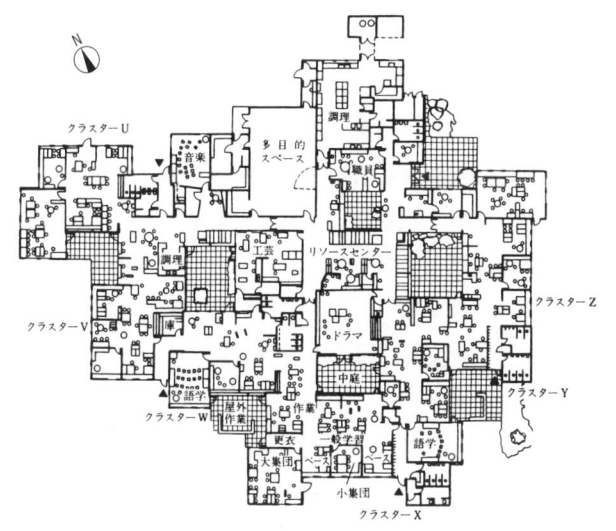

イギリスのハンプシャ地方にある。小学校（8〜12歳）の生徒数480人を想定。全体をティーチング・クラスターと称する学習の生活集団に分けており，普通の教科と特別教科はクラスター内で完結させている。

図3・58　ギルモント小学校[28]**（ハンプシャー，イギリス，1973）**

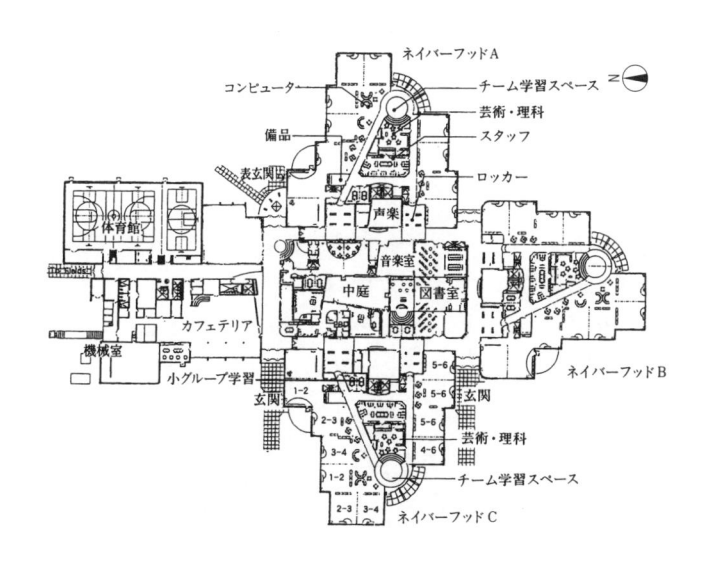

図3・59　バレー・クロッシング小学校[33]**（ミネソタ，アメリカ，1990）**

3・5・2　日本の学校がオープン化する

1970年代から日本でも新しい学校建築の形態を模索する活動が活発になった。定型化した学校教育と学校建築を変えなければという危惧が背景にあったからである。クラス間をアコーディオンカーテンで仕切った丘珠（おかだま）小学校（北海道札幌市）や，壁のない教室の**加藤学園**（静岡県沼津市，1972年）のように，いくつかの学校で教室の壁を取り去る試みが行われた。今日まで20年以上継続的に教室の新しい使い方を試みているのが**緒川小学校**（愛知県東浦町）である。1978年に改築された校舎は普通教室以外に広い多目的ホールを持っている（図3・60）。図書・教材や作品の展示コーナーなどとともにテーブルや個人閲覧机などが備えてある。経年的な調査によると，このゆとりの空間が普通教室の壁をも排除し，多様な教育・学習形態[*1]を生み出しているという。最近では学校給食も好きな所で食べてよいという学校側の方針転換で，多目的室の一部が食事に使われている。英国のイブリン・ロウ小学校に見られたような活動に応じて空間を選択できるという方式を参考に出現した日本での初期の実例である。

1978年に建てられた**福光中部小学校**（富山県福光町）は，米国的な柔軟性を重視した大空間を採用している。各学年4クラスは一つのフロアに配置され，従来の教室に比べて一クラス約2倍の広さを持つ大空間になっている。天井には2m角の格子状のレールが埋め込まれていて，ここに2m幅の間仕切りを取り付けることができる。つまりこの間仕切りパネルによって学習内容に応じて，大小さまざまな空間に区切ることが可能である[*2]（文51）。

1984年に建てられた**本町小学校**（神奈川県横浜市）は，以前から実践してきた学級を超えたチームティーチングや学習形態の多様化を学年ごとにクラスターを設けて，建築的対応をしやすくした例である（図3・61）。

同じ年齢の一定数の生徒に対して，「教室」という空間の中でカリキュラムに従って一人の教師が授業を行うというこれまでの日本の学校教育は，教室の閉鎖性と担任教師の強い指導的立場から**学級王国**と呼ばれたが，緒川小学校や福光中部小学校のような試みは「学級王国」が隣りの「学級王国」と共通の場を持つことで次第に学級の壁が開くといった意味から，**オープン化**，**オープンスクール**と呼ばれた。

以前，鉄骨造JIS化に伴うモデルスクールとして建設された**(旧)宮前小学**

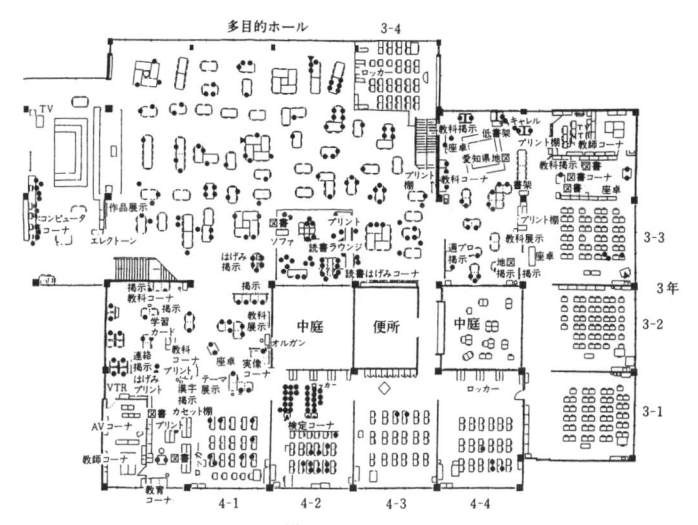

図 3・60　個別学習展開の状況[33]
　　　（東浦町立緒川小学校，愛知県東浦町，1978，田中・西野設計事務所）

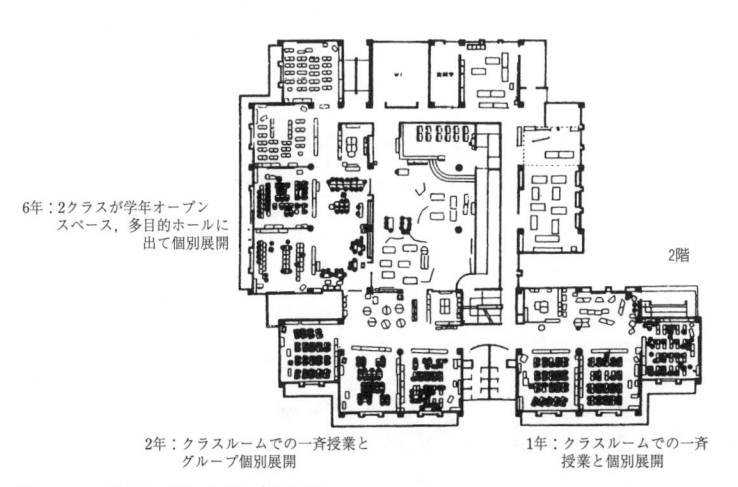

図 3・61　教室の使われ方の状況[33]
　　　（横浜市立本町小学校，神奈川県横浜市，1984，内井昭蔵建築設計研究所）

---

*1　複数の教師がいくつかのクラスをまとめて担当するチームティーチングや生徒を小規模なグループに分けて学習するグループ指導など．

*2　隣りの教室や廊下との間の間仕切を取り除くようにして，オープン化を実現した例も多い．しかし，この方式を，上手く使えるためには，設計者側には空間モジュールの十分な検討と家具のデザインが要求され，利用者側にも多様な空間を使いこなす意欲と準備が必要である．

校（八雲小学校宮前分校，1955年）が建替えの時期を迎えて，1985年に目黒区立宮前小学校として典型的なオープンスクールに変貌を遂げた（図3・62）。この場合も日本建築学会（学校建築委員会，委員長：長倉康彦）のアドバイスがあり，さまざまな試みが盛り込まれた。

　学年2クラスで全12クラスの規模であるが，北側の運動場と南側の校舎の間に登校路を置き，広い昇降口を設けて履き替え動線を処理している。低・高学年分離を徹底し，さまざまな課題学習が可能な多目的なオープンスペースを教室の前に配置している。また4クラスごとにメディアスペースを設けてコンピュータ展示などに利用している。食堂は一部を家庭科の特別教室として利用しており，家具デザインにも工夫が見られる。地域開放を考慮した体育館やプールは西側の専用の出入口を用いて，休日でも校舎内を通らずに利用できる。敷地の高低差を利用して中庭に入り口がある「穴ぐら」空間では，子供たちはまっ暗な「秘密」空間を体験することができる。建築計画研究成果を基礎として，設計された典型的な学校建築である（文85）。

　多目的スペースに対する補助金制度（1984年）が設けられたこともあって，このようなオープン化の試みは各地の小学校で行われるようになった[*3]。1980年代から90年代にかけて，オープン化された多目的スペースを持つ例は全国の公立小・中学校のおよそ一割，3000校に達したと報告されている。

　しかし，この傾向は「オープン化」という新たな画一化を呼んだともいわれる。オープン化の主旨がいままでの教室における画一的な授業形態に対して，新しい教育形態を取りうる可能性を建築的に提供したということを理解せずに補助金を入手するために各教室をつなぐ廊下を単に広くしただけとか，多目的スペースを別の「室」としただけのものなど，「オープン化」という形式だけが取り入れられる例が見られるようになった。

　明治時代以来の標準的な北側片廊下・教室南面という画一的な形式を崩そうとして提案されたオープン化の計画が，新たな「オープン化」という画一化を生んだとしたら皮肉なことである。

3・5 学校——体験し学ぶ **177**

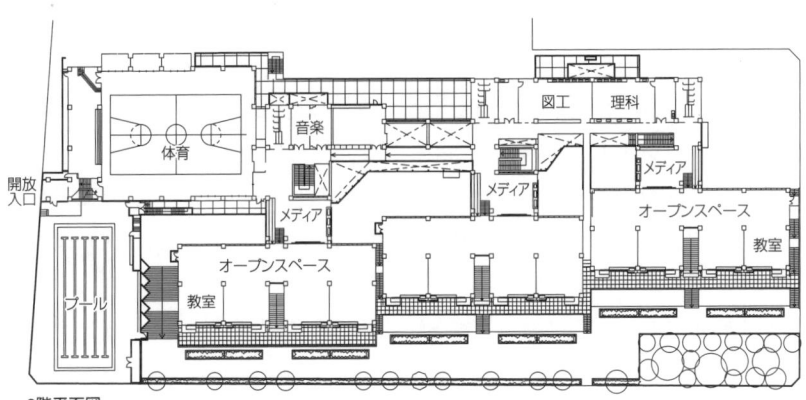

2階平面図

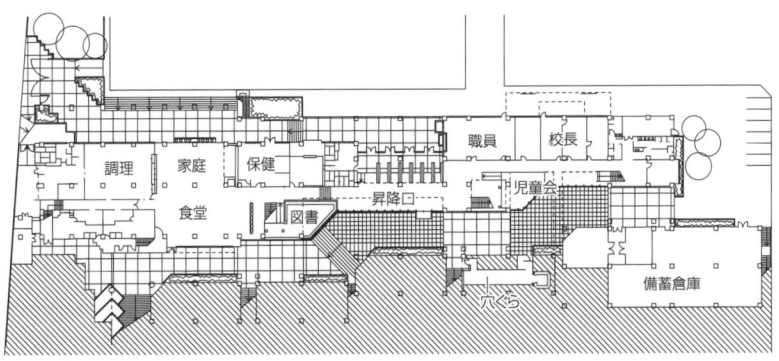

1階平面図

外観

オープンスペースを持った普通教室群と音楽・図工・理科の特別教室群を、吹抜けを持った内・外のモール空間でつないでいる。内部モールの一隅には図書ラウンジがある。普通教室は2階のレベルにあるが、敷地に高低差があるため南側は地上の庭になり教室から直接出ることが出来る。

図 3・62　目黒区立宮前小学校（東京都目黒区，1985，ARCOM）

＊3　杉並第十小学校（1986），杉並第四小学校（1992），洛北小学校（1994）など

3・5・3 「教育」から「学習」へ

 明治時代以来の定型化されてきた学校建築もオープン化という変革を経て，現在さまざまな新しい試みが実現してきている（文85）。

 育英学院サレジオ小・中学校（図3・63）は，方形屋根を持つ独立した小学校の教室が特徴的である。学童は自宅の「いえ」から教室の「いえ」に通うといった感覚でつくられている。教室の天井高は学年が進むごとに10cmずつ高くなり，6年生は入学時より60cm高い天井の部屋から卒業していく。

 1995年に千葉県幕張に**打瀬小学校**が建てられた（図1・22）。この学校には塀がなく地域の人々が校内の通り抜けもできる，文字通り地域に開かれた学校である。屋上に水泳プールを持った楕円形の体育館が形態的には目だつが，それを中心として配置された教室群はオープン化の形式を一歩進めて，さまざまな建築的空間を自由に使って学習活動ができるように工夫している。空間の広さや高さに対する子供の知覚を考慮してつくられた校舎内では，通路の一部である大階段に児童が座って行う授業や中庭に出て食事をとるなど，児童の行動が多様に展開されている（図3・64）。

 1999年，東京都稲城市に多摩ニュータウン最後の新設校として建てられた**若葉台小学校**は，コンクリート校舎の冷たさを避けてレンガと木の材質を活かした校舎である。規定で守らなければならない教室の天井高3m（3・4・3参照）は，児童の感覚としては高過ぎるため，格子状の天井を低学年では2.4m，高学年では2.6mの高さに吊り下げてある。

 以上の三例は，子供にとって昼間の生活の場として空間体験もできるような学校を目指して，学校を住居の感覚で設計しているところが特徴である。

 1982年，埼玉県に建てられた宮代町立**笠原小学校**（図3・65）は，瓦葺きの屋根や赤い顔料を含んだ打ち放しコンクリートの特徴ある外観である。低学年棟と高学年棟を分離し，各教室は通常の1.5倍の広さを擁し，附属コーナーを持ったゆとりのある計画である。教室と廊下との間には，電車のような楽しいボックス席（お話しコーナー）が設けられ，廊下を歩く児童は駅のプラットホームを歩く感覚になる。赤い顔料の柱には，それぞれいろはカルタの文言などが刻み込まれている。全体は吹きさらしの廊下や広いテラスで結ばれ，滑る，登る，隠れるといった行為を誘発する仕掛けが各所に施されている。オープン化とは違った方針で，室内と屋外とを自由につないで計画され

3・5 学校——体験し学ぶ　179

教室外観

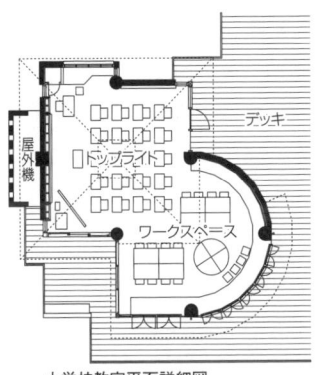

小学校教室平面詳細図

小学校の20人学級は方形屋根の四角の授業用の部分と円形の作業コーナーで構成されている。周囲は木製デッキで芝生の庭へ続く。

小学校は1学年1クラスの小規模校で，教室を独立した家が散在する「村」として芝生の広場に分散配置している。教室を一歩出ると木製デッキ，芝生の庭，草のグラウンドから雑木林につながる。一方，中学校は広場を囲む回廊付のコートハウスとして「街」の空間を模している。この空間変化と刺激の差を感じとることで生徒の空間学習としている。

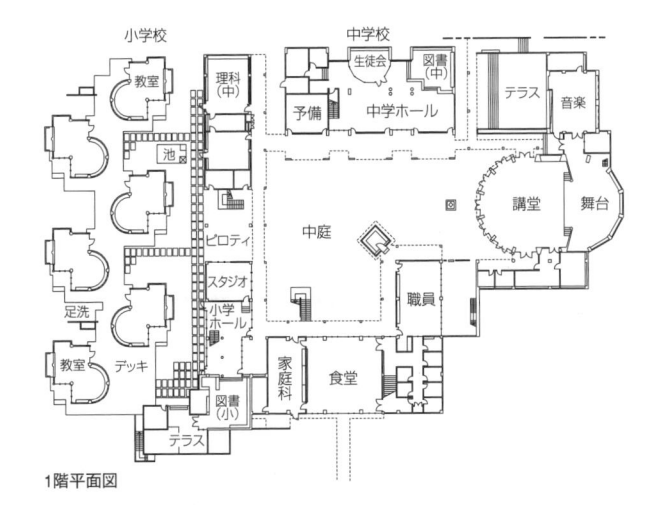

1階平面図

図3・63　育英学院サレジオ小・中学校
　　　　（東京都小平市，1993，藤木隆男建築研究所）

(写真：伊藤俊介)

図3・64　打瀬小学校（千葉県美浜区，1995，シーラカンス，設計指導：上野淳）

ている。藤棚を持つ湾状の登下校用通路が築山や池のある芝生の校舎地と運動場とを分離している。児童は登校すると裸足で1日を過ごし，芝生の庭から教室へは足洗いの場所を通って直接入ることができる。カリキュラムに関係なく建築空間自体が多様な児童の活動と自然との共生を考えた**エコスクール**ともいえよう。学習環境から学ぶ姿勢を体現した例であり，「教えられる学校」から「学ぶ学校」への転換ともいえよう。

　1988年竣工の長野県浪合村の小学校・中学校の複合体，**浪合学校**は川を挟んで村役場からの通りが学校を東に通り抜ける道を包含している（図3・128）。その道に沿って小学校，共用棟，中学校そして体育館・水泳プールが配置されている。また，地域の人が使える図書館・特別教室，ランチルームが直接道に面しており，温室・野外劇場や桜の古木，滝など歩いている人が自然に活動に参加したくなるような要素を整えている。建物群は空中廊下でも連結されて一体感がある。小中学校ともオープン化の典型的教室配置で，中学校は教科教室型を採用している。村の日常生活を活性化する核となったプロジェクトである。

　以上の二例は特別教室型・教科教室型・総合学科教室など多様なカリキュラムに対応可能な柔軟性のある教室空間を充実させ，コンピュータを活用したラーニングセンター・文化センターとしての図書館情報環境を向上させ，そして地域との連携が容易な開かれた環境を創出するために，変化のある動線の創造を特徴とする例である。

　施設の設計はそれを管理・運営する側との十分な対話と納得のもとになされなければ，実際に良好な建築環境を実現できないが，以上の多くの実例に共通しているのは，学校計画の研究者と建築実務者との良好な連携でもある。「学校は教育の場だけではなく，教育の場は学校だけではない」といわれるが，「教育」から「学習」への発想転換を背景にして，従来の学校だけにこだわることなく，家庭や社会を含めた広範囲の学習環境に対する新しい計画的提案を考える時代になっている。

3・5 学校——体験し学ぶ　181

校舎外観 　　　　　　　　　　　中庭

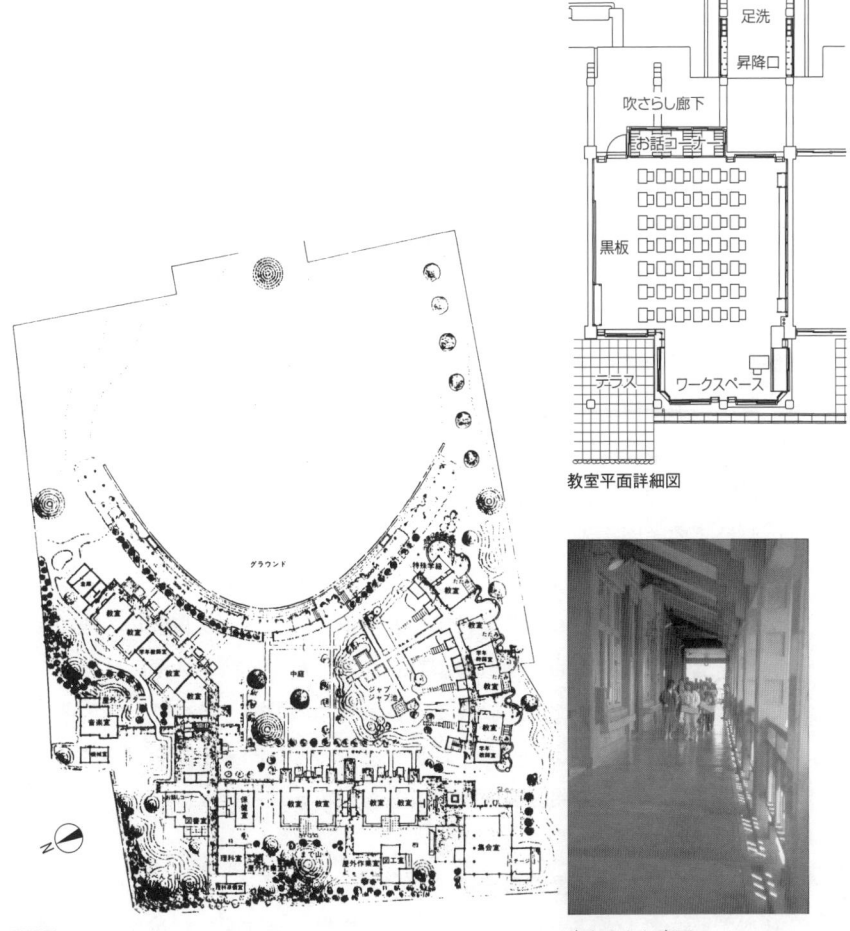

教室平面詳細図

配置図　　　　　　　　　　　　吹きさらし廊下

図 3・65　宮代町立笠原小学校[28]（埼玉県宮代町，1982，象設計集団）

3・6 図書館――情報を探索する

　図書[*1]館は古代から人類の知恵・知識を集積保管する場所として存在してきた。近代以降は，一般の人々がさまざまな知識・情報を主に印刷物の形式を通じて得るための主要な建物として社会に根づいた。現代では，コンピュータの普及によりインターネットを通しての情報の入手が容易になり，情報化時代に図書館の持つ役割は変わりつつある。図書館建築の環境特性は何であろうか？　また，その計画はどのように変容していくのであろうか？

3・6・1　図書館の起源

　アテネのアクロポリスの神殿には，羊皮紙の巻子本の図書館が付設されていた。紀元前4世紀にアレクサンダー大王によって建設されたアレクサンドリアは，エジプトの首都として栄えたが，プトレマイオス一世の時代に**アレクサンドリア図書館**が建設された。当時70万巻を擁する世界最大の図書館であった。その後，消滅して長い年月がたったが，国際機関の協力で2002年に開館した現代のアレクサンドリア図書館は，会議場・マルチメディアセンター・展示・美術館などの複合施設である（図3・66）。蔵書数は現在は20万冊であるが，20年後には500万冊の予定である。

　「書架のない修道院は武器のない城のようなもの」といわれ，中世の知識は主に修道院内の図書館に集積された。17世紀には**大学図書館**にひきつがれ，13世紀に設立されたソルボンヌ大学（フランス），オックスフォード大学・ケンブリッジ大学（イギリス）の図書館などが中心になった。しかし各地の教会や貴族の邸宅には閉鎖的な図書館が存在した。ルネッサンス期には独立した図書館建築が出現し，18世紀になると啓蒙思想の影響もあって一般公開の国立図書館が設立された（図3・67）。19世紀になると英国・米国を中心に公費運営・無料閲覧貸出の**公共図書館**が普及した。

3・6・2　日本の図書館の変遷

　日本でも古来，寺院や武家の館に図書・資料室が存在したが，明治維新後，1899年の**図書館令**で公共図書館の設置が認められ整備が開始された。

3・6 図書館────情報を探索する　183

外観

内観　（写真：武藤聖一，日経アーキテクチュア）

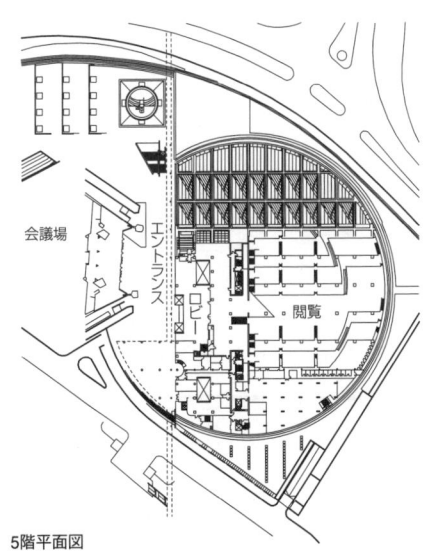

5階平面図

海岸と奥のアレクサンドリア大学を結ぶブリッジから見ると手前の水から生まれているような表現。これは過去から未来へを暗示する。屋根はアルミパネルとガラスで構成され北側を向いて直接光の侵入を防止している。円筒の外壁は4600個の大理石で組み立てられ，世界各地・各時代の文字が彫り込まれている。

全体は11層で構成され階段状に上がる広大な閲覧室の下には書庫が置かれている。4階には一部に会議室がとられ隣接する国際会議場と連絡している。5階は入口階で会議場と図書館のロビーが置かれている。北側には独立した棟でプラネタリウムが象徴的に設置されている。設計グループ，スノヘッタはノルウェーの2人の建築家と1人のランドスケープアーキテクトによって設立され，1989年のこの国際コンペで入賞した組織である。

図 3・66　アレクサンドリア図書館[34]（アレクサンドリア，エジプト，2001，スノヘッタ）

大英博物館の一部として発足。当初は博物学の所蔵品が最も重要視されたが，その後寄贈も多く行われ，19世紀半ばには24万冊の蔵書を有しヨーロッパ諸国の中でも一級のものとなった。

図 3・67　大英図書館[35]

*1　図書は，河図洛書の略。河図は黄河から出た竜馬の背に書いてあった図，洛書は洛水から出た神竜の背にあった（諸橋轍次：大漢和辞典第六巻）。

第二次世界大戦後，米国の指導で，1945年に開設されたCIE図書館は全国に23ヶ所設置され，図書・雑誌を開架方式（表3・6）により無料で公開し，アメリカの思想・科学・芸術に接する機会を提供した。1950年図書館法が制定され図書・資料・情報を収集・整理して市民のレクリエーション・調査研究・娯楽のための公共図書館の整備が開始された。ユネスコは専門家と一般市民の間の知識のギャップを埋めるための重要な方策として，公共の図書サービスをあげているが，1950年代の日本では住宅環境の狭隘さも原因して，高校生・大学受験生の自習の場として図書館が利用される状況が見られた[*2]。

　1960年代から図書館のあり方に関する論議が盛んになった。1963年の報告書「中小都市における図書館の運営」通称，中小レポートは，日本図書館協会に設けられた委員会が，1960年から3年間の実地調査と討議を通して現状の問題点を明確にし，将来の指針を与えた重要なものである。勤め人・主婦・児童など広い範囲の利用者に対して，単に閲覧のための座席を提供するだけでなく，必要な図書・資料・情報を提供するという図書館機能の明確な位置づけがなされ，伝統的閲覧中心主義から貸出しを含めたサービスを指向したのである（文90）。

　1960年代に八戸市立図書館でわが国初めての開架方式（表3・6）が採用されたが，それ以降多くの図書館で閲覧室は開架方式主体になり，貸出しや児童サービスの充実が図られた。この時代の利用者は主婦と子供が中心で，図書館の平均滞在時間は20分に減少した。英国の図書館サービスは従来から貸出しが主体であったが，この時期に日本からの英国留学の報告（1963〜1964：前川恒雄）の影響もあったといわれている。

　1965年開館の日野市立図書館は建物の建設に先立って，移動図書館（BM：Book Mobile）を活動させる新しい試みを行った。これは人口密度が低く分館の設置が効率的でない地域に適用され，半径250m以内で70％の利用者を確保した。日野市立図書館が建設され（1973年），現代図書館の典型といわれた。また同時期の昭島市立図書館は駅前商店のような設えで計画された。

　1980年代初頭の浦安市の新図書館計画は住民側からさまざまな利用者側の要望が出され，計画に反映された。中央の図書館を中心に地域を分館や移動図書館でカバーするシステムを導入し，図書館が街のシンボルになった有名な例である（図3・68）。

表 3・6　接架・出納方式

形　式	平面型のパターン	選択と貸出の手続き	計画の留意点・特徴
開架	閲覧スペース	● 閲覧者が本を自分で書架から取り出して選び，そのままチェックを受けずに閲覧できる。	● 図書資料の所在がわかりやすい書架配列と表示が必要である。 ● 書架の間隔はゆったりとり，気持ちのよい室内環境にする。 ● 返却時の書籍の配列が乱れることを防ぐために返本台を置く場合がある。
安全開架	閲覧スペース	● 閲覧者が本を自分で書架から取り出して選べるが，閲覧スペースへの持出しにはチェックを受ける。	
半開架	ガラススクリーン／閲覧スペース	● 書架はガラススクリーンで区切られ閲覧者は直接書架から本を手に取ることはできないが，外から本のタイトルを読むことができる。 ● 貸出記録の提出を必要とする。	● コンパクトにまとめることができる。 ● 書庫内での館員の動線が能率よくなるように配慮する。 ● 防災・防湿など書庫独自の室内環境の保持を実現しやすい。
閉架	閲覧スペース	● 閲覧者は直接書架に接することができず，目録などによって本を選び，館員に取り出してもらう。 ● 貸出記録の提出を必要とする。	

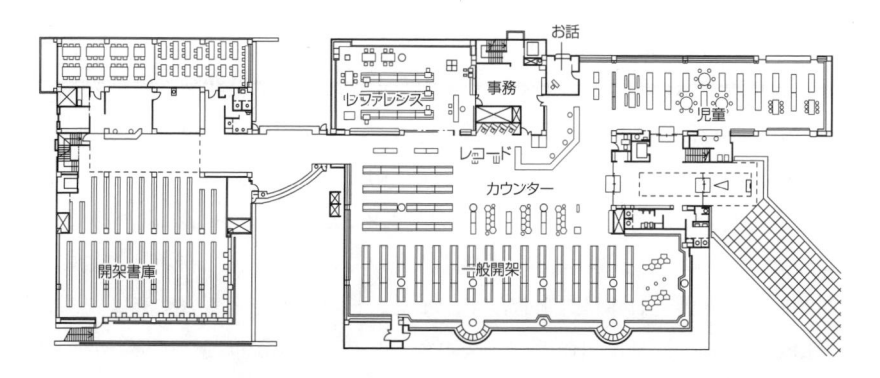

図書館活動の今日の隆盛をもたらす契機の一つとなった図書館。1989年に開架書庫部分が増築された。平易な平面構成と積極的施策により，その活動は今も日本のトップクラスといわれる。

図 3・68　浦安市立中央図書館（千葉県浦安市，1982，1989増築，佐藤総合計画）

＊2　実態調査に基づく図書館の本格的研究は，1950年頃より東京大学建築学科吉武泰水研究室で開始された。1953年杉並区図書館調査では，60％の利用者が学生で，平均3時間滞在していた。

3・6・3　図書館サービスのネットワーク

　現在の図書館には，議会附属図書館で国の中央図書館として国内すべての出版物を収集している**国立国会図書館**，主に地方公共団体が設立する**公共図書館**，学生・教員の教育・研究のための**大学図書館**，小・中・高校の生徒・教員のための**学校図書館**，企業・研究所・官公庁に付属した**専門図書館**，その他公文書館・点字図書館など，そこに保管される資料，設立・運営主体，職員と利用者，そして施設の目的に応じてさまざまである。

　今日の**公共図書館**の主な目的は，地域の住民を対象とした図書・資料の収集・整理・保存とそれらの閲覧・貸出業務である。図書館法によりその利用は無料と規定され，地方公共団体設立の公立と法人設立の私立とがある。特に市町村の住民に直接図書館サービスを提供するものを**地域図書館**と呼び，基地となる本館（図3・69）を中心に，貸出しを中心として徒歩圏内に設置される分館や移動図書館による地域のネットワークを考えて，住民が利用しやすいように計画する（図3・70）（文33）。また，地域図書館と市町村レベルを超えた高度のサービスを提供しうる施設として**広域参考図書館**がある。都道府県立図書館は地域図書館への支援を行うという意味で，Reference（参考）Libraryと呼ばれる（図3・71）。

　1999年現在，わが国には2585（その内，私立は25）の公共図書館がある。すべての都道府県市区は公共図書館を持つことを図書館法で規定されているが，市区立の設置率は97%である。全国平均で見ると一館あたり蔵書数10.8万冊，年間受入れ8千冊，個人貸出し年間19.8万冊，職員6名，延べ床面積1380m^2といったところである。人口1人当たりの年間貸出し冊数は，北欧の約20冊に比べると日本は数冊程度で，まだ乏しい状況である（文35）。

　1980年代後半には図書館サービスのネットワーク化が進展し，一方では中央図書館は大規模になり，**分館**は多様化の様相を見せてきたが，成人男性の勤め人の出勤・帰宅途中での利用者が増加し，逆に児童の利用者数は減少した。大規模開架方式図書館への利用の集中が見られ，利用者による図書館の選択が発生しはじめたのである。利用者の需要や建設費の捻出のため他の機能の建物との複合化もはかられている。

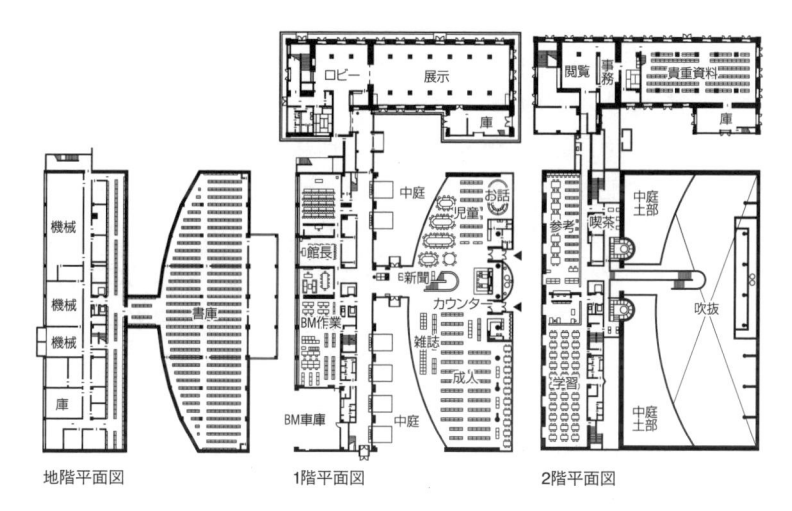

3・6 図書館──情報を探索する　187

|地階平面図|1階平面図|2階平面図|

　蔵書収容力43万冊で，中庭を挟んでワンルームの開架方式の閲覧・貸出部門と参考部門，そして集会・業務のゾーンに明確に分けられている。既存のれんが造の工場を修復した閉架方式の古文書館を持つ独特な計画である。

図 3・69　金沢市立図書館（石川県金沢市，1978，谷口吉郎建築設計研究所ほか）

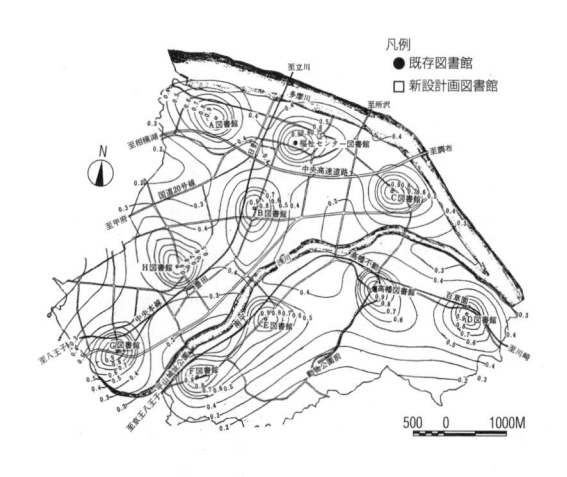

　1970年代，地域図書館が小規模なものであったときに，利用実態調査に基づいて利用圏域のモデルが作られたが，1980年代に地域の中心となる図書館の規模が大きくなり，改めて行われた実態調査に基づいて，大型，中型，小型の利用圏域のモデルが設定された。この図は日野市において行われた分館配置のケーススタディを示している。

図 3・70　地域ネットワーク[36]

3・6・4　図書館を計画する

　古来，楔形文字・アルファベット，象形文字・漢字・仮名など文字の変遷，また粘土板・パピルス・羊皮紙（パーチメント）・竹札・紙といった記録媒体の変化，さらに手書き・木版・活版（活版印刷は1450年グーデンベルグにより発明）などの記録技術と製本技術の発展に伴って図書館の収蔵物（主に書籍）が変化した。建物自体はその収蔵物に対して，①外部の湿気を嫌って壁から独立させた書架や直射日光を避けた書庫の配置などの**収納の方式**と，②書籍を斜めに置いてそのまま読めるようになっている**朗読台方式**，朗読台と書架が一体化した**陳列台方式**，現在一般化している**壁式書架**といった**閲覧の方式**の影響を受けてきた。

　図書・資料の管理保管を確実にすることと閲覧を自由にすることは，平面計画上の要求としては相反することが多い。貴重本は鎖でつなぐといった，保管と閲覧との相克は昔から課題であった。図書・資料の貴重さの度合いによりこれらの優先度が異なるが，現在，**開架方式**と**閉架方式**を両端にしてその間に安全開架と半開架の方式が存在する（表3・6）。**古文書館**（図3・69）のように貴重な資料を扱う図書館では，閉架方式でもやむを得ないが，地域の公共図書館では利用者の利便性を優先して開架方式を採用するほうがよい。全体は閲覧・貸出し部門，裏まわりの書庫や事務作業部門，そして集会や休憩部門で構成される。

　平面計画の要点は，まず開架閲覧室を中心に置き，貸出し手続きのカウンターと出入口との関係を考慮する。利用者出入口は管理上一か所にして**BDS**（**書籍感知装置**：書籍に取り付けた金属の磁化の有無により感知する装置）を設置することが原則である。またアラームがなった時に係員がすぐ対応できるようなカウンターとの位置関係，返却用のボックス（**Book Post**）の配置やディテール（雨濡防止，容量，出火防止など）を考慮しておく必要がある。集会室は開館時間外の利用も考えて専用入口が必要である（文22）。

　開架閲覧室はレファレンス，中・小会議，休憩・喫茶のスペースに連結する必要がある。開架閲覧室は全体の見通しの良いワンルームが原則で，成人・児童・青少年・障害者・高齢者といった多様な利用者別，書籍・雑誌・新聞・視聴覚資料などの資料形態別，一般的図書・参考資料・郷土資料などの内容別，人文・自然科学などの分野別を考えて，コーナーに分節するのが望

3・6 図書館────情報を探索する 189

外観

ワンルームの開架・閲覧室と管理ゾーンを隔てて裏まわりに閉架書庫を置いた明快な平面構成である。銀色の宇宙船のような形体が浮かんでいる印象である。

入口ホール

開架閲覧室

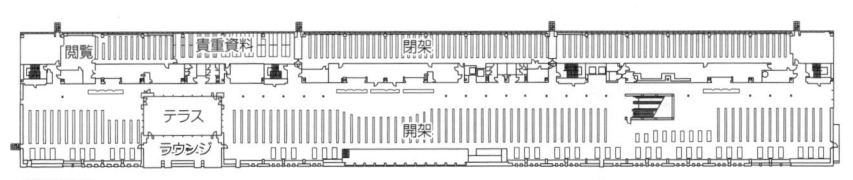

3階平面図

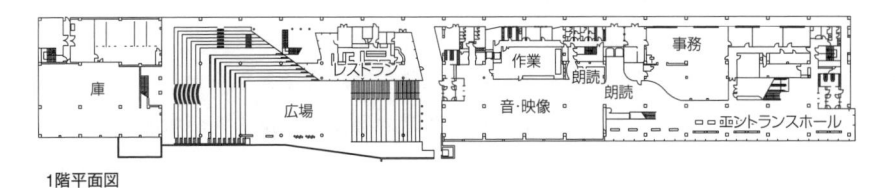

1階平面図

図3・71 宮城県立図書館(宮城県仙台市,1998,原広司)

ましい（図3·71）。

　一般の開架書架スペースの所要面積は基本式[*3]により計算できる。また書架間隔はそこでの行為内容の動作寸法との関係で設定する必要がある（図3·73）。閲覧室の音環境としては，従来静粛が原則であったが，現在は静か過ぎるよりもマスキング効果を期待して適当な騒音レベルを保つためにBGMを流す例も出てきた。

　カウンターの背後には，閉架書庫，整理作業，管理事務，受入れ・廃棄出入口，移動図書館(BM)車庫などの裏まわりが連結されることが多い。

　裏方の事務作業室は昨今多くのOA機器が導入されており，作業面積，ワークステーションの形態や配置，採光・照明，配線などに注意を要する。実際の業務を見ると，職員は勤務時間の大半を閲覧室を望むカウンター周辺にいることが多いため，**フリーアドレスシステム**[*4]と呼ばれる固定席でなく，共用の作業机を用いている小山市立図書館や市川市立図書館などの例もある。館長室については，従来のように事務方の奥に配置する考え方と館内の様子を掌握でき，利用者が気軽に館長に面会できるように閲覧室と職員ゾーンの間をガラス張りにして配置するといった新しい考え方で計画する例もできた。館内滞在時間が最も長い職員のために見晴らしの良い場所に食堂兼用で休憩室を取った海外事例もある。

　保存用書庫は開架閲覧室の上下階に置かれることが多いが，できれば同一階で通路幅・書架間隔・書架奥行きなど作業能率を考えることが肝要である。かつて収納効率が良いために広く導入された**積層書庫**[*5]は，防火上の危険性から規定の高さごとに耐火床で区切ることが要求されている。また書庫の積載荷重には十分な注意を払う必要がある。

3・6・5　図書館建築の役割は変化する

　社会の変化と図書館建築は無関係ではない。現在，少子・高学歴・超高齢社会が目前にある。労働年齢の高齢化に伴い若年時の学校教育と就業中に得た知識・経験だけでは転職や新しい労働環境に対応できなくなることが予想される。自己啓発，新しい資格や専門知識の獲得を目指す人が増加している。いままで他人任せでも良かった事柄に対して自己責任による決定が求められ，その判断のために必要な情報を得る環境が望まれる。また一方で，所得が向

3・6 図書館──情報を探索する　191

立面図

平面図

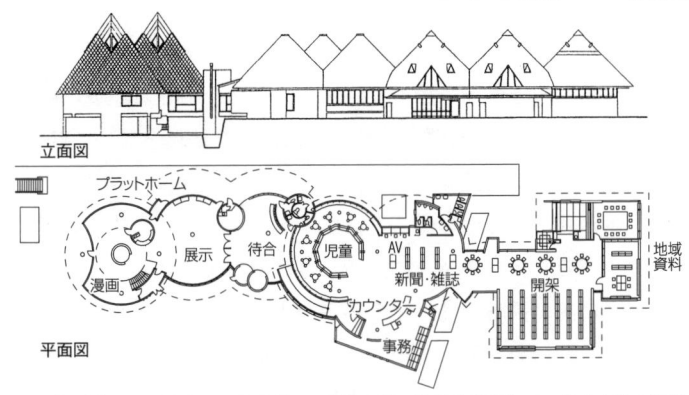

JR磐城塙駅に設けられた図書館で，地場産業の林業を意識して，集成木材の架構で特徴的な屋根を支えている。住民が気軽に立寄れる雰囲気である。

図 3・72　塙町立図書館[37]（1991，伊藤邦明，協力：木野修造）

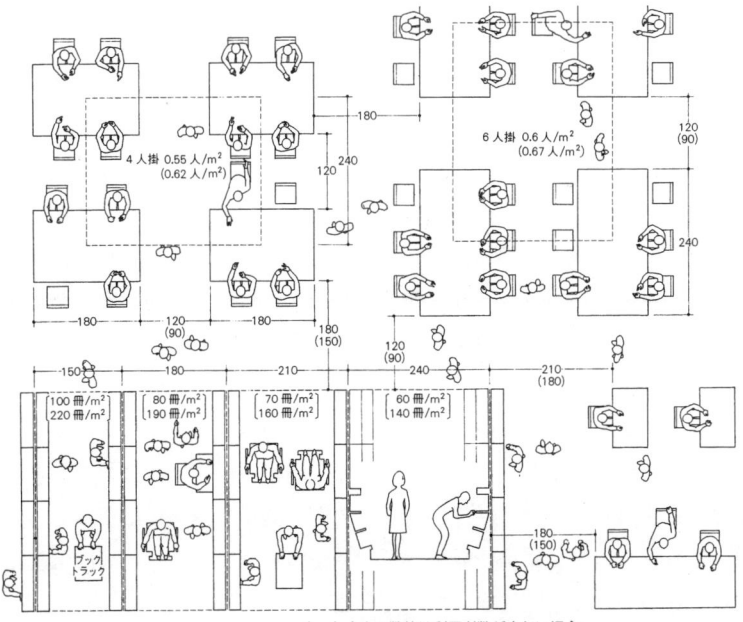

1) （　）内の数値は利用者数が少ない場合
2) 〔　〕内の数値はそれぞれ図中の間隔で配置した場合の収容冊数
　上段は低書架（3段），下段は高書架（7段）の場合

図 3・73　書架と机の配置

* 3　段数×1段冊数×使用率×2／書架間隔×0.9　全体主通路を含めて×1.3
* 4　個人専用だった机やいすを在室者が共同で使用し，スペースの効率を図るために，1980年代から日本のオフィスなどに導入された方式。（3・9・8，4・8・1参照）
* 5　1層分を手が届く2〜2.2mにして，建築的な床を設けず，書架自体に合わせて床を設置する方式で空間利用効率が高い。

上し自由時間が増加している。積極的な活動を志向・実行する高齢者が増えている。ライフステージの各段階で誰もが学習することができる環境の整備が重要性を帯びている状況で，公共図書館は最も身近で利用しやすい学習の場となっているのであろうか（図3・72）。

最近の公共図書館の利用の様態を見ると，成人男性の貸出し主体の短期滞在利用が継続する一方で，休日や週末に0歳から高齢者まで家族ぐるみでさまざまな利用者が図書館に長時間滞在する傾向が現れている[*6]。これに対応するためには単に図書・資料の閲覧・貸出しの書斎的機能だけではなく，皆でくつろげる家族の居間的機能，地域の人々の出会いの場としての広場的機能，個人個人が異なる分野・種類・専門性・形態の情報を容易に検索し入手できる多様な専門的図書館機能[*7]の充足が必要である。

日本の公共図書館建築の用途は学生の勉強部屋型に始まり，開架方式の閲覧室を持って貸出し中心型のサービスの展開を経て，長時間滞在型へと変化してきた。

2001年仙台市に開館した**せんだいメディアテーク**は，公共図書館，美術館，視聴覚情報センターといった機能を内包した建物である（図3・74）。この計画には，従来の個々の機能を部屋に割り当てるのではなく，できるだけ透明な（可視的），自由な（柔軟な）空間を作り，利用者が自分の目的に応じた場所を見つけて滞在するといったコンセプトが盛り込まれている。

地下2階，地上7階で，平面的には50m角のほぼ正方形のボックス型である。パイプで構成された13箇所の樹状構造体で支持されたフラットスラブは，各階にユニバーサルな空間を創り出している。図書館機能は4分の1が事務作業などの裏まわりで，残りはワンルームの開架閲覧スペースになっている。図書館に来る人もついでに美術館スペースや情報センタースペースに気軽に立ち寄ることができる空間構成になっている。

多目的複合建築として，また安全・快適で魅力的な未来の図書館建築のあり方を示唆する建築といえよう。

3・6 図書館──情報を探索する 193

外観

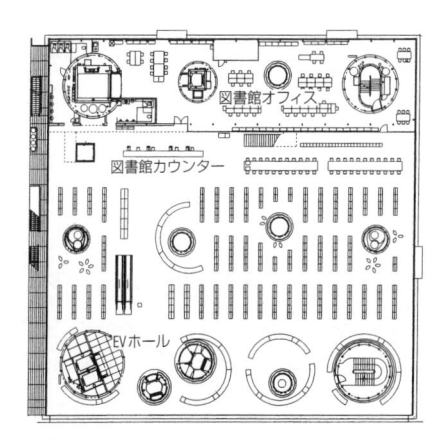

内観

　1994年に公表された公開設計競技で選定された作品。図書館，美術館，視聴覚情報センターなどの総合建築であるが，今までの建築の「型」を超えて「メディアテーク」（フランスでメディア関連の施設を収容する建物として用いられはじめた名称）という。これからの新しいタイプの建築の提案が求められた。

　審査自体も「公開性」（最終段階ではライブ放送），「専門性」（専門家のみによる審査委員），「提案性」（新しい社会的建築型）という基本設計に基づいて実施されたことで話題になった。

　実施した建築はプレート（スラブ），チューブ（柱），スキン（外壁）の3要素で構成されている。プレートは鉄板のサンドイッチプレートに鉄筋コンクリート床を合わせた470mm厚のフラットスラブ。チューブは外径（140〜240m/m）の鉄管で構成された13ヶ所の中空の形態で，光（自然光），空気（空調，換気），水（上下水，雨水），電気（電力，情報ケーブル），動線（エレベーター，階段），物流（ダムウェーター）などを内包している特異な柱である。スキンは前面通路のケヤキ並木を意識した前面の二重ガラスのファサードのほか透明性の保持を主として設計されている。

平面図

図3・74　せんだいメディアテーク[35]　（宮城県仙台市，2001，伊東豊雄建築設計事務所）

＊6　大田区の全図書館の利用実態調査では立地の違いにより，図書館の利用形態の相違があり，複数館の使い分けがみられた。

＊7　例えば，電子ジャーナルとか有料データベースなど専門的特殊な機器設備の設置や司書の相談機能。

3・7　博物館——展示品を鑑賞する

　世の中にある**博物館**[*1]・美術館，街中の画廊や博覧会・展示会の空間は，そこに展示される物品を通して来場者に何らかのメッセージを伝える場所である。しかし，それを効果的に実現するためには展示の方法や照明・音響などさまざまな技術的問題，来場者の動線処理，また展示の企画や展示物の収集・保管（所蔵）など，解決すべき問題が数多く存在する。

　昨今では情報技術の進化に伴い電子化された三次元映像（ホログラフ）など，展示内容や方法自体も多様化している。このような展示環境を計画してみよう。

3・7・1　博物館の起源

　昔から貴族階級では，貴重な物品を収集し所蔵することは好奇心を満足させ，財産の形成にも役立つため至極普通に行われた。来客にそれらを見せることは，自己の権威を高める役割を果たした。ルネッサンス時代のコシモ・デ・メディチは，1587年にウフィチィ宮の美術ギャラリーを公開したといわれるが，これが一般公開美術館の始まりであろう。現在の大英博物館は，1753年にスロン卿の宮殿が公開を前提に売却されたものである。このように宮殿建築自体も展示物といえよう。1989年にI．M．ペイにより大改造され，ガラスのピラミッドで有名になった**ルーブル美術館**も元来宮殿で，フランス革命後，1793年に無料で一般に公開された（図3・75）。

　1851年，ロンドンのハイドパークで開催された第一回**万国博覧会**（万博）は英国の国威発揚に寄与した（図3・76）。これは現代の万博やテーマパークの走りである。いかに入場者の興味を引き，多数の来場者を動員するかが目標で課題でもあった。ロンドン万博ではガラスを広範囲に用いた鉄骨造の**クリスタルパレス**が話題になり，1889年のパリ万博では**エッフェル塔**[*2]が，1929年バルセロナ万博ではミース・ファン・デル・ローエのドイツパビリオン[*3]が評判を集めた。このように万博の建造物自体が建築・工学技術史で意義のある存在である。

　1891年にスウェーデンのストックホルムに日常の建物や生活様式を展示す

3・7 博物館──展示品を鑑賞する　195

1527年フランソワ一世の居城で，ルイ14世が1670年頃まで王宮として整備。1725年ルイ15世時代に王立絵画彫刻アカデミーの展覧会場として使用開始。フランス革命後，1793年王家のコレクションとして一般公開。1981年ミッテラン大統領就任後初の大規模計画として1984年，Ｉ.Ｍ.ペイによってガラスのピラミッドの入口ほか地階の大規模増改築が2段階に分けて開始，1993年に完成をみた。

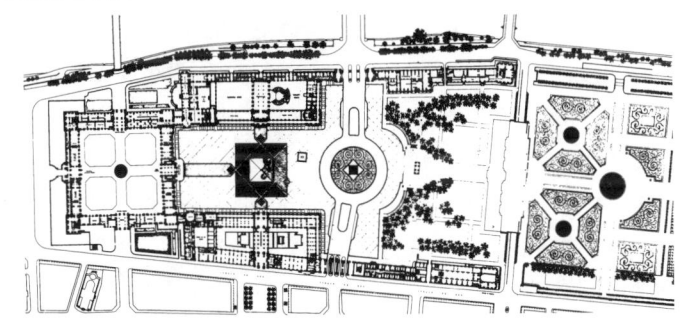

ガラスピラミッド

配置図

図 3・75　ルーブル美術館[38]**（パリ，フランス，1725(1993)，Ｉ.Ｍ.ペイ）**

国際公募設計競技で245点の応募作に該当作品なしで，最終的には鉄道会社取締役のパクストン（Sir Joseph Paxton, 1801～1865）による施工・価格・工期を盛り込んだ設計案が採用され，驚異的工期（4ヶ月）で完成。敷地内の2本の楡の巨木を伐採しないよう，半円筒形屋根を載せ，高さ33m弱を確保した。本体部分は563m×124mの長方形。クリスタルパレス（水晶宮，Crystal Palace）は1850年1月に命名。写真は会場主入口上部からで，楡の樹が見える。奥には喫茶スペース，その両側にトイレがある。

図 3・76　第1回万国博覧会クリスタルパレス[39]**（ロンドン，イギリス，1851，Ｊ.パクストン）**

*1　アレクサンドリア（3・6・1参照）で，プトレマイオス1世により設立された王立研究所，ムセイオン(Museion)は，英語の博物館(Museum)の語源。

*2　ふたつの案（高さ300mの石造灯台と鉄骨造の塔）からエッフェル(Gustave Eiffel, 1832～1923)案を採用。工期約26ヶ月で1889年に完成。電波塔・展望台としてパリの名物になった。

*3　クロームメッキの鉄柱が水平屋根を支持し内部の壁を自由に配置できる近代建築空間の典型として有名な展示館。万博後に取り壊されたが，1986年に現地に復元された。

る主旨で作られたスカンセンは，最初の大規模屋外展示場であり，従来のように金銀財宝や珍奇な物品を展示した建物とは異なる（図3・77）。

3・7・2　博物館の展示品

博物館は展示品によって大きく人文科学系と自然科学系に分かれる。

人文科学系には**美術博物館**（美術館）と**歴史博物館**（歴史資料館）とがある。前者でも古代美術・西洋美術・近代美術で異なり，絵画・彫刻・工芸・演劇など展示品の形態も多様である。後者でも歴史・民俗・考古学で違いがあり（文23），文化史・古文書・民家・貝塚など展示品が異なる（図3・78）。

自然科学系では，自然史系と理工系があり，前者は化石・鉱物などを扱う地質博物館，動植物を扱う狭義の**自然史博物館**と生きたままの対象を扱う飼育・栽培博物館があり，動物園・植物園・水族館（図3・79）がこの中に含まれる。後者は，**理工学博物館**として科学技術博物館や産業博物館そして天文博物館（天文台）がある。

3・7・3　保管と展示の違い

博物館法（1951年）によれば，博物館は多様な展示物の，収集・保管・展示と資料に関する調査研究を行う所として定義されている。したがって，収集や保管を行う職員の業務の場としての側面と，展示品を見に来る観客の鑑賞の場としての側面とを調和させて計画する必要がある。本来，保管の観点からは，それに適した光・温湿度環境に置いて，あまり人目に晒さない方が好ましい。陳列場所は保管庫にできるだけ近い物理的環境が必要である。一般的には光の影響を受けやすい絵画・織物・印刷物などは，150ルックス以下に保ち，湿度が約60％を極端に超えないように調節する。一方，鑑賞の観点からは，できるだけよく見える方が望ましい。このように相矛盾する面を計画上適切に解決しなければならない。

収蔵スペースの計画に際しては，どのような展示品を収集するのか，どのように整理・保管・収蔵するのかによって，作業室や**収蔵庫**の広さ，室内環境が変わるので設計に先立って十分に検討する必要がある。

また，**展示スペース**の計画は，展示品を一方向からのみ見せるのか，周辺から見せるのかによって，さらに観客の視点の高さの違いによってその設置

3・7 博物館──展示品を鑑賞する 197

伝統的建物を復元し，その中での生活様式を示す民俗資料を展示。日本の明治村（1965年，岐阜県犬山市，1965）はこのような野外博物館の流れを汲む。

図3・77 スカンセン野外博物館[40]（ストックホルム，スウェーデン，1891）

佐倉城址の歴史的環境に合わせ建物をできるだけ地下に埋め，中庭を取り囲む形の展示室では歴史が進むごとに展示物が下がる。

図3・78 人文科学系の博物館の例
　　　　（国立歴史民俗博物館[40]，千葉県佐倉市，1980，芦原建築設計研究所）

中央の3層に及ぶ大型水槽が特徴的。水の深さに応じて，棲息する動物が異なるのがわかる。水面近くにはラッコの親子が泳いでいる。

図3・79 自然科学系の博物館の例（モントレイ水族館，カリフォルニア，アメリカ）

方法や光線などの処理が異なるので，展示品の特性に応じて展示の仕方が変わることを知る必要がある（図3・80）。

日本の博物館は保存中心の第一世代，公開中心の第二世代，参加中心の第三世代といった流れで発展してきた。年代的には1980年代に主に**歴史博物館**の急激な増加が見られた。全国約5100の博物館（2000年）のうち，博物館法に規定する目的を達成することができるかどうかについて，保管資料，職員，建物，土地，開館日数などについての登録用件を満足した**登録博物館**は770館ほどである。これ以外に博物館相当施設，類似施設を含めると約7300館（丹清研究所調査）になると言われ，年々200～300館の開設が報告されている。

実例分析によれば，延べ床面積は都道府県立で6000m^2，市町村立は2000m^2ほどで，その内訳は展示部門が約40～50％，教育・普及部門が約4～8％，収集・保管部門が約10～15％，調査研究部門が約3～8％，管理部門が約7～8％，その他が約30％となっている。各部門の配置は，公開‐非公開，モノ‐ひとを軸に図3・81のように関係づけることができる（文77）。

3・7・4 美術館を計画する

前述のように美術館は，博物館の一種で厳密には「美術博物館」と呼ばれる（文24）。美術館を例としてその建築計画上の留意点を考えてみよう。絵画のような壁面展示と彫刻のような独立展示が美術館では主体となる。

まず，展示室の計画では展示品を見る**視距離**と**視界**を適切にする。絵画の鑑賞の視距離は絵画面対角線の1～1.5倍が適当である。全体を眺めるための**鑑賞距離**と細かな部分を見るための**観察距離**を考えて計画する。視界としては，立位で27°，座位で45°の仰角が望ましい（図3・82）。展示室空間に関する実例分析によれば，床面積は最低で50m^2，最大で600m^2強になっており，広さにかかわらず天井高は3～6mほどの例が多い。また，鑑賞する人の肉体的・心理的な疲労の限界を考えると展示総壁長さで最大400mといわれる。実例でも300mを超える例は少ない。

展示室の採光・照明の計画は重要である。自然光を人工照明と適切に合わせて利用することが望ましい。太陽光線が直接入らないための工夫（図3・83），光の強弱が展示室の明るさに大きく影響を与えないようにさまざまな工夫がなされている（図3・84）。

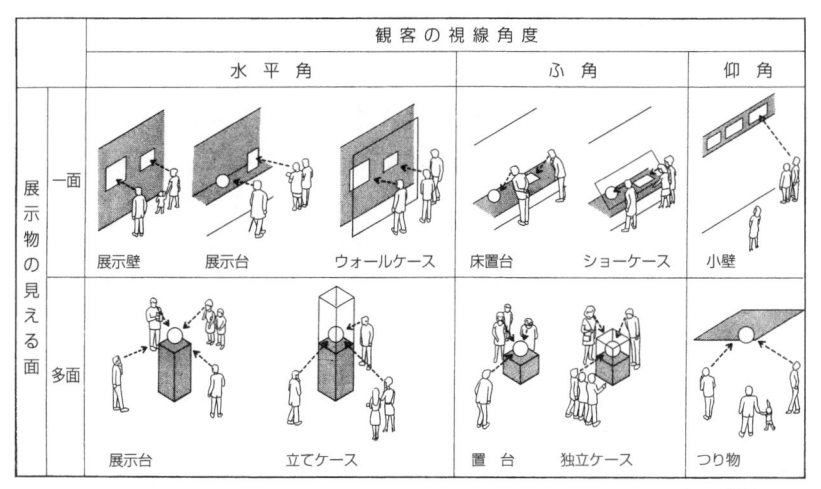

3・7 博物館──展示品を鑑賞する 199

図 3・80 展示形式

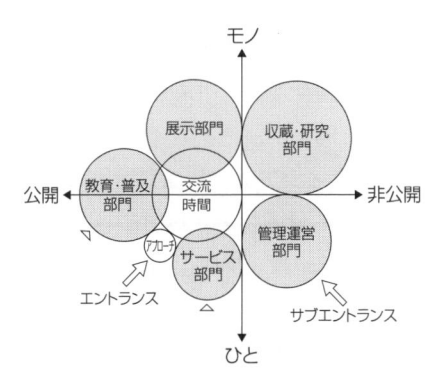

図 3・81 博物館の部門間の関係[41]

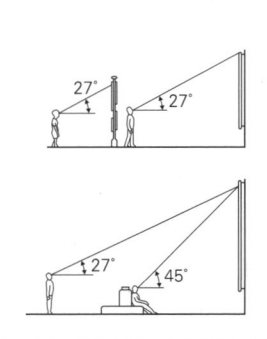

図 3・82 鑑賞のための視界−視角[50]

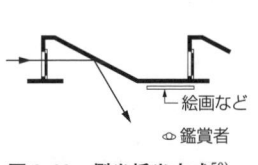

図 3・83 側光採光方式[50]

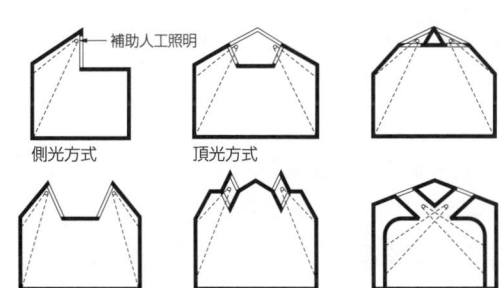

図 3・84 採光・照明方式[50]

展示用の壁への照明は光源が眩しくなく，展示品表面の光沢の反射光が目に入らないように，そしてガラスケース上に他の映像が発生しないように，また額縁の影が見えないように，さらに観客の影を展示品物上に発生させないように設置位置が制限される（図3・85）。

彫刻など独立展示品については，照明や採光の主光源と補助光源を適切に設計することで，それ自体に生じる陰影と床や壁に生じる影によって立体感を出すことができる（図3・86）。屋外の自然光で鑑賞するのが良いと言われるのもこのためである。

利用者の**動線**は一筆書きで処理できることが原則である。つまり動線上の逆戻りや交錯がないことが望ましい。ただし，大規模な展示の場合などには観客が適当に一部の鑑賞を省略したり，自分の好みに応じて鑑賞対象を選択できる動線を考慮する必要がある（図3・87）。

また，先にある展示物への期待感を持たせるために，展示の単調さを破ったり，壁面の一部にスリットを設けたりする工夫が必要である。鑑賞者の疲労を考えて，適当な位置に休憩や気分転換を図れるスペースも必要で，そこから中庭や外部の緑などが見えるようにした例も多い。

1958年，コペンハーゲン郊外に開設された**ルイジアナ美術館**（設計フレベック）は，入り口から長い通路状展示室を移動する計画であるが，所々屋外の緑や水面を展示品に合わせて見せている。最終地では丘陵の上のレストランに到達するが，前面に広がる海の光景が感動的である。

平面計画では，エントランスから**常設展示**と**企画展示**への導入，公共空間内のミュージアムショップやレストランなどの配置，手荷物保管のロッカーや傘立てなど来館者が鑑賞しやすいための仕掛けが必要である。また，収集物の搬入や荷解き場所，収蔵庫への動線，学芸員や職員の業務の場所との関係を考慮する必要がある（図3・88）。

3・7・5　博物館の変貌

博物館建築の弱点のひとつは，収蔵品が増加する一方で長年の間に展示空間を含めて拡張を迫られることである（文7）。ニューヨークの近代美術館（ニューヨーク，フィリップ・グットウィン，E．D．ストーン，1939）は開設後，次々と隣接地に増築を重ね，谷口吉郎の高層案（1997年）に至っている。ニ

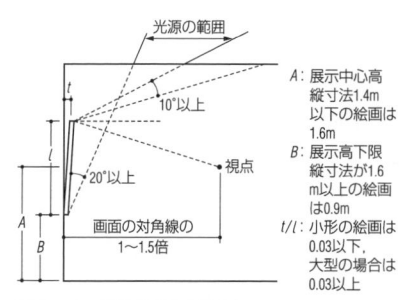

3・7 博物館——展示品を鑑賞する　201

図 3・85　照明光源の位置

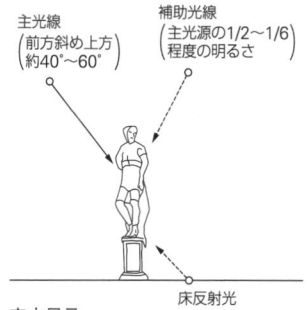

- 光源の範囲
- 10°以上
- 20°以上
- 視点
- 画面の対角線の1〜1.5倍
- A：展示中心高 縦寸法1.4m 以下の絵画は 1.6m
- B：展示高下限 縦寸法が1.6 m以上の絵画 は0.9m
- t/l：小形の絵画は 0.03以下、大型の場合は 0.03以上

図 3・86　光の当て方

室内展示
- 主光線（前方斜め上方 約40°〜60°）
- 補助光線（主光源の1/2〜1/6 程度の明るさ）
- 床反射光

屋外展示

図 3・87　巡回形式

展示形式 空間と形と大きさ	独立表示		壁面展示			
			分割型		連続型	
	通過型	リターン型	通過型	リターン型	通過型	リターン型
□						
▭						
□						
□						
□ 中央に吹抜け・中庭・休憩スペースなど						

□ 展示空間　● 独立展示物　〜 動線　— 展示壁

ューヨークのメトロポリタン美術館でも同様である。

　これと対照的な例が，**グッケンハイム美術館**（ニューヨーク，F.L.ライト，1959，らせん状のスロープに沿って展示壁を展開している独特な空間で有名，図1・4参照）と**ホイットニー美術館**（ニューヨーク，M.ブロイヤー，1965）である。グッケンハイムの場合は既存建物のコンセプトを守ったまま，背後に増築（G.シーゲル，1992）が行われた。ホイットニーの場合には保存地区のこともあり，事務・教育部門が他の建物に移った跡が展示室に改装された。M.グレーブスの増築提案が1985年になされたが，最終的にはA.ウォーフォール美術館（ピッツバーグ，1994年）を設計したR.グリックマンの設計となり，1998年に竣工した。

　このように博物館・美術館には，このほかにも**オークランド美術館**（サンフランシスコ，ケビンリンチ，1969，全体をほぼ地下に埋めて，屋上は都市公園），**キンベル美術館**（図3・89），**ポンピドーセンター**（図3・90）など歴史に残るような建築が多く存在する。

　キンベル美術館は，ルイスカーンの設計で米国フォートワースに1972年完成した。展示室は窓のない壁で囲まれ，サイクロイドシェルのボールトを連続して並べた特徴ある屋根の頂点から自然採光をして天井面に光を拡散させた。大理石を壁と床に用いて魅力ある空間である。ルイスカーンは「建築が完璧であれば展示品がなくても美術館は成立する」と言ったといわれる。

　ポンピドーセンターは，レンゾ・ピアノとリチャード・ロジャースの設計で，1971年の国際設計競技で入選し，1977年に完成した。国立近代美術館，公共情報図書館，音楽音響研究所，インダストリアルセンターといった機能の複合体である。設計者は「パリの文化センター」という設計条件を「情報と娯楽のライブセンター」と読みかえた。鉄骨造の大架構を採用して48m×166mの無柱空間をガラスの皮膜で覆っている。内部は組立て，付替え可能な間仕切りで展示内容に応じて間取りを変えられる。西側の広場に面してチューブ状の歩廊下，エスカレーター，エレベーターを設け，東側には設備ダクト，配管を露出させている。

　前述のルーブル美術館と同じように，鉄道駅を改装した**オルセー美術館**（パリ，ガマ・アウレンテ，1986），発電所を改装した**新テート美術館**（ロンドン，ヘルツォーク＆ド・ムーロン，2000）など，そして，パリ北東部の旧屠

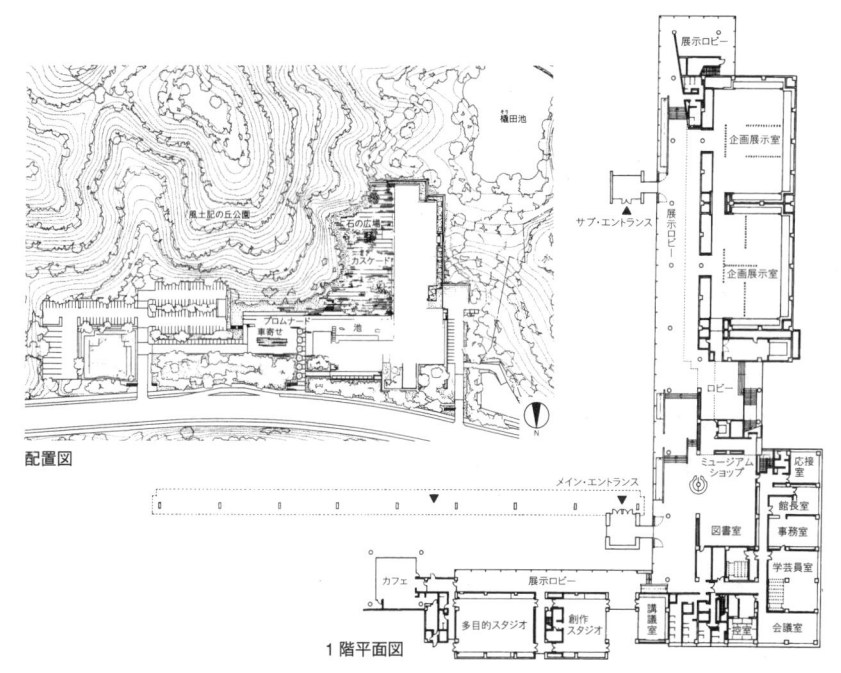

3・7 博物館──展示品を鑑賞する　203

　駐車場から入口への長いアプローチから見ると建物と周辺の自然との結びつきがよくわかる。常設展示室は企画展示室の上部2階にあるが，吹抜けで結ばれた展示ロビーからも丘陵と等高線を生かした段状の石庭がよくみえる。入口手前には市民用の多目的・創作スタジオやカフェがある。入口ホールにミュージアムショップや図書室が置かれ，その背後は事務作業ゾーンで，敷地の高低差を利用して作業口は収蔵庫と同じ地下1階にある。

図3・88　郡山市立美術館[38]（福島県郡山市，1992，柳澤孝彦＋ＴＡＫ建築都市計画研究所）

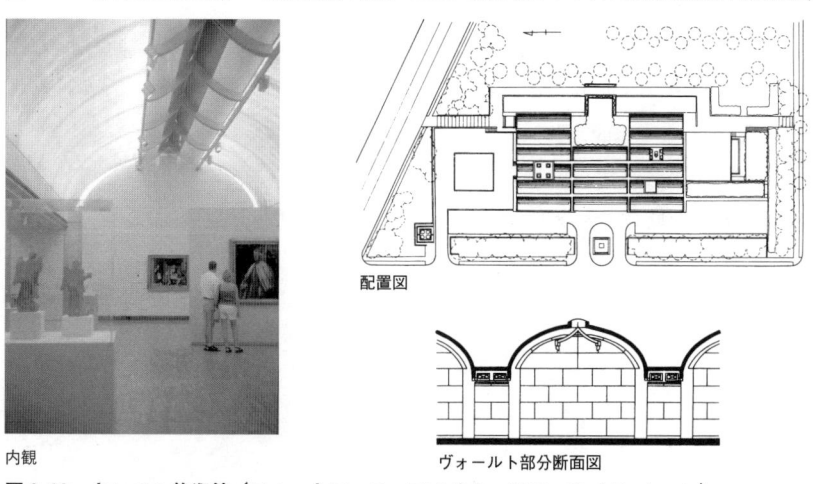

図3・89　キンベル美術館（フォートワース，アメリカ，1972，ルイス・カーン）

殺場, 食肉市場の敷地であった55haを再開発した**ラ・ヴィレット**公園内に建つ科学技術産業博物館（パリ, ファンシバール, 1986, 図3·91）は, 建設途中で放置されていた屠殺場の改造で, 主要構造物, 屋根の鉄骨トラスなどは既存のものを再利用している。このように最近では, 既存の建物を上手く改修した例も多く見られるようになった。

　万博のパビリオンが時代の先端の思想・技術を代表したように, 博物館自体も時代の文化を象徴するひとつである。例えば, MOMA（ロサンジェルス, 米国, 1986, 磯崎新）, ロッテルダム（ロッテルダム, オランダ, 1993, レム・クールハース）, 京都美術館（京都市, 1994, 安藤忠雄）, サンフランシスコMOMA（サンフランシスコ, 米国, 1995, マリオ・ボッタ）, バルセロナ現代美術館（バルセロナ, スペイン, 1995, リチャード・マイヤー）, キアスマ（ヘルシンキ, フィンランド, 1998, スティーブン・ホール）, フォートワース（ダラス・フォートワース, 米国, 2002, 安藤忠雄）といった話題作があげられる。

　また, 一方的に展示し受動的に鑑賞するのではなく, カナダのオンタリオ・サイエンスセンターやシカゴの自然科学博物館, そして各地のこどもの博物館のように, 来館者が参加し体験することを重視した例も見られる。

　さらに, 地域の有形無形の文化財・史跡・産業遺産・自然環境などを地域住民自らによる調査研究・保存活動を通して, よりよい状態で保全し, 学習の場を提供するといった**エコミュージアム**活動（図2·131）が日本でも現れている（文15）。これはフランスの博物館学の分野で1960年代後半に誕生した概念で, 日本では「地域まるごと博物館」とか「生活環境博物館」とか呼ばれている（2·10·4参照）。

　伝統的な思想と新しい考え方とを組み合わせて, 将来のあり方を考えなければならない時代を迎えている

3・7 博物館——展示品を鑑賞する 205

外観

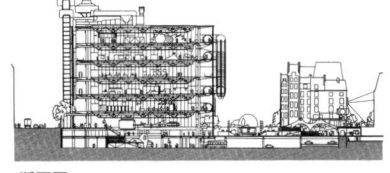

断面図

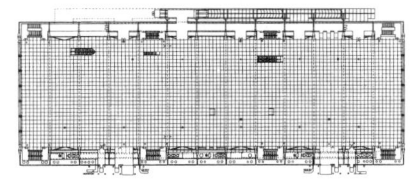

平面図

図 3・90 ポンピドーセンター

建築のテーマは水，光，緑で，周辺は水面で屋上の太陽光を追跡する採光装置から光をとりこみ，館内には植物が繁茂する計画である．正面には高さ32m，幅32m，奥行8mの温室が三ケ所設置され，その正面にはステンレス張りの球形オーディトリアム（ジェオド）が配置されている．

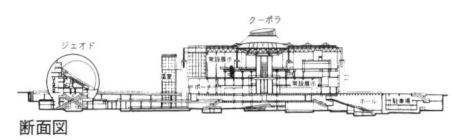

断面図

外観

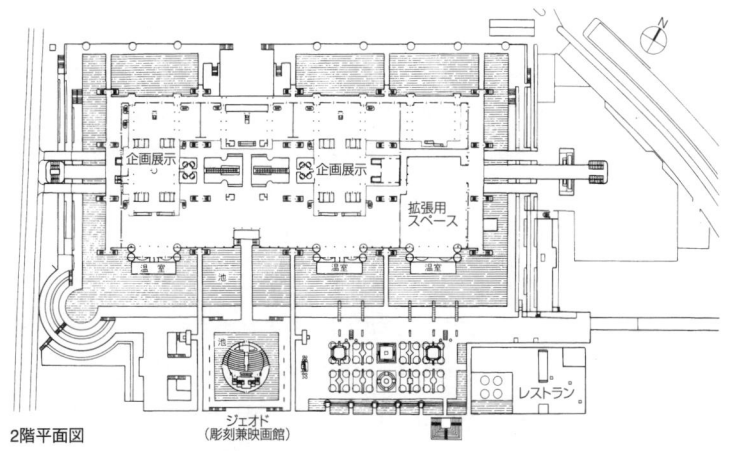

2階平面図

図 3・91 ラヴィレット科学技術産業博物館[37]（パリ，フランス，1986，ファンシーバル）

3・8 劇場——演技を観る

各地でホールや**劇場**が建設される。そこでは海外の著名な管弦楽団の演奏，小学校の合唱コンクール，演歌歌手のコンサート，洋舞や日舞，劇団や素人芝居といった公演，選挙演説，小説家の講演，公聴会，成人式など，さまざまな活動が行われる。演ずる人とそれを観賞する人とのコミュニケーションの場であることに共通点がある。さまざまな用途の劇場といわれる施設はなぜ必要なのか，どのように計画したら良いのか？

3・8・1 劇場の起源

人類が集落を形成して定住した頃から，大木の下や大きな岩の周囲など人々を集めて何かを伝達するための場所と仕掛けが存在した。祈祷や娯楽用に日本でも古くから神楽(かぐら)があり，寺院が同様の場を提供することも多かった。西洋では古代ギリシャ（図3・92）やローマの屋外劇場を現代でも目にすることができる。自然の傾斜地を利用して客席をつくり，中心には祭壇と**オルケストラ**と呼ばれる円形舞台を配置したのが**古代ギリシャ劇場**の起源といわれる。このように劇場建築の起源は古い（文39）。

ローマ時代になると舞台背後の**スケーネ**と呼ばれる建物が固定化され，舞台機能は円形のオルケストラからスケーネを背景にした高舞台へと移動した。この時代，アーチ天井やコンクリートが開発され，客席の下をくぐって到達できる出入口を持ち避難上も安全な構造が可能となり，舞台と一体となった建物が出現し，劇場の建築化が一歩進んだ。

中世の西洋では，さまざまな異なる言語を持つヨーロッパの各地で，キリストの復活や奇跡などを劇の形で大衆に見せて布教を図るため，街中を練り歩く聖劇・宗教劇が主体となり，建築的劇場は発展を見なかった。

ルネサンス期になるとフィレンツェでオペラの原型が造られたといわれる[1]。建築面でも，テアトロ・オリンピコ（図3・93）では，ローマ劇場[2]で発生したスケーネに楽屋を入れ，当時考案された透視（パースペクティブ）画法を応用して奥が狭まった数本のニッチをつくり，騙し絵的に奥行きを強調した舞台が造られた。当然ながら，その視覚的効果は客席正面と左右の客席

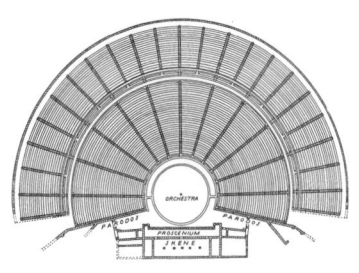

3・8 劇場——演技を観る 207

ギリシャの劇場は、ディオニソス（酒と歓喜の神）を祝う歌と踊りから始まったといわれる。傾斜地を用いた客席は木造のものから次第に石造のものに発展した。屋外劇場は14000席で、最も遠い席までは舞台から70mもある。声が聞こえるように静かな立地であるが、役者の表情は見えないため仮面が用いられ、仮面の口もとはメガホン状に作られている。拡声器のない時代に、この舞台での台詞は最も上段の観客席でもよく聞き取れるという。

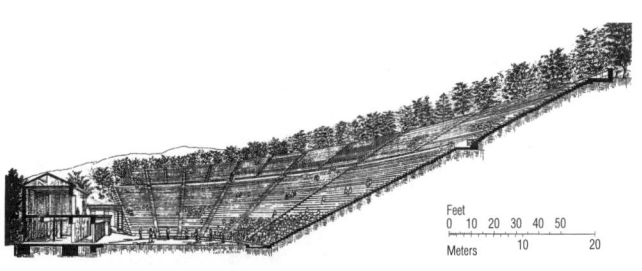

平面図[43)]

側面図[44)]

図 3・92　古代ギリシア屋外劇場　エピダウロス神殿（3・2参照）

内部[44)] 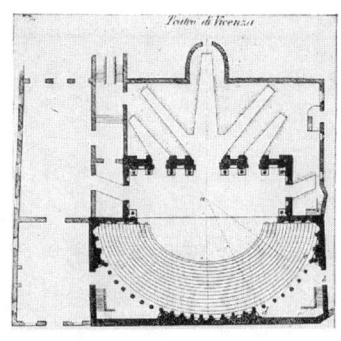　　　　　　　　　　　平面図[45)]

ヴィチェンツァの古典研究会オリンピックアカデミーのために建築家パラディオが設計をはじめたが、計画の途中で死去したため弟子のスカモッティが引き継いだ。

図 3・93　テアトロ・オリンピコ（ヴィツェンツァ，イタリア，1583，スカモッティ）

* 1　16世紀にメディチ家が祝事に仮設建物で演じられた歌劇が発展し，馬蹄型で多層ボックス席を持つ公共のオペラ劇場が17世紀にはベニスに建てられたという。
* 2　ヴィトルヴィウスの「建築十書」が復刻されたのが1486年で，人々ははじめてギリシャ・ローマ劇場の構成原理と悲劇・喜劇・風刺劇用の舞台背景を知る。

の人々からみると何本かが有効に過ぎなかった。これは歴史上はじめての屋根付き常設劇場の例となった。

英国では16世紀にシェイクスピア劇を演ずるために客席が舞台を囲む独特のスタイルの**グローブ座**が創案（1599年）された（図3・94）。これはエリザベス朝に人気のあったシェークスピア劇のほとんどが上演された商業劇場で，約70年間多数建設されたが，1642年の清教徒革命による禁止令で消滅した。

3・8・2 プロセニアム舞台の出現

テアトロ・ファルネーゼ（図3・95）では，舞台の両側に間口と平行な壁を何枚か設置して，舞台の奥行きを出す工夫がなされているが，これは現代の舞台装置として多用される背景パネル（書き割）の起源と考えられる。観客から見て絵画の額縁に当たる部分を**プロセニアム**と呼ぶが，この出現は次第に芸術としての舞台装置の創造につながった。当時のセルリオ，パラディオといった劇場建築の設計者は，同時に舞台装置の設計者でもあった。

16世紀に誕生したオペラは，王侯貴族の娯楽用として発展した。書き割とプロセニアムを持った舞台の正面に王侯の貴賓席（**ロイヤルボックス**）を配置したミラノの**スカラ座**[*3]（1778年）のように，馬蹄形平面の客席は正面から舞台への視線が最も重要であり，舞台の良く見える平土間は皮肉にも普通席で，両側の貴族用のボックス席からは身を乗り出さなければ舞台の全容が見えないといった劇場が建設された。小部屋に分かれたボックス席は，何層かの床を支える壁を提供する構造的理由と貴族の家族が固定客として代々使用できる場所を意味した。王侯がパトロンになって限定された客を対象にしたオペラ劇場は，17世紀のイタリアでは一般大衆を対象に営利目的の興行場となった。分譲とか長期貸出しができるボックス席は興行場の経営危険回避の手段でもあったのである。客席部分に匹敵するほどの広さのホワイエを持つ**ウイーン国立歌劇場**（図3・96）や**パリ・オペラ座**（1875年）の平面が示すように，当時の劇場は観劇の合い間に社交の場を提供する役割を持っており，観客はボックス席で家族や友人と共に召使が差し出すワインを飲みながら歓談し，舞台での演技の観賞よりは，むしろ向い側のボックス席にいる客が見えることの方が重要であったと思われる（文91）。

3・8 劇場――演技を観る 209

平面は円形あるいは多角形で屋根がなく,中庭の半分は舞台である。この外径は約25mで,最も遠い席でも舞台から20m以下で約2,500人収容力がある。役者と観客の間の近接感を重視した劇場である。このような開放型舞台はギリシャ劇場からの伝統であったが,現代でもこの傾向は存続している。

図3・94 ロンドン・グローブ座[44]（第2世代）

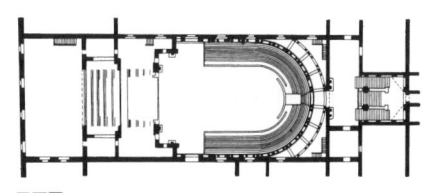

平面図

竣工の10年後にファルネーゼ家とメディチ家の結婚式で開場。当初半円形の客席を設計変更して馬蹄形に引き伸ばし,中央のカンポと呼ばれた平土間は演技空間として使われた。こけら落しではこの土間に水を満たしたといわれる。

プロセニアムのある舞台

図3・95 テアトロ・ファルネーゼ[45]（パルマ,イタリア,1618,J.B.アレオッティ）

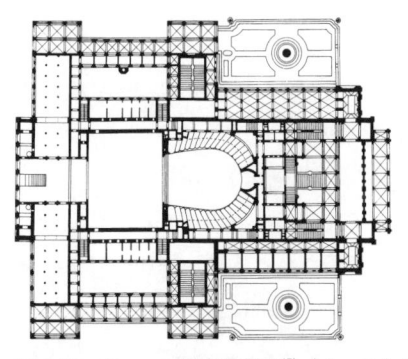

馬蹄形の客席の広さと手前のホワイエの広さはほぼ同じである。また,正面の舞台は両脇を含めると客席の2倍以上の広さになっている。

図3・96 ウィーン国立歌劇場[45]（オーストリア,1869,E.Van Null, A.ron Stccardsburg)

* 3 マリア・テレサの命により,ジョッゼペ・ヒルメリーニの設計。奥行き24m,幅21mの平土間とそれを囲む馬蹄形6層の客席は3200人の収容が可能。これを契機に国家の富と権威を象徴する巨大なオペラ劇場が各地に建設された。

3・8・3　市民のための劇場の登場

　音楽や舞踊，そして物語を総合化した楽劇を演ずる場所として，リヒャルト・**ワグナー**が推奨したミュンヘンの祝祭劇場やバイロイトの祝祭劇場（図3・97）は，建築家ゴットフリート・**ゼンパー**の設計である。ここで馬蹄形平面の劇場は突然変異を遂げる。ルネサンス期の劇場では，客席はギリシャ時代に倣って半円形180度に開いていたが，ここでは客席は，90度以下の開きとなり両側には，最早ボックス席はない。舞台と観客席の間を隔てていた音楽演奏担当のオーケストラ用のスペースも，舞台の下に**オーケストラピット**として半分押し込められた。観客席から舞台がよく見えることを主体にした今日の劇場・ホールの原型がここに出来上がったのである。

　現在知られる著名な劇場は，19世紀に建設されたものが多いが（表3・7），西欧が封建社会から市民社会へ移行するにつれ，左右対象で権威的であった貴族用の劇場は，市民が共同で資金を集めて建設する市民用の劇場へと変貌し始める。**バイロイト祝祭劇場**の形態は市民用劇場の典型として，それ以降各地で建設された。

　18世紀後半に英国で始まった産業革命により，燃料は薪・石炭から石油へ変化し，電気の普及で照明は，蠟燭・石油ランプ・ガス灯から電灯へと変化した。これらの技術革新は，蠟燭の裸火による火災の危険を低減し，舞台や客席照明の点滅・調光[*4]を容易にした。

　モーターの導入で重量物の移動[*5]が容易になった。これは17世紀にモリエールが主張した①同一の舞台セットで，②主役やストーリーが入れ代わることなく，③時間も過去にさかのぼらないという三原則に基づいた静的な舞台を短時間でセット変更が可能な動的な舞台へと変貌させた。19世紀末発明の映画技術は時間の逆行を可能にしてこの傾向に拍車をかけた。

　客用・荷物用エレベーターの導入により，客席の多層化が容易になった。ガラスや鉄の建築材料としての導入，そして1862年に実用化された鉄筋コンクリート（RC）構造は，かつての大架構に使用された木造小屋組や二階席を支える客席の柱を無用のものとした。この結果，上部に多くの吊り物を抱いた舞台空間や見通しのよい客席空間が実現したのである（図3・98）。そして20世紀のスピーカー・システムの開発は，俳優が大声を上げる演技を過去のものとした。

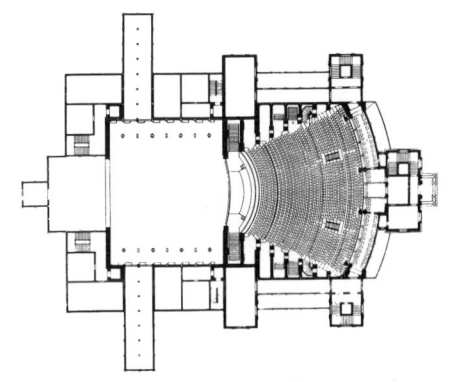

19世紀の市民運動により，劇場は貴族階級やブルジョワ階級のためだけではなく，一般大衆のためという主張が強くなった。ワーグナーとゼンパーは革命運動に参加した仲間で，国民的，大衆的舞台芸術のための劇場形式として，客席から平等に舞台が見える形態を実現させた。

図 3・97　バイロイト祝祭劇場[45]（バイロイト，ドイツ，1876，ゼンパー）

表 3・7　オペラハウス一覧

	劇場名	竣工年（再建）	初代
ロンドン	コヴェント・ガーデン王立歌劇場	1858	1732
パリ	オペラ座	1878	
ミラノ	スカラ座	1778(1946)	
ヴェネツィア	フェニーチェ劇場	1837	1792
チューリッヒ	チューリッヒ市立劇場	1891	
ケルン	ケルン市立歌劇場	1957	1822
ミュンヘン	バイエル国立歌劇場	1828(1963)	1825
ミュンヘン	ゲルトナー広場劇場	1865	
ベルリン	ベルリン国立歌劇場	1742(1955)	
ドレスデン	ドレスデン国立歌劇場	1841(1985)	
ウィーン	ウィーン国立劇場	1869(1955)	
ウィーン	フォルクスオパー	1898	
プラハ	プラハ国民歌劇場	1883	
ペテルスブルグ	キーロフ劇場	1860	
モスクワ	ボリショイ劇場	1856	1780
ニューヨーク	メトロポリタン歌劇場	1966	1883

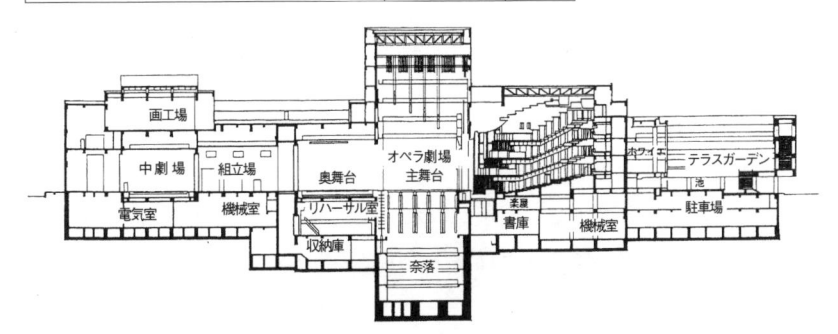

1986年の設計競技において228点の応募作品の中から選ばれたもの。オペラ，バレエ，演劇その他新しい舞台芸術の上演用で日本初の本格的劇場複合体である。1800席の大型劇場，1000席余の中劇場，客席の形式が可変な小劇場から構成される。

図 3・98　新国立劇場断面[47]（東京都渋谷区，1997，柳澤孝彦＋ＴＡＫ建築都市計画研究所）

＊4　アドルフ・アピア（1862〜1928）は，ワグナーの楽劇に効果的な照明を試み，光影と時間的変化を表現した。1930年代には光の演出理論（ミザンセーヌ）が確立。

＊5　従来は門型の大道具を何枚も並べて人力で動かして舞台転換をはかったが，モーターにより岩石や階段など立体的で重い装置が使用可能になった。また舞台下で人力で行っていた回り舞台の操作も容易になった。

3・8・4 舞台・客席を計画する

　現代の劇場・ホールは多目的なものが多いが，逆に多目的なものは専門的，例えばオーケストラ・室内楽の演奏，本格的オペラ，伝統的古典芸能といった異なる音響・照明・入退場への要求が満たせないため，中途半端なものになりがちである。したがって劇場の設計に当たっては，まずどの活動を主体とするかを明確にする必要がある。

　例えば，器楽の演奏が主である場合には，演奏会場の室内空間を直方体の**シューボックス（靴箱）型**にすると音響的に良いといわれている（図3·99）。器楽専用ホールは，17世紀のロンドンに多数建設されたが，ホールの響きに鋭敏なハイドンによってコンサートホールの形式が確立されたといわれる。1781年ライプチヒの繊維会館（ゲバントハウス）の2階に建設されたホールは，メンデルスゾーンが指揮者の時代に有名になり，その形態が音響特性上優れていることが明らかになり，現在のシューボックス型ホールの原型となった（文81）。音楽と講演ではそれぞれ適切な残響時間が必要なので，東京芸術大学奏楽堂（岡田新一設計事務所，1998）では，天井高を可変にして公演内容に合わせた残響時間の調節をしている。

　演劇用舞台としては，**ケルン市立オペラハウス**（図3·100）が，プロセニアムを持った劇場形式の完成形に近い。広い中央舞台の左右に同面積の側舞台，回り舞台を組み込んだ後舞台がある。新国立劇場はこの水準に達しているが，わが国の一般的ホールでは，全体面積の制約から客室の収容人員確保が優先され，舞台まわりや各種装置の搬入経路，出演者用楽屋，リハーサル室などの裏方に当たる部分に十分な面積が取れない例が多い。図3·101に示すように，客席を舞台を中心にそれぞれホワイエと裏方とが十分な広さを持って計画される必要がある。

　すべての客席から舞台が見えるためには，視線の計画が重要である。可視限界距離は，舞台上の公演の種類により異なる。**プロセニアム**開口寸法と平面的最大見通し角度，客席からのふ（俯）角限度，最前列の席と舞台との高さ関係，前に着席した人が後の席の人の視線を阻害しないような床勾配などの関連数値を参考にする必要がある（図3·102）。客席への出入りの通路の寸法や配置にも配慮が必要である。例えば，舞台の正面中央に向かう通路は舞台から見ると客席が左右に分割されるので好まれない。客席の配列は，いす

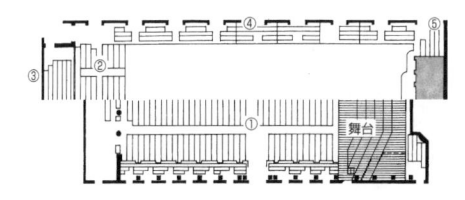

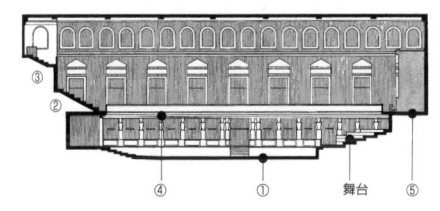

3・8 劇場——演技を観る 213

①土間席，土間周囲席，②後部バルコニー席，③3階バルコニー席，
④サイドバルコニー席，⑤舞台後方バルコニー席
図 3・99 シューボックス型音楽ホール[44]
（ウィーン学友協会大ホール，1870，T.R.Von Hausen）

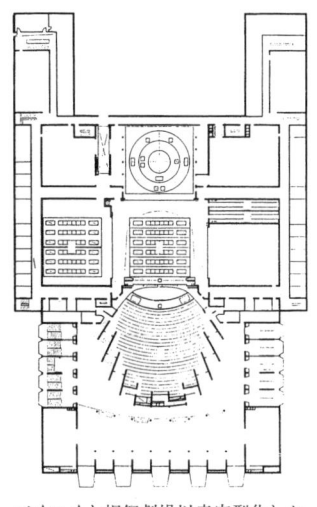

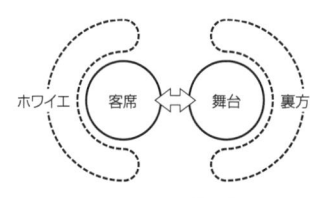

図 3・101 平面構成模式図

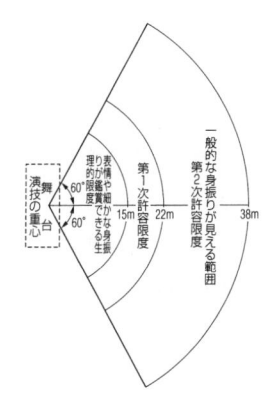

バイロイト祝祭劇場以来定型化した扇型の客席が持っていた舞台から遠い客席が増えてしまうという短所を補うため，そり型のバルコニーを付属した舞台に向って突出されるスレッジ形式という形態をとっている。これにより音響的にも有利になり，舞台近くに観客を多く集めて雰囲気を保つことが可能になった。

図 3・100 ケルン市立オペラハウス[43]
（ドイツ，1957，W.Riphai，H.Menne）

舞台と客席までの距離の関係

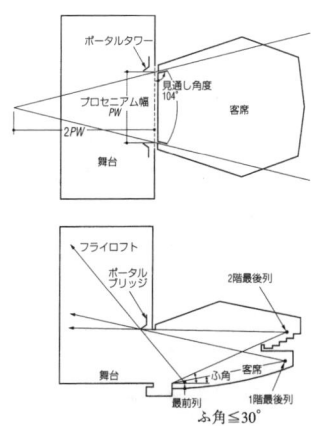

プロセニアム劇場のサイトライン

図 3・102 客席の諸元[50]

を前列席の直後に置く場合と前列の2席の間に置く場合とで床勾配や通路の直進性に相違が生じる。特に避難計画と関連して通路の直進性の保持は重要である。**客席密度**（面積／客席）は着席時のレッグスペース（脚置場）をどのくらいとるかによって決まるが，奥の席の人が出入りする際の難易度に影響を与える。

　車いすの観客用に左右舞台袖に近い特定の場所を指定する計画がよく見られるが，今後は**ノーマライゼーション**（3・3・2参照）の視点から固定いすのデザインの工夫により，どこでも車いすの観客が居ることができる**ユニバーサルデザイン**の検討が必要である（図3・103）。

3・8・5　劇場・ホール施設を再考する

　コミュニケーションの場として発達してきた劇場・ホールは，特権階級用の娯楽の場から一般市民用の活動の場として変貌を遂げた。しかし，現在の劇場は舞台での公演を観るという面が強調され過ぎているように思える。伝統芸能の**能舞台**の橋掛かりや**歌舞伎舞台**（図3・104）の花道は，演者と観客との相互の関係を重視している例である。演奏者のまわりを囲んだコンサートホール（図1・5，3・105）や新国立劇場小ホール[6]のように舞台と観客席との関係を何種類か設定できる例などは新しい試みである（文92）。

　パリの**ポンピドーセンター**（3・7，図3・90参照）内のIRCAM（音響と音楽の研究所，1978）のホールは，壁と天井に設えられた音響的に異なる特性をもった仕上材のパネルが電動回転する実験的なコンサートホールである。これは保存・継承を超えた創作の場といえよう（文81）。

　劇場の持つ役割は，観る，観られる関係の活動の場だけでなく，観劇を学校の教科の一部に組み込んでいる英国のように，①文化活動の学習の場，②芸能の保存・継承の場，③大道具・小道具・書き割・舞台装置などの生産・消費活動の場，かつてのオペラハウスが果たしていたように，④人々の交流・社交の場，オーストラリアのシドニーオペラハウス（図4・12参照）のように都市や周辺の⑤ランドマークとしての働き，かつての市民広場のように⑥集会の場，⑦災害時の避難の場として見直す必要がある。さらにその地域の建築文化のストック（財産）として考えてみることも肝要である。

3・8 劇場——演技を観る　215

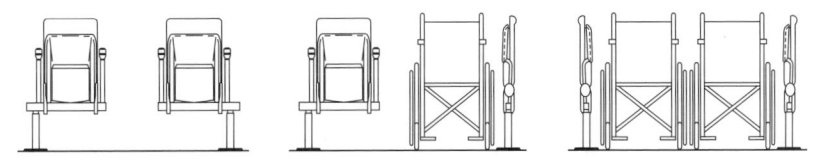

図3・103　観客席と車椅子

（新富町守田座，国立劇場資料室蔵）

江戸時代の唯一の演劇形態。当初は能舞台を踏襲していたが，17～18世紀にかけて花道や平場（正方形の平土間），左右の座敷席を持つ劇場（歌舞伎小屋）となった。
図3・104　歌舞伎見物[43]

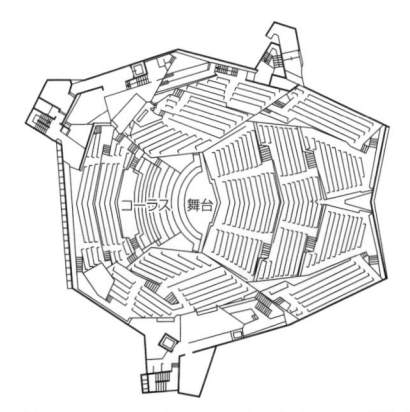

2200席余りの収容能力を持ち，ベルリンフィルハーモニー管弦楽団の本拠地である。中央の舞台を4つの不整形の客席群が取り囲むアリーナ型。舞台後方の合唱用の席を入れれば2380席になる。
図3・105　ベルリンコンサートホール（ドイツ，1963，ハンス・シャローン）

＊6　移動可能な客席を持ち，①舞台と客席に分けた通常のエンドステージ型（376席），②舞台の一部が客席に突き出たスラストステージ型（416席），③舞台の両側に客席を配置したセンターステージ型（420席），そして④舞台を客席が取り囲むアリーナステージ型（468席）の異なる形態をとれる。

3・9 オフィスビル――執務をする

オフィスビルは現代都市の象徴である（図3・106）。都市生活のイメージは，ハイテクで洒落たオフィスの勤務と重なる。しかし都市生活空間の中で，事務作業空間はさまざまであり，その滞在時間の長さは1日の大きな割合を占める。情報化の進展によって働く場所を限定しないことも可能になり，自宅勤務，ＳＯＨＯ（Small Office, Homo Office）など，さまざまな執務環境の変化が見られる。オフィスビルはどのように計画するのか，そして今後どう変貌するのかを見てみよう。

3・9・1 オフィスビルの出現

古代から農業・商業の生産物・商品の記録行為は行われてきた。住居の書斎では，手紙を書くデスクワークがなされた。しかし産業革命以降，工業化の進展に伴い，第二次産業の中心的存在である工場での事務処理を効率的に遂行し，第三次産業では情報の収集・処理を手際よく行って，適切な判断をする場としてオフィスビルが注目を浴びるようになった。

その建築的発展は，19世紀後半に鉄・ガラス・コンクリートなどの建築材料やエレベーター・電灯などの普及と時期を共にしている。1930年米国**クライスラービル**が世界最高（76階，317m）を誇ったが，1年後の1931年には13ヶ月の短い工期で**エンパイア・ステートビル**（102階，379m）が完成し，ニューヨークの景観を代表する建物となったことは名高い（図3・107）。

第二次世界大戦後は超高層建築[*1]の施工技術の進展，アルミなどの軽金属やプラスチックなどの建材の一般化，蛍光灯・空調・電話など設備技術の普及により，オフィスビルの計画の自由度は急激に拡大した。

日本では明治維新後，丸の内の赤レンガの建物[*2]に象徴されるように，日本は急速に西欧の近代都市の模倣を行った。大正から昭和初期にかけて1923年の**旧丸ビル**（図3・108）や，1938年の**第一生命保険相互会社ビル**のように，通風・採光のために中庭を設け，中廊下に面する扉をガラス戸にし，欄間を設けて専ら建物の奥行きを15～19mに制限することによって執務環境を確保する努力が行われた（文42）。

3・9 オフィスビル──執務をする　**217**

図 3・107　エンパイアステートビル（中央）とクライスラービル（右手）[48]

　自社ビルではあるが，社内では建築主チームと設計者チームとを分離してプロジェクトを推進した。設計組織なので今後の設計に役立てるために実験的試みを行っている。そのひとつが外付けブラインドである。東西面のガラスの開口部前面にアルミ押出成型の電動ブラインドを設置し，陽光が室内に直接入ることを防ぎ，ペリメータ（外周部）の熱負荷を軽減しようとしている。同時にブラインドの開閉の度合いに応じてビルのファサード（正面外観）の表情の変化を試みている。

（写真：日建設計）

図 3・106　日建設計本社ビル（東京都千代田区，2003，日建設計）

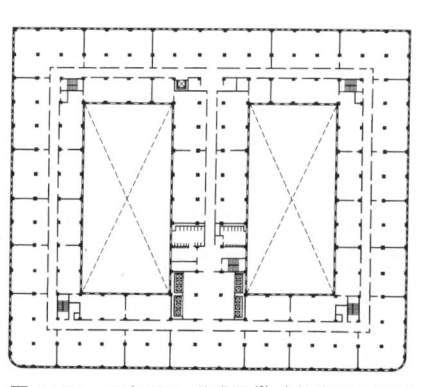

　通風採光用の中庭を設けた中廊下型の典型。奥行きは15～18m。

図 3・108　旧丸ビル　基準階[49]**（東京都千代田区，1923，三菱地所）**

＊1　超高層建築はSkyscraper（摩天楼），High Rise Building，Tall Buildingの訳語として用いる。おおむね高さ60m（建築基準法施行令），地上15階以上の建物を示す。
＊2　株式会社制度が1893年に法制化され，1989年三菱財閥が丸の内一帯の用地払い下げを受け，事務所街の建設が開始された。

第二次世界大戦後，蛍光灯に象徴される人工照明や空調技術の普及により，窓による採光・通風の制約が弱くなり，奥行きの深いオフィスビルが建つようになった。それでも当時の自然採光上の制限（居室面積の1/10以内）から，奥行は18～20m程度であった（図3・109）。

　しかし，この時期は31mに建物高さを制限する規定[*3]から，いかに多くの階をその中に入れるかが最大の関心事になり，階高を縮めることが計画の中心に置かれた[*4]。1963年には容積率（延床面積を敷地面積で除した値の百分率）が導入され，高さ制限は撤廃されたが，道路斜線により高さ制限は事実上存在したため，階高を縮める努力が続けられた。

　1968年日本で初めての超高層，**霞ヶ関ビル**[*5]が完成し**超高層ビル**の時代に突入した（図3・110）。この背景には，コンピューターシミュレーションによる構造解析技術の確立，鋼材の大量生産やコンクリート打設技術の発展，アルミサッシやフロートガラスの普及，そして高速エレベーターや高度の空調技術の開発が存在した（文88）。

3・9・2　利用の形態

　オフィスビルはその建物の所有者と利用者のとの関係で種類が異なる。

(1)　**専用オフィスビル**：単独の企業の自社ビルで大企業は大規模な高層ビルになり中小企業の場合には小規模な中層ビルになる例が多い。官庁の建物や工場附属のオフィスもこのタイプに入る。その企業のイメージを最大に表現することが通常求められる（図3・106, 3・111）。

(2)　**貸しオフィスビル**：外部の**テナント**（賃借人）に貸して，賃料収入で収益を揚げるように少ない投資額で最大の利益を得るためのオフィスビルである。小規模なテナント用にはフロアを細分化でき，中規模なテナント用には1フロアを1社か2社で利用でき，大規模なテナント用にはいくつかのフロアを1社で使えるように考慮する必要がある。

(3)　**準専用オフィスビル**：敷地を持つ企業が自社ビルを建てた場合，全部を利用する必要がない場合に一部を貸しオフィスとして利用するものである。

(4)　**複合オフィスビル**：住宅・店舗・ホテルなどオフィス以外の用途と複合したタイプ（図3・112）で，駅ビルはこの典型的な例である。このほか，弁護士事務所が集まったものやアパートの中に小規模なオフィスが入ったものな

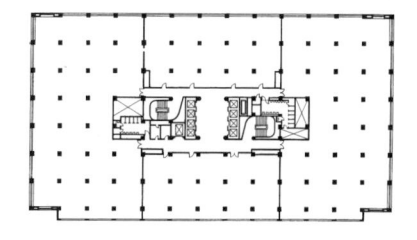

3・9 オフィスビル——執務をする 219

執務室の奥行きは人工照明，空調技術で深くとれるようになったが，自然採光上の規定から18〜20m程度であった。

図3・109　三菱商事ビル　基準階[49]　(1959)

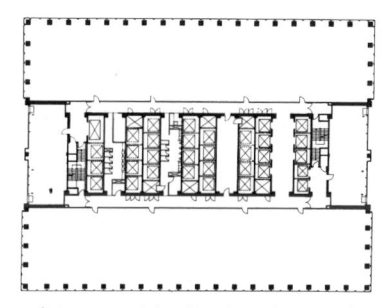

高さ210m，地上55階，地下3階，延べ床面積180,000m²で，霞ヶ関ビル以降多数建設された超高層ビルの代表といわれる。

図3・110　新宿三井ビル　基準階[49]
（東京都新宿区，1974，日本設計）

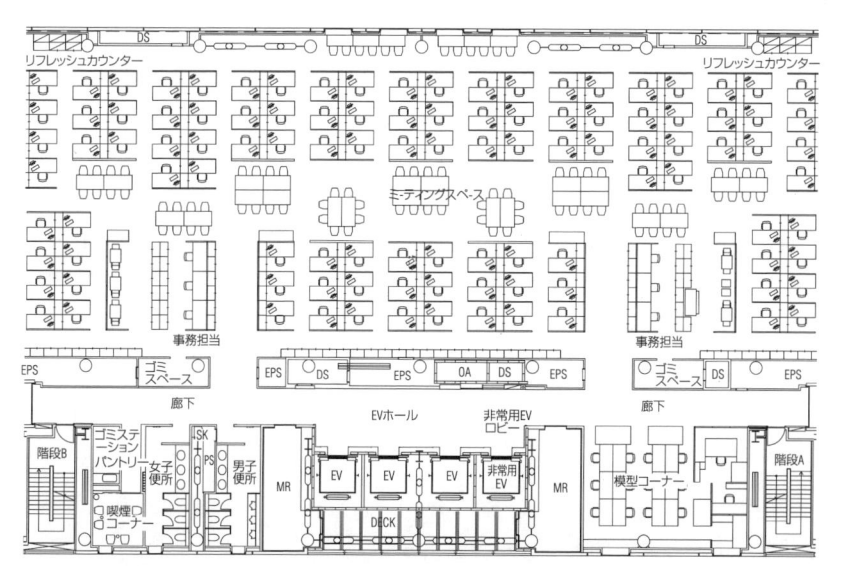

図3・111　専用オフィスビルの例（日建設計本社ビル，東京都千代田区，2003，日建設計）

* 3　戦前の市街地建築物法では住宅地域65尺（19.5m），その他100尺（30m）と高さが制限されていたが，1950年制定の建築基準法も業務地域で高さを31mに抑えた。
* 4　基準階高は三菱商事ビル3.29m，日本石油3.30m，大手町ビル3.29m，安田生命本社3.27mで，3.30m前後に集中した。
* 5　高さ147m，地上36階，地下3階，延床面積153,000m²，執務室の奥行12.5m（設計：三井不動産，山下寿郎設計事務所）。耐震設計やエレベータ台数算定など当時の建築技術を結集したものであった。

ども特殊ではあるが複合的なタイプである。

3・9・3 レンタブル比と規模を計画する

　収益性が求められる貸しオフィスビルでは，貸し得る面積の割合（レンタブル比）を最大にするようにしなければならない。**レンタブル比**には2種類ある。一つは延べ床面積に対する収益部分の床面積の割合で**有効率**とも呼ばれる。中規模なビルでは80〜90％，大規模な場合には65〜75％になる（図3・113）。もう一つは**基準階**[*6]の面積に対するその階の収益部分の床面積の割合で**基準階有効率**とも呼ばれる。中規模・大規模にかかわらず80〜90％の確保が要求されるが，中規模の方が低めになりがちである（図3・113）。

　また，基準階の面積が大きくなれば共用部分はほぼ一定なので，収益部分の割合が増え，レンタブル比は増加し，階数が増すと共用部分は各階ごとに必要なので，全体としては有効率が下がる。一般的な事務室面積は1人当たり5〜12m^2で，有効延べ床面積[*7]では1人当たり10〜20m^2が目安となる。

　基準階の絶対床面積は，貸しオフィスビルの場合，複数のテナントが区分して利用しやすいことから，海外の事例では1600m^2以内のものが多いが，霞ヶ関ビルの場合は3500m^2，新宿ＮＳビル[*8]では4500m^2と大規模なものも出現し，その他2000〜3000m^2程度の例も多い。

　また一般的に1〜2階や地階は客が外から入りやすいため付加価値の高い階で，金融や飲食の営業店舗として利用されることが多い。したがって，これらの階には階高に余裕を見込んでおくとか，ファサードに透明感を出すなどの工夫が必要になる。

3・9・4 執務空間とコアを計画する

　オフィスビルの基準階は，**執務空間**と**コア**によって構成される。執務空間はオフィスのレイアウトに適した寸法から規定される。一方，コアは階段・エレベーターや設備用のパイプスペース・ダクトスペース，そして機械室・便所・洗面室・配膳室などの共通部分を集めたもので，構造上の耐震壁として用いることが多いため，この2つの要素をどのように組み合わせて配置するかは重要である。コアを各階とも同一位置に置くことによって，残りの執務空間の融通性を増すことができる。

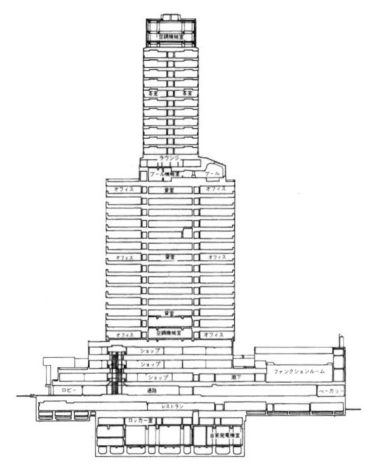

3・9 オフィスビル────執務をする　221

低層階に店舗，中層階にオフィス，高層階にホテルを入れたもの。

図3・112　複合ビルの例[48]（帝国ホテル新館，東京都千代田区，1983，山下設計）

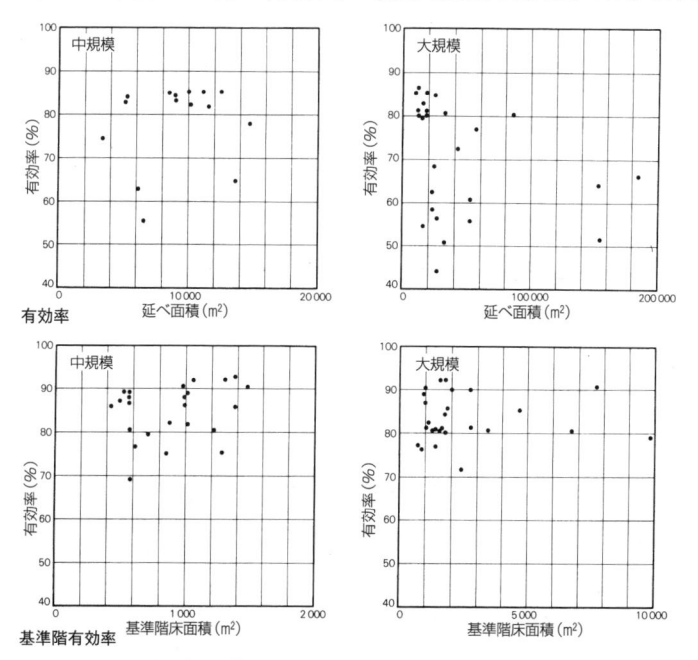

図3・113　レンタブル比[50]

* 6　平均的な執務階。同じ平面が繰り返されるので綿密な検討が必要。
* 7　事務室，応接・会議室，役員室，受付など主要な執務用の面積と電話交換室，印刷室，社員食堂，更衣室，医務室などの付帯的な用途の面積の総和。
* 8　地上30階，地下3階，延床面積166,000m²(1982年，日建設計)で，ガラスの大屋根の下に大規模な吹抜けに面したL字型の棟で構成。

コアの位置により①片寄せ型，②独立型，③中央型，④両端型に分類できる（図3・114）。

一般的にスパン（柱間）を大きくすると，柱の断面が大きくなり，梁せい（背）が増え，階高が高くなり，階段室の面積が増大し，仕上面積も拡大するといったように経済的にはマイナス面が多くなる。しかし一方で，見通しのよい空間の中で，区画や間仕切りの融通性が増大し，家具配置が自由になり，そして一見関連がないようにみえるが，機械室内の機器配置や駐車場計画の自由度が増すなどの利点も見逃せない。

このように執務空間の融通性を考えると，基準スパンは短辺方向で6〜10m，長辺方向では10〜12mにする例が多い（図3・115）。広い執務空間の場合には圧迫感を避けるため，天井高は高くする必要があるが，貸しオフィスの場合には経済性と収益性から天井高を抑える例が多く見られる。実際，執務空間の基準階の天井高は2.5〜2.7mにする例が多い。

階高は天井高と天井のふところ寸法の和である。ふところ寸法は梁せいとダクトやパイプの寸法そして床の厚さと仕上げの和となる。近頃はオフィスのOA化に伴い配線をどこでも引き出せるように二重床（フリーアクセスフロア）にする例が多い。これは階高に影響する要素となる。

スパンの寸法との整合性を保ちながら，執務空間の間仕切りが変更しやすいようにして，照明器具，空調用の吹出しと吸込み口，煙感知・スプリンクラー・排煙・非常用照明・非常用放送マイクなどの防災機器，コンピュータなど各種の設備配管や機器との寸法上の調整を容易にするため，設計上の基本寸法[*9]をシステムとして，床，壁，天井などの部品や納まりの設計に導入する方法が開発されている。この**システムモジュール**の考え方はオフィスビルの設計に欠かせない（図3・116）。

3・9・5　オフィスレイアウトを計画する

デスクワーク・会議・応接といった執務形態，人や物の動き，コンピュータを設置した**ワークステーション**・机・いすといった家具の種類を総合的に考えて執務空間のレイアウトを決定するのがオフィスレイアウト計画である。

オフィスレイアウトには，次の4つの基本形式がある（図3・117）。

(1) **廊下型**は，やや小さい部屋を廊下に沿って並べる方式で，小規模のテ

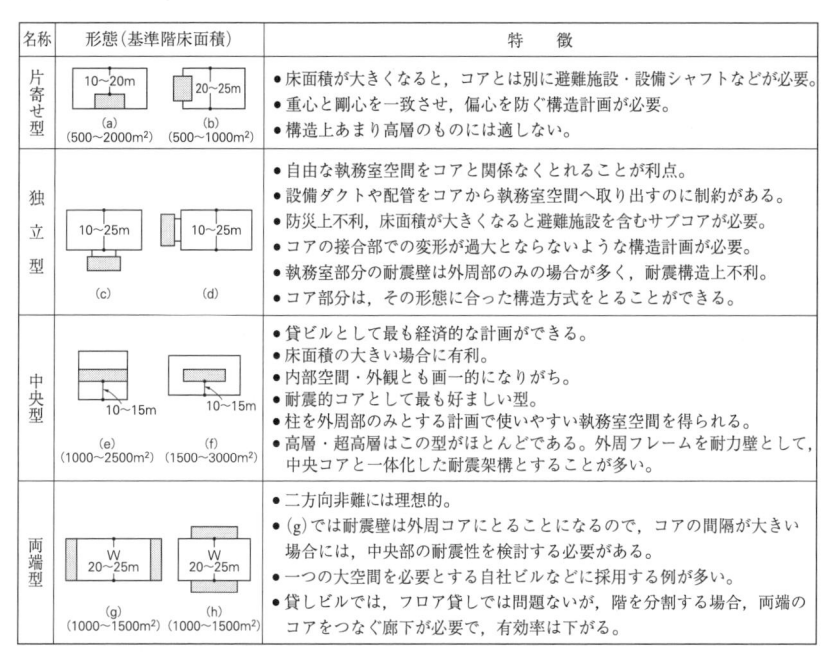

3・9 オフィスビル——執務をする　223

名称	形態（基準階床面積）	特　徴
片寄せ型	(a) 10~20m (500~2000m²)　(b) 20~25m (500~1000m²)	●床面積が大きくなると，コアとは別に避難施設・設備シャフトなどが必要。 ●重心と剛心を一致させ，偏心を防ぐ構造計画が必要。 ●構造上あまり高層のものには適しない。
独立型	(c) 10~25m　(d) 10~25m	●自由な執務室空間をコアと関係なくとれることが利点。 ●設備ダクトや配管をコアから執務室空間へ取り出すのに制約がある。 ●防災上不利，床面積が大きくなると避難施設を含むサブコアが必要。 ●コアの接合部での変形が過大とならないような構造計画が必要。 ●執務室部分の耐震壁は外周部のみの場合が多く，耐震構造上不利。 ●コア部分は，その形態に合った構造方式をとることができる。
中央型	(e) 10~15m (1000~2500m²)　(f) 10~15m (1500~3000m²)	●貸ビルとして最も経済的な計画ができる。 ●床面積の大きい場合に有利。 ●内部空間・外観とも画一的になりがち。 ●耐震的コアとして最も好ましい型。 ●柱を外周部のみとする計画で使いやすい執務室空間を得られる。 ●高層・超高層はこの型がほとんどである。外周フレームを耐力壁として，中央コアと一体化した耐震架構とすることが多い。
両端型	(g) W 20~25m (1000~1500m²)　(h) W 20~25m (1000~1500m²)	●二方向非難には理想的。 ●(g)では耐震壁は外周コアにとることになるので，コアの間隔が大きい場合には，中央部の耐震性を検討する必要がある。 ●一つの大空間を必要とする自社ビルなどに採用する例が多い。 ●貸しビルでは，フロア貸しでは問題ないが，階を分割する場合，両端のコアをつなぐ廊下が必要で，有効率は下がる。

図 3・114　コアの位置と平面型[50]

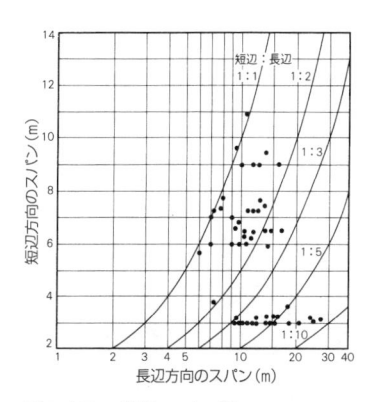

図 3・115　基準スパン[50]

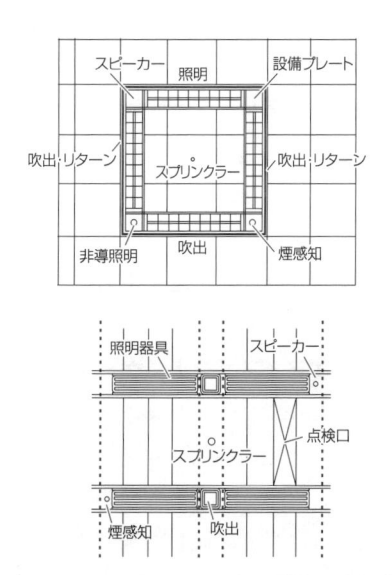

図 3・116　システムモジュールを用いた天井[51]

＊9　アメリカではシーグラムビル，1.4m，チェース・マンハッタンビル，1.4m，日本では霞ヶ関ビル，1.6m，日本IBM本社ビル，3.2m，新宿三井ビル，3.2m。

ナント用の貸しビルや研究所・大学の研究室，そしてプライバシーを保つ必要があり，応接が主体となる管理職の階にはこの形式がよく採用される。一般にヨーロッパのオフィスはこのタイプが多い（図3・117(a)）。

(2) **セミオープン型**は，大部屋に一般事務職，個室に管理職が入るタイプである（図3・117(b)）。

(3) **オープン型**は，広い執務空間の中で，机を規則正しく並べたり，立ち上がれば視線の通るロー・パーティション（低い間仕切り）やキャビネット収納家具などで業務内容に応じたグループを形成する方式で，庁舎の事務室や建築設計事務所などの空間に多く採用されている（図3・111，図3・117(c)，図4・97）。

机の並べ方には，①全員が一方向に向かって並べる**平行配置型**，②前の人と向かい合わせに並べる**対向配置型**，そして③それぞれが反対方向の向きで横に並べる**スタッグ配置型**がある。①は整然としたイメージを与え，視線が合わないため雑談も少なく気が散らないが，電話本数が多くなり，またグループの区別がつきにくい。②は打合せがしやすく，グループの区別が明瞭で，電話本数が少なくてすむが，前の人が気になったり雑談が多くなったりする傾向がある。③は視線が会わないため個人が仕事に集中でき，電話本数も少なくてすみグループも明快で流れ作業もしやすいが，個人あたりの床面積が他の形式よりも必要となる。図3・117(b)には①，図3・117(c)には②，図3・111には③の机配置がみられる。

オープン型では，机は対向型が圧倒的に多いが，これは伝統的に共同作業・共同責任的な運営をする組織の性格が反映されている。また，執務スペースが狭いためでもある。

(4) **オフィスランドスケープ**は，ドイツのクイックボナーのチーム[*10]が提唱したものでオープンタイプに自由度をさらに付加したタイプである（図3・117(d)）。固定の間仕切りを使わず，可動ローパーティション，キャビネット，グリーンプラント（観葉植物）ボックスなどを自由に配置することによってそれぞれの業務に適した空間を創出できる。ただし，窓際から6m以内のデスクは，左側採光とか関係部門は管理者の視野範囲の10m以内に置くとかいくつかの原則が設けられている。また，全体の面積効率からいえば$22m^2$/人とゆったりしたスペースが必要である。

3・9 オフィスビル──執務をする 225

(a) 廊下型[50]

(b) セミオープン型[50]

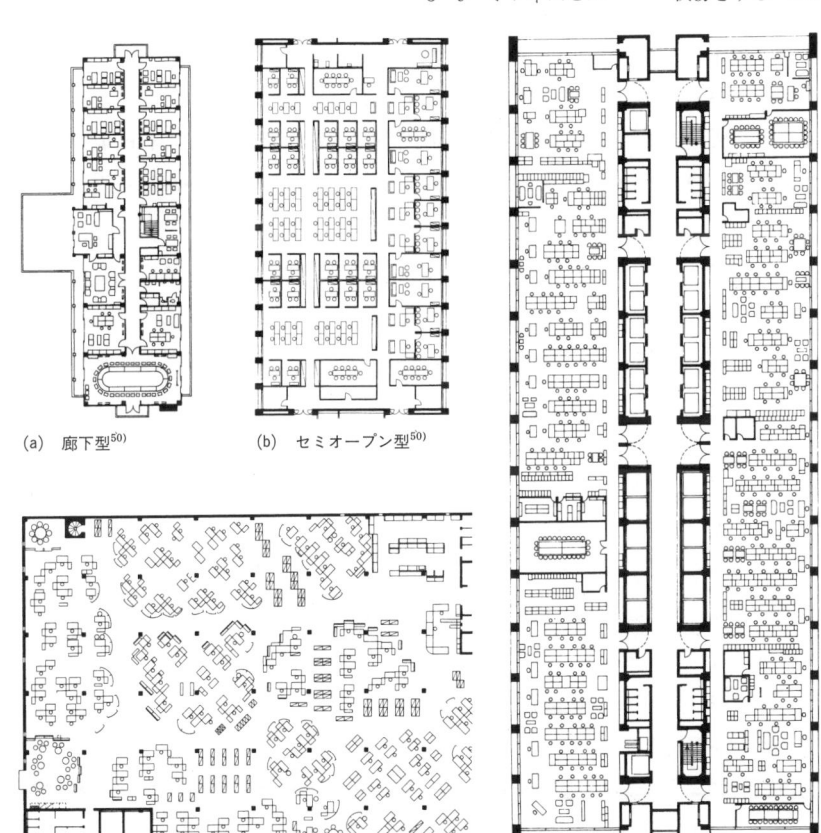

(d) オフィスランドスケープ型[50]

(c) オープンタイプ型[50]

ワークステーション型

対向配置型

図 3・117　オフィスレイアウト

---

*10　これは経営コンサルタント集団で，ビューロ・ランドシャフトと呼ばれる手法を英語でオフィスランドスケープと称した。

3・9・6　これからのオフィスビル

　1960年代から導入された多数の電話とコンピューターは，近年オフィスビル内の業務を一変させている。1990年代から**インテリジェントビル**[11]や**ファシリティマネジメント（FM）**[12]に，コンピューターの果たした役割は大きい。

　現代のオフィスでは執務空間での作業能率を上げるため，熱や光など物理的環境の向上をはじめ，内外とのコミュニケーションや情報の獲得・操作・伝達・保管などにさまざまな試みが行われている。また，心理的にも長時間の勤務中にリフレッシュが可能な良好な空間を執務空間の外に設けることも実現している。例えば，スナックを提供するコーナー（ストックホルム，ステンベルグ社），スタッフ間のコミュニケーションを促進するビリヤード台（ロサンジェルス，フルアー社），ビアコーナー（ミュンヘン，保険団体協会），ヘルスクラブ（ニューヨーク，インターナショナル・ペーパー社）などがあげられる。しかし，一方で仕事に関する見方が進化しつつあり，オフィスビル自体に根本的な変化が予想される（文27）。

　米国では，自己の情報機器を一式持ってノマド（遊牧民）のように動き回って執務を行う電子遊牧民の到来を予測している。また，オフィスの中に自己の固有の空間を設定しない**ノンテリトリアル**（非固有領域）**システム**が実現しつつある。余剰空間や面積の削減のため，日本でもデスクを共用化し必要に応じて自分のワゴンを持ち出して執務を行う**フリーアドレスシステム**（図3・118）が存在するが，これもノンテリトリアルシステムの一種類と見なすことができる（4・8参照）。また，さまざまな機能を仕事のチームで共有する形式やチーム内の多様な動きに対応できる仕組みなどが試みられている（図3・119）。

　製品を大量に製造・販売することで利益を得ていた時代から，新しい情報を収集し売る時代に移り，一定の作業をする場であったオフィスは，未知の知的創造を行う場所に変化しつつある。在宅勤務や**SOHO**（図3・120）が一般化すれば，社会のいたるところがオフィスになりうる（図2・96，3・121）。今後引き続き情報化が進むと現在のオフィスは，いずれ大きな変化を迎えることになろう。

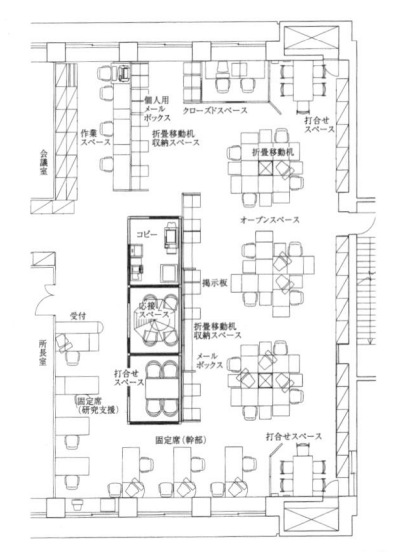

3・9 オフィスビル────執務をする 227

個人用デスクを折りたたんでワゴンのように移動できるようにしている。執務場所も自由に選択でき，自机を確保しつつ大きな空間を利用できる。

図 3・118　フリーアドレスオフィス[52]

さまざまな機能をチームで共有

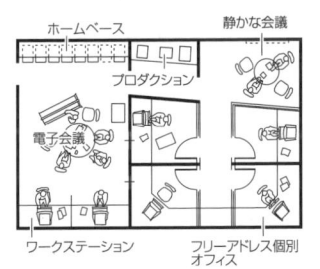

チーム内の多様なニーズに対応

図 3・119　新しいオフィスレイアウト[51]

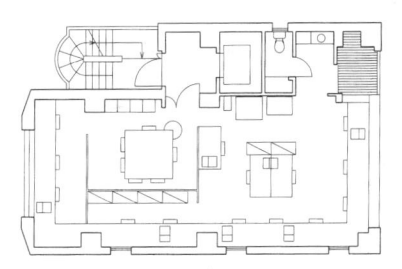

図 3・120　ＳＯＨＯ[52]**（スモールオフィス・ホームオフィス）**
（芦原太郎建築事務所）

6街区総計200戸の東雲キャナルコートは6チームの建築家集団が担当して2003年に完成した計画。公団住宅ではあるが都心型で，ＳＯＨＯも想定。

図 3・121　東雲キャナルコート

*11　Intelligent Building。光ファイバー網や衛星通信機器を持ち，企業内外の高度な電子通信機能を担った建物。建物内の省エネルギー対策も重視している。

*12　Facility Management：FM，1979年にFMI（ファシリティマネジメント研究所）で確立された概念。人（People），場所（Place），運用（Process）の3Pを活用した総合戦略。土地・建物・設備・機器・家具・インテリア・什器備品など環境全体に関する企画・設計・施工・管理全体に関与し，最大効果を発揮することを目指す（1・2参照）。

3・10　コミュニティ施設——地域の交流を促す

　都市の戸建住宅地や農山村の集落では，従来は冠婚葬祭や近所の「寄り合い」の際には，町内会の会所とか神社・寺院，有力者の屋敷が使われた。公共施設では，古くから公民館が存在する。近年，集会・交流のほかに，教育・保健・文化活動など日常的な諸活動の場としてさまざまな公共施設が建てられる（図3・122）。活動内容を反映して，いろいろな名称がつくがコミュニティ施設はそれらの総称であると考えられる。

　コミュニティ施設には，住民の多様な活動の容器としての妥当性が問われる。想定利用者の年齢を見ても，児童から成人，高齢者など幅広い。高齢社会のニーズに対応して高齢者対象の福祉センターやデイケアセンター（3・3参照）などもある。さて，コミュニティ施設を計画しよう。

3・10・1　近隣住区とは

　コミュニティ[*1]という言葉を「英語語源辞典」（研究社，1997年）で引くと**共同社会**と**地域社会**という2つの意味がある。建築計画は後者との関係が深い。ある地域の中で，住居を中心に住民が日常生活を営んでいく上で必要とする各種施設の計画を行うことを扱うからである。これらの施設を**地域施設**と呼び，病院などの医療施設，老人ホームなどの福祉施設，学校などの教育施設，図書館・博物館・劇場などの文化施設あるいは商店・コンビニなどの購買施設といったものが含まれる[*2]。

　1929年にペリー（C. A. Perry）は，小学校区に相当する広がりを近隣住区（Neighborhood Unit）と呼び，この広がりでコミュニティが形成されるとした（文12）。その中に日常生活の必要諸施設を計画する提案（図3・123）を行い，その後の住宅団地などの計画に影響を与えた（2・4・3，2・6・4参照）。

　日本では，第二次世界大戦後のベビーブームの影響により，若い世代向きに高蔵寺・千里・多摩ニュータウンなど各地で大規模な**住宅団地**が建設されたが，ここでも住戸や住棟の計画に併行して，近隣センター・地区センターといった地域施設の整備が行われた（図3・124）。この際に人口密度・構成・

3・10 コミュニティ施設――地域の交流を促す **229**

都市型（仙台メディアテーク）　　（写真：岡本和彦）　　山村・農村型（浪合村浪合学校）

図 3・122　コミュニティ施設

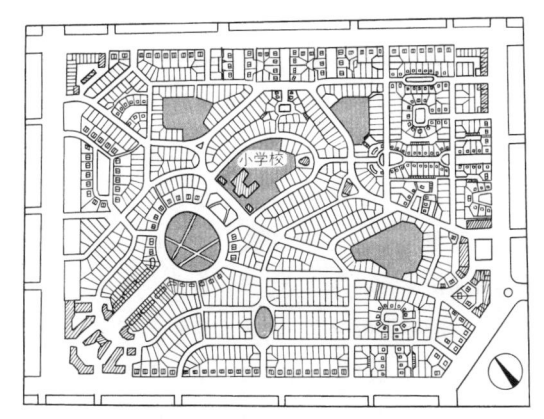

図 3・123　近隣住区の提案[49]（C.A.ペリー）

　ここでは学校をコミュニティの中心において，中世都市での教会を中心にした考え方を改めた。学校区を近隣住区として通過交通を締め出し，内部の交通だけを考えて通学路や日常の買物などの道路の安全を計った。大規模な大衆社会ではなく，小さな社会にして人間的接触を高めて草の根の民主主義を再建しようとしたのである。

---

*1　社会学者G.A.ヒラリーは「社会的相互作用」，「地域性」，「共通のきずな」をコミュニティの三要素としている。
*2　医療施設については 3・1，3・2，福祉施設は 3・3，教育施設については 3・4，3・5，文化施設については 3・6，3・7，3・8 を参照のこと。この節ではこれら以外の建物を扱う。

家族型の変化予測と利用圏域の設定予測等に関する実態調査の結果や，英国・米国で計画されたハーロー，ミルトンキーンズ，コロンビアなどの**ニュータウン**の実例が地域施設の種類・規模・配置の決定に応用された（表3・8）。また，農村でも八郎潟干拓地に新しい農村を計画する場合など，上述の知見が応用された（図3・124）。

これらの理論やその後の研究（文38）により，現在では通学や通勤の経路に生成する個々人の**心理的領域**（なわばり）を考慮した施設配置が提案されている（2・6・2参照）。また，都市の伝統的住居地区や再開発による高密度の高層住居群でのコミュニティ施設のあり方が模索されている（2・6・3参照）。

住宅の果たす役割は，時代とともに変化している。農作業などは農家から離れ共同施設へ，出産や医療は病院に，保育や教育は保育所や学校に，婚礼・披露はホテルや総合結婚式場へと移っているが，住宅の狭さや核家族に起因した人手不足などが原因である。逆にかつての共同井戸や公衆浴場は，各住戸の上下水道や給湯設備の普及により住宅内に取り込まれている。コミュニティ施設の機能はこのように社会的変化の影響を受ける。

3・10・2　コミュニティ施設は多様

コミュニティ施設は，設置目的・設置主体・関係法令・所轄官庁などの違いにより現状では，次のようなものが存在する。

古くから地域住民の社会教育・文化活動・健康・社会福祉増進が目的で市町村が設置する**公民館**がある。スポーツ・レクリエーションを兼ねたものは**コミュニティセンター**と呼ばれ，総務庁等の管轄で市町村の条例が適用される。もう少し自由な形の**地域集会所**がある。

生涯を通して学習を促す目的の**生涯学習センター**は，文部科学省が所轄官庁となる。なお，都道府県設置のものは**生涯学習推進センター**と呼ばれ，生涯学習振興法の適用を受ける。児童への科学的知識の普及や集団の中での行動訓練などを目的とした**児童文化センター**は，文部科学省の管轄で社会教育法が適用される。婦人の交流・相談・学習を目的とした**婦人会館**は，文部科学省などが所轄し社会教育法などが適用される。所轄や適用法の規制が少ない自由な形態で，男女共同参画型社会の推進に合わせ女性の地位向上を目指すための**女性センター**がある（図3・125）。また，もう少し限られた範囲の住

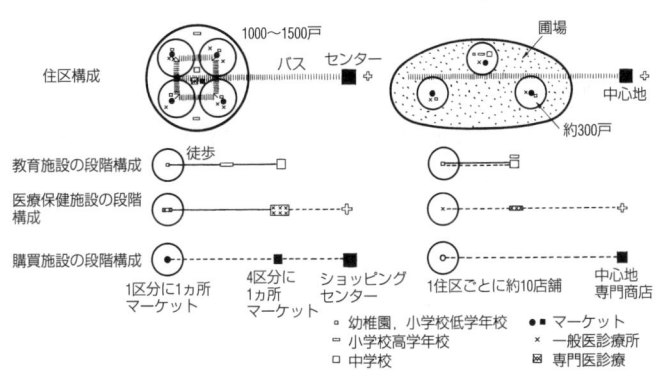

3・10 コミュニティ施設──地域の交流を促す 231

(a) 千里ニュータウン(大阪)　(b) 八郎潟干拓地新農村建設計画(秋田)

都市では自宅から500mほどが無理のない徒歩距離で，この範囲が近隣住区の利用圏である。この利用圏内に必要な施設は，教育・医療・販売・集会施設などの建築と子供の遊び場などであり，それほど多くはない。

住宅地では，一般に高等学校や大病院などでのような施設は徒歩での利用は想定しない。また，高級な衣料品や家具類の購買は近所の商店では行わないので，徒歩圏外になる。このように生活に必要な施設は，住民の利用頻度により，近隣住区程度の狭い圏域のものと，より広い圏域にあるものとがある。狭い利用圏内の施設を第一次生活施設ともいう。

一方，八郎潟の農村計画では，小集落のために十分な施設を持ち得ないとか利用圏が大きくなるという短所を危惧して，300戸の大集落を計画した。それでも地域施設計画自体は十分ではないので，教育・医療・購買それぞれに利用形態を考えている。

図 3・124　地域施設の配置[49]

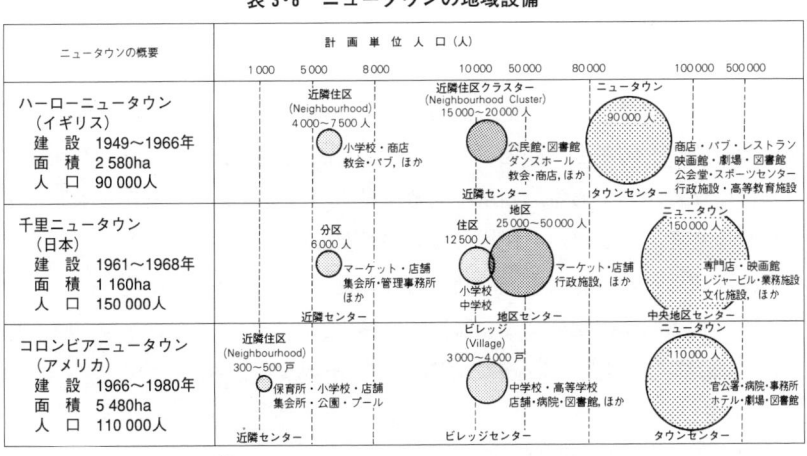

表 3・8　ニュータウンの地域設備[53]

ニュータウンの概要	計画単位人口(人) 1000　5000　8000　10000　50000　80000　100000　500000
ハーローニュータウン (イギリス) 建設 1949～1966年 面積 2580ha 人口 90000人	近隣住区 (Neighbourhood) 4000～7500人／小学校・商店 教会・パブ, ほか／近隣住区クラスター (Neighbourhood Cluster) 15000～20000人／公民館・図書館 ダンスホール 教会・商店, ほか／近隣センター／ニュータウン 90000人／商店・パブ・レストラン 映画館・劇場・図書館 公会堂・スポーツセンター 行政施設・高等教育施設／タウンセンター
千里ニュータウン (日本) 建設 1961～1968年 面積 1160ha 人口 150000人	分区 6000人／マーケット・店舗 集会所・管理事務所／近隣センター／住区 12500人／小学校 中学校／地区 25000～50000人／マーケット・店舗 行政施設, ほか／地区センター／ニュータウン 150000人／専門店・映画館 レジャービル・業務施設 文化施設, ほか／中央地区センター
コロンビアニュータウン (アメリカ) 建設 1966～1980年 面積 5480ha 人口 110000人	近隣住区 (Neighbourhood) 300～500戸／保育所・小学校・店舗 集会所・公園・プール／近隣センター／ビレッジ (Village) 3000～4000戸／中学校・高等学校 店舗・病院・図書館, ほか／ビレッジセンター／ニュータウン 110000人／官公署・病院・事務所 ホテル・劇場・図書館／タウンセンター

ニュータウン全体に相当する計画単位とセンター　地区に相当する計画単位とセンター　住区または住居群に相当する計画単位とセンター

民を対象に**地区センター**がある（図3・126）。

　都道府県と社会福祉法人の設立するものには，地域の児童が放課後などに個人あるいは児童クラブの形で集会・読書・遊戯・運動などを行う**児童館**があり，厚生労働省所管で児童福祉法の適用を受ける。

　従来は設置主体の管理責任範囲を明確にすることが重視され，同じ敷地内や隣接地に類似の建物が別々に建設され，部屋が重複したり，敷地や建物内部に無駄が発生することも多かったが，最近では各設置主体間で協議の上，無駄をなくすための管理上の工夫が試みられている。

　以上の各種施設で行われる活動機能を13（交流，相談，集会・研修，実習，鑑賞，閲覧，展示，運動，遊び，健康・保健，飲食，情報提供，託児）に分類すると，施設との対応がわかりやすい（表3・9）。

3・10・3　運営の仕方から平面計画を考える

　管理運営方針により，平面計画が大きく左右される。

　従来は，公的な設立・運営主体のため職員の勤務時間帯に利用時間帯を合わせて昼間だけであったり，採算性も厳密に問わないケースが多かったが，近頃は建物は公的資金で建設，運営は私的団体に任せる，いわゆる**公設民営**の形態や，ボランティア組織（ＮＰＯ）や住民の積極的参加を要請して，多様な自主的活動を行う例も増えつつある。

　例えば，宿泊機能を持つような場合には，建物の全体あるいは一部を24時間利用（運用）することになる。宿泊以外の部門は夜間利用しない方針にすると，24時間利用の部門と他の部門との区分を明確にしなければならない。施錠の有無など防犯上の問題が生じたり，空調機の運転時間や照明の点滅上不経済になるからである。利用時間帯が昼間のみなのか，土・日・休日・夜間の利用を考えるか否かで同様の検討が必要になる。

　次に，利用料金徴収の有無，利用者に会員・非会員のような差をつけるかどうか，利用部屋の鍵や必要な器具・道具の貸出しをどこで行うのかにより受付の場所，（経理担当）職員の配置の要・不要が決まる。

3・10・4　複合化の計画

　コミュニティ施設は，活動機能と空間的対応を考えると**複合施設**として計

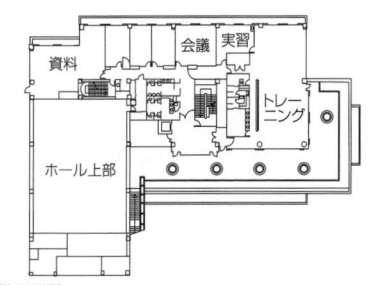

3・10 コミュニティ施設──地域の交流を促す 233

3階平面図

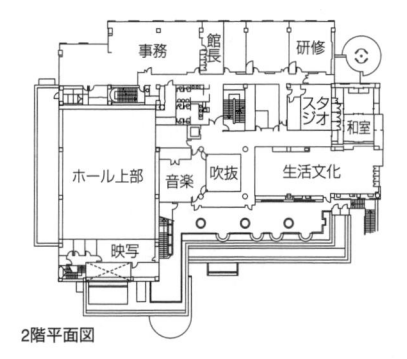

2階平面図

1階平面図

地上3階,地下1階で延床面積6,000 m²。男女共同参画社会に向けて,本格的な女性センターとして5年間に及ぶ基礎資料収集,調査等に基づいた基本構想が練られた。入口脇には情報ライブラリーがある新しいタイプの施設である。「女性に必要な情報は何か」という検討を経て計画された。生活文化コーナー等はできるだけ開放的な構成である。

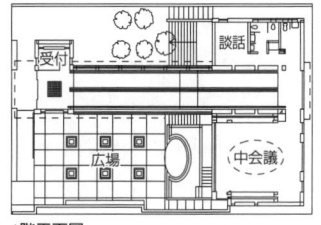

図3・125 横浜市女性フォーラム
　　　　　(神奈川県横浜市,1988,芦原建築設計研究所)

1階平面図

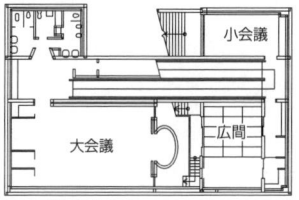

地下1階平面図

大・中・小の会議室と大広間を持った集会中心の施設。

図3・126 下馬地区センター
　　　　　(東京都世田谷区,1993,
　　　　　新居千秋都市建築設計)

表3・9 機能と施設の対応関係[53]

機能\施設	1 交流	2 相談	3 集会研修	4 実習	5 観賞	6 閲覧	7 展示	8 運動	9 遊び	10 健康保健	11 飲食	12 情報提供	13 託児
地域集会所	●		●	●									
児童館	●	●							●			●	
児童文化センター	●								●			●	
女性センター	●	●										●	●
婦人会館	●	●										●	
公民館	●		●									●	
生涯学習(推進)センター	●		●									●	
地区センター	●		●									●	
コミュニティセンター	●		●									●	

機能それぞれには専門の施設が存在するが,コミュニティ施設はそのいくつかを同時に扱うことになる。

画することが一般的に多い。したがって，閲覧は図書館機能，展示は博物館・美術館機能，芸能観賞は劇場機能といったように既存の建築計画上の知識が必要である。その上で個々の機能の組合せ方が問題になる。他の章節で述べた施設に関する個別の計画的配慮については，ここでは省略するが，表3・10は複合化を考える際の構成要素の例である。

複合施設は個々の機能の「相性」のよさ，あるいは親和感の程度により計画の難易度が変わる。具体的な設計の前の段階において，十分に実現すべき機能の検討を要する（図3・127）。

まず，敷地周辺の地域性・立地性・歴史性をみると，ありそうな機能とそうでない機能がわかる。例えば，伝統的な工芸技術を持った地域ならばその技術の継承や普及のための参加型ものづくり施設がありうるであろう。山奥の立地ならば，山林や渓谷などの自然環境を生かす機能が考えられる。歴史的な神社や仏閣が付近にある場所ならば，それに因んだ生涯学習が可能な機能を考えることができる。

ありそうでない機能は，まったく検討の価値がないかというとそうではない。複合施設ではないが，大都市近郊の農村地帯で，本格的なバロック音楽を演奏するための専門的小ホールを計画して成功した例もある。要は，柔軟で新鮮な発想を持って計画に当たることが重要なのである。

次に，敷地面積や延べ床面積など規模的制限を検討する必要がある。専有部分に必要な機能と面積規模によって，共用部分や相互利用部分のとり方に影響を与えるからである。また，敷地全体に収まるかどうかの予想が可能になる。例えば，既存建物の転用を含めた増改築の場合では，どの機能を既存部分に盛り込むかによって，プロジェクトの成否が決まることもある。

3・10・5　これからのコミュニティ施設

元来，地域住民の利用を考えた施設であるから，多様な活動に対して対応できる柔軟な空間構成が必須である。つまり時代とともに活動内容は変化することが予想されるため，ある時期の機能的要求にぴったりと合わせるのではなく，面積や階高に余裕を持たせた空間を計画すべきであろう。

地域に対する開放性も重要で，内部の活動が見える空間構成が望ましい。また屋外と屋内との空間を融合する考え方も必要である。つまり屋外の作業

表 3・10　コミュニティ施設の構成要素

◆居住・宿泊関係建築

住居：独立住宅（管理人住居）・集合住宅・寄宿舎・寮
福祉：ショートステイ・グループホーム（高齢者・身体障害者・精神薄弱者・精神障害者……）
医療：小病院・有床診療所・老人保健施設・リハビリテーション施設・介護保険施設・健診センター
宗教：神社宿所・寺院宿所・教会宿所・修道院・修道所
宿泊：ホテル・旅館・国民宿舎・保養所・ユースホステル・合宿所

◆非居住・非宿泊関係建築

教育：幼稚園・保育所・託児所・小中高校・盲ろう養護学校・各種学校・研修所
福祉：デイケア・シェルタードワークショップ（高齢者・身体障害者・精神薄弱者・精神障害者…）
医療：無床診療所・保健所・保健センター・デイサージャリー（日帰り手術所）・グループプラクティス（共同診療所）
衛生：浴場（温泉）・スパ・銭湯・理容・美容・コインランドリー
保安：警察分署・裁判分所・消防分署
宗教：神社（お神楽・お神輿置場…）・寺院・教会・禅道場・納骨堂
情報：情報センター・公共図書館分館・こども図書館・特殊図書館
展示：小展示館・小博物館・小美術館・画廊・小動物園・小植物園・小水族館
芸能：小劇場・芝居小屋・小音楽堂・コンサートホール・映画館・伝統芸能（能楽堂…）
集会：会議場・公民館・集会所
余暇：レクリエーション施設（碁会所・将棋会所・ゲームセンター・ビリヤード…）・スポーツ施設（スポーツジム・ストリートサッカー・バスケット・テニス・ゲートボール・ゴルフ練習場……）・体育館・水泳場
業務：事務所・庁舎分室・銀行・キャシュコーナー
産業：町工場・流通センター・倉庫・市場・郵便局・電話局
商業：コンビニ・ショッピングセンター・専門店（ブティーク）
相談：占い所・児童相談所・結婚相談所
実習：料理・生け花・お茶・手芸・陶芸

	住宅	幼稚園	小学校	中学校	高等学校	大学	公民館	図書館	青年の家	生涯学習推進センター	郷土資料館	美術館	博物館	劇場	音楽ホール	運動広場	屋内外プール	アスレチックジム	総合運動場	総合体育館	集会所	コミュニティセンター	葬儀場	共同浴場	病院	診療所	保健所	保育所	児童館	老人憩いの場	ディサービスセンター	養護老人ホーム	母子福祉センター	遊び場	都市公園・緑地	広場	駅舎施設	購買施設	飲食施設	百貨店	事務所	銀行	ホテル	郵便局	防災避難施設	下水道処理場	ごみ処理場	市役所等（出張を含む）
住宅								●								●		●			●			●		●		●			●			●	●	●		●	●		●							
幼稚園			●	●			●									●																		●	●													
小学校				●	●		●	●			●				●	●	●		●	●	●	●						●	●					●	●	●									●			
中学校					●		●	●		●	●				●	●	●	●	●	●	●	●													●	●									●			
高等学校						●	●	●		●	●				●	●	●	●	●	●	●	●													●	●									●			
大学								●		●		●	●	●	●	●	●	●	●	●					●	●		●											●	●			●		●				
公民館								●	●	●	●	●	●		●	●	●	●	●	●	●	●	●					●	●	●	●		●	●	●	●								●	●			●
図書館									●	●	●	●	●								●	●							●	●			●		●	●	●				●							●
青年の家										●					●	●	●	●	●	●	●	●							●	●			●		●	●									●			
生涯学習推進センター											●	●	●		●	●	●	●	●	●	●	●								●			●		●	●	●								●			●
郷土資料館												●	●								●	●													●	●	●											
美術館													●		●						●	●													●	●	●		●	●	●	●	●					
博物館															●																				●	●			●		●	●						
劇場															●						●	●													●	●	●	●	●	●			●					
音楽ホール																	●	●	●	●	●	●													●	●	●	●	●		●		●					●
運動広場																		●	●	●	●	●						●	●	●	●	●	●	●	●	●									●	●		
屋内外プール																			●	●	●	●		●		●				●	●	●	●		●	●	●		●	●			●			●	●	●
アスレチックジム																				●	●	●		●		●				●	●	●	●		●	●	●		●	●	●		●					●
総合運動場																						●													●	●											
総合体育館																						●	●	●		●								●	●	●											
集会所																							●	●					●	●	●	●	●	●	●	●	●	●	●	●								●
コミュニティセンター																													●	●	●		●	●	●	●			●			●		●	●			●
葬儀場																																			●	●			●								
共同浴場																														●	●						●	●	●								●	
病院																												●		●	●	●			●			●	●									
診療所																												●		●	●	●			●		●	●	●	●	●							
保健所																													●						●	●												●
保育所																														●				●	●	●					●							
児童館																															●		●	●	●	●												
老人憩いの場																															●	●	●	●	●	●												
ディサービスセンター																																●			●	●												
養護老人ホーム																																		●	●	●												
母子福祉センター																																		●	●	●												
遊び場																																			●	●												
都市公園・緑地																																				●			●						●	●	●	
広場																																					●		●		●				●			●
駅舎施設																																						●	●	●	●	●	●	●				●
購買施設																																							●		●		●	●				
飲食施設																																								●	●		●					●
百貨店																																									●							
事務所																																										●	●	●				
銀行																																											●					●
ホテル																																											●					
郵便局																																																●
防災避難施設																																																●
下水道処理場																																															●	
ごみ処理場																																																

●：相互に親和感のある施設

図 3・127　機能複合モデル[53)]

スペースや屋外劇場など要求機能に応じた空間活用も有効である。

開放性については，長野県の浪合フォーラム＋浪合学校が参考になる（図3・122，128）。

浪合フォーラムは，人口800人弱の村のコミュニティ施設の複合体で，地上2階，RC造，一部木造である。公民館の「浪合コア」の両側に役場と健康福祉・診療施設がある。浪合コアには図書・工芸・情報の実習・サークル活動・会議・軽運動の機能がある。健康関係ではヘルパーステーション・入浴・食事機能がある。「フォーラム広場」から各部門に入ることができる。

浪合学校は小学校（6クラス）・中学校（3クラス）・保育園（2クラス）の学校複合体である。学校であるが浪合村の中心にあって誰もが利用できることを意図している。前面の川の対岸には村役場を含む浪合フォーラムがあるが，そこから橋を渡ると正面に大鳥居，橋の袂に校門がある。円筒型の目につく昇降口の脇を抜けて西から東に村人も通ることができる散策路が設けてある。そこに沿って花壇・アヒルの池・温室・小学校・階段・桜の古木・図書館・鳥小屋・パーゴラ・小川・橋・滝・円形屋外劇場・イワナの池・岩石園・中学校・体育館・枝垂れ桜の大木・広場・プール・休憩所などが置かれて小さな街並みを形成している（文53）。対岸の浪合フォーラムを含めてこの村のコミュニティ施設の大複合体といえよう。近隣住区が小学校区を基準にしていることと，はからずも一致している。

都市部における開放性については，**せんだいメディアテーク**が参考になる（図3・74，122）。これは新しいタイプの都市コミュニティ施設といえよう。ここで見られるように，集団での活動だけでなく個人的な要求に一つ一つ対応できるように，個人利用スペースの充実も今後は必要である。情報化の進展に伴って，家庭内では設置できないような各種情報・映像機器の充実も期待される。

最後に，いかなる公共施設も周辺環境からの影響を受けると同時に周辺へも大きな影響を与える。長い間，地域の日常生活の核として機能するコミュニティ施設の計画では，どこの地域にもあるありふれたものでなく，その地域特有の個性的な性格を持たせることによって，成長する子供たち，毎日を忙しく働く人々，そして人生の最後のパートを生きるお年寄りなど，さまざまな住民に親しまれ，記憶に残るような建築を創り出さなければならない。

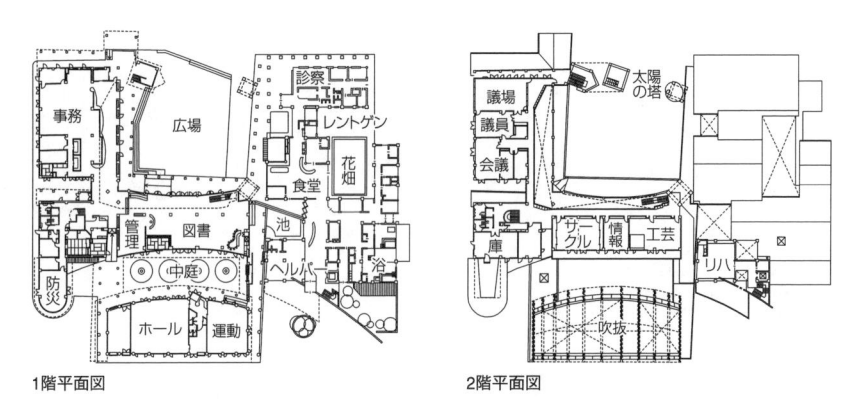

3・10 コミュニティ施設──地域の交流を促す　237

(a) 浪合フォーラム（長野県浪合村，1997，中村勉総合計画事務所）

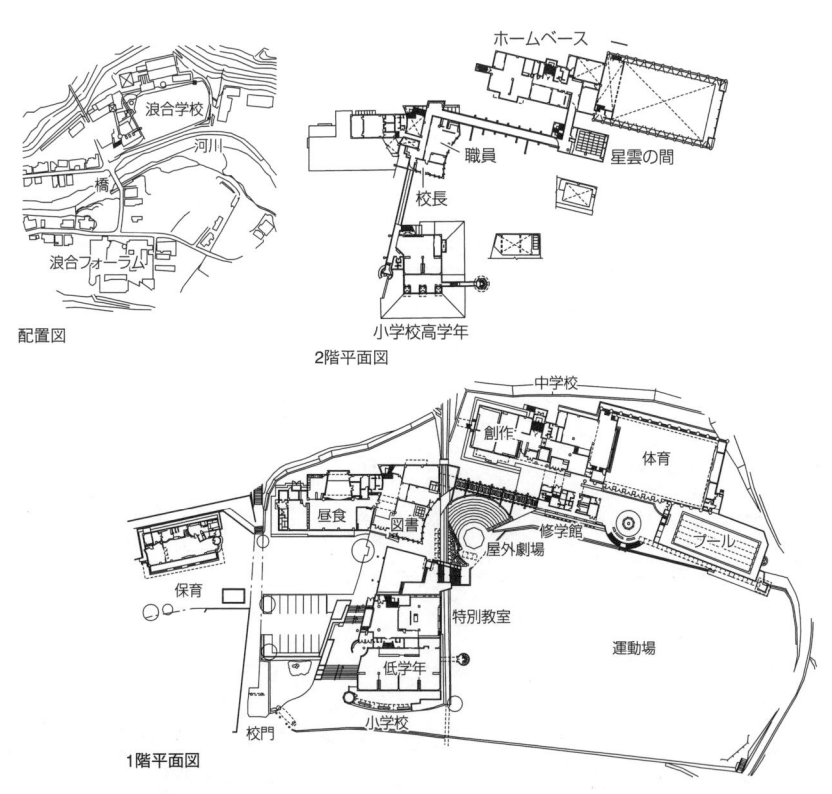

(b) 浪合学校（長野県浪合村，1988，湯沢建築設計研究所，設計指導：長澤悟）

図 3・128　浪合村コミュニティ施設

第4章
空間を計画する

- 4・1　形や大きさの持つ意味……240
- 4・2　人体から決まる空間……246
- 4・3　ユーザーとしての人間をどのようにとらえるか……252
- 4・4　人間のまわりの空間……258
- 4・5　感覚によってとらえられる空間……266
- 4・6　認知の中の空間……274
- 4・7　人々の動きがつくる空間……282
- 4・8　人間がつくる空間……288
- 4・9　デザインの方法・システム……296

この章では，人間と環境の関わりという観点に基づいた建築計画の理論と方法を理解することを目的としている。

　人間が生活・行動している建築空間の形や大きさは，人間にさまざまな感覚をもたらし行動に影響を与える。

　建築空間の中での人間とはどのようなものか，建築空間が人間にどのように受けとめられ，そこでどのように振る舞えるのか，さらにどのような空間がより豊かな可能性をひらくのかなどについて，さまざまな視点から考える。

　主として環境の中での人間の生態，行動，感覚，知覚に関することである。

　そして，このような建築計画の知識を基に，どのようによりよい環境がつくられるべきか考える。扱うべきデザインの対象，デザインの主体の概念は建築計画の枠組みを越えて拡がってゆく。

　またデザインという行為そのものも考える。

　これらの建築計画の知識は，人間がより豊かな関わりをもちうる環境を皆でともにつくるために生かされるであろう。

執筆担当　西出和彦

4・1　形や大きさの持つ意味──寸法・形はどのように決められるか

4・1・1　自然界のものの形・大きさ，環境がつくる形

　計画・デザインのプロセスの中で，ものや空間の形・大きさを決めなければならない場面に遭遇する。デザインとは，形と大きさを決めることともいえる。それではそもそも形・大きさとは何か？　身のまわりにはさまざまな形のあるものがある。自然界においてつくられる形，また生物の形のように長い年月を経て生き残っているものがある。それらの形は決して無意味にできているのではなく，自然界の法則にそってつくられている。理にかなわない形は崩れ滅びてしまう。いま現存する形には，それが残って存在する理由がある。計画・デザインに携わる者は，そのような形の成り立ちに学ぶところが多い。

4・1・2　表面

　あるものがひとつのものとして存在するために必要な条件がある。その形が崩れてしまっては始まらない。どのような条件が形を成立させるか。形が何を可能とするか。中でも外界との境界面の性質は重要である。

　同じ体積ならば球が表面積が最も小さい（図4・1）。水滴は表面張力から表面積を最小とするように球形となる。卵も同様の理由で丸いのであろう。これは宇宙船など外界との接触を最小にしようと考える空間に適用できる。

　一方，自ら捕食などできない植物やサンゴなどは，できるだけ水や空気と接する面を多くしたり太陽の光をできるだけ多くの面で受ける必要があるので，それに相応しい形となっている（図4・2）。

　建築も動かないで，光を採り，風を通し，人々が利用するのを待つ。開口部を多くとるためには円形よりも複雑な形の平面の方が有利である。樹枝状の平面は光と風をできるだけ多く平等に受けるための形態である（図4・3, 3・3・6参照）。図書館や書店の書棚，商店の陳列台の形は，人々ができるだけ接し，見やすく手に取りやすい形となっている。

4・1　形や大きさの持つ意味——寸法・形はどのように決められるか　241

球　　　　正12面体　　　立方体　　　正4面体

同じ体積に対して球の表面積が最も小さい。
正多面体の中では正四面体が同じ体積に対して表面積が最も大きい。

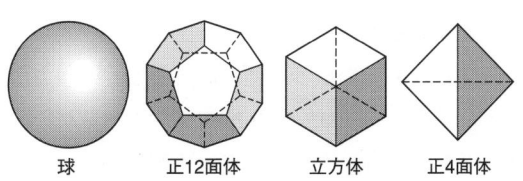

図 4・1　形と表面積

動かない植物は，できるだけ太陽の光を得，空気に触れるために葉を拡げる。地下でも同様に水分を吸収するために根を張っている。

図 4・2　葉を拡げる木の形

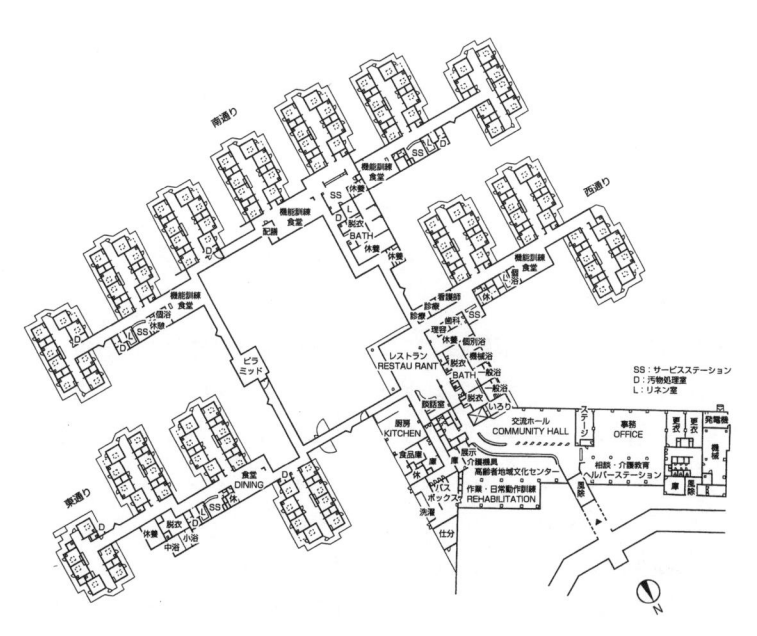

図 4・3　ケアタウンたかのす　配置図（秋田県北秋田市，1998，外山義＋コスモス設計）
（3・3・6，図 3・44 参照）

4・1・3　図形の性質からつくられる形

　地球上にあるものは重力を受ける。ものが積み上げられるとき，裾の方が拡がっていないと不安定になる。富士山のような火山灰が積み上げられた山の形は，そうして双曲線のような形となる。タワー，ダムや石垣などもこの原理で裾が双曲線状に拡がる形になるようにつくられると安定する（図4・4）。

　楕円，双曲線，放物線等（これらはいずれも2次曲線）はそれぞれの特有の性質がある（図4・5，4・6）。放物線が照明器具などの反射鏡の断面形に適用されるなどさまざまなデザインに適用されている。

4・1・4　自然界の中にある規則性

　図4・7は巻き貝の断面である。美しい螺旋を描いているが，これは正確な対数螺旋である。貝が同じ形で少しずつ成長して行く。貝殻は少しずつずれながら相似形を保ちながら貝殻をつくる。したがって，半径は角度に対し規則的に増加し，半径に対して各部分の角度などは常に一定で，**対数螺旋**の式に一致する。貝殻だけでなく花の芯なども，成長する生物は正確な対数螺旋を形成する（図4・7，4・8，4・9）。自然界にはこのように驚くほど規則性を持つものがある。

4・1・5　スケールの特性

　地球上で重力を受けるものはすべて，その大きさや形は決して無意味に決まっているのではない。小さいものと大きいものは根本的に異なり，それぞれの**プロポーション**がある。

　3次元の物体において，面積は長さの2乗に比例するのに対し，質量は長さの3乗に比例する。ある動物のプロポーションを変えずに身長を2倍にすれば，重さは8倍になるのに対し，脚の断面積は4倍にしかならず，単位面積当たりの荷重は2倍に近くなる。こうして大きい動物は必然的にずんぐりした脚が必要になる（図4・10）。

　このように地球上にあるものの大きさや，プロポーションには意味があり，どちらかだけを変えるとバランスがとれなくなることがある。人の大きさとプロポーションはほぼ一定の固有のものとなる。そのため図面に人を描き込

4・1 形や大きさの持つ意味──寸法・形はどのように決められるか 243

図 4・4 城の石垣

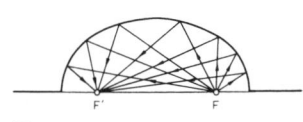

図 4・5

楕円の焦点から出た光は楕円内で反射され、他の焦点に集まる。

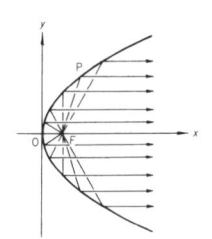

図 4・6

放物線の焦点から出た光は放物線上で反射し、軸に平行な線となる。

図 4・7 オーム貝の断面にみられる対数螺線

先端から芽や花が密に生えてくる場合にも対数螺旋が現われる。図はドイツトウヒの幼葉で、二つの反対の向きに回転する螺旋からなっている。

図 4・8 自然界に現われる対数螺線[1]

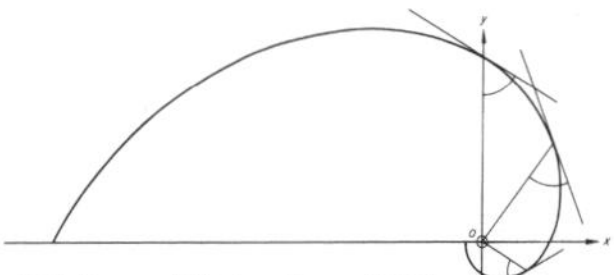

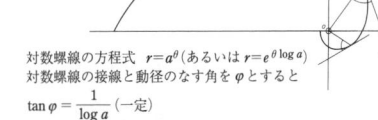

対数螺線の方程式 $r = a^\theta$ (あるいは $r = e^{\theta \log a}$)
対数螺線の接線と動径のなす角を φ とすると
$\tan \varphi = \dfrac{1}{\log a}$ (一定)

図 4・9 対数螺旋

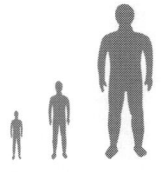

図 4・10 スケールとプロポーション

人間と開口部など人間に関わりが深く寸法がある程度定まっている要素によって建物の大きさが分かる。

図 4・11 窓や入口は建物の大きさを教えてくれる

むとおよその大きさが比較でき，スケール感がわくのである（図4・11）。

4・1・6　建築空間のスケール

建築空間に使われる材料・部材も同様，地上で存在するために固有のスケール・プロポーションがある。建築空間をつくる**構法**や材料によって，木造には木造の，組積造なら組積造の，鉄骨なら鉄骨のバランスのとれたふさわしいスケールがある。可能な技術でいかに架構を架けるか，それが建築技術発展の歴史である（図4・12）。

伝統的につくられてきた建築空間の中でそれらを見慣れ経験を重ねることにより，それぞれの構法や材料に対するリーズナブルなスケール感覚が築かれる。

4・1・7　形や寸法のシステム性

デザインという行為・思考の中でとられる形と寸法の特性がある。デザインとは形と寸法を決める行為であるが，無限にある形と寸法の可能性の中でとられる形と寸法は限定されているのが普通である。そこにはいくつかのシステムがあり，デザイナーは，デザインの思考プロセスにおいて，使いやすいようにそれらを使い分けている。

何らかの単位を使うことは一つのシステム化である。どのような単位がデザインにおいて有効であるか。半端のでない寸法，大小のスケールに合った寸法が求められる。

幾何学的なよりどころとしては，グリッド（格子）で考えることなどがある。最もよく使われるのは，平面上で直交する基準線を想定した直交グリッドであろう。直交グリッドは縦横各方向に自由度がある一方，正三角形，正六角形グリッドは一辺の長さが決まるとグリッド全体が決まる。

寸法など数量を扱う場合，整数を使うのが便利であるが，時には無理数が必要なこともある。紙のプロポーションは半分にしても同じプロポーションとなることが求められるが，それができる比例は $1:\sqrt{2}$ しかない（図4・13）。

美しい比例といわれる**黄金比**は図4・14のように定義される。美しさだけでなく，数学的に面白い性質を多く持っている特異な値である。

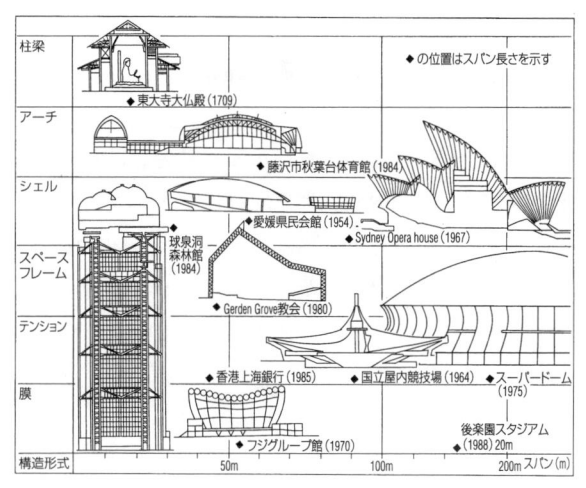

4・1 形や大きさの持つ意味——寸法・形はどのように決められるか 245

図4・12 技術が可能としたスケール[2]

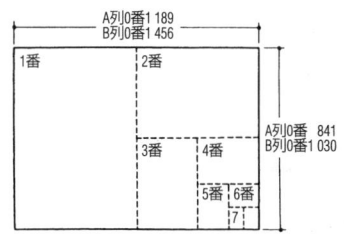

図4・13 $\sqrt{2}$ 矩形

$\sqrt{2}$矩形だけが半分に切っても（折っても），プロポーションが変わらない。A列，B列の規格式は，A0（1m²），B0（1.5m²）を半分に切っていってつくられたものである。

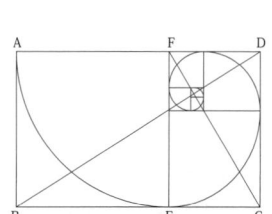

$$\phi = \frac{\sqrt{5}+1}{2} = 1.61803398875 \qquad \phi = 1 + \frac{1}{\phi} \text{ or } \phi^1 = \phi^0 + \phi^{-1}$$

$$\phi^2 = 2.618 \Rightarrow \frac{\sqrt{5}+3}{2} \qquad \phi^{-2} = \phi^{-3} + \phi^{-4}$$

$$\frac{1}{\phi} = 0.618 \Rightarrow \frac{\sqrt{5}-1}{2} \qquad \phi^{-n} = \phi^{-(n+1)} + \phi^{-(n+2)}$$

$$\phi^2 = \phi + 1 \qquad \phi = 1 + \cfrac{1}{1 + \cfrac{1}{1 + \cfrac{1}{1 + \cfrac{1}{\cdots}}}} \qquad \phi = \sqrt{1 + \sqrt{1 + \sqrt{1 + \sqrt{1 + \cdots}}}}$$

$$\phi^3 = \phi^2 + \phi$$

$$\phi^n = \phi^{n-1} + \phi^{n-2}$$

ABEFが正方形であり，AB：BC＝EC：CDとなる場合，AB：BCは黄金比 1：ϕとなる。
ϕ（1.618…）に1を足すとϕ^2（2.618…）となる。

ϕから1を引くと$\frac{1}{\phi}$（0.618…）となる。

ϕ^2も1/ϕも小数部分が変わらない。

図4・14 黄金比

4・2 人体から決まる空間

　建築は人間との関わりが切っても切れない。したがって建築空間デザインにおいては，そこで日常生活を行う人間の諸特性を理解しなければならない。

　そもそも**人体**には固有のスケールがある（前節参照）。その人間を容れる容れ物としての建築空間には，人間に基づいたスケールが必要である。古今東西を問わず，人体各部の**寸法**が長さの**単位**の基とされてきた（図4・15）。それには物差しとしての測りやすさもあるであろうが，建築空間と人間に基づく寸法との深い関わりを示すものでもある。また合理的根拠があるとはいえないが，美しいものや完全なものの規範や解釈としてしばしば人体がとらえられてきた（図4・16）。

　近代以降，神の絶対性や様式などの束縛がなくなって，主役は人間となり，近代的意味での人間の論理から，科学的合理性や機能，快適性などが追求される。そこに**人間工学**がある。建築の分野での人間工学は，建物種別に関わらない一般的・基礎的な知見として，機器の操作や労働科学などを扱う分野における人間工学的手法を取り入れて導入された。

　そもそも一般的に人間工学とは，人間の特性を解剖学・生理学・心理学などの観点から理解して，人間にとって合理的で使いやすく安全な機器・装置・環境などの設計に資することを目的とした科学・工学をいう。対象としては機器・装置が主であり，建築でもまずいすや机など人体に接する家具に適用されてきた（図4・17）。しかしさらに建築空間にスケールを拡げ，より日常の社会的・文化的人間生活に即した人間性を追求した人間工学が求められる。

4・2・1　人体寸法

　建築空間の計画・デザインにおいて，最も重要なことは空間の形状・寸法を決めることである。とすると建築における人間工学の基本は，人体とその動きがどのように3次元空間を占めるか，すなわち**人体寸法・姿勢・動作**を理解することである。そして建築にとって必要なのは，骨の構造のような見えない部分のことではなくて，目に見える人体の輪郭であり，動きをともなったものであるところにある。

4・2 人体から決まる空間 247

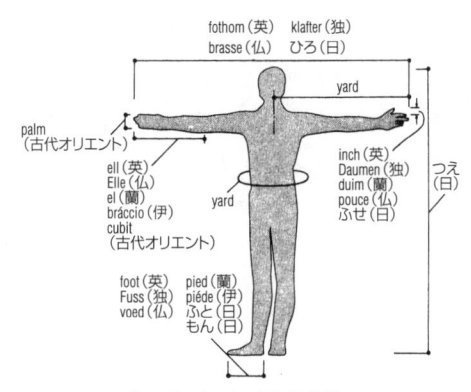

図 4・15 人体に基づいた寸法単位[3]

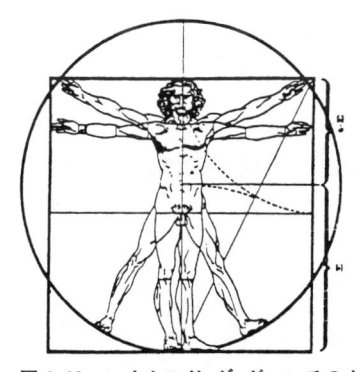

円や正方形など完全なもの，また黄金分割などの，人体へのあてはめによる根拠づけが行われた。

図 4・16 レオナルド・ダ・ヴィンチの人体比例の図[4]

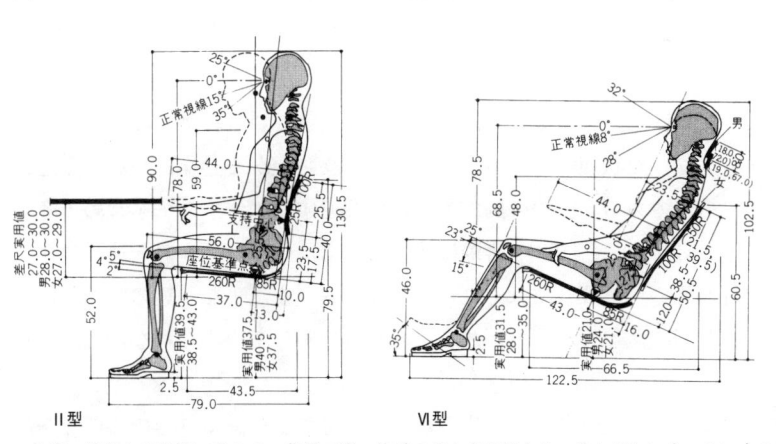

仕事，休憩など目的に応じて，背骨の形，体重の支え方が異なり，それぞれに合ったいすの座面，背もたれの形が提案されている。

図 4・17 人間工学に基づいたいす支持面のプロトタイプ[5]

もしユーザーが特定できるのならユーザーの人体寸法を採寸して合わせるのが筋であろう。しかし建築では特定の人だけが使う空間は稀である。不特定多数が使う空間を考えたり，**子ども**や**高齢者**，**ハンディキャップを持つ人**などさまざまな人々の寸法を知る必要があるときなど，人体寸法測定のデータが必要になる。そのために客観的規準に基づくデータを提供するのが人間工学の役目となる。

4・2・2　姿勢・人体寸法

生活姿勢は立位，椅座位，平座位，臥位の4つが基本となっている（図4・18）。そのうち立位，椅座位の基本的な人体寸法は図4・19のような測定部位について求められる。

このようなデータは詳細なものだが，実用的には大雑把でもおおよその目安が欲しいことが多い。人体各部の寸法は，長さ方向は身長に，横方向は体重に比例すると見なすことができることを応用して，図4・20のように身長に対する各寸法の比率の概数を示すことができる。これによりおおよその数値を略算することができる。

4・2・3　動作に必要な空間

人間が一定の場所に居て身体の各部位を動かしたとき，手が届く範囲など，ある領域の空間がつくられる。これを**動作域**という。図4・21は各姿勢の動作域である。

一つの行為は関連する動作の連続から成り立っている。例えば，座るという動作も，立った状態から座るまでと，後で立ち上がる動作につながる連続の動作の一部である。一つの動作もそれに関連する動作すべてを含めて考えなければならない（図4・22）。実際に建築空間ではさらに多くの一連の動作の連続が行われる。空間寸法はそれら行われうるさまざまな一連の動作，他の人の動作が同時に並行して行われる可能性も配慮して決められなければならない。

実際の空間デザインでは，想定されるすべての動作をする上で必要な空間にゆとりを加え，隣接する空間や構造体との折り合いをつけながら空間の形状と寸法を決める（図4・23）。便所など行為が限定される空間は，実際に使う

4・2 人体から決まる空間

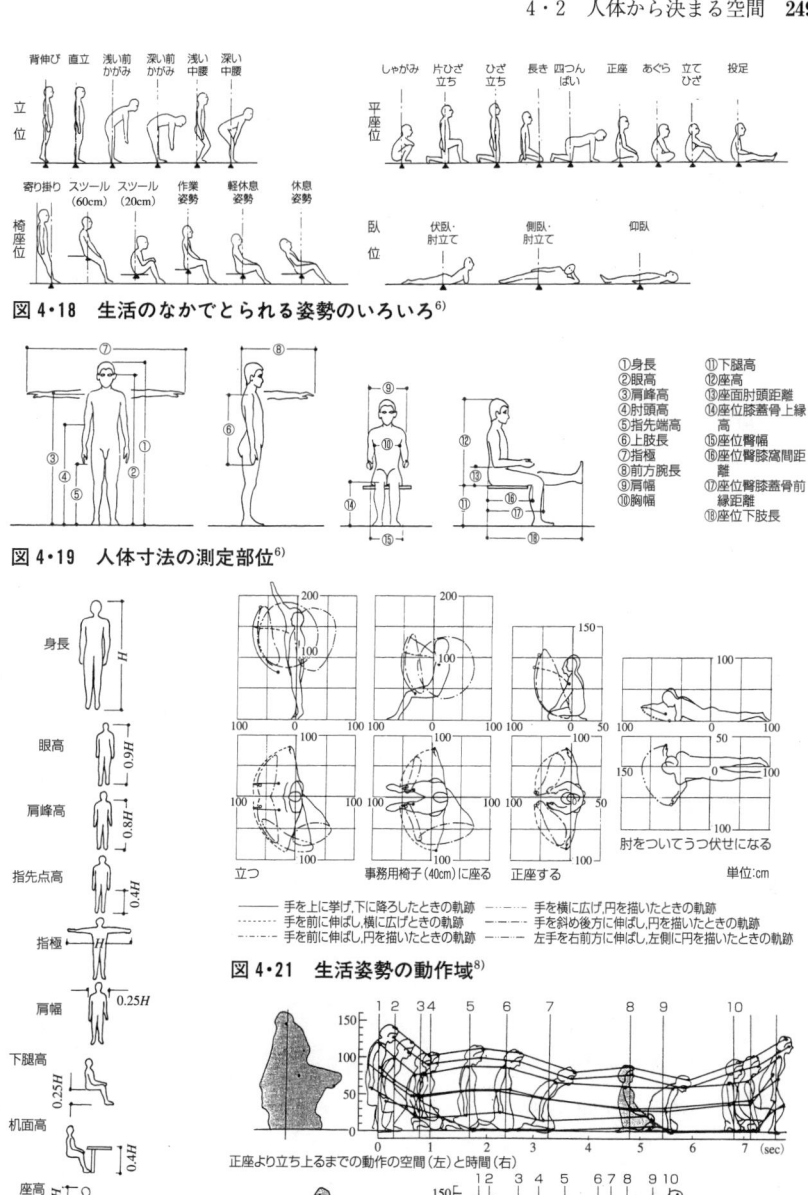

図4・18 生活のなかでとられる姿勢のいろいろ[6]

図4・19 人体寸法の測定部位[6]

① 身長　⑪ 下腿高
② 眼高　⑫ 座高
③ 肩峰高　⑬ 座面肘頭距離
④ 肘頭高　⑭ 座位膝蓋骨上縁高
⑤ 指先端高
⑥ 上肢長　⑮ 座位臀幅
⑦ 指極　⑯ 座位臀膝窩間距離
⑧ 前方腕長
⑨ 肩幅　⑰ 座位膝蓋骨前縁距離
⑩ 胸幅　⑱ 座位下肢長

図4・20 人体寸法の概算値[7]

身長 H
眼高 $0.9H$
肩峰高 $0.8H$
指先点高 $0.4H$
指極
肩幅 $0.25H$
下腿高 $0.25H$
机面高 $0.4H$
座高 $0.55H$
上肢挙上高 $1.2H$

立つ　事務用椅子(40cm)に座る　正座する　肘をついてうつ伏せになる

単位:cm

── 手を上に挙げ、下に降ろしたときの軌跡　── 手を横に広げ、円を描いたときの軌跡
⋯⋯ 手を前に伸ばし、横に広げたときの軌跡　─・─ 手を斜め後方に伸ばし、円を描いたときの軌跡
─・─ 手を前に伸ばし、円を描いたときの軌跡　─── 左手を右前方に伸ばし、左側に円を描いたときの軌跡

図4・21 生活姿勢の動作域[8]

正座より立ち上るまでの動作の空間(左)と時間(右)

休息椅子から立ち上るまでの動作の空間(左)と時間(右)

図4・22 動作の分析と動作空間[9]

状況との対応が考えやすく、それに合う空間寸法や形状も求めやすいが、一般の空間ではその中の行為は一つとは限定しにくい。

また何が適正な寸法かは、何のための空間か(機能)、人間の動き、心理などをどうとらえ、どのような状態を「良い」状態と考えるのか目的を設定しないと決められない。

4・2・4　動作のくせ

形には表われない建築に関連する人間の要因も多くある。どのような操作をすればどのような結果となるか、逆にある状態にするためにはどのように操作すればよいと思っているか、ということについて、人間が知らず知らずのうちに身につけたくせ・固定観念のようなものがある。それを動作の**ステレオタイプ**という。例えば「ダイヤルは時計回りに回せばスイッチが入り、ボリュームが大きくなる」などである（図4・24、表4・1）。

多くの機器は人間の自然な動作の方向に合うようにつくられている。消火器なども人間の自然な動きに合わせておけば、いざというときにも迷わずに使える。しかし、実際の機器には安全のためむしろ逆につくられているものもある。例えば、ガスや水などは人間の自然な動きがガスや水を止める方向になるようにつくられている（図4・25）。

4・2・5　人の出す力

その他にも人が押す力、引く力などは建具や操作器具などのデザインに関連する（図4・26）。人間の出す力、壁などを押したりする力、ぶつかる力などの衝撃力は床や壁の構法と関連する（表4・2）。また家事などの生活行為が体にどのような負担となるのかなど、具体的な形や寸法には表われない人間工学的なさまざまな問題がある。

4・2 人体から決まる空間

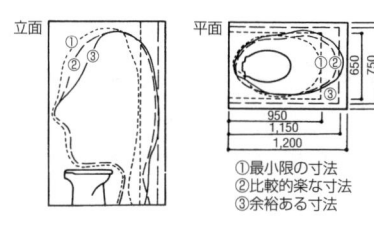

動作をする上で必要な空間にゆとりを加え、直方体に正規化し、構造体との折り合いをつけながら空間寸法を決める。

図 4・23　人間の動作に必要な空間と建築空間[10]

表 4・1　出力操作具操作選択のステレオタイプ[12]

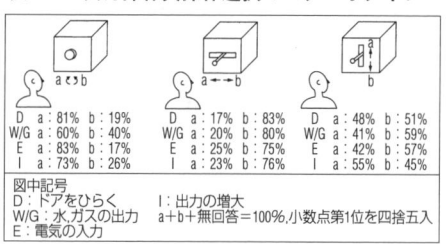

それぞれの操作をするとした場合、どの方向に動かすかを選んだ率。

図 4・25　湯水を出すためには
　　　　　レバーを上げる？下げる？

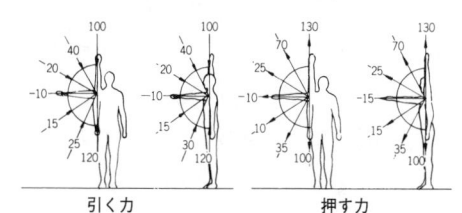

図 4・26　立位のときの押す力と引く力[7]
　　　　　（体重を100として示す）

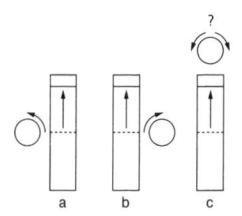

表示板の指針方向と回転操作具の操作方向に関するステレオタイプで、Warrick (1947)が発見した法則である。指針を上に動かす場合には、次の操作方向が選ばれる傾向がある。

　a では反時計回りの操作
　b では時計回りの操作
　c では法則のはっきりした適応が不可能

図 4・24　Warrick の法則[11]

表 4・2　全身で押す力と引く力[7]
　　　　　（日本人成人男子）

押す		持続力(N)平均	衝撃力(N)平均
	高さ (cm)		
	140	382	2,080
	120	529	2,390
	100	568	2,260
	80	539	2,100
	高さ (cm)		
	140	167	890
	120	363	1,430
	100	588	1,530
	80	617	1,650
	奥行 (cm)		
	100	1,050	2,310
	80	774	2,210
	60	1,640	2,160
	40	696	1,960
	高さ (cm)		
	200	696	2,010
	180	853	2,230
	160	627	1,830
	140	843	1,980
	120	676	2,160
引く			
	高さ (cm)		
	140	333	1,070
	120	431	1,200
	100	461	1,210
	80	480	1,360
	高さ (cm)		
	140	274	1,040
	120	353	1,110
	100	441	1,110
	80	480	1,010
	奥行 (cm)		
	80	1,000	931
	60	1,130	1,240
	40	1,030	1,230
	20	990	1,430
	0	960	1,220
	高さ (cm)		
	80	941	1,050
	70	1,030	951
	60	1,160	911

複数の人が力をかけるときは、1人の力の人数倍にはならない。男子5人で4,000N、女子5人で3,000N程度とみなしてよい。

4・3　ユーザーとしての人間をどのようにとらえるか

　建築においてはユーザーを特定できることはほとんどない。建築においては不特定のさまざまな人々が使う可能性があり，その状況を想定したデザインが必要となる。そのようにある空間のユーザーとなる人々は皆同じではない。体の寸法をとってみても大きい人もいれば小さい人もいる。

　前節のいわゆる人間工学は，人間はおよそ同じような形と大きさを持つもので，人間を平均的人間を中心に**正規分布**的に分布しているものとしてとらえ，その**平均**を示すものである。身長を掛ければ各部寸法のおおよその値が略算できる方法（前節の図4・20）は，人体は皆同じプロポーションをしていて，人体各部の寸法はおおよそ身長に比例するという仮説に基づいている。

4・3・1　平均とパーセンタイル

　多数の人々が使う空間のデザインであれば，できるだけ多くの人々にとって都合のよいデザインとする必要がある。そのためにはこのようなばらつきのある人々に対してどのような配慮をすればよいであろうか。

　一般的には，あることに対して最適の大きさがあるとすれば，人々の平均値に合わせてつくれば平均を中心に分布する多くの人にとって使いやすいものとなる。

　しかしあることに対して上限，あるいは下限であればどうか。収納できる高さの上限などではどうか。平均に合わせると半分の人にしか有利でないことになる。平均に合わせるだけではない，大きい人（あるいは小さい人）に合わせる必要があるものもある（図4・27～4・29）。

　最適値プラスマイナス限度の値に入っている人々のパーセンテージ，あるいは上限値（下限値）ならばそれに届く人のパーセンテージが問題となる。

　パーセンタイルとは度数分布曲線の無限小より度数を加算していったとき，総面積に対する比率である（表4・3）。平均値は50パーセンタイルとなる。このパーセンタイルを大きくするように設定する必要があるものもある。

4・3 ユーザーとしての人間をどのようにとらえるか　253

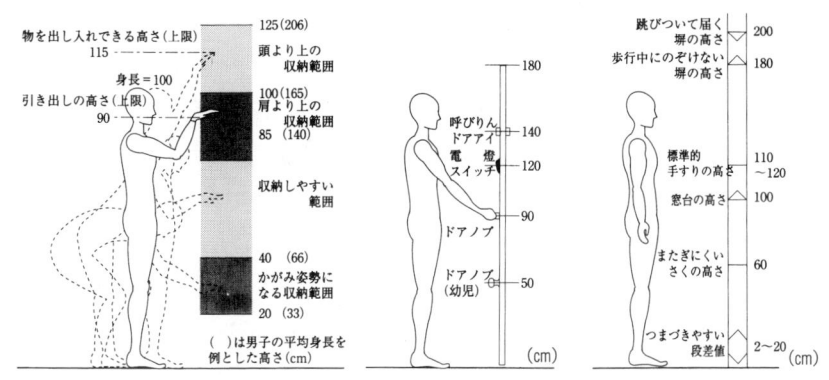

図4・27 収納だなの高さ寸法[13]　**図4・28** ドアまわりの高さ寸法[13]　**図4・29** 塀とさくの高さ寸法[13]

「～しやすい」高さは平均値に合わせると多くの人にとって使いやすくなる。
「～の上限」の高さは平均値に合わせると半分の人しか届かない。

表4・3 標準偏差とパーセンタイル[14]

			パーセンタイル	平均計測値 (cm)	計測値の標準偏差 (cm)
標準偏差	平均値に近い値をもつ人は多いが，それより遠く離れた値をもつ人は，漸次少なくなる。その形は右図のような正規分布であると考えてよい。このようなとき，標準偏差は，平均からのばらつきの程度を表す。一般に標準偏差は，S.D.またはσで表示する。	$\bar{x}±3σ$	99.85	30	1.8
				40	2.2
		$\bar{x}±2σ$	97.7	50	2.6
パーセンタイル	度数分布曲線の無限小より度数を加算していったとき，総面積に対する比率をパーセンタイルという。			60	3.0
				70	3.4
				80	3.7
標準偏差とパーセンタイル	分布曲線が正規分布をなしているとき，標準偏差とパーセンタイルの間には，右図のような関係がある。したがって $\bar{x}±\ σ$の範囲には　約68.2%　$\bar{x}±2σ$の範囲には　約95.4%　$\bar{x}±3σ$の範囲には　約99.7%　のものが含まれることになる。	$\bar{x}±σ$	84.1	90	4.1
		$\bar{x}$	50.0	100	4.4
				110	4.7
				120	5.0
人体寸法と標準偏差	人体寸法のばらつきの大きさは，人体各部の長さにほぼ比例している。日本人の場合を整理してみると，その概略値は，右表のようになる。　（計算例）ほとんどの人が中を見ることのできる引出しの高さは（女子の平均眼高143.0，標準偏差値5.5）　$\bar{x}-3σ=143.0-16.5=126.5$	$\bar{x}±σ$	15.9	130	5.2
				140	5.4
		$\bar{x}±2σ$	2.3	150	5.7
				160	6.0
		$\bar{x}±3σ$	0.15	170	6.2

人体計測値と標準偏差値

4・3・2　人間のバラエティ

　正規分布は，もともと同じくあるべきもののばらつきである。それでも随分差があるものであるが，もともとから違うものもある。

　一人の人間でも，生まれてから，老いるまで**成長**によって大きく変化する。図4・30は，成長につれ変化する人体のプロポーションである。

　また同じ人間でも生まれ育った地域，文化による差異もある（図4・31）。また同じような立場にあっても性差のようなものもある。目に見える人体の形以外のものにもある。その一つに**利き側**がある（図4・32）。多くの人は右利きとされているが本当であろうか？　文化や時代によっても異なっている。

　また動作のくせ（ステレオタイプ）にも文化によって違いがあるものがある。のこぎりを引く文化もあれば押す文化もある。いずれにしてもこれらは一個人，集団として少しずつ違っている，同じようでありながら異なる，人間のバリエーションである。

4・3・3　人間が持ちうる変化

　同じ一人の人間が生活上の変化をすることがある。これは連続的にはとらえられない人間のバリエーションといえる。一時的な変化として病気や怪我をした場合，妊娠した場合などがある。また人間は生活において自身の体だけで生活しているのではない。衣服や手まわり品を身につけて生活する。乳児を抱えていたり荷物を持っていることもある。ベビーカーを押している場合，重い荷物を持っている場合も，占める空間も運動能力も大きく変わる。そしていわゆる**障害**，**ハンディキャップ**を持つ場合がある。それも肢体，視覚，聴覚障害などさまざまな場合がある（図4・33）。

　このような多様な人間をどのように受けとめ，デザインをどのように考えるか。つくられたデザインは，デザイナーがユーザーをどのようにとらえているかの具現となる。**障害者**を排除する思想があるとすれば物理的空間，制度，意識にバリアができる。**バリアフリー**環境デザインはすべての人（高齢者，障害者，子ども，妊婦，ベビーカーを押す人）によりやさしい生活環境（住宅，地域施設，交通施設）を整備することである。

　ここで重要なのはなにごとも特殊化しない考え方である。障害者が排除されたコミュニティを想定するか，さまざまな人々が共存するのを普通と考え

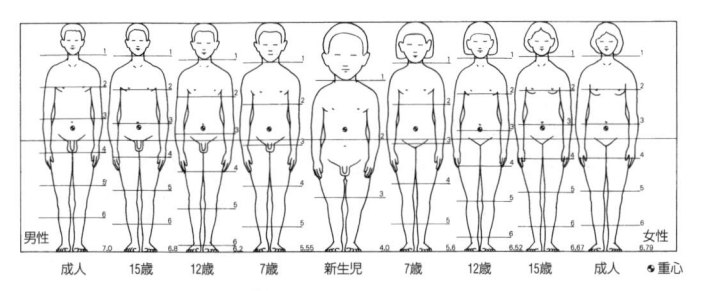

4・3 ユーザーとしての人間をどのようにとらえるか　255

図 4・30　年齢と体型変化[15]

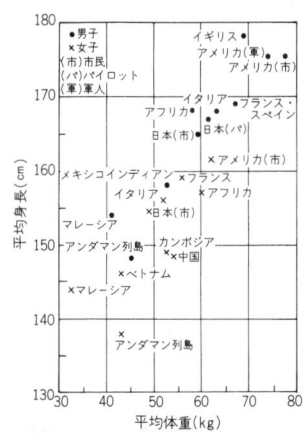

図 4・31　各国体位地域差[16]

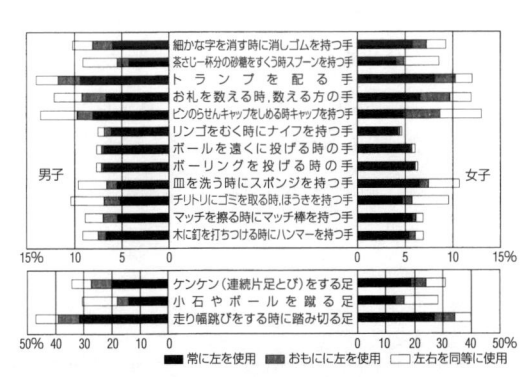

図 4・32　成年期以降の左利き・両利きの比率[17]

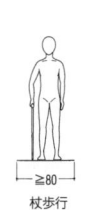

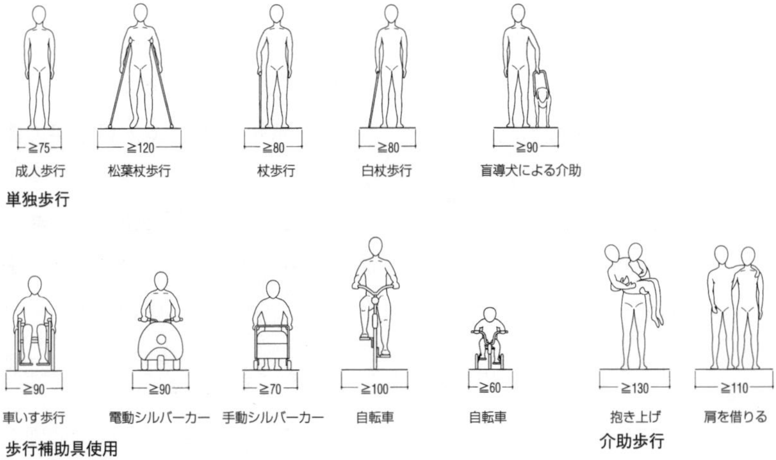

図 4・33　さまざまな歩行[12]

るかであり，当然後者である[*1]。

4・3・4 ユニバーサルデザイン

人間は誰でも皆人間であることにかわりなく，誰にとっても使える，使いやすいデザインを求めるべきという考え方がユニバーサルデザインである。ユニバーサルデザインはノースカロライナ州立大学のロン・メイスが提唱したものである。それは7つの原則からなるが，別に障害者うんぬんではなく，普通の人々にとって当たり前に使いやすい環境を目指したものであることに注目する必要がある。

原則1：公平な利用　デザインはさまざまな能力を持った人々にとって役に立ち，市場性がある（図4・34）。

原則2：利用における柔軟性　デザインは個人的な好みや能力の広い範囲に適応される（図4・35）。

原則3：単純で直観的な利用　ユーザーの経験，知識，言語能力，あるいはその時での集中力のレベルに関係なくデザインの利用が理解しやすい（図4・36）。

原則4：認知できる情報　デザインは周辺状況やユーザーの感覚能力と関係なく，ユーザーに対して効果的に必要な情報を伝達する（図4・37）。

原則5：失敗に対する寛大さ　デザインは危険や予期せぬ，あるいは意図せぬ行動のもたらす不利な結果を最小限にする（図4・38）。

原則6：少ない身体的な努力　デザインは効率的に心地よく，最小限の疲れの状態で利用される（図4・39）。

原則7：接近や利用のための大きさと空間　適切なサイズと空間が，ユーザーの体格や姿勢もしくは移動能力と関わりなく，近づいたり，手が届いたり，利用したりするのに十分に提供されている（図4・40）。

4・3 ユーザーとしての人間をどのようにとらえるか　257

図4・34　原則1：公平な利用[18]

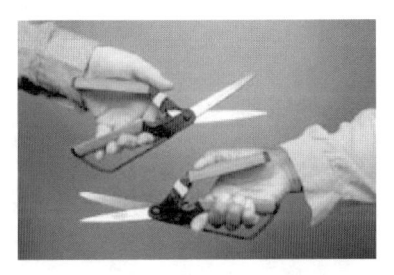

図4・35　原則2：利用における柔軟性[18]

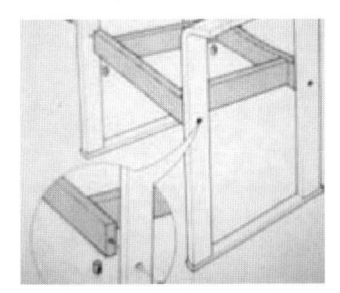

図4・36　原則3：単純で直観的な利用[18]

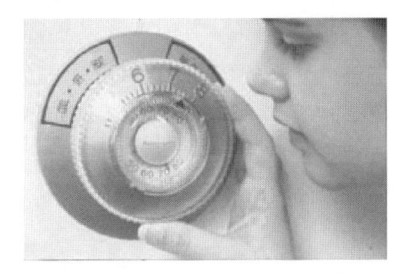

図4・37　原則4：認知できる情報[18]

図4・38　原則5：失敗に対する寛大さ[18]

図4・39　原則6：少ない身体的な努力[18]

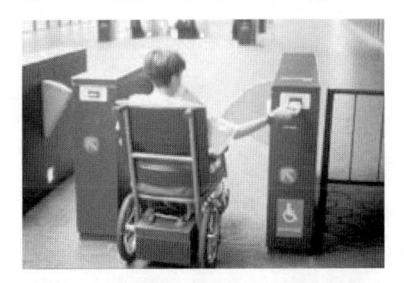

図4・40　原則7：接近や利用のための大きさと空間[18]

Copyright © 1997 NC State University, The Center for Universal Design

この原則は以下のユニバーサル・デザインの主宰者たちによって編集されたものである。

ベティ・ローズ・コンネル(Bettye Rose Connell)，マイク・ジョーンズ(Mike Jones)，ロン・メイス(Ron Mace)，ジム・ミューラー(Jim Mueller)，アーバー・マリック(Abir Mullick)，イレイン・オストロフ(Elaine Ostroff)，ジョン・サンフォード(Jon Sanford)，エド・スタインフェルド(Ed Steinfeld)，モーリー・ストーリー(Molly Story)，グレッグ・バンダーハイデン(Gregg Vanderheiden)

（アルファベット順）　7原則の日本語訳者：清水　茜

*1　例えば，障害を持つ子どもが養護学校に入れられるのではなく，一つのクラスに障害を持つ子どもも持たない子どももいる。それが障害者が排除されないコミュニティの例である。

4・4　人間のまわりの空間

　人間は建築空間の中で生活しているが，人間の体は壁や天井に接しているわけではなく，また他人との間にもある程度の間隔をあける。人間のまわりに間があることは無意味なことではない。人間は他人が近づいてくるとそれを敏感に感じ，近づきすぎると自分のなわばりに侵入されたような気になる。建築物が体にぴったりくっつくように狭いとたまらないと感じる。

　人間個体のまわりには，目には見えないが，一種のなわばりがある大きさをもって拡がるように形成されている。狭い部屋や混み合いでこのなわばりが侵されると不快を感じる。そのなわばりは**パーソナルスペース**（個人空間，個体空間）と呼ばれるものである。

4・4・1　人と人の間の空間

　空間あるいは**距離**には人間にとって大きな意味がある。腰掛けるものが2人の人間にとって適当な間隔であれば，そこは語らいの場となることができる（図4・41）。

　図4・42のように，同じ2つのいすを向かい合わせて置くとする。その距離を変えるだけで人間にとってまったく異なる意味の場として受け取られる。一方はそこに座って2人が会話をするような状況と受け取れるし，他方は他人どうしが関わりあいなく居合わせ座るような状況と受け取れる。この場合そう感じさせるのは，いすそのものではなく，それらの間の距離にある。

　図4・43のこの人は一体何をしているのだろうか。電話をかけようとして待っているのか。もしあなたがこの電話をかけようとしたら，この人の後ろにつくか前へ割り込むか迷うだろう。その理由はこの人が電話ボックスとの間にあいまいな距離をあけて立っているからであろう。このように迷うことによって，人の立つ位置，距離には意味がある——待っているのなら待っているのにふさわしい距離のとり方がある——ことに気づかされる。このような待ちの列では，距離によって後から来る人は先に並んでいる人が待っているかどうかを解釈し，自分が並ぶとすれば，どの程度の距離をあけるかを無意識のうちにもふまえて並ぶ（図4・44）。

4・4 人間のまわりの空間 259

距離が適当であればそのものの本来の目的はともかくとして人々の語らいの場となる。

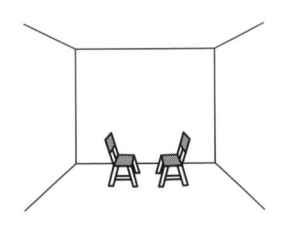

図 4・41

図 4・42
いすの間の距離が変わるだけで人間にとっての意味が変わる。

図 4・43 この人は何をしているのか　　図 4・44 電話を待つ人

われわれが普段何気なく行っている，場所の占め方，相手に対する位置のとり方などは決して無意味に行っているのではなく，その時のその人たちの関係にふさわしい距離をとっている（図4・45）。

エドワード・ホール（E.T.Hall）は，行動観察から，人間どうしの距離のとり方などの空間の使い方は，それ自体が**コミュニケーション**としての機能を持つと考え，距離をコミュニケーションと対応させて分類し，4つの距離帯を提案し，さらにそれが文化によって異なるとした（文1）。他のいろいろな実験や観察の結果も合わせ，人間どうしの間の距離は人間行動の見地から，大ざっぱに図4・46のように分類できる。

4・4・2　パーソナルスペース

コミュニケーションなどをしない他人どうしはできるだけ距離をあけたいと思っている（図4・47）。

コミュニケーションをしたいとき，また列をつめたいときなど他人に近づかなければならないとき，他人に対して近づきたくても越えられない目に見えない一線があることに気づく。それがパーソナルスペースである。それは，身体の周辺で，他人が近づいた場合，「気詰りな感じ」や「離れたい感じ」がするような領域で，その人の身体を取り囲み見えない「泡（バブル）」に例えられる。

ロバート・ソマー（R.Sommer）は，人間は個体のまわりを取り巻く他人を入れさせたくない見えない領域を持っているとし，それをパーソナルスペースと呼んだ。そのパーソナルスペースは個人についてまわり，持ち運びできるという点で「**テリトリー（なわばり）**」と区別し，パーソナルスペースは必ずしも球形ではなく，前方に比べ横の方は未知の人が近づいても寛容になれるとしている（文2）。

ホロビッツ（Horowitz）は，人が他人または物体に周囲から近づく実験により，人間は自分のまわりに他人の侵入を防ごうとするボディバッファーゾーン（body-buffer zone）を持つとした（図4・48）。

田中政子は8方向から「近すぎて気詰りな感じがする」という主観的な接近距離を測定し，正面が遠く背後が近い，卵型のパーソナルスペースを得た（図4・49）。

4・4 人間のまわりの空間

図 4・45 公園の噴水のまわりに腰掛ける人々

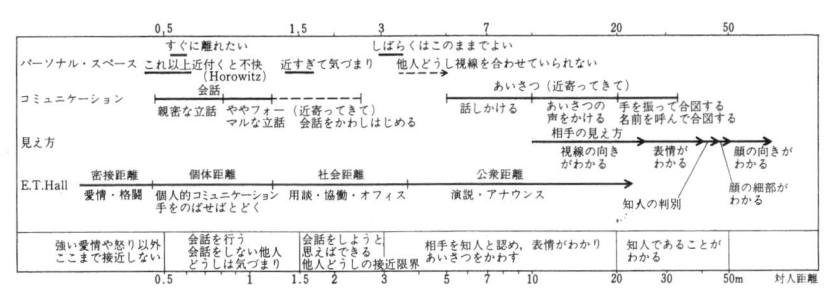

2人連れどうしの間隔は，自然と規則的になっている。

人間どうしの距離のとり方は図のようにおおむね分類できる（体の中心間の距離）。接触から0.5mまでは通常は近づかない。0.5〜1.5mの間では会話が行われるが，会話をしない他人どうしは近づかない。会話をしようと思えばできる限界は3m程度である。相手の表情がわかり，挨拶を交わすのは20m以内で，相手が誰だかわかるのは50m以内である。

図 4・46 対人距離の分節

図 4・47 相席の人たちから少し距離をおく人

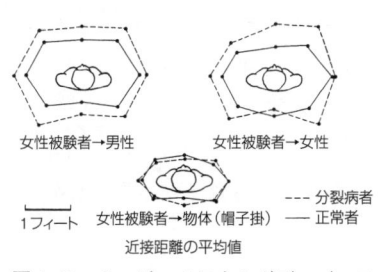

図 4・48 ホロビッツによるボディバッファゾーン[19]

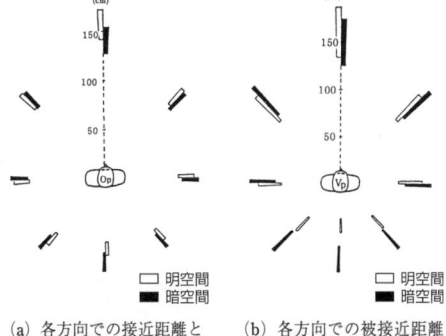

図 4・49 田中政子によるパーソナルスペース[20]

(a) 各方向での接近距離と空間の明暗（対数値の平均の信頼区間(95%)を指数変換値により図示）

(b) 各方向での被接近距離と空間の明暗（対数値の平均の信頼区間(95%)を指数変換値により図示）

高橋鷹志・西出和彦らは位置により他人から「離れたい」とする力により形成される空間の潜在力の分布を**個体域**と呼び，実験の結果，「離れたい」とする度合いが人を取り囲む等高線により表現した（図4・50）。

パーソナルスペースは，このようなそれぞれの実験の状況設定において具体的な寸法を持ったものとして示される。しかしまたそれは，性別，親しさ，場面の状況などの違いで大きさが異なる。

4・4・3　人間どうしのフォーメーション

距離だけでなく向きにも関連している。観察によると，駅のホームや広場などで立ち話をする人たちは，だいたい決まった距離（60〜70cm程度）と向き——お互いに向き合う，斜めに向き合う，肩を並べるのいずれか——の位置関係をしている（図4・51，4・52）。

会話をする数人のグループは，全体が円く囲んだ形となる（図4・53）。

人間どうしの間の距離が十分にとれない混雑した電車の中などで，親しい人どうしでない限り，決してお互いに向き合いにはならないようにしている。他人どうしが距離がとれない場合は，体の向きでそれを補う。

立ち話のように知人どうしがコミュニケーションしようとする場合はお互いに向き合うような体の向け方をする。また他人どうしお互いに避けようとする場合はそっぽを向くような体の向け方をする（図4・54）。

このような体の向きのタイプに対応して，座席配置などの空間のタイプが分類できる。ハンフリー・オズモンド（H.Osmond）は，空間デザインのタイプとして，**ソシオフーガル**（sociofugal）——人間どうしの交流をさまたげるようなデザイン——と，**ソシオペタル**（sociopetal）——人間どうしの交流を活発にするデザイン——の性質を持つ2種があるとした（文3）。

囲み型，向い合い型，内向きの円形などの（ソシオペタルな）家具配置はいかにもそこに人々が集まりそこで賑やかな語らいが想定できる（図4・55）。逆に外向き円形などの（ソシオフーガルな）家具配置は他人どうしが関わりあいなく，待ち合わせなどをする状況が想定できる。そこへ知人どうしが来て話でもしようとすると，無理に体をねじったりしなければならない（図4・56）。

4・4 人間のまわりの空間　263

図 4・50　高橋・西出による個体域

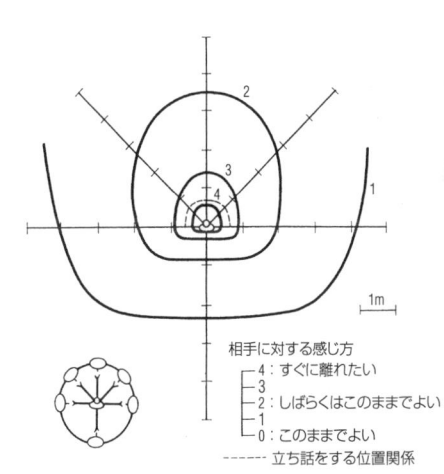

相手に対する感じ方
― 4：すぐに離れたい
― 3
― 2：しばらくはこのままでよい
― 1
― 0：このままでよい
------ 立ち話をする位置関係

図 4・51　立ち話をする人たち

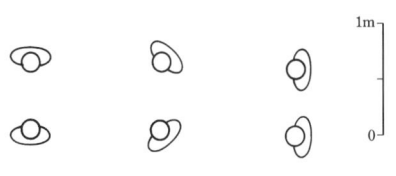

図 4・52　立ち話をする人間どうしの型

図 4・53　数人のグループの立ち話

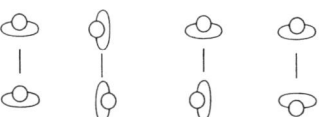

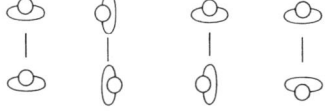

図 4・54　他人どうしの向き

図 4・55　ソシオペタルなベンチ

図 4・56　ソシオフーガルなベンチ

4・4・4 テリトリー

パーソナルスペースに似たものとしてテリトリーがある。テリトリーは，より場所と結びついた，持ち運びのできない，排他的ななわばりである。

テリトリーにはいくつかの段階がある。寝室，住宅，職場のデスクなどは，そこを強く自分のものと感じ，その人にとっての心理的な重要性は高い。学校のロッカーや行きつけのレストランなどは，これよりも重要ではないが，その人にとってそこそこの意味がある。それらはしばしば他の人間と共用される。

ある場所を自分のテリトリーだと主張するためには，他人にそれとわかるようにしなければならない。座席をとるために持ち物を置いたり，図書館の席を離れるとき本を拡げたままにしたり（図 4・57(a)），花見の場所取りに見られるようなさまざまな工夫がある（図 4・57(b)）。

家の外に植木を飾ったり個性的な表札をつけたりすること（**表出**といわれる）も一種のテリトリーの表示であるが，単にテリトリーの主張だけでなく，そこに人間が居ることを感じさせ，住む人の人間性や個性を表すものでもある（図 4・58）。それによって親しみが増し近隣関係が増すきっかけともなるし，またよそ者の侵入を牽制する力にもなる（2・6，4・8参照）。

4・4・5 プライバシー，パーソナルスペース，テリトリー，混み合い

建築空間の中で人間どうしはパーソナルスペースを確保しようとし，また，さまざまな形でテリトリーを持とうとするのも人間の本性である。

しかし建築空間という限られた空間の中で，空間が狭すぎたり，人が多すぎたりすることにより，各自が確保したいと思うパーソナルスペースやテリトリーが確保できなくなる。それはプライバシーの侵害にもなる。人間はその状況で望ましいと思うプライバシー，パーソナルスペース，テリトリーが確保できないと混み合いを感じる（図 4・59）。

空間における人間の相はきわめて多様であり，何もかも一義的には決められない。あるときは人間どうし集まってコミュニケーションが必要であり，あるときは個を確立する必要がある。また，祭りの空間のようにあるときは混み合いが求められることもある。空間を一面だけでなく，多様な面から読み取り，その空間でいろいろな可能性があることが空間の豊かさにつながる。

4・4 人間のまわりの空間　265

(a) 図書館における席取り

(b) 花見における場所取り

図 4・57　テリトリー

(a) 住宅における表出

(b) 下町の路地における表出

図 4・58　テリトリーの表示

図 4・59　電車内のスペース

混み合った電車の中ではパーソナルスペースを確保するのはむずかしい。しかし、それをやむをえないと思うこと、短時間であるから我慢できると思うことによって混み合い感は緩和される。

4・5　感覚によってとらえられる空間

　人間は生活に必要な物質，情報など，すべて体の外の環境に依存している。人間は環境の中で環境とともに生きている。それゆえ，人間だけをとらえるのではなく，環境との関係においてとらえられるべきである。

　建築空間の中で人々は，居て，見て，時には触れてなど，空間と関係を持ちながら生活している。そこでいつも空間を見て，美しいと感じたり何か感動しているわけではない。生活の背景としての空間の中で，何気なく居て，囲まれ限定された空間の中で動き，見渡して，時には狭いと感じたり，広いと感じたりしながら生活している。

　壁や床や天井などの建築空間を構成する境界面は，人間の視線を遮り，行動を限定したり，逆に行動の可能性をひらく。建築空間が人間に与える生活・行動の可能性は，空間デザインによって変わりうる。空間を変えると人間に対するさまざまなことが変わる可能性がある。その可能性を開拓し，人々に提供するのが空間デザインの意義であろう（1・1・1参照，図4・60）。

　空間の大きさ・形状，天井高，容積などが，どのように知覚・認知され，またそれが人間にとってどのような心理・行動に影響を与えるのかについて検討する必要がある。空間は，視覚，触れないで感じる感覚を中心としてとらえられることが主となる。それは手にとって何かするとか，頭をぶつける心配なく動けるとかいった，人間工学的に用ができればよいということを超えたもので，感覚的・心理的なことである。

4・5・1　人間は視知覚によって空間をどのようにとらえているか

　建築空間の**知覚**の中でも**視覚**は中心的な役割を果たしている。図4・61は目の構造である。眼球は網膜に像を写すカメラのようなものである。しかし，人間は単に網膜に映る像をそのまま見ている訳ではない。

　図4・62はある彫刻を見ている時の人の目の動きをとらえたもので，このように人の目は常に細かく動いている。この目の動きに合わせて網膜像は激しく動いているはずである。しかしわれわれは動く網膜像を知覚していない。動いていない世界を知覚している。

4・5 感覚によってとらえられる空間　267

(a) 1.5層住宅モデルルーム
　　（普通の1.5倍の階高を持つ）

(b) 河田町コンフォガーデン（都市機構）

図 4・60　天井を高くした住宅

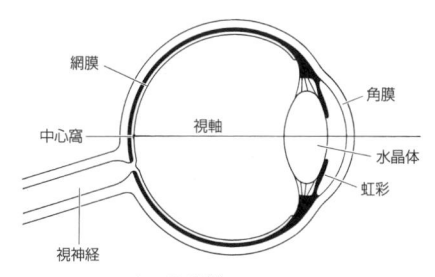

図 4・61　眼球の構造[21)]

光の像の結ばれる位置は網膜であり、そこには視神経の末端が含まれている。中心窩という網膜上の小さなくぼみには、錐状体という神経端末が集まっていて、高度に精密な視力が得られる。

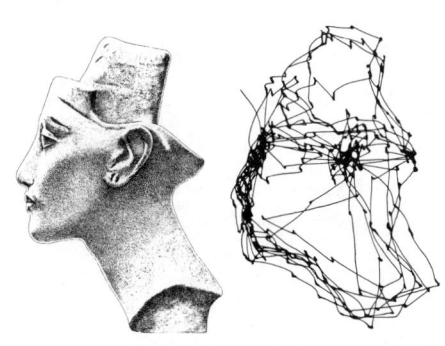

ネフェルチチ女王の胸像の写真を被験者が見るときに記録される眼球運動。左は被験者の見た女王の写真、右はモスクワの情報伝達間隔研究所のヤルブス（Aitred L.Yarbus）による被験者の眼球運動。

図 4・62　眼球運動　目はたえず動いている[21)]

このことは人間が知覚しているのは網膜像そのものだけではないことを示すものである。人が動くことによる見えの変化などいろいろなことを手がかりにして、三次元の空間を把握し、そこにいて、空間がどのような拡がりをもっているか知覚する。

4・5・2　視覚による空間

眼球の網膜にある**中心窩**（図4・61）と呼ばれる色や形の弁別力が高いよく見える部分は**視角**約1〜3度程度である。また**視野**が限られていること、目や頭の動かしやすさなどから、見える方向、見やすい方向が限定される。それゆえ対象の見え方にはその大きさとそこまでの距離、位置関係が関わる。

(1) **俯角**の空間

人間の生活姿勢は重力方向と関わっている。そのためか人間の視線の方向はやや下向きである（図4・63）。普段われわれが見ている範囲は目の位置より下の方が中心となっている。本や書類を読むとき、テレビやディスプレイは見下ろすようにした方が見やすい（図4・64）。

またそれは立位、いす座位、平座位（4・2・2参照）と視点が床面に近くなるほど視線は下向きになる。孤篷庵忘筌[*1]に代表される、下方への視線を意識した日本人の空間感覚は当を得ているといえる（図4・65）。

(2) **仰角**の空間

実験によると、見上げるときは同じ距離でも遠く感じ、見下ろすときは同じ距離でも近く感じるという結果が出た（図4・66）。見上げることにはエネルギーがいるのであろうか。それだけに、高さを少し変えることが、実際以上に大きい影響を与えるということでもある。

天井高はどのように知覚されているだろうか。2つの室空間の天井高を見分ける実験によると、2室の天井高の違いに気づくのは天井と壁の境を見る視線の仰角が2度程度違う場合であるという（図4・67）。これは天井高の比でおよそ4パーセントを超えると差がわかるということである。仮に部屋の中央にいすに座って天井を見るとすると、8畳で天井高2.4mの場合9cm、天井高2.7mになると11cmとなる。

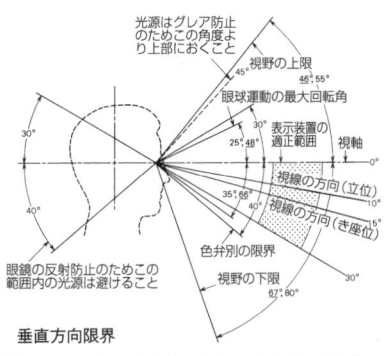

4・5 感覚によってとらえられる空間 269

図4・63 人の自然な視線の方向と視野[22]

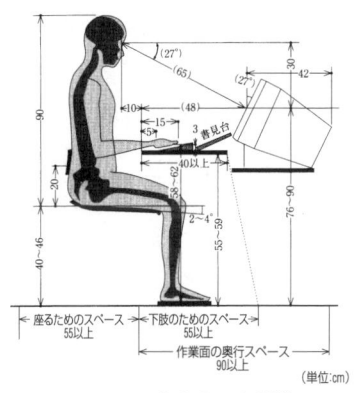

図4・64 VDT作業中の姿勢[23]

図4・65 孤篷庵忘筌 （写真：積田 洋）

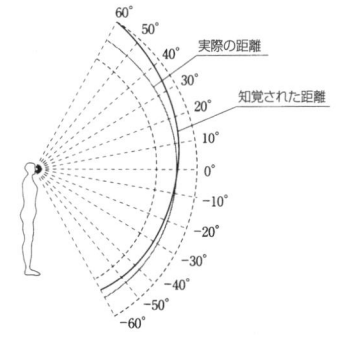

図4・66 見上げと見下ろしの距離感[24]

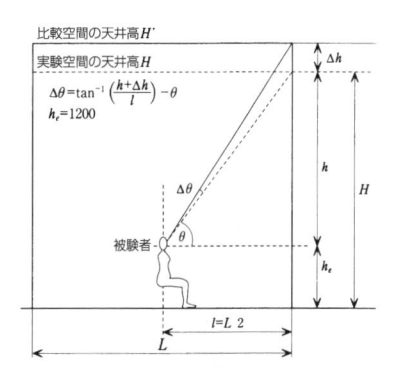

図4・67 天井高の知覚[25]

$$\Delta\theta = \tan^{-1}\left(\frac{h+\Delta h}{l}\right) - \theta$$
$$h_e = 1200$$

＊1 忘筌は京都大徳寺の塔頭孤篷庵にある茶室で，上部に明かり障子，下部は吹抜けという開口部がある。

4・5・3　3次元空間の知覚

　人間が室内にいて体験しながら感じるさまざまな感覚がある。室空間を人間がどのように知覚するかということに関しては，照度，採光などの物理的な要因についてだけでなく，雰囲気などの空間から受ける心理的な要因が注目されるようになり，**環境心理学**[*2]という観点から，**ＳＤ法**[*3]，因子分析などの方法の導入・発展とともにさまざまな観点から行われるようになった。

　乾正雄他は，模型実験（図4・68）などにより，人が主に視覚によって受けとめる空間の大きさの感じを評価する指標として**開放感**を提案した。この開放感は価値観を含むものではなく，照度，窓の大きさ，部屋の大きさと関係があるものである（図4・69）。

　外部空間が主な対象ではあるが，武井正昭他は現場あるいは全景映写装置を用いての，ＳＤ法などによる心理評定を行い，建築物の視覚的な**圧迫感**を提案した（文4）。

4・5・4　容積の知覚

　建築空間を三次元空間として扱う以上，室空間の容積の意味は重要である。そのため容積が人々にどのように知覚されているか理解する必要がある。例えば，床面積が狭い空間でも天井高を高くし，容積を確保することによって狭さ感を補うことができるかどうかである。

　内田茂は，室空間の「見かけの容積感」，広さ，狭さ感について，天井高や平面形を変えられる実物大の実験室を用いた実験を行い，天井高・平面プロポーションと見かけの容積，圧迫度との関係などを求めた（図4・70）。

　2つの同じ容積の部屋を作り，一方は床面を少し狭くし，その分天井を高くして容積を同じとして，2室を比較する実験を行うと，2室の物理的容積は同じであるにもかかわらず，この2室を比較した被験者達は床面積が狭く天井高の高い室の容積を0～10％大きく知覚した（図4・71）。

　このことは容積を大きく感じる場合に，天井高が水平方向の広さよりも影響が大きいということを示すものである。鉛直方向の距離は，その他の方向とは異なり，物理的寸法以上に評価されたという証でもある。容積の知覚という意味においては，人間のまわりの空間の距離感覚は，重力方向の高さ方向は特に過大評価されるのであろうか。

4・5 感覚によってとらえられる空間　271

図 4・68　窓の開放感の実験[26]

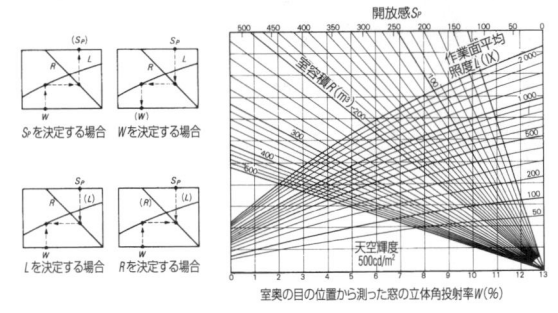

図 4・69　開放感の計算図表[27]

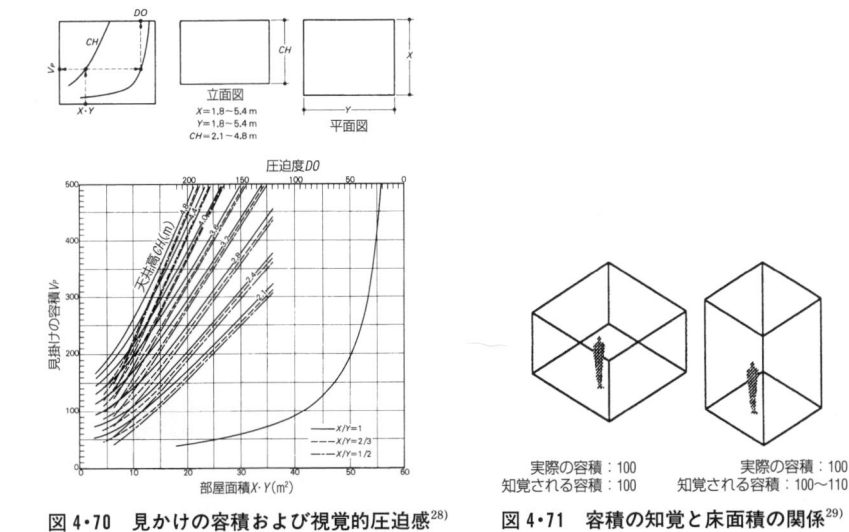

図 4・70　見かけの容積および視覚的圧迫感[28]

図 4・71　容積の知覚と床面積の関係[29]

＊2　環境と人間の心との相互作用を取り扱う学際的領域。

＊3　Semantic Differential法：意味微分法。C.E.Osgoodらによって1957年に開発された心理学的測定法のひとつ。「明るい－暗い」などの形容詞の反対語の対からなる尺度を用い，対象の意味構造を明らかにする方法で，因子分析と連動することが多い。もともと言語の意味の測定のために開発されたものであるが，色，形，建築，都市空間などさまざまな対象に対する心理や意識の評価に広く用いられる。

4・5・5　外部空間の知覚

　近くから建築物を見るときなど，対象が比較的大きい場合，視野の中心窩に写る対象として見るのではなく，周辺視または目や頭を動かして仰ぎ見る形となり，仰角が建物の見え方と大きく関係してくる。建築物などを見るときの見え方や，建築物などによる外部空間の囲まれ感などを表す指標として，見る対象物の高さ（厳密には視点の高さとの差）H に対する視点から対象物までの水平距離 D の比である D/H が指標となる。

　メルテンスは D/H によって建物の見え方の変化を段階化した（図4・72）。街路，路地，広場，中庭など複数の建物に囲まれた空間の開放感や閉鎖感などはその空間の断面方向のプロポーションに関連する。水平距離 D を広場や街路の幅員と置き換えて，H を建築物のファサードの高さとして D/H をあてはめると，その外部空間の雰囲気が記述できる（図4・73）。

4・5・6　シークエンシャルな外部空間

　建物が2つ以上建てられればそれらに挟まれた外部空間が形づくられる。それらの外部空間は中庭，広場，道などとしてお互いに連続し，都市空間や庭園などを構成する。そして，そこを通る人々に狭さ広さ，開放閉鎖などのさまざまな感覚を連続的に体験させる。通りながら，それらの変化から，リズム感や意外性のような感覚を感じたりすることができる。

　回遊式の日本庭園，参道，ヨーロッパの中世から残る都市景観など，このような変化が効果的につくられている（図4・74，4・75）。

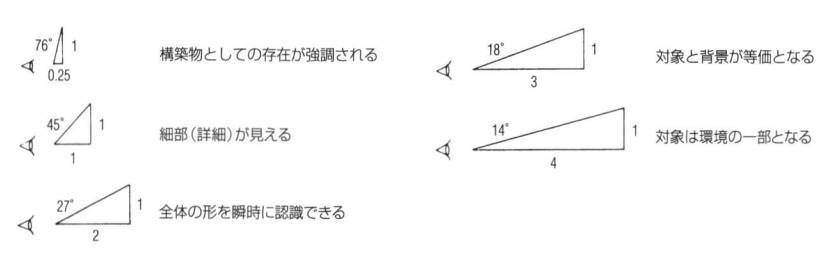

図4・72　見上げる視角と建物の見え方（メルテンスの理論）[1]

視角	D/H	見え方
76°	0.25	構築物としての存在が強調される
45°	1	細部（詳細）が見える
27°	2	全体の形を瞬時に認識できる
18°	3	対象と背景が等価となる
14°	4	対象は環境の一部となる

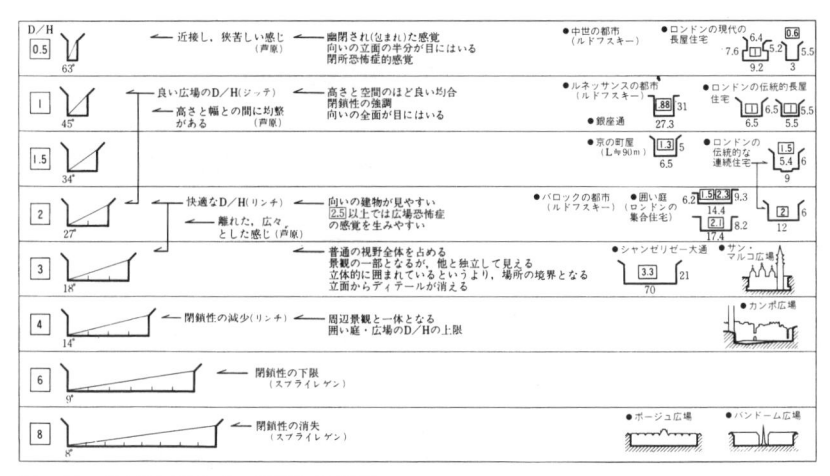

4・5 感覚によってとらえられる空間 273

図4・73 D/Hと囲み感，快適なD/H[1]

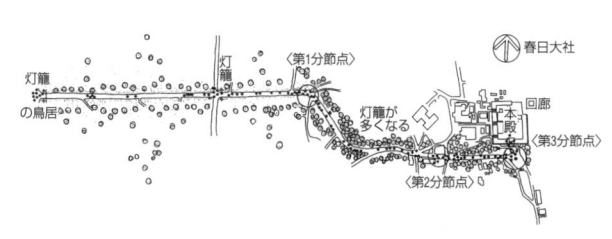

本殿へ向かうアプローチは折れ曲がり，高さの変化，幅員の減少，樹木の増加，灯篭の増加など変化していく。

図4・74 春日大社の参道の視覚的分節[31]

　ゴードン・カレンは街並みを「連続する視覚」と称し，次々に新しい光景が開けてくる状況をスケッチにより記述した。

図4・75 景観シークエンス[32]

4・6　認知の中の空間

　建築物は通常，単位となる一望して見渡せる空間（室空間）が多数複合して構成されている。さらに建築物は都市・地域を構成している。そのようにしてつくられる建築，建築群，都市・地域空間には，ある人から一望できない多くの空間がある。

　そのような一望できない空間も含めて，人間はどのように建築・都市空間を認知し行動するか。そしてそれが建築・都市空間のデザインとどのように関わってくるかが問題となる。

4・6・1　環境の空間的イメージ

　デザインされた環境を人々はどのように受け取っているであろうか。ケヴィン・リンチ（K.Lynch）は，環境デザインを人々の空間的**イメージ**を通して考えることの重要性を説いた。リンチは，人々の視点からの眺めの明瞭さが都市環境にとって重要であるとした。そして**レジビリティ**（legibility：わかりやすさ）は，人々に鮮明な環境のイメージを与え，人間と環境の間に調和のとれた関係を確立する。それによって人々の行動はスムーズになり情緒の安定がもたらされるとした。

　この環境のイメージは，アイデンティティ[*1]（identity），ストラクチャー[*2]（structure），ミーニング（meaning）の3つから成る。このうちミーニング（意味）は経験を通して個人的に獲得されるもので，都市の物理的形態から切り離して考えることができる。都市デザインにおいては，どのような都市の形態がイメージに鮮明なアイデンティティとストラクチャーを与えられるかが重要となる。

　リンチは都市デザインに**イメージアビリティ**（imageability）という新しい価値観を提唱した。それは物体にそなわる特質であって，これがあるためにその物体があらゆる観察者に強烈なイメージを呼び起こさせる可能性が高くなるというものである。リンチは，ボストン（図4・76）などに居住する一般市民に，ヒアリング調査や**スケッチマップ**（略地図を描画させる）調査などを行い，図4・77のような一般市民が持つ都市のイメージを表す図を作成した。

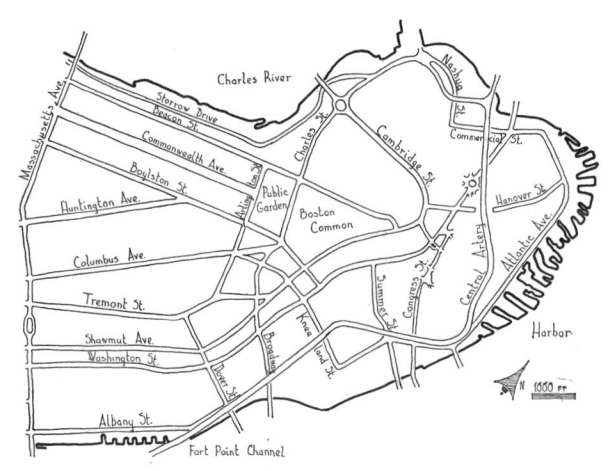

図 4・76　ボストンの略地図[33]

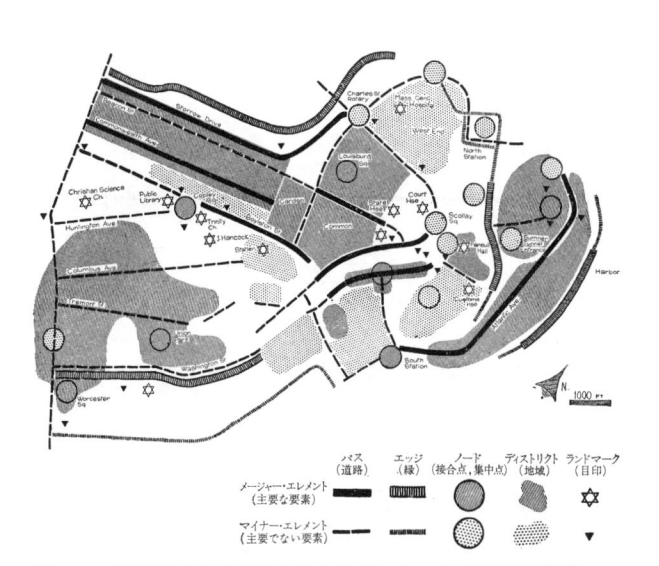

図 4・77　現地踏査から引き出されたボストンの視覚的形態[33]

---

*1　他のものではなく，そのものであることを示す個性，固有性．ここでは都市のイメージを構成する要素のアイデンティティとして用いている．
*2　要素がパターンとして認識されるための構造．

図4·77は5種類のエレメントにより表されている。5つのエレメントは**パス**(paths)，**エッジ**(edges)，**ディストリクト**(districts)，**ノード**(nodes)，**ランドマーク**(landmarks)と呼ばれる。パスとエッジが線状，ディストリクトが面状，ノードとランドマークは点的なエレメントである。都市のイメージは，物理的な形態によるが，この5つのエレメントのタイプに分類することができる（図4·78）。

① パス（paths）／道路：観察者が日頃あるいは時々通る，もしくは通る可能性のある道筋。街路，散歩道，運送路，運河，鉄道など。
② エッジ（edges）／縁，境界：観察者がパスとしては用いない，あるいはパスと見なさない線状のエレメント。海岸，鉄道線路の切り通し，開発地の縁，壁など，2つの局面の間にある境界。
③ ディストリクト（districts）／地域：中から大の大きさをもつ都市の部分であり，2次元の拡がりを持つ。観察者は心の中で「その中に」入るものであり，また何か独自の特徴がその内部の各所に共通して見られるために認識される。通常は内部から認識されるが，もし外からも見えるものであれば，外からも参照されている。
④ ノード（nodes）／接合点，集中点：都市内部にある主要な地点である。観察者がその中に入ることができる点であり，そこへ向かったり，そこから出発したりする強い焦点である。接合点，交差点，広場など，パスが集合するところ。
⑤ ランドマーク（landmarks）／目印：点であるが，観察者はその中に入らず，外部から見る。建物，看板，商店，山など。

イメージが豊かに抱ける都市とは，無機的に均一な都市空間ではなく，これらのエレメントが適度に見出せるようなメリハリのある都市だといえる。さらにそれが人々にとって感じられるようなほどよいスケールであることも必要である。

(a) パス（渋谷公園通り，東京都）

(b) エッジ（隅田川，東京都）

(c) ディストリクト（ほぼ一定の階層の住宅が建ち並ぶ住宅地）

(d) ノード（渋谷ハチ公広場，東京都）

(e) ランドマーク（東京タワー，東京都）

図 4・78　構築環境に形を与える 5 つのエレメント

4・6・2　スケッチマップから読み取れること

前述のリンチが用いたスケッチマップは，建築・都市空間がどのように**認知**されているか，どのような空間的イメージを持っているかを探る方法として用いることができる。

空間的イメージの役割の一つは，一望できない地域内の行動において自分のいる場所を示すために参照する，いわば地図のようなものであること，すなわち目的地までの道筋を見つける手がかりとなることである。

スケッチマップに現れるゆがみや間違いは，人間は環境を必ずしも正確にとらえているわけではないことや，イメージのゆがみや間違いの一端を示すものともいえる。イメージにおいて，方向が曲がったり，距離が延びたりする。しかし順序は正確である場合が多く，必ずしも日常行動を誤らせているわけではない。イメージのゆがみは，人間の認知特性や日常行動パターンが反映されたものともいえる。

図4・79(a)は，ディヴィド・カンター（D.Canter）が都内にある駅名のいくつかを2つ1組にしてその2点間の距離を被験者に推定させた結果から描いた地図である。実際の地図（図4・79(b)）と比較すると山手線がより正円に近い形となっている。このゆがみには実際に電車に乗った体験と見慣れた路線図の略図（図4・79(c)）の影響があると考えられる。

図4・80(a)は，地図で図4・80(b)のように表される大学キャンパスを多くの被験者が描いたスケッチマップの典型例である。実際には建物軸に対して斜めになっている鉄道線路がスケッチマップでは平行（直角）に描かれている。また実際には複雑に入り組んだ形をしている敷地境界を四角く描いている。

このように，斜めのものを直角にしたり，長方形を正方形に，楕円を正円になど，型にあてはめてとらえようとする人々の傾向がスケッチマップに見られる。

4・6・3　親しみ，自分のものと考えられる領域

空間的イメージの形成は日常行動に大きく関連する。日常行動の積み重ねにより，その空間に親しみ，自分のものと考えられるようになる。それがスケッチマップに反映される。知っているところのことは豊かに描画される。

鈴木成文らはこの方法によって集合住宅地の生活領域を調査し，配置計画

4・6 認知の中の空間　279

(a) 距離推定から得られた東京のマップ[34]　(b) 実際の地図[34]　(c) 案内図に表された山手線
図 4・79

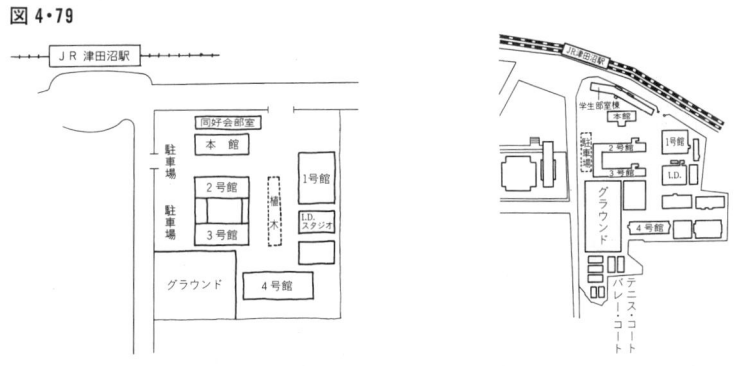

(a) 学生の描いたＣ大学キャンパスの地図　(b) 実際のＣ大学キャンパスの地図
図 4・80

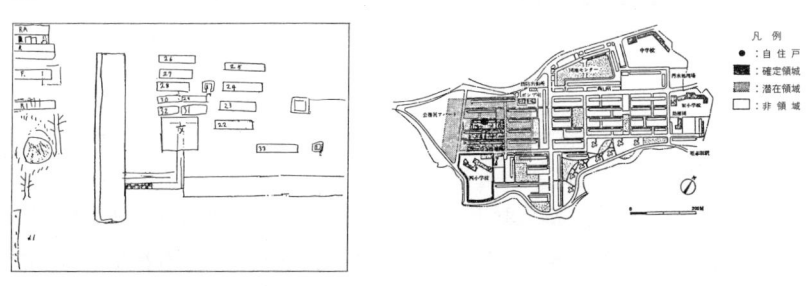

図 4・81　スケッチマップに描かれた範囲[35]

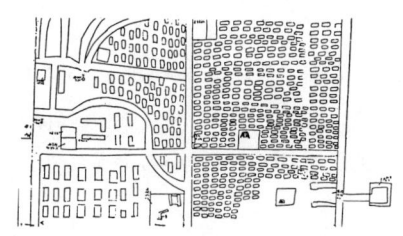

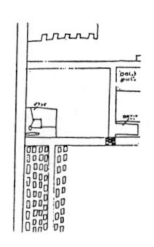

凡例
●：自住戸
▨：確定領域
▨：潜在領域
□：非領域

均質で平行に配置された住宅団地に住むこの児童は、ただたくさんの住棟を描いた。

図 4・82　たくさんの住棟を描いた絵[35]

がイメージに与える影響を指摘した（2・1・4参照）（図4・81，4・82）。

4・6・4　ストラクチャーの認知

　京都のように碁盤目の道路網は，ストラクチャーとして空間的イメージを定着させる枠組みとなっている。しかしこのような碁盤目状の街でも，多くの交差点が同じ形をしているとどこにいるかわからなくなってしまう。ストラクチャーだけでなく，それを形成するエレメントのアイデンティティも必要である。あまりにも規則的なパターンが連続すると，番号などを付けなければならなくなる。

　番地などによって住所を表示する場合，街路（道路）を中心に両側を一区画とまとめ番号をふる方式と，街区を一区画として番号をふる方式とがある。日本の場合多くは**街区方式**であり，欧米の人々からわかりにくいとしばしば指摘される（図4・83）。例外として京都は**街路方式**である（図4・84；2・3・1，図2・31参照）。欧米の人々の都市空間の認識が，都市は目印になるいくつかの点（ランドマークやノード）とそれらを結ぶ網目状の街路（パス）から構成されるというものであるとすると，住所表示も街路方式が合った方法であろう。また来訪者は街路から訪れるため街路中心に見る。欧米の人々は来訪者であり，土地に居つく居住者とでは視点が異なる可能性もある。

4・6・5　イメージの多義性

　都市空間は誰にとってもわかりやすくアクセスできるということは重要であるが，都市空間の単調さを肯定するわけではない。

　アレグザンダー（C. Alexander）は，人工的な計画された都市は**ツリー**型のストラクチャーであるのに対し，長年にわたり自然につくられてきた都市は，より複雑な**セミラティス**型のストラクチャーを持っていると指摘した（図4・85）。セミラティス型の都市では多様・多義な可能性が含まれているが，ツリー型の都市では一義的である。自然につくられてきた都市がある種の混沌としたところもある半面，人間的な面もある。ニュータウンや近隣住区計画の都市は合理的で無駄はないが，何か人間的なものが欠けているように感じるのはそのことにもよると考えられる。

　都市のイメージにおいてこのような多義性も重要であり，あまりに単調すぎるのではなく，ほどよい複雑さも必要である。

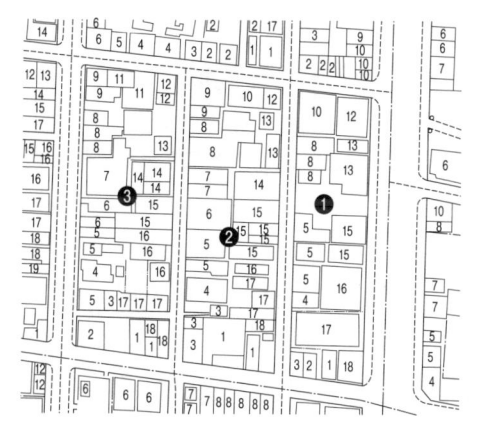

図 4・83 街区方式住居表示例

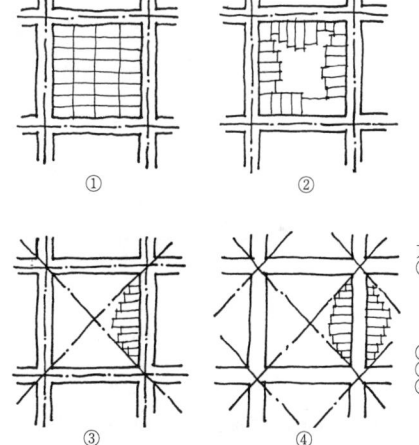

図 4・84 京都の「町」の形態変遷[36]

京都の「町」の形態変遷（—・—：町の境界）
① 条坊制：9世紀の前半期までは「条・坊・保・町・行・門」による宅地表示が一般的。9世紀半ばから，条坊制による地点表示のほかに交差する二つの街路によるそれが現れる。街路名は9世紀後半から現れ，10世紀後半にかけて定着していった。
② 四面町：12世紀後半頃成立。
③ 四丁町（片側町）：13世紀頃から。
④ 両側町：15世紀末頃から。「町」または「町通り」の称は，長い1本の街路の区間区間をさすことばともなり，1本の長い街路は，実際上，短い複数の「町通り」（または単に「町」）の集合になった。

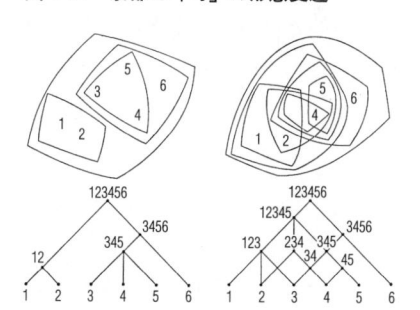

図 4・85 ツリー型とセミラティス型のストラクチャー[37]

4・7　人々の動きがつくる空間

　人々の生活は人体だけで完結しているのではなく，環境に依存している以上，人は歩かなければならない。建築空間は人々の歩いていける環境を提供しているともいえる。建築空間においては，人々にとって必要なところ望むところに到達できるアクセシビリティが等しく保証されている必要がある。

　人々の活動の場所をどのように配置するか，建築空間の平面をどのように配置するかは，それぞれの場所の遠さ近さの配置となり，それによって人々の活動は少なからず影響を受ける。

　近くにあることは利便性にとって最も重要なことである。必要な目的地を近くに配置すること，**動線**を短くすることは，建築空間の平面計画上重要な条件となる（図4・86，4・87，2・1・2参照）。遠回りをさせるようなデザインの環境では，しばしば人々はデザインの意図に反して近道をする（図4・88）。また，階段を登らせて屋上などへ人々を誘導するのは簡単なことではない。

　近くに配置することは意図しない活動・利用を生むこともありうる。複合施設のように一つの建物にさまざまな施設があると，例えば図書館に来た人が，そこに集会施設があり，自分の好きな趣味のサークル活動があることを知り，ちょっと覗いてみようかなどという「**ついで利用**」を促すこともありうる（図4・89，3・10参照）。大学キャンパスが学科別に建物が構成されていると学科内での交流が深くなるし，研究室棟と講義室棟に分かれていると学科というまとまりは薄くなり，学科外の学生同士の交流が生まれる可能性が大きくなる。

　一方で，散歩などのように歩くこと自体が目的となることがある。歩く環境は楽しく豊かな環境が求められる。しかし，長い距離を歩くことは生理的・心理的負担になる。美術館の展示空間（3・7参照），駐車場からの距離など長くなりすぎないような配慮も求められる。

4・7・1　わかりやすく歩ける空間

　不慣れな環境において，目的地を探す行動を**ウェイファインディング**という。わかりやすい環境をデザインするためには，空間をゾーンに分けてとら

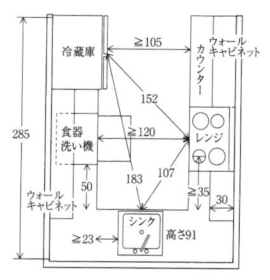

図 4・86　台所における動線[38]

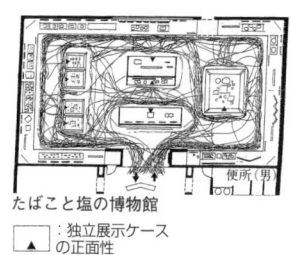

図 4・87　展示室における動線[39]
（3・7・5，図 3・87参照）

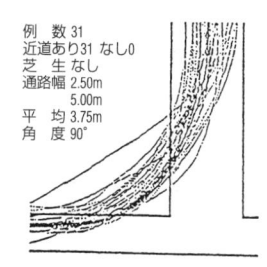

図 4・88　近道行動の軌跡[40]

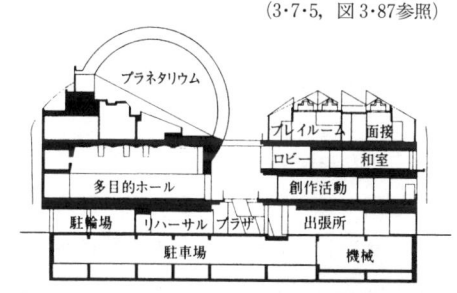

例　数　31
近道あり31 なし0
芝　生　なし
通路幅　2.50m
　　　　5.00m
平　均　3.75m
角　度　90°

図 4・89　人々のついで利用を期待する公共施設
（すみだ生涯学習センター，東京都墨田区，1994，長谷川逸子・建築計画）

分析：ウェイファインディング・タスク
　タスクは目的ゾーンごとにグループ化する。ゾーンは，特徴の似通った空間ごとにまとめ，ユーザーが認知するセッティングの構成にそったものでなければならない。
　タスクは「セッティングの出入口から目的ゾーンへ行く」「あるゾーンから他のゾーンへ行く」「ゾーンの中のある場所から他の場所へ行く」などと表現される。

分析：ユーザー像
　主要なユーザーのセッティングに対する知識の度合いを調べ，アクセスや情報処理に関する特別な要求を明確にする。

分析：ウェイファインディングの状況
　どのような状況下（娯楽，用務，緊急）のタスクであるかを明確にし，目的地に到達するための記述を効果的なレベルで行う。それはウェイファインディングの経験を豊かにすることでもある。

総合：デザインの要求
　デザインの要求は，分析したタスク＝ユーザー＝状況を総合することで明らかになる。主要な動線，主要なユーザーグループ，状況の緊急性などの関連を調べ，特別な注意が必要とされているか否かを明らかにする。

解決：ウェイファインディング
　意志決定とその実行プロセスを支援する情報システムを用意するために，選択される経路の形と意志決定ダイアグラムにうまく対応するウェイファインディング行動を予測する。ダイアグラムの作成には，行動先行型と概念先行型の二つのテクニックがある。

支援情報
　意思決定ダイアグラムに必要とされる情報を固定する。情報はユーザーがもっている情報と建築，サインシステムとして提供される情報とに分けられる。ウェイファインディングのスタイルと障害者などスペシャルユーザーの要求，ウェイファインディングの状況によって計画すべき情報の性質も変わる。

解決：デザイン
　意思決定に必要な情報を提供する最適な場所をノーテーション・システムにより決める。あるセッティングのウェイファインディングに必要な全体的な支援システムは，すべての主要なノーテーションを重ね合せることで導かれる。

図 4・90　ウェイファインディング・デザイン[41]

え，利用者像を特定し，移動の目的を明らかにした上で要求事項をまとめ，必要な情報をどこにどのような方法で提供するかを考える必要がある（図4・90）。

　例えば，図書館内である一冊の本（書架）を探すウェイファインディングを考えると，書架は入口から見通しが利くように並んでいる方が探しやすい（図4・91のaよりもb）。また，書架の中間に通路を通す場合は，図4・91のdよりもcの方が探しやすい。

4・7・2　サインシステム

　目的地へ移動するために，人々は環境の中から適切な参照エレメントを抽出し，それによって現在地と目的地を定位する。環境から読み取る情報には，その場所そのものに関する情報，方角に関するオリエンテーション情報，目的の方角に行くためにどのような経路を選べばよいかという**ナビゲーション**情報がある（図4・92）。

　サインはそれを人工的に用意したものであり，位置サイン（ロケーション情報），誘導サイン（オリエンテーション情報），案内サイン（地図）（ナビゲーション情報）がある。サインシステムに頼らないですむようなわかりやすい空間構成が必要であるという考え方があるが，わかりにくい空間には適切なサイン計画が必要である。

　案内図は図上に現在地が描かれていること，近くに見える手がかりがその地図上で確認できること，上方を前方に合わせること（垂直に掲示する場合）がわかりやすさの条件となる（図4・93）。

4・7・3　歩くための空間

　どのような場合の**歩行**にしても，歩くことは諸感覚を使い全身を使った行動である。また，歩くことだけでなく，立ち止まったり休息したり，さまざまな行為の複合でもある。

　歩くための空間には，安全性，歩きやすさが求められる。また2本の脚で歩くだけではなく，杖や車いすを使っての歩行もある（4・3参照）。歩行とはダイナミックな行動の連続であり，これを可能にするのは平らな床面・地面と左右と頭上にゆとりのある空間となる（図4・94）。

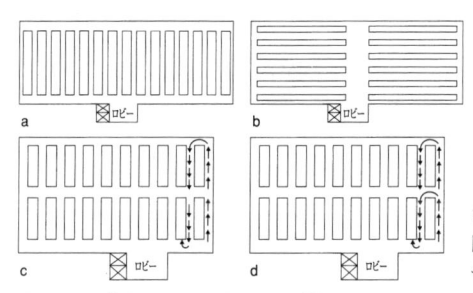

4・7 人々の動きがつくる空間 285

書架は入口から見通しが利くように並んでいる方が探しやすい(aよりもb)。書架の中間に通路を通す場合はdよりもcの方が探しやすい。

図4・91 書架の配置と探索行動[42]

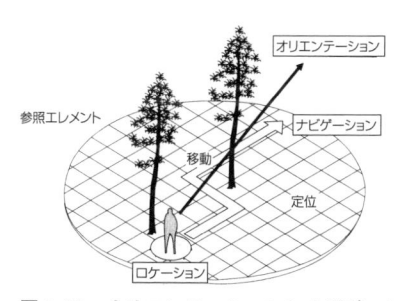

オリエンテーション：方角
ナビゲーション：目的の方角に行くためにどのような経路を選ぶか。

図4・92 オリエンテーションとナビゲーション[12]

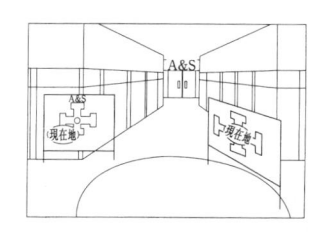

平面図をただ掲示するだけではわかりやすい案内図とはならない。図上に現在地が描かれていること，見える手がかりが図上で確認できること(図のA&S)，上方を前方に合わせることがわかりやすさの条件となる。

図4・93 室内表示の前方-上方等価性[43]

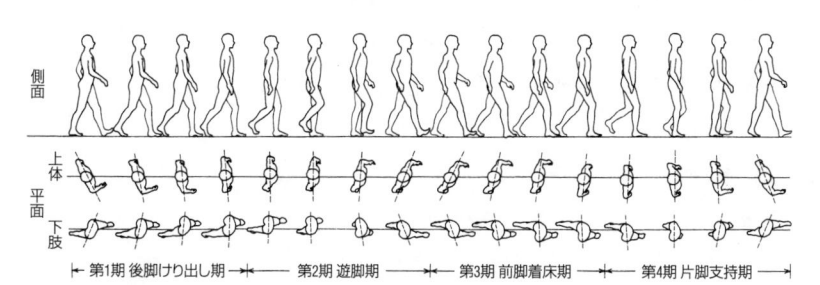

図4・94 歩 行 動 作[44]

(1) 歩行のくせ

人の歩きにはある種の傾向・くせのようなものがあることがある。前述のように，動線をできるだけ短くしようとする近道行動もそのひとつである。また，人は自然に左側通行をするとされている。しかしこれは日本人の特性と限った方がよいかもしれない。併行する階段やエスカレーターでどちらでも距離に変わりがない場合，なぜか手前のものを使う傾向がある（図4・95）。

(2) 多人数の歩行

複数の人が歩く空間では，一人の人間だけでは見られないことが起きる。前述のパーソナルスペースは歩行中の人間にとっても必要であるが，混雑度や人の流れと関連する。密度1人/m^2までは自由に追い抜きができるが，1.5人/m^2になると追い抜き困難となり，2人/m^2で停滞が始まる。

4・7・4　群集行動と群集流の処理方法

人がさらに集まり群集となると，群集特有の行動が見られるようになる。駅など不特定多数の人が集まる空間，非常時の**避難**を考えなければならないような空間では，群集特有の行動特性を理解する必要がある。

群集行動の法則性として，岡田光正は以下のようなものがあるとしている（文5）。

① 慣性行動：日常行っていることが行動のパターンとして潜在的に刷り込まれている。逆に言うと，日常使っていない非常階段は，非常時に使われない。

② 逆戻り行動：来た道を引き返す習性。①とも合わせると日ごろから慣れていない避難経路は使われないことになる。

③ 先導効果：人まね行動。先に誰かが適切な方向へ避難すれば，皆あとに続くし，逆に不適切な方向に進むと皆が続いてしまうことになる。

④ 走光性：明るい方へ向かう習性。避難経路が暗ければ，人はそこへ進もうとしない。

⑤ 左側通行：とっさの時に左へよける。

⑥ 近道行動：最短コースが選ばれる。

⑦ スラローム行動：自然歩行は蛇行する。

群集事故の発生を防ぐには，群集全体の連続的な流動性を失わないようにすることを目的として表4・4のような配慮が求められる。

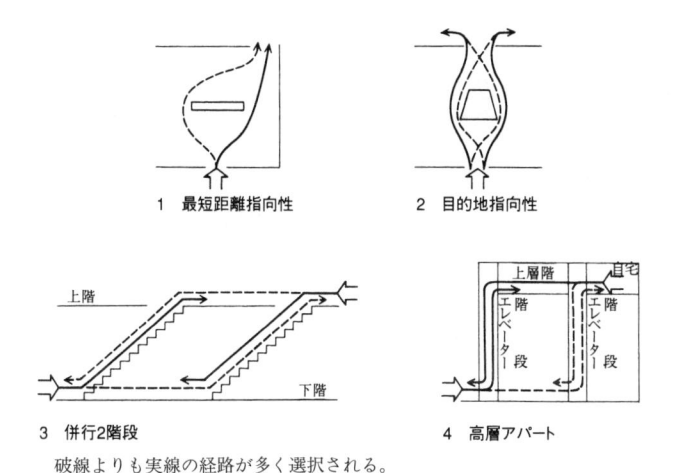

4・7 人々の動きがつくる空間　287

1　最短距離指向性

2　目的地指向性

3　併行2階段

4　高層アパート

破線よりも実線の経路が多く選択される。

図 4・95　歩行者の経路選択の例[45]

表 4・4　群集流の処理方法[12]

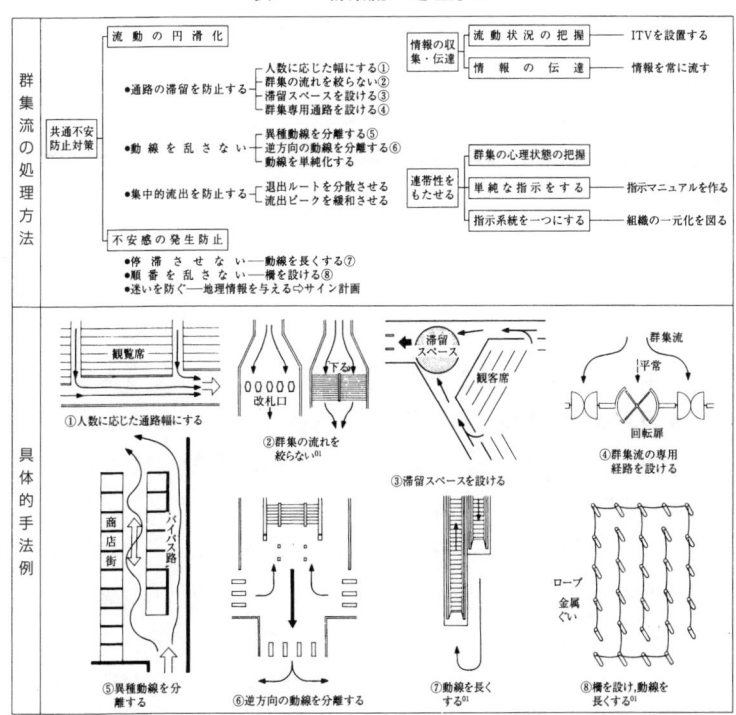

群集流の処理方法	共通不安防止対策	流動の円滑化	・通路の滞留を防止する ─ 人数に応じた幅にする① / 群集の流れを絞らない② / 滞留スペースを設ける③ / 群集専用通路を設ける④	情報の収集・伝達	流動状況の把握 ─ ITVを設置する / 情報の伝達 ─ 情報を常に流す
			・動線を乱さない ─ 異種動線を分離する⑤ / 逆方向の動線を分離する⑥ / 動線を単純化する	連帯性をもたせる	群集の心理状態の把握 / 単純な指示をする ─ 指示マニュアルを作る / 指示系統を一つにする ─ 組織の一元化を図る
			・集中的流出を防止する ─ 退出ルートを分散させる / 流出ピークを緩和させる		
		不安感の発生防止	・停滞させない ─ 動線を長くする⑦ / ・順番を乱さない ─ 柵を設ける⑧ / ・迷いを防ぐ ─ 地理情報を与える⇒サイン計画		

具体的手法例：

①人数に応じた通路幅にする

②群集の流れを絞らない

③滞留スペースを設ける

④群集流の専用経路を設ける

⑤異種動線を分離する

⑥逆方向の動線を分離する

⑦動線を長くする

⑧柵を設け,動線を長くする

注：上表の数字は下欄の手法例番号に対応する

4・8　人間がつくる空間——誰が何をデザインするか

　建築計画の目的が人々にとってよりよい環境をつくることであるとすれば，モノとしてのハードな建築を計画しつくることだけが方法なのであろうか？モノだけがつくられてもうまくいかない場合もある。人々が生活して初めて成立する環境もある。

　誰が（主体），何を（対象），どのようにデザインしているかを再考する必要がある。

4・8・1　デザインの対象の拡がり：ハードからソフトへ
(1)　人間がいてこその空間デザイン

　建築空間の中には，物理的空間だけでは決まらない，人間が空間をつくる，あるいは人間がいないと成立しない空間がある。

①　ユニバーサルな空間の中で多様な人間集団が形成する場面

　オープン化された学校は，教室を仕切る壁を少なくし，物理的空間としてはあまりつくられていない，平面的に拡がる広い空間を確保している。その中でさまざまな学習集団が形成され，場を占めていく。この場合，空間に秩序を与え集団や個人ごとの空間を分節しているのは人間（集団）であり，壁などのハードではない。さまざまな人々が**場面**をつくり，建築空間はさまざまな場面をいれる多様な可能性を持った容器である（図4・96，3・5参照）。

　オフィス空間も，ユニバーサルに拡がる広いワンフロアを壁で間仕切らず家具配置によって空間を分節するタイプが多い（図4・97，3・9参照）。

②　人々の生活感を埋め込んだ空間

　住宅地や集合住宅のアクセス空間において，開口部のない壁や鉄製の扉で閉ざされている空間には人の気配は感じられない。しかし開口部があってそこから住戸内部の空間の様子が感じとられれば，人が住んでいて見られていたり出てくるのではないかという気配を感じとれる。防犯的な観点からは，前者のように閉鎖的にするよりも，人目があり内部の人に見られていると感じられる空間の方がよそ者の侵入を抑制する効果があると言われている[*1]。

　小林秀樹は，高層集合住宅において，近所の人と顔見知りであることと，

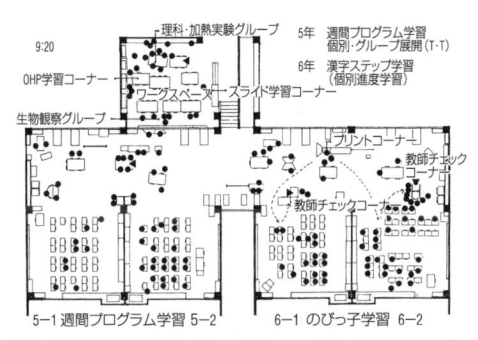

(a) 個別学習展開とチームティーチングの場面（宮前小学校 5，6 年）(3・5・2, 図 3・62 参照)

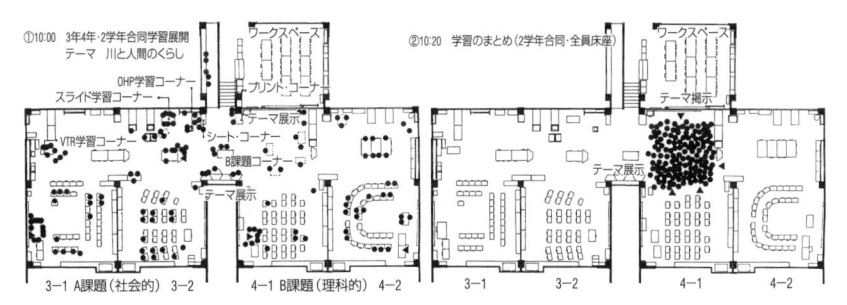

(b) 合科・2 学年合同チームティーチングの場面（宮前小学校 3，4 年）(3・5・2, 図 3・62 参照)
図 4・96[30]

図 4・97 広く間仕切りのないオフィス空間

*1　ニューマン（O. Newman, 1976）は「住民がそこを自分たちの場所と感じ、そこでのできごとに関心を払っていれば不審者は入り込みにくくなり、犯罪が未然に防がれる」とし、そのためには「空間がプライベートな雰囲気、住民が顔見知りであることなどが必要」で、「建築的には、通路や広場が家の窓から自然に監視できる、エレベーターの共用戸数を少なくする、など」が必要であるとした（文6）。

外部廊下が家の中から見えることが，共有感のようなものをもたらし，安心して生活できる環境をもたらしているとした。そこでは集合住宅でありながら玄関を開け放つことも日常的になっていた（2・6参照）（文7）。

玄関前に置かれる植木鉢などは，そこに人が住んでいることを示し，手入れしに家人が出てくるかも知れないことを表している（4・4・4参照）。下町の路地にはそういった植木鉢などが多く置かれている。このような路地には人間らしさが満ちていて，居住者たちの空間でありよそ者が勝手に入ってはいけないような感じを与える（図4・98，4・99）。

このような人目による監視や，人が住んでいることを示すものが置かれることにより，空間は，住んでいる人の監視や領有感のような意識によって安全に守られた空間になる。そのことはモノだけが環境を作っているのではないことを示す好例である。

(2) **ソフトが対象のデザイン**

さらに運営方式やプログラムが前提のデザインがある。

学校建築の運営方式として**教科教室型**がある（図4・100，3・4・6参照）。

教科教室型とは，すべての教室がそれぞれ専用の教室を持ち，生徒が教室を移動して授業を受ける方式である。どのような時間でも空いている教室がないように時間割を組めば空間の無駄がなく，その分だけ各室は面積的にも充実した空間をとりうる。それぞれの教室が教科に対応した専門性を持たなければならないという建築的な配慮も必要ではあるが，空きをつくらない効率よいプログラム・時間割が必要である。

これらはモノとしての建築自体に大きな違いはない。しかし運営方式自体が提案の対象であり，運営方式なしには成り立たない。これは使い方としてのソフトを提案しているといえる。

同じように**フリーアドレス**オフィスがある。フリーアドレス型とは，オフィス内で自席を決めずに在室して仕事をする人がデスクを選び使う方式で，ある程度在席率が低い職種のオフィスで空席を有効に使えるシステムである。これも使い方のソフトを提案しているといえる（3・9・6参照）。

4・8 人間がつくる空間——誰が何をデザインするか　291

植木鉢などが多く置かれている路地では，人の気配が感じられ，実際に手入れのため戸外に人が出てくることが多く，近隣関係は密になる。

図4・98　表出があふれた路地

高層集合住宅でも通路に居間の大きな窓が面し，植木鉢を置く場所が設けられていることで，人の住んでいることが感じられる場となっている。

図4・99　通路側に居間を向けたリビングアクセス（2・6・2，図2・76参照）

低学年部分を総合教室型，高学年部分を特別教室型とした小学校の例

特別教室型の運営方式をとる中学校の例

教科教室型の運営方式をとる中学校の例

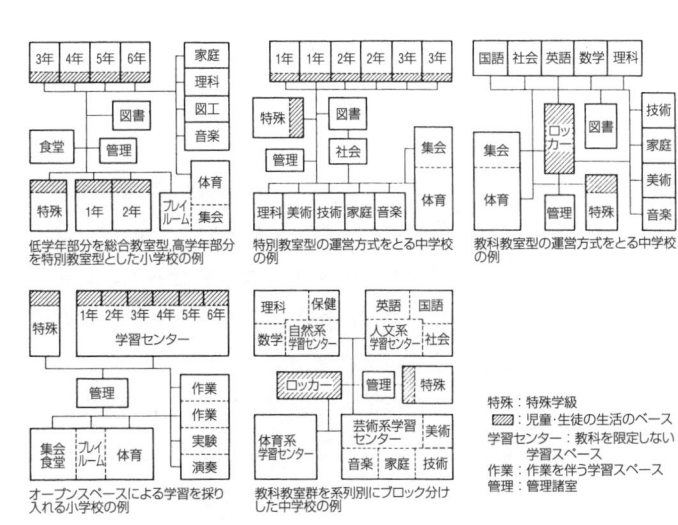

オープンスペースによる学習を採り入れる小学校の例

教科教室群を系列別にブロック分けした中学校の例

特殊：特殊学級
▨：児童・生徒の生活のベース
学習センター：教科を限定しない学習スペース
作業：作業を伴う学習スペース
管理：管理諸室

図4・100　学校の運営方式[46]

4・8・2 デザインの時間的拡がり

(1) 決定論的デザイン

環境が変われば人間はそれにより影響を受け，人間の生活・行動が変わる可能性がある。であるからこそ，デザイナーは新しい自分が提案したい生活・行動を人々に行ってもらおうとして，それが可能となるようなデザインを行う。しかしユーザーがそれについてくるかは疑問である。時にはユーザーがデザイナーの意図を超えて，デザイナーが考える以上の環境をつくり上げることもありうる。それはデザイナーの手から離れた時点から時間をかけて行われる。

(2) 使用開始後のデザイン

建築の最終的な完成形はいつのどのような状態なのであろうか。竣工時点で建築は完成するのであろうか。竣工後，居住者（利用者）が住みこなし，改変していく，それは竣工後も続くユーザーによるデザイン行動といえる。

そこでは設計意図とは異なり，ユーザーの望む住み方も行われている。そのたくましい住みこなしと，できる範囲での工夫の結果が見て取れる（図4・101）。

ユーザーのニーズが**模様替え**の範疇でとどまらなければ，**リフォームや増改築**へと発展する。

デザイナーは自分のデザインポリシーと統一感を求めるのに対して，ユーザーは決して自分を環境に合わせて変えることはなく環境を変えるものである。そのことをあらわにしている例として，ル・コルビュジェのペサック集合住宅の改変例があげられる（図4・102）。

文化的価値観の異なるデザイナーによって，押しつけられた環境が住み手に受け入れられなく，住み手なりの改造が行われた例は多い。その多くは西欧的文化を押しつけられたアジア・アフリカ的文化の人々である（図4・103）。

こうした観点から，建築計画・設計の終点は竣工時点ではなく，居住開始後，住み続けてゆくプロセスまで追っていく必要があるといえる。

建物を使い続けるマネジメントを行うなども，デザインと同様重要な活動となる。またそのような竣工後の改変などに対応できる作り方も重要となる。

順応型住宅は，居住者による平面の選択と改変の余地を残したプランである（2・7参照）。**2段階供給（スケルトン・インフィル：SI）**は永く残る

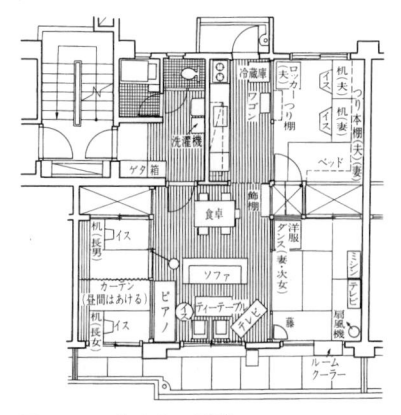

4・8 人間がつくる空間——誰が何をデザインするか　293

与えられた空間をどのように住みこなしてゆくか，居住者の取り組みが始まる。

図 4・101　住み方の例[47]

ル・コルビュジェの建築の特徴である水平連続窓，屋上，ピロティなどが改変されている。

図 4・102　ペサック集合住宅における改変[48]

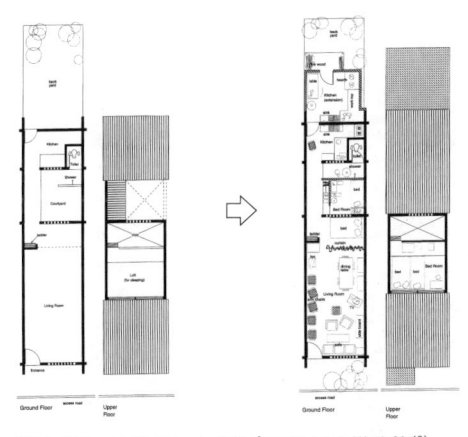

中庭が空間化され，裏庭側にも増築されている。それにより開口部がなくなったり，通気ができなくなるが，狭さに対する不満がそれらを押しのけた結果といえる。

図 4・103　スリランカの住宅における増改築[49]

べき基盤的構造と，生活の変化などに対応するインテリアを分離したものである（図4・104，2・7・4参照）。

このようにデザインは建物竣工で終わるわけではない。計画は，計画以前のプログラミングの段階から始まり，居住開始後も続くものである。

4・8・3　デザインの主体，ユーザー参加

住みこなしもデザインである，デザインの完成形は住みこなされた状態であるとすると，それは一体誰がデザインしたのであろうか。竣工までをデザインしたいわゆるデザイナーだけがデザインしたわけではない。その後住みこなしたユーザーもデザインに関わっていたといえる。

そもそもデザイナーなしの優れたデザインもある。例えば，楽器や街並みなどはデザイナーを特定できないが，合理的で美しいデザインがなされている。

デザインのプロセスにユーザーが参加する，いわゆる**ユーザー参加**のデザインもある。

デザインはデザイナーが行っているだけではない。ユーザーも行っている。デザイナーがある環境をデザインし与え，それをユーザーが受け取るという構図だけではない。デザイナーとユーザーは対立するものではなく一体のものであるはずである。

4・8・4　「建築計画」から「人間－環境系のデザイン」へ

このように建築計画で扱うデザインの対象はモノからコト，ソフトへ拡がり，時系列的には，計画以前のプログラミングから使用開始後のマネジメント，評価・改善にも拡がっている。デザインの主体もデザイナーに限らず，ユーザーも含めたひとつのものととらえられるべき状況にある。

ユーザーがデザインに参加するとなると，一般ユーザーの意識啓蒙も重要となる。一般ユーザーの目が肥えればデザイナーによる安易なデザインは許されなくなる。それによる環境の向上の期待も大きい。

一方，ユーザー参加だけでも必ずしもよい環境が生まれるとは限らない。ユーザーには思いつかないことを提案できる専門家，コーディネーター的な役割・職能も重要である。このようにして「建築計画」はより範囲を拡げて「人間－環境」系のデザインとして充実されることが求められる。

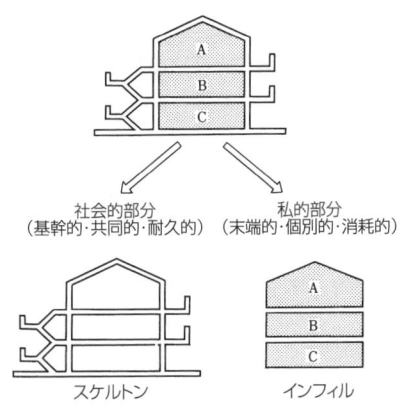

4・8 人間がつくる空間——誰が何をデザインするか 295

図4・104 2階段供給の考え方[50]

社会的部分
（基幹的・共同的・耐久的）

私的部分
（末端的・個別的・消耗的）

スケルトン　　　インフィル

図4・105 SIの例（NEXT21外観，2・7・4参照）

4・9 デザインの方法・システム

　人間は，自分たちにとって都合のよくなるようにデザインすることによって，自然の形を変え，さらに自然界には存在しない新しいものを創造することができるようになった。それによりデザインの可能性は無限となり，唯一の正解はなくなる。一つのデザインよりもよいデザインの可能性は常に存在する。どのデザインがよいのか一概にはいえない。デザインとは深くむずかしい問題である。

　デザインという行為は，人間がなす行為であり，その行為は簡単には説明できるものではない。人によってデザインの方法や価値をおくところは異なる。共同でデザインを行うと，共同者どうしそれぞれの考えを持って，それぞれの進め方で行っていることがわかるであろう。

　デザインという行為を隅から隅まで明らかにすることはむずかしい。しかし共同設計やコンピューターによる補助をうまく進めようと考えると，ある程度は明らかにされる必要もある。

4・9・1　建築デザインプロセス

　デザインの対象としての建築空間は，非常に複雑で多くの要素から成り立っているため，さらに複雑である。個々の部分のデザインがそれぞれ複雑な上，それらの部分どうし，部分と全体などの関係もでてくる。

　建築デザインに関しては，さまざまな条件を解決することが求められるが，それらすべてを満たす解はないことが普通である。実際につくられる形は，デザイナーができるだけ最適にしようと試みた案である。したがって，同じ条件で建築設計を進めても，デザイナーによって解は異なる。デザイナーによって重点を置かれるところは異なるし，デザインを進める順序も異なる。

　図4・106は，4人のデザイナーによる同じ条件から生まれる異なるエスキースの例である。この課題は動線・所要空間のつながりは一意であるが，敷地条件の中でそれらをどのようにデザインするかは一意には決まらない。したがって，単純な建築でありながら四者四様の解となっている。

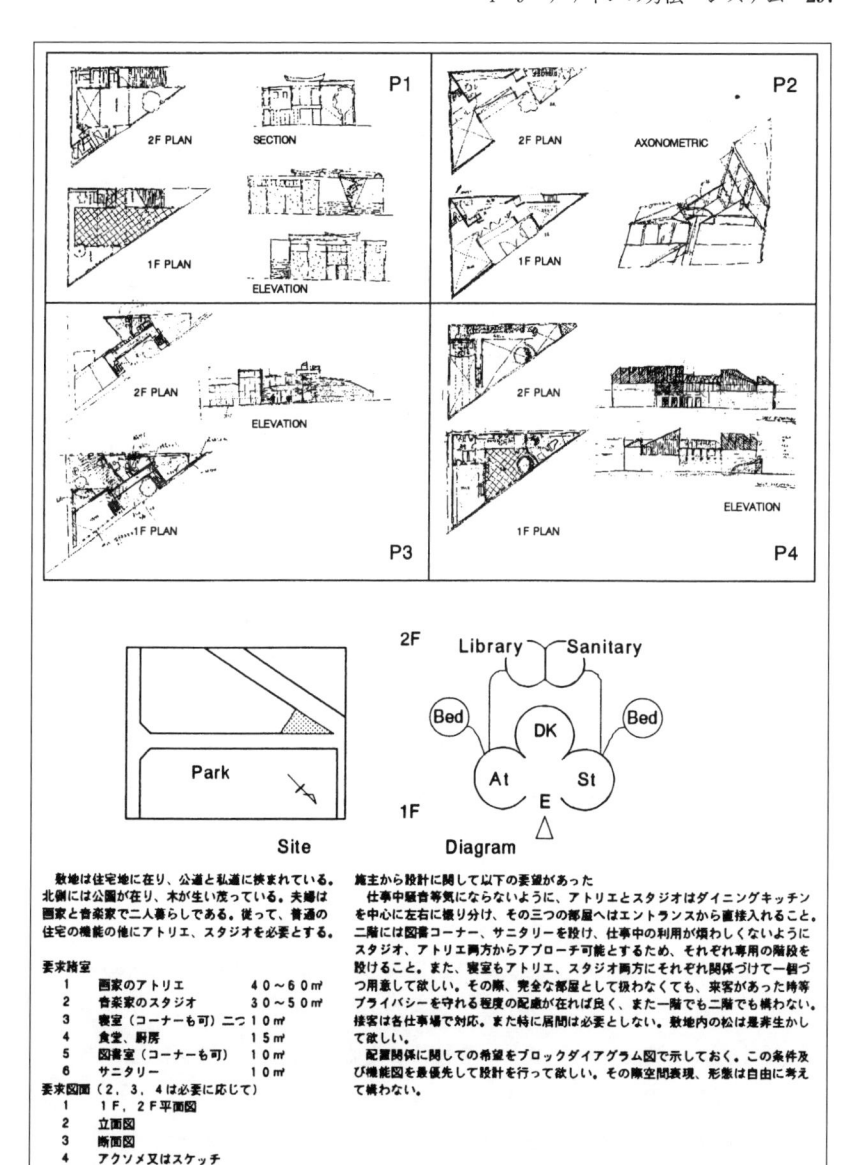

敷地は住宅地に在り、公道と私道に挟まれている。北側には公園が在り、木が生い茂っている。夫婦は画家と音楽家で二人暮らしである。従って、普通の住宅の機能の他にアトリエ、スタジオを必要とする。

要求諸室
1. 画家のアトリエ　　　　　　40〜60㎡
2. 音楽家のスタジオ　　　　　30〜50㎡
3. 寝室（コーナーも可）二つ　10㎡
4. 食堂、厨房　　　　　　　　15㎡
5. 図書室（コーナーも可）　　10㎡
6. サニタリー　　　　　　　　10㎡

要求図面（2、3、4は必要に応じて）
1. 1F、2F平面図
2. 立面図
3. 断面図
4. アクソメ又はスケッチ

施主から設計に関して以下の要望があった
　仕事中騒音等気にならないように、アトリエとスタジオはダイニングキッチンを中心に左右に振り分け、その三つの部屋へはエントランスから直接入れること。二階には図書コーナー、サニタリーを設け、仕事中の利用が煩わしくないようにスタジオ、アトリエ両方からアプローチ可能とするため、それぞれ専用の階段を設けること。また、寝室もアトリエ、スタジオ両方にそれぞれ関係づけて一個づつ用意して欲しい。その際、完全な部屋として扱わなくても、来客があった時等プライバシーを守れる程度の配慮が在れば良く、また一階でも二階でも構わない。接客は各仕事場で対応。また特に居間は必要としない。敷地内の松は是非生かして欲しい。
　配置関係に関しての希望をブロックダイアグラム図で示しておく。この条件及び機能図を最優先して設計を行って欲しい。その際空間表現、形態は自由に考えて構わない。

図4・106　同じ条件で始めた4人それぞれのデザイン[52]

4・9・2　砂漠の思考・森林の思考

　デザインの方法のすべてを説明するのはむずかしいが，一つの形をつくるとき，大別して2つの態度があるといえる。それは，連結，部分をつくり足してつくる態度（プラスするデザイン）と，分割，全体をつくり部分を割っていく態度（マイナスするデザイン）である（図4・107）。そして結果として，この2つの態度から生まれる構造は明らかに異なったものとなる。もちろん両者は場合によってひとりのデザイナーの中でも使い分けられるが，多くの場合，デザイナーはどちらかが主のタイプに分けられる。

　鈴木秀夫は『森林の思考・砂漠の思考』の中でこの2つの態度と風土を巧妙に説明している(文8)。森林の生活では全体の地形を見渡すことはできないし，またその必要もない。なぜなら森は豊かである。そこでは順々に見えてくる物と物の間の足し算の関係で行動する。一方，砂漠で迷うことは死を意味する。したがって常に鳥瞰的な態度が必要であり，全体に対する個という思考法につながる。

　さらに，仏教：森林的，キリスト教：砂漠的としてとらえ，2つの文化圏の思考法の差に言及している。個（要素）が集まって全体が生まれる日本的デザインや，全体（枠）から部分を決定する西欧的態度とも通じている。ル・コルビュジェ（図4・108）などと比較すると，森の国の建築家アアルトの作品（図4・109）には足してつくられたものが多い。

4・9・3　デザインのシステム

　デザインという行為は，無限に可能性のある中から一つの形を決める行為である。それはかなり大変な作業であるため，デザイナーはデザインを合理的に行うために何らかのシステムを使うことがある。無限の可能性をある根拠にもとづき制限するのである。

　数量的な方法としては，**モデュール**として，あらかじめ使う寸法を整理し，ある程度限定することなどがある。具体的には4・1で述べたように，単位としてのふさわしさや数列の特性をもとに選ばれる。

　幾何学的な方法としては，**グリッド**などを用いる方法がある。寸法と方向を規制することになるが，自由度はかなりある（4・1参照）。

　規準線はさらに対角線や角度，黄金比などを加え，これらの交点など，さ

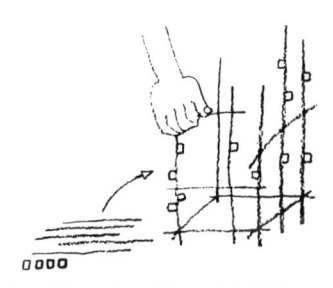

(a) プラスしながらつくる彫刻 　　(b) マイナスしながらつくる彫刻

図 4・107[51]

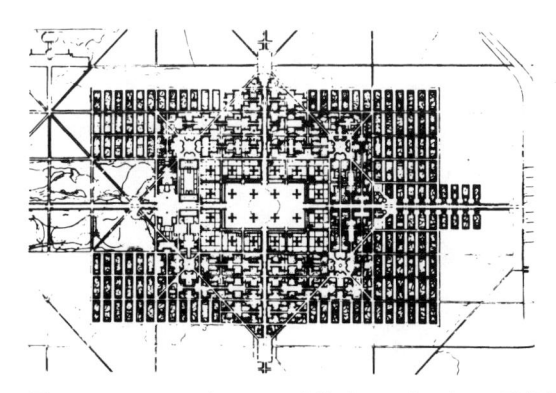

図 4・108　ル・コルビュジェの建築（300万人のための現代都市）

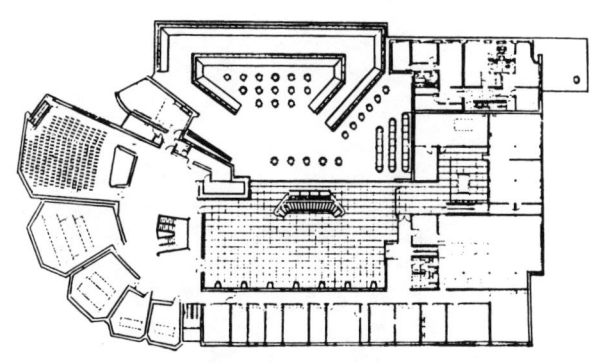

図 4・109　アアルトの建築（文化センター）

まざまな幾何学的な特異点にデザイン対象の部分を合わせていくもので,幾何学的システムが形を決めるのに近い。形をデザイナーの気まぐれで決めるのではなく,幾何学的な神秘性に根拠を置くともいえるが,黄金比にしてもそれが美しいという根拠があるわけではない。

規準線はグリッドと異なり,デザインされたものには目に見える形で現れない,あくまで補助線のようなものである。規準線は細部や建物立面のデザインなどに,特に西洋では古くから使われていた（図4・110）。またル・コルビュジェもよく用いている（図4・111）。また平面や配置でも用いられている。ドクシアデスはギリシア神殿の配置が,見えない規準線的なルールにそっていることを発見した（図4・112）（文9）。

ル・コルビュジェによる**モデュロール**は「人体の寸法と数学の結合から生まれたものを測る道具」と呼ばれ,手を挙げた人体を包絡する2倍正方形,人体各部の黄金比,身長1829mm等を基準として,フィボナッチ数列から導かれた2つの尺度の体系である。人体寸法,数列のシステム性,黄金比の特徴を活かした尺度のシステム化の例といえる（図4・113）。

4・9 デザインの方法・システム 301

23才で，彼は製図板に彼自身が作ろうとする家の立面を描いた．難問に衝き当る：「すべてのものを結びつけ秩序立てる法則は何であるか」と……．ある日，パリの小さな部屋の石油ランプの下で，絵葉書が机の上に並べられていた．彼の目はローマのミケランジェロのカピトルの上に惹きつけられた．彼の手はもう一枚の絵葉書を裏がえしてその白い面を出し，直観的にその一つの角（直角）をカピトルの立面の上に動かした．すると直角がこの構成を支配し（直角の頂点）がすべての構成を命令していると認められる真理が，俄然あらわれた．これは彼にとって一つの啓示であり確信となった．

図4・110　規準線の発端（ル・コルビュジェ）[1]

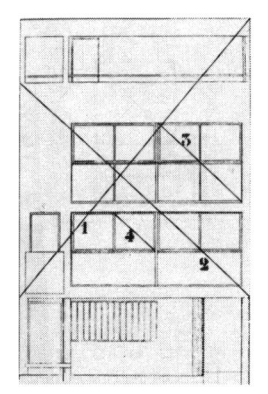

ピロティによって空中に持ち上げられた面の比例を決定する対角線1に対して，2次的な面が直行する対角線2によって規定され，その面における開口部と壁面の関係は対角線3によって，開口部の窓の一単位は対角線4によって規定されている．

図4・111　ル・コルビュジェの規準線[1]
（ヴァイゼンホーフの住宅，1927）

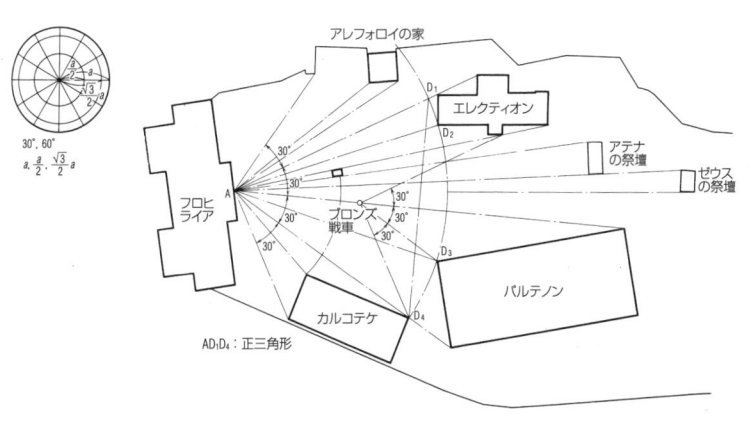

図4・113　モデュロール[1]

角度は180°/6＝30°を基準としており，正三角形が描かれることは1/1，1/2，$\sqrt{3}/2$の比が用いられていることを示している．

図4・112　ギリシャ神殿の配置における規準線的なルール

引用・参考文献

第1章
1) Aパラーディオ（桐敷真次郎訳）「建築四書」，1986
2) 太田邦夫「ヨーロッパの木造住宅」，講談社，1985
3) 布野修司他「建築計画教科書」，彰国社，1989
4) 岩手県教育委員会「岩手の古民家」，1974
5) フィリップ・ブドン「建築空間」，鹿島出版会，1978
6) 日本建築学会編「建築設計資料集成10 技術（設計：寒地住宅研究会（鎌田紀彦）1979）」，丸善，1983
7) 井上勝徳「インドネシア・南ニアスの住居」，東京大学修士論文，1983
8) 日本建築学会編「建築設計資料集成 総合編」，丸善，2001
9) ロージェ「建築論」
10) 西山夘三「日本のすまいⅠ」，勁草書房，1975
11) 西山夘三「住み方の記」，筑摩書房，1962
12) 上野淳監修「特集 学校建築」，SD9907
13) 吉武泰水「建築計画概論（上）」：コロナ社より引用／原論文出典：吉武泰水ほか「都市住宅地における地域施設の分布と利用圏（武蔵野市の場合）」，日本建築学会論文報告集66号'6110
14) 日本建築学会編「参加による公共施設のデザイン」，丸善，2004
15) 日本建築学会 設計方法小委員会
16) ツァイゼル「デザインの心理学：調査・研究からプランニングへ」，西村書店，1995
17) 今和次郎「考現学 今和次郎集 第1巻」，ドメス出版，1971
18) Lenntorp, 1978
19) 鈴木成文ほか「現代日本住居論」，放送大学教育振興会，1994
20) Heron, W.: Pathology of boredom, Scientific Americans, 1957
21) 日本建築学会編「人間－環境系のデザイン」，彰国社，1997

（文1）ヴィトルヴィウス「建築十書」

第2章
1) 五島美術館蔵
2) オランダ国立美術館蔵
3) 今和次郎「生活学 今和次郎集 第5巻」，ドメス出版，1971
4) A. Klein, Method of Circulation Line for Planning
5) 西山夘三「住み方の記 増補新版」，筑摩書房，1978
6) 高橋鷹志ほか「住居における行動場面に関する研究」，住宅総合研究財団研究年報 No.18, 1992
7) 今和次郎「住居論 今和次郎集 第4巻」，ドメス出版，1971
8) P. メンツェル「地球家族」，TOTO出版，1994
9) 栗田靖之「住まい方の文化人類学的考察」，住宅総合研究財団研究年報No.12, 1985
10) 東京都老人総合研究所「小規模グループ複合型老人施設の建築空間と介護システムに関する調査報告」，1997

11) 西山夘三監修「歴史的町並み事典」, 柏書房, 1981
12) 在塚礼子ほか「"千駄木の家"をめぐる住生活の記憶と創作に関する考察」, 日本建築学会大会梗概集, 1986
13) 鈴木成文ほか「集合住宅・住区」, 丸善, 1974
14) 中根千枝「適応の条件」, 講談社, 1972
15) 池辺陽「すまい」, 岩波書店, 1950
16) C.アレクサンダーほか「コミュニティとプライバシー」, 鹿島出版会, 1967
17) 山本理顕「新編 住居論」, 平凡社, 2004
18) 大河直躬「住まいの人類学」, 平凡社, 1986
19) 太田博太郎監修「匠明」, 鹿島出版会, 1971
20) E.モース「日本の住まい・内と外」, 鹿島出版会, 1979
21) 鈴木嘉吉編「日本の民家 第6巻町家II」, 学習研究社, 1980
22) 畑聰一「共生を形づくるもの SOLARCAT38号」, OM研究所, 2000
23) ハウジング・スタディグループ「韓国現代住居学」, 建築知識, 1990
24) 初見学ほか「住居における公室の計画に関する研究」, 住宅建築研究所報No.8, 1981
25) 山口昌伴「図説 台所道具の歴史」, 柴田書店, 1978
26) 上田篤編「京町家－コミュニティ研究」, 鹿島出版会, 1976
27) 田中淡ほか「中国の住宅」, 鹿島出版, 1976
28) 鈴木成文ほか「住まいを読む－現代日本住居論」, 建築資料研究社, 1999
29) 野口雅代埼玉大学修士論文本論「水環境と地域生活の共同性」, 2002
30) 船越徹ほか「茶室空間入門」, 彰国社, 1992
31) R.ローレンス「ヨーロッパの住居計画理論」, 丸善, 1992
32) J.Sils, Village and Festival,Bali(in N.Gutschow"Stadt und Ritual), 1977 (布野修司ほか「建築計画教科書」, 彰国社, 1989)
33) 村田あが「風水 その環境共生の思想」, 環境緑化新聞社, 1996
34) 平井聖「住宅史の立場から－団欒の場としての茶の間を中心とする住まいを見直そう」, 住宅建築研究所報No.12, 1985
35) 日本建築学会「建築雑誌」144号, 1898
36) 「住宅」住宅改良会, 1922
37) E.ハワード「明日の田園都市」, 鹿島出版会, 1968
38) 田園調布会編「郷土誌 田園調布」, 田園調布会, 2000
39) C.A.ペリー (倉田和四生訳)「近隣住区論」, 鹿島出版会, 1975
40) 冨井正憲「日本・韓国・台湾・中国の住宅営団に関する研究」, 1996
41) 西山夘三「住居空間の用途構成における食寝分離論」, 日本建築学会大会論文集, 1942.4
42) 市浦健ほか「住宅設計基準と規格平面について」, 日本建築学会大会論文集, 1942.4
43) 西山夘三「これからの住まい」, 相模書房, 1947
44) 鈴木成文ほか「住まいを語る」, 建築資料研究社, 2002
45) 日本建築学会編「コンパクト建築設計資料集成」, 丸善, 1986
46) 小林秀樹「集住のなわばり学」, 彰国社, 1992
47) 鈴木成文ほか「「いえ」と「まち」」, 鹿島出版会, 1984
48) 「ヘルマン・ヘルツベルハー 1959-1990」,「建築と都市」, 1991年4月臨時増刊
49) H.ヘルツベルハー「都市と建築のパブリックスペース」, 鹿島出版会, 1995
50) 大月敏雄 ボンの会「アジアのまちづくり・すまいづくりフィールドノート」vol.3,「住宅建築」, 1996.3
51) 阿久津邦男「歩行の科学」, 不昧堂出版, 1975

52) P.Lawton, Ecology and Aging Process, American Psychological Association, 1973
53) 厚生労働省「人口動態統計」2006年より作成
54) 横山俊祐ほか「入居者の過し方からみた民家改修型グループの有効性」，日本建築学会大会梗概集，2003
55) 荻原修「9坪の家」，廣済堂出版，2000
56) 巽和夫編「現代ハウジング用語辞典」，彰国社，1993
57) Housing Review. Vol.30 No.6, 1981
58) 三浦研「グループハウスという住まい方」，「建築雑誌」2003年10月号
59) ル・コルビュジェ「小さな家」，集文社，1980
60) 吉武泰水「建築設計計画研究拾遺Ⅱ－簡易版－」，吉武泰水先生を偲ぶ会・世話人，2004
61) 立原道造記念館蔵
62) 小谷部育子「コレクティブハウジングの勧め」，丸善，1997
63) 甲斐徹郎ほか「森をつくる住まいづくり」世田谷区都市整備公社まちづくりセンター，2000
64) 新井信幸ほか「居住者参加による公共賃貸住宅の建替え」，日本建築学会住宅小委員会編「現代集合住宅のデザイン」，彰国社，2004
65) 住環境教育研究会編「住教育－未来への架け橋」，ドメス出版，1982
66) 三和町を語り継ぐ会編「みつわちょうにいきたいな」2011

(文1) 西山夘三「日本のすまい（Ⅰ～Ⅲ）」，勁草書房，1976～86
(文2) 西山夘三「住み方の記」，筑摩書房，1978
(文3) 西山夘三「西山夘三著作集 全4巻」，勁草書房，1967～69
(文4) 今和次郎「今和次郎全集 全8巻」，ドメス出版，1971～72
(文5) 鈴木成文ほか「いえとまち」，鹿島出版会，1984
(文6) 鈴木成文「住まいの計画・住まいの文化」，彰国社，1988
(文7) 鈴木成文ほか「住まいを読む－現代日本住居論」，建築資料研究社，1999
(文8) 鈴木成文ほか「住まいを語る－体験記述による日本住居現代史」，建築資料研究社，2002
(文9) 鈴木成文「五－C白書－私の建築計画学戦後史」住まいの図書館出版局，2006
(文10) 青木正夫ほか「中廊下の住宅－明治大正昭和の暮らしを間取りに読む」住まいの図書館出版局，2008
(文11) 大河直躬「住まいの人類学」，平凡社，1986
(文12) E.モース（上田篤他訳）「日本の住まい・内と外」，鹿島出版会，1979
(文13) 内藤晶「江戸と江戸城」，鹿島出版会，1966
(文14) 太田博太郎「住宅近代史」，雄山閣，1967
(文15) 内田青蔵「日本の近代住宅」，鹿島出版会，1992
(文16) 池辺陽「すまい」，岩波書店，1954
(文17) E.ハワード（長素連訳）「明日の田園都市」，鹿島出版会，1968
(文18) C.A.ペリー（倉田和四生訳）「近隣住区論」，鹿島出版会，1975
(文19) 佐々木宏「コミュニティ計画の系譜」，鹿島出版会，
(文20) 長谷川堯「田園住宅」，学芸出版社，1994
(文21) 山口廣「郊外住宅地の系譜」，鹿島出版会，1987
(文22) 佐藤滋「集合住宅団地の変遷」，鹿島出版会，1989
(文23) 佐藤滋ほか「同潤会のアパートメントとその時代」，鹿島出版会，1998

(文24) 日本建築学会編「集合住宅計画研究史」，1989
(文25) 小林秀樹「集住のなわばり学」，彰国社，1992
(文26) 井出建&元倉真琴「ハウジングコンプレックス―集住の多様な展開」，彰国社，2001
(文27) 日本建築学会住宅小委員会編「現代集合住宅のデザイン」，彰国社，2004
(文28) J.ゲール（北原理雄訳）「屋外空間の生活とデザイン」，鹿島出版会，1990
(文29) 宮脇檀「コモンで街をつくる」，丸善プラネット，1999
(文30) O.F.ボルノウ（大塚恵一ほか訳）「人間と空間」，せりか書房，1988
(文31) 吉武泰水「建築計画への試み」，鹿島出版会，1987
(文32) 吉武泰水「夢の場所・夢の建築」，工作舎，1997
(文33) 前田愛「都市空間の中の文学」，筑摩書房，1982
(文34) 奥野健男「文学における原風景，増補版」，集英社，1989
(文35) 岩田慶二「日本人の原風景」，淡交社，1992
(文36) 多木浩二「生きられた家」，青土社，1984
(文37) アレクサンダー&シャマイエフ（岡田新一訳）「プライバシーとコミュニティ」，鹿島出版会，1967
(文38) 在塚礼子「老人・家族・住まい―やわらかな建築計画」，住まいの図書館出版局，1992
(文39) ル・コルビュジェ（森田一敏訳）「小さな家」，集文社，1980
(文40) 外山義「クリッパンの老人たち」，ドメス出版，1990
(文41) 林昌二「私の住居・論」，丸善，1981
(文42) 小谷部育子「コレクティブハウジングの勧め」，丸善，1997
(文43) 小玉祐一郎「エコ・ハウジングの勧め」，丸善，1996
(文44) P.メンツェル「地球家族」，TOTO出版，1994
(文45) 黒石いずみ「建築外の思考―今和次郎論」，ドメス出版，2000
(文46) 延藤安弘「「まち育て」を育む」，東京大学出版会，2001
(文47) 延藤安弘「こんな家に住みたいナ」，晶文社，1984
(文48) 住環境教育委員会編「住教育―未来への架け橋」，ドメス出版，1982
(文49) 大原一興「エコミュージアムへの旅」，鹿島出版会，1999
(文50) 日本建築学会編「コンパクト建築設計資料集成 住居」，丸善，1991
(文51) 日本建築学会編「建築設計資料集成 居住」，丸善，2001

第3章

1) 郡明宏「病院建築講座」，日本医療福祉建築協会，2011
2) 早川浩之内科医院，医療福祉建築146 2005.01，日本医療福祉建築協会，2005
3) 大学施設の情報化に関する調査研究協力者会議，大学病院の情報化について，1994
4) 吉武泰水「病院管理体系第6巻 病院計画総論 建築／設備／医療器械」，医学書院，1980
5) 伊藤誠ほか「新建築学体系31 病院の設計」，彰国社，2000
6) 日本建築学会編「建築設計資料集成 総合編 福祉・医療」，丸善，2001
7) 東京大学医学部附属病院外来診療棟，病院建築 114 1997.01，日本医療福祉建築協会，1997
8) 愛知県厚生連渥美病院，病院建築 140 1997.07，日本医療福祉建築協会，2003
9) Thompson J.D., Goldin, G.：The Hospital A Social and architectural history, New Heaven and London, Yale University Press, 1975

10) 船越徹編, 長澤泰, 外山義ほか「スペース・デザイン・シリーズ 4 医療・福祉」, 新日本法規出版, 1995
11) 栗原嘉一郎「病棟構成の基本を見直す 病院建築 88」, 日本医療福祉建築協会, 1990
12) 西神戸医療センター, 病院建築 105 1994.10, 日本医療福祉建築協会, 1994
13) 聖路加国際病院, 病院建築 96 1992.07, 日本医療福祉建築協会, 1992
14) 檀国大学病院計画案, 病院建築 88 2001.07, 日本医療福祉建築協会, 2001
15) 東大病院病室設計のプロセス, 132 2001.07, 日本医療福祉建築協会, 2001
16) 公立刈田総合病院, 日本医療福祉建築協会, 医療福祉建築賞2003, 資料, 2004
17) 井上由起子「福祉建築基礎講座」, 日本医療福祉建築協会, 2006
18) 林章「自閉症者施設の建築計画的研究」, 1977
19) 法務省統計局「国勢調査報告」および国立社会保障・人口問題研究所「日本の将来推計人口」（平成9年1月推計）による。2000年の数値は, 総務庁統計局「人口推計月報」（2000年10月確定値）による（文21）。
20) 国立社会保障・人口問題研究所「人工の動向 日本と世界 人口統計資料集2000」厚生統計協会, 2000（文21）
21) 親の家, 病院建築133 2001.10, 日本医療福祉建築協会, 2001
22) 西野達也「かわりゆくデイサービス, 病院建築 142 2004.01」, 日本医療福祉建築協会, 2004
23) 外山義, 井上由起子「特別養護老人ホームの個室化に関する研究」, 病院建築 118 1998.01, 日本医療福祉建築協会, 1998
24) 日本医療福祉建築協会「ユニットケア導入のための施設改修の手引き－既存特別養護老人ホームでのユニットケア導入のための改修モデルの冠する調査研究, 2004
25) せんねん村, 病院建築 118 1998.01, 日本医療福祉建築協会, 1998
26) ケアタウンたかのす, 病院建築 128 2000.07, 日本医療福祉建築協会, 2000
27) こもれびの家, 病院建築 117 1997.10, 日本医療福祉建築協会, 1997
28) 船越徹編著, 上野淳ほか「スペース・デザイン・シリーズ 2 学校」, 新日本法規出版, 1995
29) 吉武泰水ほか「学校建築計画事始め 文教施設」, 2003 No.9～11
30) 五十嵐太郎「ビルディングタイプの解剖学」, 王国社, 2002
31) 長倉康彦「 学校建築の変革 開かれた学校の設計・計画」, 彰国社, 1993
32) 長澤悟「スクール・リボリューション 個性を育む学校, 建築デザインワークブック 1」, 彰国社, 2001
33) 上野淳「未来の学校建築 教育改革をささえる空間づくり」, 岩波書店, 1999
34) アレクサンドリア図書館, 日経アーキテクチュア 2002 4-29, 日経BP社, 2002
35) 天野克也ほか「建築計画・設計シリーズ13 図書館」, 市ヶ谷出版社, 2001
36) 栗原嘉一郎ほか「公共図書館の地域計画」, 日本図書館協会, 1977
37) 日本建築学会編「コンパクト建築設計資料集成（第二版）」, 丸善, 1994
38) 鈴木歌治郎ほか「建築計画・設計シリーズ18 美術館」, 市ヶ谷出版社, 1997
39) 吉武泰水「第1回万博（ロンドン, 1851年）の入場者統計他, 2, 3の資料について」, 神戸芸工大紀要2000／原典 Mackean, J.：Crystal/Palace, Paidon Press Lid., 1944
40) 戸尾任宏, 佐々木雄二「建築計画・設計シリーズ19 博物館」, 市ヶ谷出版社, 1998
41) 建築思潮研究所編「建築設計資料88拡張型博物館」, 建築資料研究社, 2002
42) 栗原嘉一郎ほか「新建築学体系30 図書館・博物館の設計」, 彰国社, 1983

43) 清水裕之「21世紀の地域劇場 パブリックシアターの理念，空間，組織，運営への提案」，鹿島出版会，1999
44) 服部紀和ほか「建築計画・設計シリーズ27音楽ホール・劇場・映画館」，市ヶ谷出版社，2001
45) 田辺健夫ほか「新建築学体系33劇場の設計」，彰国社，1981
46) 清水裕之「劇場の構図，SD選書195」，鹿島出版会，1985
47) 日本建築学会編「建築設計資料集成7建築−文化」，丸善，1981
48) 藤江澄夫ほか「建築計画・設計シリーズ22 事務所ビル」，市ヶ谷出版社，1987
49) 鈴木成文ほか「建築計画」実教出版，1975
50) 日本建築学会編「建築設計資料集成4 単位空間II」，丸善，1980
51) 沖塩荘一郎「変化するオフィス，エコロジー 建築・都市 005」，丸善，1996
52) 日本建築学会編「建築設計資料集成 総合編」，丸善，2001
53) 日本建築学会編「建築設計資料集成9 地域」，丸善，1983

(文1) Francis,S. and Glanville, R."Building a 2020 vision：Future Healthcare1 Environment" The Nuffield Trust, 2001
(文2) Goldin,G. "Works on Mercy" The Boston Mills Press, 1994
(文3) Kitao,Y. "Collective Urban Design Shaping the City as a Collaborative Process" Delft University Press, 2005
(文4) Monk,T. "Hospital Builders" Wiley-Academy, 2004
(文5) Nagasawa,Y. "The Geography of Hospitals：A Developing Approach to the Architectural Planning of Hospitals" Kluwer Academic/Plenum Publishers, 2001
(文6) Nuffield Foundation Hospitals Trust "Studies in the Functions and Design of Hospitals" Oxford University Press, 1955
(文7) Newhouse,V. "Towards a New Museum" The Manacelli Press, 1998
(文8) Nicoll,A. "THE DEVELOPMENT OF THE THEATRE" GEORGE G. HARRAP & COMPANY LTD, 1966
(文9) Thompson,J.D. and Goldin,G. "The Hospital: A Social and architectural history" Yale University Press , New Heaven and London 1975
(文10) Verderber,S.and Fine,D.J. "Healthcare Architecture in an Era of Radical Transformation" Yale University Press, 2000
(文11) Joseph Lancaster "Improvements in Education", 1803
(文12) C.A.ペリー（倉田和四生訳）「近隣住区論」，鹿島出版会，1975
(文13) E.H.アッカークネヒト「パリ病院1794−1848」，思索社，1978
(文14) E.ハワード（長素連訳）「明日の田園都市」，鹿島出版会，1968
(文15) 新井重三「実践エコミュージアム入門」，牧野出版，1955
(文16) 五十嵐太郎，大川信行「ビルディングタイプの解剖学」，王国社，2002
(文17) 池上直己，J.C.キャンベル「日本の医療，中公新書1314」，中央公論社，1996
(文18) 伊藤誠「ヨーロッパの病院建築」，丸善，1995
(文19) 伊藤誠ほか「新建築学体系31病院の設計」，彰国社，2000
(文20) 上野淳「未来の学校建築」，岩波書店，1999
(文21) 上野淳，登張絵夢「高齢社会の環境デザイン」，じほう，2002
(文22) 植松貞夫，木野修造「図書館建築」，樹村書房，1986
(文23) 梅棹忠夫「民族博物館」，講談社，1975

(文24) 梅棹忠夫「博物館と美術館」，中央公論社，1981
(文25) 天野克也ほか「建築計画・設計シリーズ13図書館」，市ヶ谷出版社，2001
(文26) 小川鼎三「医学の歴史,中公新書39」，中央公論社,1064
(文27) 沖塩荘一郎ほか「変化するオフィス」，丸善，1996
(文28) 奥平耕三編「美術館建築案内」，彰国社，1997
(文29) 建築思潮研究所編「建築設計資料7図書館」，建築資料研究社，1984
(文30) 建築思潮研究所編「建築設計資料67学校」，建築資料研究社，1998
(文31) 建築思潮研究所編「建築設計資料80グループホーム」，建築資料研究社，2001
(文32) 建築思潮研究所編「建築設計資料88拡張型博物館」，建築資料研究社，2002
(文33) 栗原嘉一郎ほか「公共図書館の地域計画」，日本図書館協会，1977
(文34) 栗原嘉一郎ほか「新建築学体系30図書館・博物館の設計」，彰国社，1983
(文35) 栗原嘉一郎「欧米の図書館」，丸善，1995
(文36) 栗原嘉一郎, 中村恭三「地域に対する公共図書館網計画」，日本図書館協会，1999
(文37) 小谷喬之助「劇場・舞台を語る」，東洋出版，1992
(文38) 小林秀樹「集住のなわばり学」，彰国社，1992
(文39) 清水裕之「劇場の構図，SD選書195」，鹿島出版会，1985
(文40) 清水裕之「21世紀の地域劇場 パブリックシアターの理念，空間，組織，運営への提案」，鹿島出版会，1999
(文41) 鈴木歌治郎ほか「建築計画設計シリーズ18美術館」，市ヶ谷出版社，1997
(文42) 鈴木成文ほか「建築計画」，実教出版，1975
(文43) 鈴木博之編「図説年表,西洋建築の様式」，彰国社，1998
(文44) H.スモール（田中京子訳）「ナイチンゲール神話と真実」，みすず書房，2003
(文45) S.ソーンダイク（富山太佳夫訳）「隠喩としての病い エイズとその隠喩」，みすず書房，1992
(文46) 高橋義平ほか「障害者の生活環境改善手法」，彰国社，1994
(文47) 田辺健夫ほか「新建築学体系33劇場の設計」，彰国社，1981
(文48) 戸尾任宏，佐々木雄二「建築計画・設計シリーズ 19博物館」，市ヶ谷出版社，1998
(文49) F.ナイチンゲール（湯槇ます ほか訳）「ナイチンゲール著作集第一巻 看護覚え書」，現代社，1975
(文50) F.ナイチンゲール（湯槇ます ほか訳）「ナイチンゲール著作集第二巻 病院覚え書」，現代社，1974
(文51) 長倉康彦「学校建築の変革－開かれた学校の設計・計画」，彰国社，1993
(文52) 長倉康彦ほか「学校建築の冒険，INAX BOOKLET，Vo.8,No.2」，INAX出版，1988
(文53) 長澤悟，中村勉編「スクール・リボリューション 個性を育む学校，建築デザインワークブック 1」，彰国社，2001
(文54) 長澤泰ほか「建築が病院を健院に変える」，彰国社，2002
(文55) 長澤泰「癒しの創造環境 これからの医療施設と癒しの環境」，くろがね工作所,1997
(文56) 長澤泰ほか「医療・福祉経営管理入門」，国際医療福祉大学出版会,2004
(文57) 長澤泰ほか「病院建築のルネサンス，INAX BOOKLET，Vo.11,No.2」，INAX出版，1992
(文58) 日本医療福祉建築協会編「病院建築 1～145，10/1968～10/2004」,日本医療福祉建築協会，1968～2004
(文59) 日本医療福祉建築協会編「医療福祉建築 146～147，01/2005～07/2005」，日本医療福祉建築協会，2005

引用・参考文献　**309**

- (文60) 日本建築家協会編「DA建築図集・美術館Ⅰ」, 彰国社, 1982
- (文61) 日本建築家協会編「DA建築図集・美術館Ⅱ」, 章国社, 1982
- (文62) 日本建築学会編「建築学便覧Ⅰ計画」, 丸善, 1980
- (文63) 日本建築学会編, 太田利彦ほか「安全計画の視点」, 彰国社, 1991
- (文64) 日本建築学会編「学校建築　計画と設計」, 技報堂, 1979
- (文65) 日本建築学会編「建築設計資料集成 福祉・医療」, 丸善, 2002
- (文66) 日本建築学会編「建築設計資料集成 総合編」, 丸善, 2001
- (文67) 日本建築学会編「建築設計資料集成2」, 丸善, 1960
- (文68) 日本建築学会編「建築設計資料集成3」, 丸善, 1964
- (文69) 日本建築学会編「建築設計資料集成4」, 丸善, 1965
- (文70) 日本建築学会編「建築設計資料集成3 単位空間Ⅰ」, 丸善, 1980
- (文71) 日本建築学会編「建築設計資料集成4 単位空間Ⅱ」, 丸善, 1980
- (文72) 日本建築学会編「建築設計資料集成5 単位空間Ⅲ」, 丸善, 1982
- (文73) 日本建築学会編「建築設計資料集成6 生活」, 丸善, 1979
- (文74) 日本建築学会編「建築設計資料集成7 建築-文化」, 丸善, 1981
- (文75) 日本博物館協会編「博物館入門」, 理想社, 1956
- (文76) 根本昭ほか「美術館政策論」, 晃光書房, 1998
- (文77) 野村東太「博物館の計画と設計（Ⅰ）～（Ⅵ）, 設計資料1990～1993」, 建設工業調査会
- (文78) 野村みどり編「バリアフリーの生活環境論 第2版」, 医歯薬出版, 1997
- (文79) 野村みどり編「バリアフリーの生活環境論 第3版」, 医歯薬出版, 2004
- (文80) 半沢重信「設計計画シリーズ 歴史民族資料館」, 井上書院, 1982
- (文81) 服部紀和ほか「建築計画・設計シリーズ27音楽ホール・劇場・映画館」, 市ヶ谷出版社, 2001
- (文82) 藤江澄夫ほか「建築計画・設計シリーズ16医療施設」, 市ヶ谷出版社, 1999
- (文83) 藤松忠夫「健康のためなら死んでもいい！」, ゾディアック, 2002
- (文84) 藤本盛久編著「構造物の技術史」, 市ヶ谷出版社, 2001
- (文85) 船越徹編著, 上野淳ほか, 「スペース・デザイン・シリーズ2 学校」, 新日本法規出版, 1995
- (文86) 船越徹編, 長澤泰, 外山義ほか, 「スペース・デザイン・シリーズ4 医療・福祉」, 新日本法規出版, 1995
- (文87) 松村秀一ほか「建築生産」, 市ヶ谷出版社, 2004
- (文88) 村尾成文ほか「事務所・複合建築の設計, 新建築学体系34」, 彰国社, 1982
- (文89) 無漏田芳信ほか「建築計画・設計シリーズ14高齢者施設」, 市ヶ谷出版社, 2000
- (文90) 森耕一「図書館の話, 至誠堂選書3」, 至誠堂, 1966
- (文91) 守屋秀夫「建築の計画と設計」, 正文社, 1996
- (文92) 柳澤孝彦ほか「新国立劇場」, 公共建築協会, 1999
- (文93) 柳澤忠ほか「新建築学体系21地域施設計画」, 彰国社, 1984
- (文94) 柳澤忠ほか「健康デザイン」, 医歯薬出版, 2000
- (文95) 吉武泰水「建築計画の研究」, 鹿島出版会, 1964
- (文96) 吉武泰水, 田口正生「建築学体系35病院」, 彰国社, 1966
- (文97) 吉武泰水「地域施設計画原論」, コロナ社, 1967
- (文98) 吉武泰水「病院管理体系第6巻 病院計画総論 建築／設備／医療器械」, 医学書院, 1980
- (文99) 吉武泰水「建築計画への試み」, 鹿島出版会, 1987

(文100) 吉武泰水「建築設計計画拾遺Ⅰ－簡易版－」，吉武泰水先生を偲ぶ会・事務局，千葉プリント企画，2004
(文101) 吉武泰水「建築設計計画拾遺Ⅱ－簡易版－」，吉武泰水先生を偲ぶ会・事務局，千葉プリント企画，2004

第4章

1) 高橋研究室編「かたちのデータファイル－デザインにおける発想の道具箱」，彰国社，1984
2) 「ディテール 90」，1986-10
3) 戸沼幸市「人間尺度論」，彰国社，1978，
4) レオナルド・ダ・ヴィンチのスケッチ
5) 小原二郎ほか「インテリアの計画と設計」，彰国社，1986
6) 日本建築学会編「建築設計資料集成3 単位空間Ⅰ」，丸善，1980
7) 小原二郎編「デザイナーのための人体・動作寸法図集」，彰国社，1960
8) 日本建築学会編「建築のための基本寸法 人と車，設計製図資料13」，彰国社，1975
9) 小原二郎編「インテリアデザイン2」，鹿島出版会，1973
10) 清家清ほか「和風便所における動作の実験（建築における人体動作の資料）」，日本建築学会論文報告集，第63号，1959
11) J.Brebner, B.Shadow：Drection of tern stereotype, conflict and concord Applied Ergonomics, 1970
12) 日本建築学会編「建築設計資料集成 人間」，丸善，2003
13) 「建築・室内・人間工学」，鹿島出版会，1969年／千葉大学小原研究室資料 より作成
14) 「人間工学ハンドブック」，金原出版，1966／「建築設計資料集成1」より作成
15) 「被服と人体」，人間と技術社 より作成
16) 「人体計測値図表」，人間と技術社 より作成
17) 池田良夫「握りタイプによる動作特性別利き手の分布の検討 側方優位（利き）に関する研究」，日本経営工学会秋期研究大会予稿集，1986
18) North Carolina State University, The Center for Universal Design, 1997
19) Horowitz et al.：Personal Space and body‐buffer zone, the Archives of General Psychiatry, 1964
20) 田中政子「Personal Spaceの異方的構造について，教育心理学研究」，1973
21) 「別冊 サイエンス 特集 視覚の心理学 イメージの世界」，1975.11
22) H.Dreyfuss：The Measure of man Human, Factor Design, Whitney Library of Design, 1959／「人間－環境系 下巻」，人間と技術社，1973 より作成
23) 人体を測る，日本出版サービス，小原二郎，1986
24) 内藤恵介ほか「見上げと見下ろしの距離感，距離の認知に関する研究」，日本建築学会大会概要集，1993
25) 込山敦司ほか「建築内部空間における天上高の認知構造」，日本建築学会計画系論文集，1996.12
26) 乾正雄他「開放感に関する研究3」日本建築学会論文報告集194，1972
27) 開放感に関する研究，日本建築学会論文報告集，1972，乾正雄，宮田紀元，渡辺圭子
28) 空間の視覚的効果の数量化に関する実験的研究，東京大学学位論文，内田茂，1977
29) 日本建築学会編「建築・都市計画のための空間計画学」井上書院，2002
30) 日本建築学会編「建築・都市計画のための空間学」，井上書院，1990

31) 船越徹ほか「参道空間の分節と空間構成要素の分析」，日本建築学会論文報告集384，1988
32) ゴードン・カレン「都市の景観」，鹿島出版会，1975
33) ケヴィン・リンチ「都市のイメージ」，岩波書店，1968
34) D.カンター「場所の心理学」，彰国社，1982
35) 鈴木成文ほか「集合住宅・住区」，丸善，1974
36) 中島義明，大野隆造編「すまう 住行動の心理学」，朝倉書店，1996
37) アレグザンダー「都市はツリーではない 知の最前線 テクストとしての都市」，學燈社，1974
38) 日本建築学会編「建築設計資料集成 総合編」，丸善，2001
39) 野村東太ほか「博物館の展示 解説が来館者に当たる影響」，日本建築学会計画系論文集445，1993
40) 仙田満「歩行線形による屋外通路空間の形状に関する研究」，日本建築学会計画系論文集，1996
41) Romedi Passini：Wayfinding in architecture, Van Nostrand Reinhold, 1992
42) Dorohty Pollet & Peter C. Haskell eds：sign System for Libraries, Solving the wayfinding Promblem, P. P. Bowker Company , 1979
43) M.Levine：YOU ARE - HERE MAPS. Psycological Considerations, Environment and Behavior. Vol14, 1982
44) 阿久津邦男「歩行の科学」，不昧出版，1975
45) 足立孝ほか「柱の位置と行動の性質，並行2階段の選択」，日本建築学会大会，1967
46) 日本建築学会編「建築設計資料集成6 建築－生活」，丸善，1979
47) 「L型住宅の住み方調査」，日本住宅公団調査研究課，1969
48) フィリップ・ブードン「ル・コルビュジエのペサック集合住宅」，鹿島出版会，1976
49) セーラシンハ・プリヤンタ「供給住宅における住みこなしに関する研究 コロンボと東京におけるケーススタディ」，東京大学学位論文，1999
50) 巽和夫・高田光雄「二段階供給方式による集合住宅の開発，建築文化，1983.9」，彰国社
51) 芦原義信「外部空間の設計」，彰国社，1976
52) 横山ゆりか「問題解決行動としてみたときの建築設計プロセスの特徴 ドローイングを伴う空間デザインプロセスの研究」，計画系論文集524，1999

(文1) Hall,E.T.：The hidden dimension, New York：Doubleday, 1966, 日高敏隆ほか訳：かくれた次元，みすず書房，1970
(文2) Sommer,R.：Personal space, The behavioral basis of design, Prentice-Hall Inc., Englewood Cliffs, New Jersey, 1969, 穐山貞登訳：人間の空間－デザインの行動的研究，鹿島出版会，1972
(文3) Osmond,H.：Function as the basis of psychiatric ward design, Mental Hospitals, 23-30, 1957
(文4) 武井正昭ほか「圧迫感の計測に関する研究（1～4）」，日本建築学会論文報告集，1977～1981
(文5) 岡田光正他著「建築と都市の人間工学－空間と行動のしくみ」，鹿島出版会，1977
(文6) Newman,O.：Defensible Space, 1972, 湯川利和他訳：まもりやすい住空間，鹿島出版会，1976
(文7) 小林秀樹「集住のなわばり学」，彰国社，1992

(文8) 鈴木秀夫「森林の思考・砂漠の思考」,日本放送協会出版,1978
(文9) Doxiadis, C. A. : Architectural Space in Ancient Greece, MIT Press, 1972

索　引

あ

アスクレピオス神殿 …… 130
圧迫感 ……………………… 270
あふれだし ………………… 70
ＲＣ造校舎標準設計 …… 160
アレクサンドリア図書館
　　　…………………………… 182

い

医院 ………………………… 112
育英学院サレジオ小・
　中学校 …………………… 178
医師 ………………………… 112
イス座 ……………………54, 62
一般診療所 ………………… 112
一般病院 …………………… 114
移動図書館 ………………… 184
居場所 ……………………… 90
イブリン・ロウ小学校 … 170
居間中心型住宅 …………… 54
イメージ …………………… 274
イメージアビリティ …… 274
医療制度 …………………… 110
医療法 ……………………… 120
隠居慣行 …………………… 40
インタースティシャル
　スペース ………………… 118
インテグレーション …… 146
インテリジェントビル・226

う

ウィーン国立歌劇場 …… 208
ウェイファインディング

　　…………………………… 282
打瀬小学校 ………………… 178
雨天体操場 ………………… 158
運営方式 …………………… 166
運動場面積 ………………… 166

え

エコスクール ……………… 180
エコミュージアム・106, 204
SI …………………………… 292
SD法 ……………………… 270
SPD ………………………… 126
エッジ ……………………… 276
エッフェル塔 ……………… 194
閲覧の方式 ………………… 188
ADL ………………………… 124
nLDK型 …………………… 60
エネルギー部 ……………… 126
F.ナイチンゲール
　　　………………… 128, 132
FM ………………………… 226
LDR病室 ………………… 138
エンパイア・ステート
　ビル ……………………… 216

お

黄金比 ……………………… 244
緒川小学校 ………………… 174
屋外運動場 ………………… 158
オークランド美術館 …… 202
オーケストラピット …… 210
オスペダーレ・マジョ
　ーレ ……………………… 130
オフィスビル ……………… 216
オフィスランドスケープ

　　…………………………… 224
オープン化 ………………… 174
オープン型 ………………… 224
オープンスクール ……… 174
オープンプラン …………… 94
オルケストラ ……………… 206
オルセー美術館 ………… 202

か

開架方式 …………… 184, 188
街区方式 …………………… 280
介護保険法 ………………… 150
階高 ………………………… 222
階段室型 …………………… 160
開放感 ……………………… 270
外来 ………………………… 114
外来部門 …………………… 122
街路型 ……………………… 72
街路方式 …………………… 280
回廊型病棟 ………………… 136
家屋文鏡 …………………… 28
核医学検査 ………………… 122
学制 ………………………… 158
笠原小学校 ………………… 178
貸しオフィスビル ……… 218
霞ヶ関ビル ……………… 218
型計画 ……………………… 58
形・大きさ ………………… 240
学級王国 …………………… 174
学校 ………………………… 158
学校教育法 ………………… 160
学校建築図説明及び
　設計大要 ………………… 158
学校図書館 ………………… 186
家庭内死亡率 ……………… 148
加藤学園 …………………… 174

索引

歌舞伎舞台 ………………… 214
壁式書架 …………………… 188
カルテ ……………………… 122
感覚遮断実験 ……………… 24
環境 ………………………… 6, 24
環境学習 …………………… 106
環境共生 …………………… 90, 104
環境心理学 ………………… 270
看護勤務室 ………………… 134
看護単位 …………………… 136
観察距離 …………………… 198
鑑賞距離 …………………… 198
患者 ………………………… 120, 130
管理 ………………………… 114
管理区域 …………………… 124
管理部門 …………………… 126

き

企画展示 …………………… 200
利き側 ……………………… 254
技術 ………………………… 4
基準階 ……………………… 220
基準階有効率 ……………… 220
規準線 ……………………… 298
北側廊下南側教室 ………… 158
機能分化 …………………… 64
規模計画 …………………… 118
規模算定 …………………… 14
義務教育 …………………… 158
客席密度 …………………… 214
給食部 ……………………… 126
急性病院 …………………… 118
旧丸ビル …………………… 216
（旧）宮前小学校 ………… 160, 174
救命救急センター ………… 142
教育基本法 ………………… 160
教科教室型 ………………… 166, 290
仰角 ………………………… 268
供給 ………………………… 114
供給部門 …………………… 124
教室 ………………………… 162

共同社会 …………………… 228
共有領域 …………………… 70
共用空間 …………………… 72
居住水準 …………………… 66
距離 ………………………… 258
ギルモント小学校 ………… 172
キンベル美術館 …………… 202
近隣 ………………………… 172
近隣住区 …………………… 228
近隣住区論 ………………… 56, 58

く

空間 ………………………… 2
グッケンハイム美術館 …… 202
クライスラービル ………… 216
クリスタルパレス ………… 194
クリニック ………………… 112
グリッド …………………… 298
グループプラクティス …… 112
グループホーム
　………………… 96, 150, 156
グローブ座 ………………… 208
群集 ………………………… 286

け

ケアサービス ……………… 92
ケアユニット ……………… 138, 152
芸術 ………………………… 4
軽費老人ホーム …………… 148
系列教科教室型 …………… 166
経路探索 …………………… 122
劇場 ………………………… 206
結核療養所 ………………… 132
ゲバントハウス …………… 212
ケルン市立オペラハウス
　……………………………… 212
健院 ………………………… 130, 142
健康 ………………………… 110
検査部 ……………………… 122
建築基準法 ………………… 120

建築計画 …………………… 10
建築設計資料集成 ………… 20
原風景 ……………………… 34

こ

コア ………………………… 220
広域参考図書館 …………… 186
後期高齢者 ………………… 148
公共図書館 ………………… 182, 186
工事費 ……………………… 126
公設民営 …………………… 232
校地面積 …………………… 166
構法 ………………………… 244
公民館 ……………………… 228, 230
高齢化 ……………………… 78
高齢者 ……………………… 148, 248
高齢社会 …………………… 144
高齢者施設 ………………… 144
高齢者入所施設 …………… 152
国民皆保険制度 …………… 110
国立国会図書館 …………… 186
個室 ………………………… 138
個室的多床室 ……………… 138
個体域 ……………………… 262
古代ギリシャ劇場 ………… 206
子ども ……………………… 248
コ・ハウジング …………… 102
古文書館 …………………… 188
コーポラティブ …………… 82, 102
コーポラティブハウス …… 16
混み合い …………………… 264
コミュニケーション ……… 260
コミュニティ ……………… 36, 228
コミュニティ施設 ………… 228
コミュニティセンター …… 230
コモンスペース …………… 70
コレクティブ ……………… 82, 102
ゴールドプラン …………… 150
ゴールドプラン21
　………………… 152, 150, 156

索　引　315

さ

サイン……………………284
参加………………………16
三角形型病棟……………136

し

視界………………………198
視覚………………………266
視角………………………268
歯科診療所………………112
視距離……………………198
システム…………………298
システムモジュール……222
姿勢………………………246
施設………………………22
施設的環境………………146
自然史博物館……………196
執務空間…………………220
室名呼称…………………34
児童館……………………232
自動搬送装置……………122
児童文化センター………230
自閉症児施設……………146
シミュレーション………16
社会………………………6
社会福祉施設数…………148
視野………………………268
住戸密度…………………68
住宅………………………22
住宅団地…………………228
住棟計画…………………68
住要求……………………76
住様式……………………52
シューボックス(靴箱)型
　………………………212
就寝分離…………………64
収蔵庫……………………196
収納の方式………………188
手術部……………………124

準専用オフィスビル……218
順応型住宅…………76, 292
書院造り…………………38
障害………………………254
生涯学習センター………230
障害者……………………254
小規模生活単位…………152
上下足履き替え…………164
昇降口……………………164
常設展示…………………200
ショートステイ…148, 154
ショートステイ機能……146
食寝分離論………………60
女性センター……………230
書籍感知装置……………188
新国立劇場…………212, 214
新ゴールドプラン………150
人体………………………246
人体寸法…………………246
新テート美術館…………202
新入院患者数……………118
心理的領域………………230
診療…………………110, 114
診療所……………………110
診療部門…………………122

す

スカラ座…………………208
スカンセン………………196
スケーネ…………………206
スケッチマップ…………274
スケール…………………242
スケルトン・インフィル
　………………………292
スタッグ配置型…………224
ステレオタイプ…………250
ストレッチャー…………120
住み方(住まい方)調査…14
住み方変化………………58
寸法………………………246

せ

生活圏……………………86
生活像…………………60, 62
生活単位…………………138
生活領域…………………34
正規分布…………………252
精神障害者………………156
精神薄弱者更正施設……146
精神薄弱児施設…………146
精神病院…………………130
成長………………………254
成長と変化………………116
積層書庫…………………190
設計………………………18
接地性……………………68
設備階……………………118
セミオープン型…………224
セミラティス型…………280
前期高齢者………………148
せんだいメディアテーク
　………………………192, 236
洗濯部……………………126
専門図書館………………186
専用オフィスビル………218
ゼンパー…………………210

そ

増改築……………………292
SOHO…………………216, 226
早期離床…………………140
総合教室型………………166
総室型病棟………………134
ソシオフーガル…………262
ソシオペタル……………262
外庭型……………………46

た

第一生命保険相互会社

ビル …………………216
大学図書館 ………182,186
体験 ………………………2
対向配置型 ……………224
対数螺旋 ………………242
高床住居 ………………28
多翼型 …………………116
単位 ……………………246
単身世帯 ………………78

ち

地域施設 ………………228
地域社会 ………………228
地域集会所 ……………230
地域図書館 ……………186
知覚 ……………………266
地区センター …………232
知的障害者 ………146,156
茶の間 …………………54
中央化 …………………132
中央配膳方式 …………126
中間施設 ………………154
中心窩 …………………268
治癒的環境 ……………142
超高層ビル ……………218
陳列台方式 ……………188

つ

通所機能 ………………146
使われ方調査 …………14
ついで利用 ……………282
続き間座敷 ……………38
ツリー型 ………………280

て

テアトロ・オリンピコ …206
テアトロ・ファルネーゼ
　………………………208
低高分離 ………………162

D／H ……………………272
デイケア ………………148
デイケアセンター ……150
デイサービスセンター・150
ディストリクト ………276
デイルーム ……………140
定量化 …………………14
デザイン ………………18
テナント ………………218
寺子屋 …………………158
テリトリー ……………264
田園都市論 ………56,104
展示室 …………………198
展示スペース …………196
天井高 …………………268

と

動作 ……………………246
動作域 …………………248
動線 ……………30,200,282
特殊建築物 ……………120
特別教室 ………………158
特別教室型 ……………166
特別養護老人ホーム
　………………148,150,152
図書館 …………………182
図書館令 ………………182

な

ナイチンゲール病院 ……134
中庭型 …………………46
中廊下型病棟 …………134
ナショナルトラスト ……106
ナーシングユニット ……136
ナースコーナー ………138
ナースステーション ……134
ナビゲーション ………284
ナフィールド財団 ……136
浪合学校 ………………180
浪合フォーラム ………236

に

西戸山小学校 …………160
2段階供給 ……………292
日常災害 ………………128
二方向避難経路 ………128
入院期間 ………………118
入所機能 ………………146
ニュータウン …………230
ニューヨークの近代
　美術館 ………………200
人間工学 ………………246
認知 ……………………278
認知症 ……………150,156

の

ノード …………………276
ノーマライ
　ゼーション ……146,214
ノンテリトリアル
　システム ……………226

は

バイロイト祝祭劇場 ……210
ハウス …………………166
履き替え線 ……………164
博物館 …………………194
博物館法 ………………196
場所 ……………………34
パス ……………………276
パーセンタイル ………252
パーソナルスペース
　………………258,260
パッシブデザイン ……104
パビリオン型 …………132
場面 ……………………288
バリアフリー ……96,254
パリ・オペラ座 ………208
バレー・クロッシング

索　引

小学校……………172
半開架……………188
万国博覧会………194
ハンディキャップ……254
ハンディキャップを
　持つ人…………248

ひ

POE………………14
非構造材…………128
美術館……………198
美術博物館………196
避難………………286
非日常災害………128
BDS………………188
表出………32,70,264
標準設計…………60
病院………110,130
病院管理学………132
病院建築…………114
病床数……………118
病棟………………114
病棟配膳方式……126
病棟部門…………122
ビルディング・
　ブルティン………170

ふ

ファシリティマネジ
　メント……………226
風水思想…………50
フォドレア小学校……172
俯角………………268
複合オフィスビル……218
複合施設…………232
福祉施設…………144
福光中部小学校……174
複廊下型病棟……136,142
婦人会館…………230
Book Post…………188

不登校児…………168
不特定多数………10
プライバシー……36,264
プラトーン型……166
フリーアドレス……290
フリーアドレスシステム
　……………190,226
フリースクール……168
プロセニアム……208,212
プロポーション……242
分館………………186

へ

閉架方式…………188
平均………………252
平行配置型………224
ベッド数…………118

ほ

ホイットニー美術館……202
包括医療…………110
防火・防煙区画……128
放射線診断………122
放射線治療………122
放射線部…………122
歩行………………284
HOPE計画…………80
ホームベイ………166
本町小学校………174
ボンエルフ………74
ポンピドーセンター
　………………202,214

ま

マスタープラン……116
町家………………38

み

宮前小学校………174

め

メガホスピタル……132
滅菌材料部………124

も

木造総合病院試案……132
木造標準校舎……158
モデュール………298
モデュロール……300
模様替え…………292
モリエール………210

や

薬剤部……………126

ゆ

ユーザー参加……294
ユニバーサルデザイン
　………………214,256

よ

様式………………4
容積………………270
養護老人ホーム……148
4床室……………138

ら

ラ・ヴィレット……204
ランドマーク……276
ランニングコスト……128

り

理工学博物館……………196
リス病院………………134
リソースセンター………172
リハビリテーション部
　………………………124
リビングアクセス………70
リフォーム……………292
領域……………………32
療養病床………………146
利用者…………………10
隣棟間隔………………70

る

ルイジアナ美術館………200
ルーブル美術館…………194

れ

霊安室…………………120
歴史博物館…………196, 198
レジビリティ…………274
レンタブル比…………220

ろ

ロイヤルボックス………208
廊下型…………………222
老人福祉法……………150
老人保健施設
　………………148, 150, 154
老人保健法…………150, 154
朗読台方式……………188
ロック・プレーリー小学校
　………………………172

わ

若葉台小学校…………178
ワークステーション……222
ワグナー………………210
和洋折衷………………52

【編著者】　長澤　　泰　（Yasushi NAGASAWA）
　　　　　1968年　東京大学工学部建築学科卒業，
　　　　　　　　　芦原義信建築設計研究所所員
　　　　　1974年　厚生省病院管理研究所研究員
　　　　　1978年　北ロンドン工科大学大学院修了，
　　　　　　　　　英国学術認定委員会 Dip. H. F. P. 取得
　　　　　1980年　厚生省病院管理研究所主任研究官
　　　　　1994年　東京大学工学部建築学科教授
　　　　　2015年　工学院大学副学長・建築学部長・建築学科教授を退任
　　　　　現　在　東京大学名誉教授，工学院大学名誉教授，工学博士

【著　者】　在塚　礼子　（Reiko ARIZUKA）
　　　　　1970年　日本女子大学家政学部住居学科卒業
　　　　　1974年　東京大学大学院工学系研究科修士課程修了
　　　　　1977年　東京大学大学院博士課程単位取得退学
　　　　　　　　　元埼玉大学教育学部教授，工学博士

　　　　　西出　和彦　（Kazuhiko NISHIDE）
　　　　　1976年　東京大学工学部建築学科卒業
　　　　　1981年　東京大学大学院博士課程単位取得退学
　　　　　現　在　東京大学大学院工学系研究科建築学専攻教授，博士（工学）
　　　　　　　　　（故人）

　　　　　（図版協力　松田雄二，尹　世遠）

　　　　　　　　　　　　　　　　　　　　　　　　　（肩書きは，改訂版発行時）

建築計画（改訂版）

2005年10月24日　初　版　発　行
2011年 9 月22日　改　訂　版　発　行
2025年 9 月25日　改訂版第19刷

　　編著者　長　澤　　　泰
　　発行者　澤　崎　明　治
　　印　刷　広済堂ネクスト　　製　本　プロケード

　　発行所　株式会社市ヶ谷出版社
　　　　　　東京都千代田区五番町 5
　　　　　　電話　03-3265-3711（代）
　　　　　　FAX　03-3265-4008

Ⓒ 2011　　ISBN978-4-87071-005-4